海淀教育名校名家丛书

丛书主编 · 尹丽君 陆云泉 乔 键

从成志学校到成志教育

百年清华大学附属小学的育人历程

窦桂梅 等◎著

北京师范大学出版社

图书在版编目(CIP)数据

从成志学校到成志教育：百年清华大学附属小学的育人历程／窦桂梅等著．-- 北京 ：北京师范大学出版社，2016.2 (2018.7 重印)
(海淀教育名校名家丛书)
ISBN 978-7-303-12668-2

Ⅰ．①从… Ⅱ．①窦… Ⅲ．①小学－学校管理－经验－海淀区
Ⅳ．① G627

中国版本图书馆 CIP 数据核字 (2016) 第 009906 号

营销中心电话　010-58802181 58802123
北师大出版社高等教育教材网　http://gaojiao.bnup.com
电子信箱　gaojiao@bnupg.com

出版发行：北京师范大学出版社 www.bnup.com
北京市海淀区新街口外大街 19 号
邮政编码：100875
印　　刷：北京盛通印刷股份有限公司
经　　销：全国新华书店
开　　本：787 mm×1092 mm 1/16
印　　张：27
字　　数：440 千字
版　　次：2016 年 2 月第 1 版
印　　次：2018 年 7 月第 2 次印刷
定　　价：68.00 元

策划编辑：齐　琳　　　责任编辑：齐　琳 李会静
美术编辑：焦　丽　　　装帧设计：北京轻舟教育咨询有限公司
责任校对：陈　民　　　责任印制：陈　涛

成长中的教育家

顾明远题

祝清华附小同学们：

学业猛进！

楊振宁

2002年6月21日

为聪慧与高尚的人生奠基

海淀教育名校名家丛书

本册作者：窦桂梅　等

总　序

《国家中长期教育改革和发展规划纲要(2010—2020年)》中明确提出:“鼓励教师和校长在实践中大胆探索,创新教育思想、教育模式和教育方法,形成教学特色和办学风格,造就一批教育家,倡导教育家办学。大力表彰和宣传模范教师的先进事迹。”

为贯彻落实党的教育方针,“办让人民满意的教育”,更好总结、积淀、提升海淀区名校名家办学的先进理念,北京市海淀区教育工委,北京师范大学出版社以海淀区名校、名校长教育教学改革成果及教育管理理念为基础,精心建设海淀区“名校名家”精品文库,就是现在呈现于读者眼前的这套《海淀教育名校名家丛书》。

这些学校,有的是著名大学的附属学校,有的是从延安过来的有着光荣革命传统的学校。但学校不是有一个什么名分就能成为名校的,这些名校有着悠久的历史传统,在历任校长、师生的共同耕耘下,办出特色、办出成绩,创造了新鲜的经验,在全国乃至国际上享有良好声誉,这才成为现在所谓的名校。在创造名校的过程中,校长无疑起着不可替代的作用。作为优秀校长,他们用先进理念和管理才能,带领全校教师,为一个共同愿景而努力。本套丛书正是聚焦这样一批名校长,近距离观察他们是如何在教育海洋中破浪前进的。

这些校长个性迥异、各有经历，办学思路也不尽相同，但相同的是在各自的学校创造了一段教育的传奇。他们是所在名校的灵魂，他们的言传身教，时时刻刻引领着教师和学生的发展。这些校长共有的特质是专业知识扎实，具有深厚的人文底蕴。他们具有灼热的教育情怀和教育激情；他们富有童心并热爱儿童；他们淡泊明志、宁静致远，以教书育人来体现他们的人生价值。

这套丛书并没有展现波澜壮阔的历史、恢宏博大的叙事，也没有解读深奥莫测的理论、长篇累牍的范例，而是讲述这些名校长们在日常管理和教学方面的一件件小事，通过短篇故事形式，娓娓道来，让读者去品味和欣赏。

在这套丛书里，我还看到了海淀教育趋于成形的大器，海淀教育秉承红色传统、金色品牌、绿色发展，坚持党的教育方针，以优秀传统为基础，以现代教育观念为先导，引领时代风气之先，坚持鲜明的价值追求，增强改革创新的意识，提升可持续发展的能力，从而涌现出一批各具特色的教育品牌。

解读海淀教育，形成海淀教育大印象，让海淀基础教育名校名家载入中国教育发展的史册。

是为序。

2014 年 3 月 27 日

名校名家

目 录

从成志学校到成志教育

百年清华大学附属小学的育人历程

引 言

成志教育，照耀一生

2015 年 10 月 17 日，对所有清华附小人来说，是个终生难忘的日子！一百年的风雨历程，一世纪的薪火绵延。清华大学附属小学（以下简称清华附小）的艰难与奋斗、光荣与梦想，都将在此刻相遇，点燃新百年共同奔跑的火炬。

百年来，有太多的身影值得我们仰望，有太多的声音在耳畔回响，有太多的故事闪耀着教育的光芒。在这厚重的校友长卷中，我们看到了这些长大了的儿童：诺贝尔物理学奖获得者杨振宁先生，中国科学院院士杨卫、张滂、霍裕平、李德平，工程院院士李鄂鼎，中华人民共和国将军黄宁、李健、钟道龙，茅盾文学奖获得者宗璞，著名作家王元化、李岫，奥运会冠军何姿、王鑫、施庭懋、周吕鑫、劳力诗，还有罗锦鳞等一大批艺术家、专家学者、各界精英以及默默奉献在祖国和世界各地的普通工作者。

无论何时何地，近两万名校友是清华附小永远的骄傲。站在清华附小百年历史的节点上，我们要向这百年的历史深深地鞠躬，感恩历史丰厚的馈赠！我们要向在百年画卷中所有的奉献者致敬，感谢你们对祖国、社会的全力付出！

我们在认真梳理这底蕴丰厚的历史画面，接受历史的洗礼与教育的时候，有两个内涵丰富、形象丰满的大字越来越清晰地显现在我们的面前，那就是“成志”。

清华附小的前身是1915年创办的成志学校，注重培养学生树立远大的志向，使“成志”从一开始就深深地融入清华附小人的血脉之中。1937年抗日战争爆发后，成志学校随清华大学南迁。在撤离前的最后一课上，当傅任敢校长谈到“今天上课已不能再升我们的国旗”时，全校一百多名学生都泣不成声。西南联大的特殊岁月，锤炼了清华附小刚毅坚卓的意志和更加坚定的家国情怀。新中国成立后，特别是21世纪以来，学校鲜明地树立“儿童站在学校正中央”的教育理念，为此明确了“立人为本，成志于学”的校训，提出了“为聪慧与高尚的人生奠基”的办学使命，逐年修订《清华大学附属小学办学行动纲领》，注重培养引导儿童从兴趣到志趣再到志向，为成就未来人生奠定坚实的基础。

应该说，清华附小百年“成志”的历程中，成就儿童的为人之志的背后，成就了教师的育人之志，成就了学校的教育之志，进而实现了“三个引领”。

首先，突出价值观塑造的引领。在纪念国家抗日战争胜利70周年及清华附小百年发展史的今天，清华附小让儿童把“第一枚纽扣系好”，将以爱国主义为核心的社会主义核心价值观教育，与百年清华附小文化，都浓缩到了校史剧《丁香花开》之中。在鲜活的情境中，我们体认历史文化精髓，感受人物品质光辉，为儿童烙下精神价值的成长胎记，带着历史的记忆，走向伟大的民族复兴之梦。

其次，加强课程改革的引领。从建校初期基于“完全人格之教育”，开设的体育、算术、英语等课程，到西南联大时自主开发教材与教具；从新中国成立后参与“五四制”改革，到为生命奠基的“三个超越”；从语文“主题教学”荣获首届基础教育国家级教学成果一等奖，到形成儿童“身心健康、善于学习、审美雅趣、学会改变、天下情怀”的五大核心素养的“1+X 课程”整合，清华附小始终紧跟国家教育改革发展的步伐，敢为人先。

最后，坚持公益引领。成志学校建校之初，就创办专门接收贫民子弟的成府小学，这种公益情怀从未间断。今天，为推进北京教育新地图，清华附小在朝阳、昌平创办分校，并在全国 1086 个县级教育机构，启动了“教育扶贫在线共同体”，辐射 88% 的贫困县，在 2520 个乡镇中小学建立了 3800 多个远程扶贫教学站。

“志者，心之所之也。”由此可见，“志”表现为：一是内心所向往的理想与抱负，二是为追随志向而拼搏的意志和品质，三是儿童在二者融合中所需要付诸的实践和行动。

“成志”，既是精神与思想，又是教育过程和结果，蕴含着千百年来中华民族的文化精髓，符合儿童身心发展的需求。

在百年校庆这一荣光的时刻，我们将继承清华附小百年历史的教育精神，遵从内心的教育信仰，把“成志教育”作为指引我们的旗帜，作为我们走向未来的灯塔和前行的航标。

因此，成志教育要“承志”。传承中华民族优秀文化传统，让儿童增强民族自信心和自豪感。儿童每天清晨诵读优秀传统经典，亲近母语，以文立人。儿童在校园的启程楼、知行楼、修远楼的六年生活里，树立报效祖国，服务人民的远大志向。

成志教育要“立志”。儿童要牢记习总书记“从小学会立志”的嘱托，把人生最重要的志向同祖国和人民联系在一起。从每天升国旗行注目礼到每周国旗下宣誓；从教室里的三分钟演讲的立志故事到马约翰操场的健康体育，我们把儿童身体当作最好的教育学，如把足球当作教材，班班有球队，男女齐上阵，百折不挠的意志品质、精诚合作的团队精神让清华附小成为全国校园足球先锋学校，带着中国少年的民族自信，把足球踢到了阿根廷，踢到了英超，把足球的中国梦传到了世界。

成志教育要“弘志”。弘扬和践行社会主义核心价值观，让儿童学会“微笑、感谢、赞美”，养成“言行得体、协商互让、诚实守信、自律自强、勇于担当、尊重感恩”等道德修养，努力成为未来的榜样，引领社会和时代。

未来是一个怎样的世界，取决于今天你培育怎样的成志儿童。新百年，我们已出台《清华大学附属小学成志教育规划纲要》，构建未来清华附小发展蓝图。

清华附小始终不变地践行有中华民族文化之根的基础教育，努力成为一所有行动力的理想主义小学、有灵魂的卓越小学；始终不变地推进中国基础教育的现代化，深入探索根植于民族灵魂、学校、家庭、社会合作、自主创新的世界基础教育的中国模式；始终不变地弘扬社会主义核心价值观，立德树人，为实现“两个一百年”的宏伟目标而成志！

成志，彰显着穿越百年历史的，无数清华人行胜于言的精神风骨；成志，寄托着躬耕基础教育的，无数教育者薪火相传的祈愿；成志，承载着致力中华民族伟大复兴梦的，无数中国人不屈不挠的庄严使命！

一句话，成志教育，照耀一生！

窦桂梅

2015 年 7 月

第一章

传承清华精神

百年成志教育画卷

乙未秋
马宽粟八岁

TSINGHUA UNIVERSITY PRIMARY SCHOOL
清华附小
1915—2015

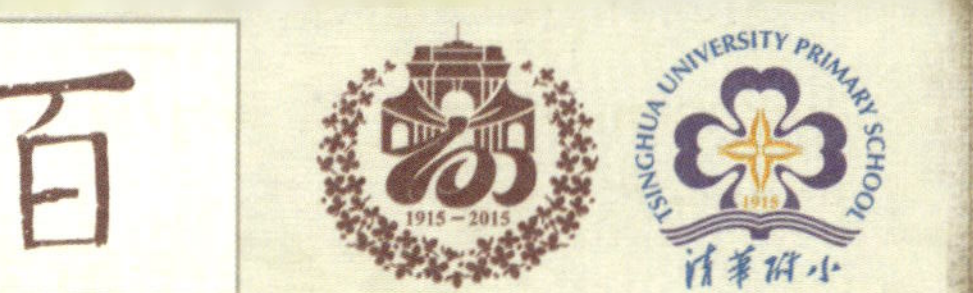

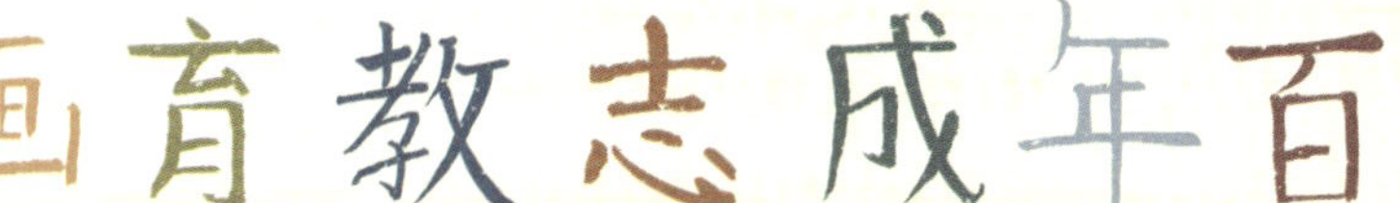

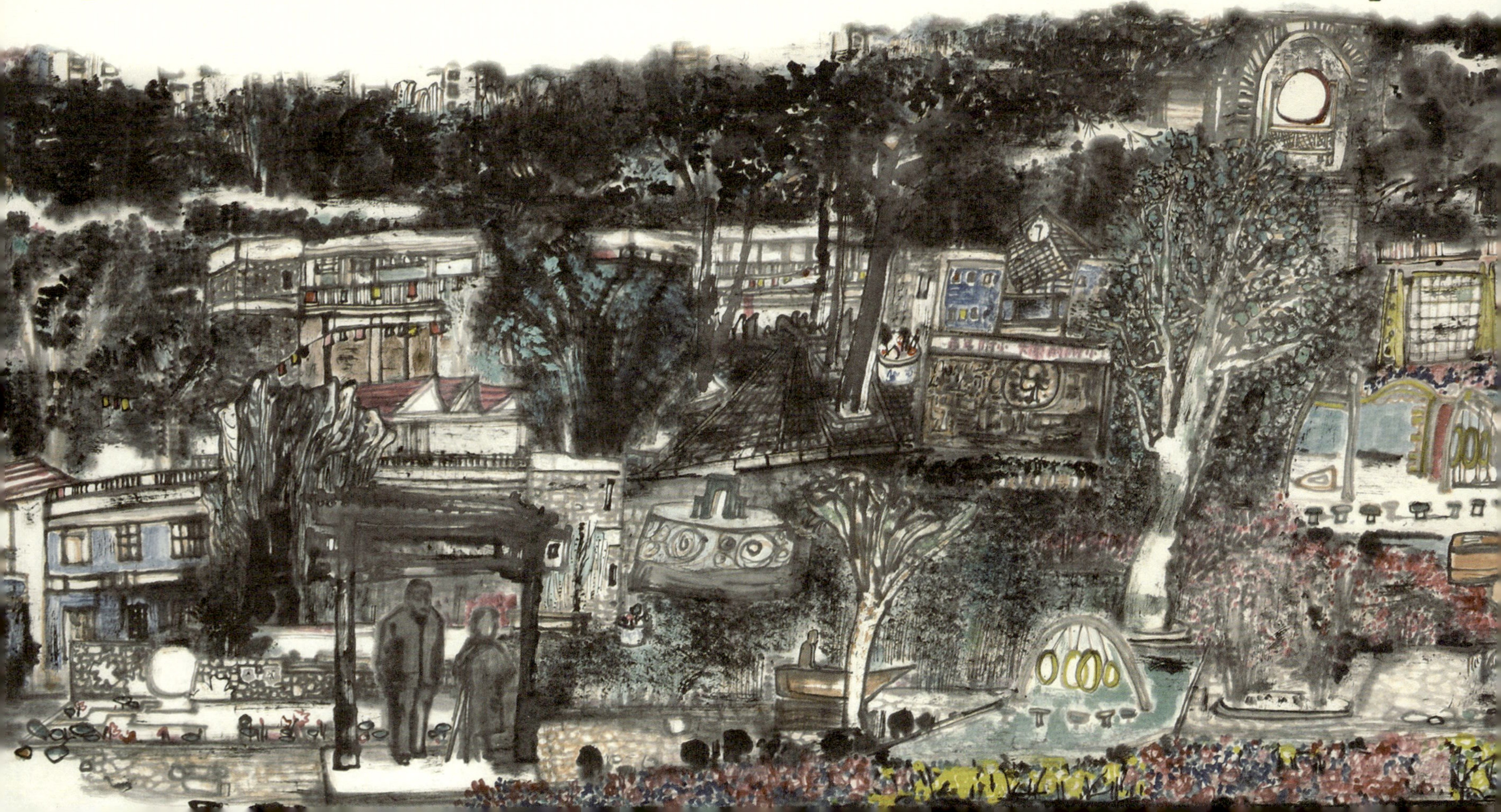

清华大学附属小学（以下简称清华附小）是一所百年老校，典雅、素朴，坐落于清华大学西南角，叶企孙、冯友兰、马约翰、朱自清、潘光旦等著名教授都曾先后担任过校董或校长。学校走出了诺贝尔物理学奖获得者杨振宁、奥运冠军何姿等知名校友。

她是一所与国家、民族命运紧紧相连的学校。1911 年，依托美国退还的部分“庚子赔款”，清政府在地处北京西郊风景园林区的清华园（曾经是“圆明五园”之一的“近春园”）建立清华学堂，作为留美预备学校，1912 年更名为清华学校。周诒春于 1913 年 8 月来到清华大学，任第二任校长。在任清华校长的四年多时间里，周诒春倡导“着重德智体三育”的方针，“素以养成完全人格为宗旨”，推行“端品励学”和体育“强迫运动”，并率先提出了将清华由留美预备学校改办为完全大学的计划。周诒春校长在上海圣约翰大学的同学、好友李广诚携全家六口人，随同他从上海来到清华任庶务长。随着清华学堂规模的扩大，教职工不断增加，地处偏远西郊的教师子弟入学出现了困难。为解决教师的后顾之忧，李广诚和汪铁英先生于 1915 年秋创建了成志学校。“天下兴亡，匹夫有责。”成志学校成立的意义在于让每个人通过教育，从小立志，发展兴趣，形成志趣。

中华民国五年（1916年）四月十九日的《清华周刊》刊登的《校闻》：

李广诚、汪铁英于去秋创立小学一所，名曰成志小学，专为教职员子弟求学而设，暂借汪先生宅内为校址。前星期六下午特邀集各生父兄开茶会。

成志学校成立之初，学生共21人，当时没有固定校舍，由于学生人数不断增加，学校曾几次变迁。1921年11月，学校迁到蓝旗营内（今校内胜因院一带）。1926年秋，学校又迁移至校内学务处西院。1927年，丁所校舍终于建成，成志学校才得以定址。丁所位于当时清华大学的核心地带，毗邻丁所的甲所、乙所、丙所分别是清华大学梅贻琦校长、文学院院长冯友兰、外文系教授陈福田的住宅。此时，成志学校除小学部外还有幼稚园部。当时由戴梦松先生任小学部校长。此后，李广诚、马约翰先生等先后任过成志学校校长。

与成志学校同时期，时任清华大学校长的周诒春、副校长赵国材、庶务长唐孟伦、斋务长陈筱田四位先生，因感慨清华园附近的平民子弟，由于各种原因导致幼年失学，所以创办了成府小学，专招收住在校外的清华子弟及周边的贫民子弟。经费全由发起人及赞助人捐助。

初创时，租成府槐树街路北民房九间为校舍。1935年，原房主将房屋售与他人，成府小学一时陷于困境，遂由大学部拨给“新南院门外之隙地”（今日清华附小校址）建立新校舍；又因当时教育部门规定，私立学校不能使用地方名称作校名,故于抗战前夕改名为“诚孚小学”（与“成府”二字谐音）。

1937年，抗日战争爆发，清华大学被迫南迁，成志学校随之南迁。1946年秋，清华大学由昆明迁回清华园内，成志、成府两校合二为一，仍沿用成志学校的校名。1946年12月12日，成志学校复校开学。1952年8月，成志学校中学部和小学部分离，成志学校小学部更名为清华大学附设小学。1960年，正式更名为清华大学附属小学，沿用至今。

在现任校长窦桂梅看来，“清华附小历经百年铸就的精神财富，就是成志教育”。行胜于言、自强不息的清华精神和“立人为本”的教育观念，始终润泽着清华附小师生的心灵。在一代又一代清华附小人的共同努力下，清华附小守正拓新，得到了长足发展，步入全面开放、快速腾飞的时期，学校逐步迈向卓越，成为中国现代小学教育之翘楚。

/一/ 立人为本，成志于学

时光流转，岁月更迭，百年清华附小，历经命运起伏、沧桑变迁，不变的是脱胎自清华精神的家国情怀、科学精神和完整人格。有着百年历史的清华附小，向世界宣告：这所小学的意义，意在成志，在于为师生聪慧与高尚的完整人生和健全人格奠基！

周诒春

冯友兰

叶企孙

张子高

马约翰

萧公权　朱自清　杨武之

刘崇鋐　陈　达　潘光旦

清华园里的那所小学

从甲所、乙所向南，翻过一座小山，或者绕过二校门往西走，就可见这幢背靠松树坡的民房。微弯的拱形门好像赵州桥的桥洞，里面一条通道，两旁是静静关着的小屋，完全像一户人家。窗户后面的小院很静，堆满了杂物，但阳光照射，好像这是一条漂在河上的船，又似乎有另一条看不见的河从院子的深处漂流向外面。

在著名物理学家、诺贝尔奖获得者、清华附小校友杨振宁先生的记忆中，伴随他童年成长的母校、清华附小的前身——成志学校，这样一所藏身在清华大学怀抱中，在清华文脉润泽下的学校，正是承载着他童年欢乐与梦想的地方。

自成志学校诞生之日起，她就与清华大学血脉相连，镌刻着深深的清华烙印，传承着清华精神。清华大学人文社会科学研究院副院长徐葆耕认为，清华精神不是人为设定的，也不是哪位校长或大师头脑中的理念产物。它是介于理性与感性之间的一个范畴，它的形成是多重因素长期相互撞击和融汇的结果。政治制度的更替或者毁灭性灾难的降临都只能改变它的外在形态和部分内涵，而不能把它从根本上摧毁。他认为，清华精神至少具有以下三个特点。

明耻。当时的清华是个“赔款学校”，而学校偏又建在了被英法联军洗劫过的清华园。学生整天面对着被焚毁的残垣断壁，民族耻辱时时袭上心头。当时，在学的吴宓曾有“热肠频洒伤时泪，妙手难施救国方”之叹。清华曾是留美预备学校，学生吴宓、朱自清、闻一多等受着美式的教育，而在出国后却非常敏感于西方人对黄种人的歧视，他们较其他大学的学生蕴积着更深重的民族耻辱感；耻中国科技与文明不如西方发达国家；耻清华不如西方的一流大学。实现学术独立成为清华建设的主题，而其深处的情感动因仍是雪耻。这种为民族雪耻的激情，在新中国成立后，转化为建设祖国的顽强意志。

讲究科学。清华改建成大学基本是在新文化运动的“科学与玄学”论战之后，科学优势上扬。清华国学院建立伊始，主任吴宓就宣称本院与其他大学的不同之处在于重视“科学方法”（参见吴宓在国学院开学日的讲话）。四大导师梁启超、王国维、陈寅恪和赵元任以及吴宓、李济的研究成果证明此言不虚。

梅贻琦任清华大学校长之后，办校主张重自由，更重“科学家的眼光和态度”，强调理性和纪律，主张一切以事实为出发点。这一点，与梅贻琦所接受的理工科教育背景有关。这种科学精神不仅贯彻于理工科建设而且旁及人文学科。冯友兰说：“清华文科的共同风格是追求‘所以然’‘比较有科学精神’。”新中国成立后，清华明确提出，继承发扬严谨、科学的传统，并且在广度和深度上大大超越从前。

重视实干。早在20世纪30年代，朱自清先生就说：“清华的精神是实干。”直到现在，在校园的中心位置还竖立着“行胜于言”的石碑。

清华大学的这三个精神特质，从清华附小一成立，便化作学校一直以来的对于学生“家国情怀、科学精神、完整人格”的关注，并为日后清华附小在新时期形成自己的“学生发展五大核心素养”奠定了基础。

中国著名哲学家、思想家冯友兰先生曾担任成志董事会主席，冯友兰先生的女儿，著名作家宗璞曾经回忆自己在成志学校的生活时说：

在我的印象中，清华大学的校训‘自强不息，厚德载物’，对于我们这些子弟也是起作用的。这里没有懒散，没有低俗，它教我们要像昼夜一样永远向前不停息。这种精神似乎比一般的实干精神更丰富、更深刻。

李岫，著名作家、北京师范大学博士生导师。她的父亲，著名文学家、教育家、《阿诗玛》的编剧李广田先生曾经担任成志学校校长。李岫认为自己的母校成志学校有三大传统：

第一是爱国精神；第二是重视理论联系实际，培养学生的独立思考和动手能力；第三是尊重科学、尊重师长、尊重知识，永远保持一颗求知的心是当时学校对学生的培养目标。

李广田

李岫

小学里的大师校董们

藏身于清华园中，成志学校安静、祥和，自然生成了一种幽静的学堂育人模式，生活在“书香门第相邻，丁香花语相闻”的校园里，闻清华校训、得清华之灵气的清华子弟们拥有着令人惊羡的师资和得天独厚的人文滋养。学界大家们的儿童观、教育观给成志学校的学生奠定了人生的第一层基石，并为之后清华附小的育人目标——“立人为本”定下了基调。

成志学校成立之初，成志学校的管理由校董事会负责。清华大学叶企孙、张子高、冯友兰、马约翰、萧公权、朱自清、杨武之、刘崇鋐、陈达、潘光旦等著名教授都曾在成志学校先后被委任为校董事会成员。在留存下来的历史资料中，我们可以领会这些中国近代史上赫赫有名的学术大家的儿童观和教育观。

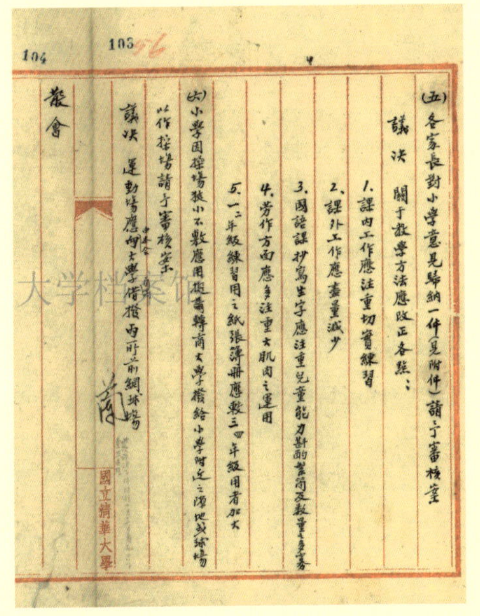

104 103

(五)各家長對小學意見歸納一件(見附件)請予審核案

議決　關于教學方法應改正各點：

1.課內工作應注重切實練習

2.課外工作應盡量減少

3.國語課抄寫生字應注重兒童能力斟酌篇簡及數量之多寡

4.勞作方面應多注重大肌肉之運用

5.一二年級練習用之紙張簿冊應較三四年級用者加大

(六)小學因操場狹小不敷應用擬請轉商大學撥給小學附近之隙地或球場以作操場請予審核案

議決　運動場應向大學借撥西院前網球場

散會

國立清華大學

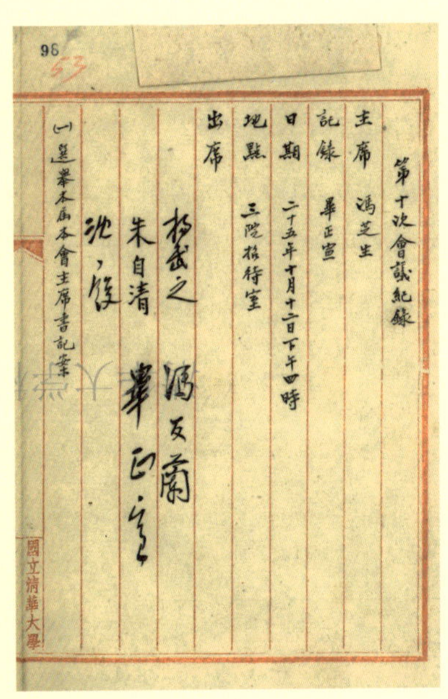

98

第十次會議紀錄

主席　馮芝生

記錄　畢正宣

日期　二十五年十月十二日下午四時

地點　三院接待室

出席　楊武之　馮友蘭　朱自清　畢正宣　沈履

(一)選舉本屆本會主席書記案

國立清華大學

1936 年成志学校董事会会议记录

下述文字节选自成志学校董事会第十次会议记录：

（四）小学呈请为幼童军划一服装起见拟做幼童军制服一套可否实行请予核准案。

议决　因天气渐冷，幼童军制服定于明春添制，其布样颜色、价值届时再议。

（五）各家长对小学意见归纳一件请予审核案。

附件

各家长对小学意见归纳：

1. 课外作业越少越好，能在教室中完全做了更好

因在上课之时有教师指导既专心且省力。课余时可做户外运动增进身心的健康，故应注意以下各点：

A. 一、二年级完全没有课外的作业，如日记抄写多在教室内。

B. 三、四年级每星期小楷一次，大楷一次，在教室内同时教方法，大楷每天一页（1 page），在课外写（日记另详）。笔答多在教室内做。

C. 五、六年级小楷在教室内，大楷每日一页在课外（日记另详）。问答可以每星期有一二次。

D. 日记所以练习作文之用，但无论何事要小儿进步，一定要小儿对于某事有兴趣。记日记为每生的苦差事，根本一些兴趣没有，每日敷衍塞责，对作文根本没有好处，且字迹是潦草不堪。日久成习惯，以致好的句子亦做不起来，整齐的字亦写不起来，非特无益且有害处。以后日记可改为笔记，每星期两次，以一星期中最有兴趣的、最新鲜的来记下，以免天天写几点钟起来，几点钟上课等老调。在五、六年级可在课外做其余，多在教室中做了并望教师详细改而当面告之所以改的缘故。

2. 用品

A. 一年级抄书本格子空特别放大。

B. 图画纸要放大使小儿有发挥及运用腕力的机会（至少比现用的加一倍，二三倍更佳）。

C、手工尤其是一年级及低年级的改为用大筋力运动的工作，养成他们创作及自动的习惯，如先生以小块纸叠一椅一凳叫所有小儿来做，此为三十年以前的劳作，完全不适用于今日。

3. 教师

A. 一年级的抄生字一次至多不得过四字且要笔画少而日常用的。

B. 改作文请多留意每生的白字及话病而每人能与各个面谈则进步自多。

议决　关于教学方法应改正各点：

1. 课内工作应注重切实练习。

2. 课外工作应尽量减少。

3. 抄写生字应注重儿童能力，斟酌繁简及数量之多寡。

4. 劳作方面应多注重大肌肉之运用。

5. 一二年级练习用之纸张簿册应较三四年级用者加大。

（六）小学因操场狭小不敷应用，拟请转商大学拨给小学附近之隙地或球场以作操场请予审核案。

议决 运动场应由本会向大学借拨丙所前网球场。

在这份珍贵的历史记录中，我们惊讶于这些大家们对孩子的躬身向下、体贴入微，这对我们今天无数望子成龙、望女成凤而揠苗助长的家长有怎样的震撼和启示？

曾任成志学校校长的著名诗人、文学家李广田，曾经这样立下誓言："我对于教育工作、文学工作是从不厌倦的，我愿意终身献身于此。"他从 1923 年，时年 17 岁在山东第一师范登台执教，除去中间在北大学习的时间，先后执教于南开大学、清华大学、成志学校以及云南大学，跨越了小学、中学和大学三个不同的阶段，在他晚年有人批评作为散文家的他缺乏创作时，他如此反驳：

请不要责怪我没有创作，我的创作很多很多，我写下了教育诗篇……正如你们诗人一样，我的工程也是创造灵魂，我的任务很重，也很光荣，我愿意以此终身。

正是有了教育家和文学家的双重身份，李广田对于文学和教育的关联，认识得非常深刻。在《论文学的教育》一文中，他如此写道："教育的功能，一方面在教人以知识与技能，另一方面在教人以做人的道理。文学的教育功能属于后者。它教人以自处之道，而更重要的还是对人处世之道，总之，是教人以做人的态度。""我们在这些作品中看到人类生活的种种方面，这增加了我们认识的领域，也就是扩大了我们生活的视野，间接地扩大了我们生活的经验。"

李广田的继任者，文学史家季镇淮，是著名学者闻一多先生的学生。清华大学在创建初期，清华人对国文教育的轻视有过自省。闻一多就曾经撰文指出："国于天地，必有与立，文字是也。文字者，文明之所寄，而国粹之所凭也。希腊之兴以文，及文之衰也，而国亦随之。"认为一国的文字乃一国命脉所系，国文兴则国兴，国文亡则国亡。闻一多的国文教育观点也影响到季镇准，在他担任清华附小校长期间，将清华附小的国文教育放在了国之精粹的高度去思考与构建。

曾经担任成志学校校董的著名社会学家、优生学家、民族学家、教育学家潘光旦先生认为："教育的理想是发展整个的人格。人格有三方面，一是人之所以为人的通性，二是此人所以异于彼人的个性，三是男女的性别。健全的教育是三方面都得充分顾到的，如果舍男女之别不论，则须兼筹并顾的尚有两方面。个人的先天性格尽管不免有所偏倚，教育的鹄的则不能不力求通性与个性的平衡发展。通性是通才教育的对象，而个性是专才教育的对象；一个人应当受的教育是一个通专并重的教育，以至于'通'稍稍至于'专'的教育，因为归根结底，我们必须承认，做人之道重于做事之道，生命的范围大于事业的范围。"

基于这样的育人理念，成志学校创建之始，就已经具备了现代化小学的标准，特别是在课程设置上，语文、算术、工艺、美术、音乐、体育外，还设有社会科、自然科，1925 年又增设了英文。在"立人为本"教育理念的指引下，成志学校的孩子们在清华园中自由呼吸、快乐成长。请看杨振宁先生对于童年最美好的记忆：

我读书的小学是成志学校，自 1929 年起我在这里读了四年书。在我的记忆里，清华园是很漂亮的。我跟我的小学同学们在园里到处游玩。几乎每一棵树我们都曾经爬过，每一棵草我们都曾经研究过。

据当年的老校友傅乐夫先生回忆：

朱自清先生曾经去学校讲《荷塘月色》……我还把写的东西给他看，后来他给我改了几个字，他说写东西要有感而发，光有感而发还不行，还要深发，深发不行，要再深发。这是听他直接教给我们几个学生的。

梅贻琦先生的儿子，清华大学著名教授梅祖彦回忆自己的小学生活：

三十年代初，我进入成志小学读书。成志小学是一所有一百多名学生的半公立学校，学生大都是清华大学教职工的子弟。印象中学校的师资条件很好，文化教育很不错。成志学校很注重培养学生的表达能力。记得小学四年级时，老师让讲讲课文的意思，学生拿起书本来，老师说："你把书放下。"就是让我们凭印象来讲，这种方式还是不错的。小学教育应该更直观一些，更兴趣化一些，因为，这个时期学生记忆力最强，抽象思维的能力则比较差。因此，少年时期的教育不要太刻板，要宽松一些。

1938 年，北大、清华、南开三校合迁至昆明，成立"国立西南联合大学"（以下简称西南联大）。西南联大全体师生在国难当头的历史时刻，团结一致，水乳交融，喊出了"刚毅坚卓"的西南联大校训。尽管时局动荡，但是教授们并没有忽视孩子们的教育问题。在西南联大艰难建校后的第二年，为解决以西南联大教职工为主的子女就学问题，1939 年筹设西南联大附中、附小及幼稚园。当时西南联大附小的校主任黄钰生在《回忆联大附属学院及其附校》一文中，提到当时西南联大附小特别注意培养孩子的身心健康，他说：

一个优良的学校，首先要注意儿童的身心健康。积极注意儿童身体的正常发展和卫生习惯的养成。为了贯彻这个目标，学校的安排，器具的设计，凡与健康有关之处都倍加注意。学校的卫生和学生的饮食由有专业训练的职员负责，使每个学生未有疾病。每半年受校医检查一次，低年级每两月测验体格一回，以观察其生长发育。这样，在家庭、学校双方小心操护之下，个个都可以茁壮起来。

至于心理的健康，卑之无甚高论，只求学生有出息，能做的事自己做，能受的自己受，能负责的自己负责，可尝试地鼓励他去尝试，遇到困难自己去设法克服，这就是有出息，有出息不见得全好，无出息好也好不了，而不坏即是好。有出息既可以好也可以坏，好坏之际是教育下手的去处，我们宁愿要顽皮淘气的孩子，也不愿要无生气的孩子。根据这种认识，本校对于每一个儿童的兴趣、胆量、气质加以爱护。对于艺术、音乐、劳作、团体活动等表现自我的科目，将给予特别注意。本校同仁不敢希冀培植天才，但绝不践踏天才。

在儿童与物之间、儿童与人之间、儿童与事之间，碰着是难免的事，教师虽然关心，但绝不做褥垫、靠山、围墙、代劳的使者。让孩子们在现实的雨阳中长大，而不是在暖窖中熏出来。

但是有一件东西，我们当作嫩芽看待，那就是儿童的兴趣。例如，画画一事，哪个小孩子不好画？可能是顽皮的缘故，教师看孩子的作品无一是处，于是在讥笑、谴责下绘画的兴趣夭殇枯槁了。绘画如此，其他兴趣也莫不如此，于是兴趣往往不是禀赋之发展而是践踏的残余。本校同仁对于儿童个人兴趣必须小心翼翼地培植灌溉。

1943 年入学西南联大附小的校友吴庆宝回忆说：

在那个特殊的时期，孩子们受教育的年龄和程度不同，为了更有针对性地培养学生，西南联大附小的入学考试一至四年级用一份考卷，考题内容多样，程度不一，老师根据考生分数决定学生适合上哪个年级……这在当时是很新鲜也是很成功的教育方法。

在战争年代，学生们仍然有过儿童节，展示自己亲手制作的航模等各项活动的乐趣。到了 1946 年，学校课程已日趋完善，开设的课程有读书、作文、习字、笔算、说话、珠算、常识、自然、历史、地理、英语、劳作、美术、唱游、音乐、体育等，极大地丰富了学生的知识结构。学期结束，各年级会评选优秀班集体与优秀学生，优秀的毕业生会保送到学校中学部上学。

父辈的教育

历任校长和校董们对清华附小精神气质与文化基因的奠定，不仅仅是立人为本、健全人格的教育理念的指引，更来自于他们既是教师又是家长的身正垂范、行胜于言。

教授们既是成志学校的校长、校董、教师，又是家长。毕业于成志学校的中科院院士、文学家杨振声之子杨起对当时校长马约翰教授的英文课印象深刻：

他亲自教我们英语，而且要求很严，要求孩子们游戏时也AA、BB地练习。我的成绩很好，有一次考了99.5分，丢分的原因是在一句话中的‘i’字上忘了点那个点。

这些家长们并没有把教育的责任完全推给学校，宗璞先生就曾回忆说，每天在母亲的监督下认字，在父亲的教导下读书和作文。她这样描述当时清华园里教授们的交往：

那时清华的人文学科，精英荟萃。也许不必提出什么学派之说，也许每一位先生都可以自成一家。但长期在一起，难免互有熏陶，就会有一些特色。孩子们在这样的环境中耳濡目染，成为成志学校天然的滋养。

历史学家蒋廷黻的儿子蒋寿仁细数父亲对他们的教育：

对我们小孩的教育，父亲也很注意。有一个夏天，他找了一位清华大学的学生来教大姐与我语文，我那时正开始识字，老师教我《三字经》、教大姐《百家姓》与《孟子》，我很喜欢上这课。老师好像在讲故事。

杨振宁回忆起他在清华园里的小学生涯，感觉那几年的时光对他“影响深远”。在学校里，遇有不懂的问题、碰上难以处理的事，总是经常跑到数学系办公室向父亲请教。杨振宁的父亲，时任清华大学数学系主任的杨武之先生，也是当时成志学校的校董之一，杨武之先生博学，循循善诱，一丝不苟，将家庭教育与学校教育紧密结合。在清华大学档案馆珍藏的那本《成志小学董

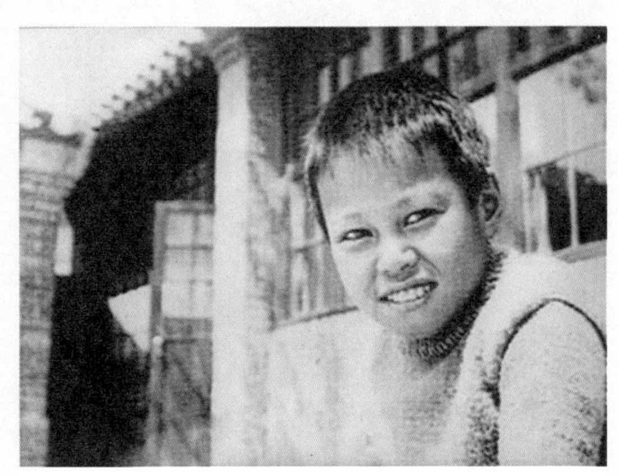

少年杨振宁

2013年六年级学生毕业典礼，杨振宁先生重回母校

2015年10月百年校庆期间，杨振宁先生参加校史剧《丁香花开》首演

事会会议录》中，从1935年8月至1937年6月，共十四次会议记录，杨武之先生很少缺席。杨振宁后来说：

父亲对我们子女们的影响很大。从我自己来讲，我小时候受到他的影响而早年对数学产生浓厚的兴趣，这对我后来搞物理学工作有决定性的影响。

被誉为“中国化学界的先驱者，清华化学教育奠基人”的张子高先生，其教育思想属于“通才教育”范畴，并善于不拘一格地遴选人才。张子高先生也曾担任过成志学校董事会董事。其子张滂，是曾和杨振宁先生一个教室上课的同学，后都成为中科院院士。一个教室里走出了两位中科院院士，成为成志学校的一段佳话。

父辈们的言传身传，行胜于言给成志学校的学生带来的影响是终身的。后来成为书法家的熊秉明，当时也在成志学校上学。熊秉明的父亲熊庆来，是清华大学算学部（数学系）的创始人，在国际数学界享有盛誉，但他生活恬淡朴素，不吸烟、不喝酒，也不许妻子打牌。研究数学问题之外的爱好是收藏字画，但并不苦心搜求稀少难得的古董，“较古的物件不过是祝枝山的字，何绍基的字而已”。偶尔，在星期天，熊庆来在有空暇时，也会给孩子们讲上一段《左转》或者《战国策》，年少的熊秉明，也曾被父亲带着去拜访齐白石老人。

国学院四大导师之一的王国维，也是成志学校的学生家长，据王国维的儿子王登明回忆，在王国维自沉之后，和王国维同在清华国学研究院担任导师的语言学家赵元任，在暑假把王登明和他姐姐叫到自己家中和自己的女儿一起补习功课，并插班进入成志学校。

除了生活上的彼此照顾，更有学问上的如切如磋、如琢如磨，著名红学家俞平伯的儿子俞润民，在父亲1928年应聘到清华中文系时，进入成志学校读三年级，在他有关儿时的记忆里，除了母校成志学校，还有许多关于父亲和其他教授之间的来往：

父亲在清华大学任教时，讲授《清真词》和“词”习作课，此外还讲授小说和戏曲。他认为词、曲有相同之处，它们都是乐府的支流，与昆曲也有联系，所以他就结合了一些同好者，研究昆曲。参加者有很多都是清华名人，如朱自清先生夫妇、浦江清先生、汪健君先生和谭季龙先生等，也有清华中文系学生华粹深等多人。后渐渐就组成了曲社，因在“九一八”事变后，日本在华北势力很大，他们就将曲社定名“谷音社”，是取“空谷足音”之意，也是针对当时的时局而言。“谷音社”社员由原来十余人发展到三十多人，还在清华工字厅举行过几次曲集。在清华校园中也有一定的影响。

父亲住在清华南院时和陈寅恪、朱自清、浦江清、杨振声等教授经常来往。朱自清先生曾住在南院的单身宿舍，距我家很近，因系单身一人，饭食不方便，父亲就请朱自清先生每天来我家共餐，朱先生一定要付伙食费，父亲当然不肯收，朱自清先生一定要付，最后只好收下，而暗中却又把这钱全部用在给朱先生添加伙食上。朱先生后来渐渐地察觉了丰盛的饭菜是专门为他做的。饭费本是一件小事，根本不值得一提，但是抗战以后，父亲因亲老而留在北京，他坚不与日伪政府合作，高风亮节为世人所重。朱自清先生自昆明寄《怀平伯》三首七律，是很有名的，久为人传诵，其中有二句云：“西郭移居邻有德，南国共食水相忘。”

不独俞平伯，当时在成志学校读书的学生，几乎都能说出这样一段父辈“共同体”的故事。曾任清华大学政治系主任的浦薛凤先生的女儿浦丽琳回忆：

欧洲休假归校后，父亲任《清华学报》的总编辑。这一纯学术性季刊，当时有编辑二十人，包括陈寅恪、蒋廷黻、吴宓、陈岱孙、钱端升、吴景超诸位。父亲那时正撰写西洋近代政治思潮各章，便于每一期中刊出一篇……

这样一个既是学术共同体又是生活共同体的教授群落，带给成志学校的学生什么样的影响？浦江清教授的儿子浦汉明犹记得1946年，九岁的他跟随父亲初次进入清华园的那一幕：

我跟着爸爸下了车，见已有两人站在旁边迎接。我们踏着落叶走过去，父亲和他们握手，然后向我做着介绍，指着年长的一位说：“这是朱自清先生，

成志学校的教师们

快叫朱伯伯！”朱自清？难道是作家朱自清？我大吃一惊。小时候我记性很好，凡看过的书，作者的名字都能记得。在我幼稚的观念里，以为他们都是古人，而在家乡小城里，确也从未见过一位作家，所以竟不知作家还有在世的。“朱伯伯！”叫过之后，我躲在父亲身后，好奇地看了又看，见他个子不高，身材瘦削，面色略显苍白，严肃的目光透过镜片射出来，令人产生敬意。我悄悄地问父亲：“他就是写《背影》的朱自清？”“是呀！”这下轮到父亲吃惊了。他想不到我会知道朱先生，并一下子就说出了他的代表作，不觉大为高兴。其实，我并不知道《背影》的文学地位，只不过对这一篇印象最深罢了。“清华真是一个好地方，刚到这里就见到了一位真正的作家！”我暗自想着，一股自豪感从心底涌起，那种激动，或许有点像现在的青少年见到了崇拜的明星吧。与此同时，我也敏锐地察觉到父亲无声的赞赏，知道已通过了他的测试。我的心与父亲一下便靠近了。于是初进清华园时的这一幕便永远地留在了记忆里。

从此，我们就生活在清华园中了。随着师生的逐渐归校，园中也热闹起来。除朱自清先生外，和我家同住北院的，先后还有王竹溪、余瑞璜、刘崇鋐、吕叔湘、杨业治、华罗庚、宁榥、王瑶、张青莲等各家，真可谓人才济济。可是孩子自有另外的天地，我们忙于在院中空地、土坡间做游戏、唱歌、跳舞，相互追逐，甚至分成两伙学打仗，冲冲杀杀，真好像是一个大家庭，有着众多的兄弟……不分男女老幼，一视同仁，人的天性自由发展，这或许是清华特有的传统吧。我们成长在这样的环境中，真是受益匪浅啊。

受益匪浅，熏陶无声。清华附小百年历程培养出那么多一流的人才，首先得益于清华园饱含学术氛围的成长环境。

西南联大的力量

除了这些由知名教授而营造的良好的家庭氛围，成志学校优秀的师资条件更是学生成才的保障。即使是在战火纷飞、条件艰苦的西南联大时期，为保证教学质量，西南联大附小在师资的选择和培养上也颇费心力。教师多是联大师范学院或联大的毕业生，其教学方法和质量都是一流的。据齐钟久（1943—1946 年在西南联大附小上二至四年级，曾任中国革命博物馆陈列部副主任、中国博物馆学会理事）回忆：

西南联大附小的校长是由师院校长黄钰生兼任，黄校长德高望重，是知名的教授，他常来学校指导。记得有一次他给我们讲了一个隐身人的科幻故事，引起了我们对学科学的兴趣。当时常来学校的还有查良钊教授和张清常先生，他们都很热心西南联大附小的教育。

当时西南联大附小教师中有不少是正规大学或师范院校毕业的，也有西南联大教师的家属，素质和水平都较高。当时的校友周友楠回忆：

西南联大附小的师资水平很高，不少是联大毕业生，哪个学生学习好，老师就亲吻他的脸，大家都把这看成最好的奖励。我是经常受到亲吻的学生之一。

校友吴庆宝回忆：

1943年在昆明，父亲是西南联大外语系教授。夏季时，我已经满6岁，父母带我去报考西南联大附小一年级。一进考场拿到卷子，看到有那么多不会的题。监考老师说先写上名字，会什么就写什么。到发榜那天，在一年级的名单里，我怎么也找不着自己的名字，后来在二年级的名单里找到了。事后才知道，在那个特殊的时期，孩子们受教育的年龄和程度不同，为了更有针对性地培养学生，西南联大附小的入学考试一至四年级用一份考卷，考题内容多样，程度不一，老师根据考生分数决定学生适合上哪个年级……

当时在北平的小学里，学生不听话，老师可以罚站、用教鞭抽手心。西南联大附小则完全采取教育的方法，学生有错误老师必须耐心教育，使学生心服口服，达到纠正。还有一个在当时是很新鲜也是很成功的教育方法，级任老师每年要到学生家走访一次，了解学生在家的情况，并与家长共同研究，以便因人而教。老师向家长反映的情况，一般是学生的优点多，绝不向家长告恶状，对学生的缺点，只是以要求或希望的方式请求家长配合教育。

西南联大附小的老师十分重视对学生智育、德育、体育的开发。在课堂上不单单是书本的讲授，往往还要用一定的时间讲些新的知识，每周有一课时的质疑、答疑时间，由学生自由提问，老师解答；有一课时的讲演课，学生挨个上台讲演，锻炼口才，讲得好的同学还可以被推荐到周会上，对全校讲；各班每学年要举办一次成绩展览，向家长汇报，布展内容由学生选定，老师不加干涉，只起指导作用，以锻炼学生的动手能力；每年要召开一次恳亲会，由学生排练节目为家长和老师演出，演出的节目有唱歌、舞蹈、小话剧等。

此外，学校对学生在卫生、礼仪、待人接物等方面的要求也是很严格的，每年要评选先进的班级和品学兼优的个人，发给奖品并照相以示鼓励。当时，西南联大附小的学生常常受到外界的称赞："西南联大附小的学生有礼貌、明事理、知识多，将来会有出息。"

1943—1946年就读于西南联大附小的张企明回忆：

一生中总会有一位影响最深的老师，她的品德使你终身铭记，早就想把感受写出来，为我，为孩子，以及所有受到这样老师感动的家庭，留下一点纪念。

1946 年秋，我的三年级班主任兼语文老师是刘瑜老师，她不但有那样慈祥的目光，而且在她身上有一种宁静的感化力。

那年秋游黑龙潭后，作文即以此为题，刘老师说，写得好，有奖励。我糊里糊涂地写完游记，就忘到脑后，下课后和同学在校园内疯跑、疯玩。学校北边是一大片坟地，是我们玩“官兵捉贼”的好地方。

忽然，一天作文课上，刘老师宣布，这次作文张企明是第一名，并奖励皮球一个，上面还用红笔写着“奖给作文第一名”等字样。我顿时不知所措，下课后同学们一拥而上，抢了我的奖品到院中玩耍……后来那只白色的皮球不知所终，但刘老师的苦心奖掖和鼓励却终生难忘。可惜的是老师真挚的使我如沐春风的关爱，却因日寇投降后举家返乡而猝然中断。

同年秋末，随母亲乘 C47 型飞机经重庆飞抵上海，等待赴美讲学的父亲回国，再一同回北京。就在上海借住的亲友家中，收到了刘老师寄来的几张珍贵的照片和我在校所缴午餐费的余款。母亲感动地说：“像这样品德的教师真是难得，以后恐怕也不多见了。”

1944—1946 年，在西南联大附小度过了近两年难忘时光的冯钟潮回忆：

我是三年级插班进校的。此前，因为日寇飞机天天来轰炸，父亲和西南联大师生们在城里坚持上课，母亲带我暂住在乡下山里的涌泉寺，因此，我没正规学过小学功课。算数课上，别的同学很快得出心算结果，我却不会。课间游戏，我也不知道怎么玩。所以，刚入学时，我不喜欢学校。只是必须上学啊，又看到朱鉴荣老师和邝仪真老师亲切的笑容，勉强地坐进了教室。但不久，在老师由浅入深的授课方法和课间多提问等不着痕迹地教导下，很快我便适应并喜欢了学校。

“启发”无疑贯穿着西南联大附小教育的全过程。例如，语文课上，邝老师在我们的每篇很不成文的“作文”上，认真的挑出好的词、句，在旁边画上红点，在篇末写出哪里好、哪里不足；在课堂上讲评同学写得好的作文，使同学在自己的基础上得到提高并受到鼓励。算术课上，举手抢答的心算几乎成了我们每天的盼望。为了培养语言表达能力和综合素质，学校还专门设有一门课让同学在班上或学校讲故事。某次，在全校周会上我讲了一个小女孩头顶奶桶的寓言故事。多年后，我还常想起这个寓言：不能沉溺于幻想而忘了当前工作。可见，当时这种启发式的教育对学生的深远影响。

西南联大附小没有体罚，即使是批评也以最好的方式让同学易于接受。童年的我们，常常有许多大人会觉得奇怪的想法和行动。例如，我喜欢攀上住处附近高高的枇杷树，找一组树杈坐下，边写生字边想象着自己是除妖降魔的孙悟空。早晨来上学时把一张画有士兵像的纸埋在路边，下课回家时去找，如果还在，就是已潜到了敌后，可以消灭鬼子。因此，我们上课常常不守纪律。一天晚上，我听哥哥讲飞虎队如何英勇地打下了日本飞机。第二天上课时就用纸叠起飞机来，一心想象着在空中参加激战。邝老师无疑看到了我的不守纪律，她没有公开批评我，只在边讲课边在同学座位间走动时轻敲两下我的桌子以示警告。我想，老师当然不可能知道我们每个人心里多得要命的幻想和秘密，但她了解我们，爱我们，真的像园丁培育幼苗一样，精心呵护着我们在自由快乐的气氛中得到知识并一天天成长。回想起来，做到这点并不容易，班上同学，多数是西南联大教职工子女，但也有来自社会各方面的孩子，年龄也参差不齐，有的同学骑着大军马来上课，有的同学年龄很小由她父亲扛在肩头送到学校。教师能够在所有同学和家长中拥有绝对的权威和认同并非易事。

西南联大附小能成为公认的好学校主要得益于这些老师和办学理念，由于抗日时期环境艰苦，教室和其他设备都很简陋。操场就临着一片乱坟地，几棵高树间架着两个秋千。我喜欢把秋千荡到极限，让风把头发高高地吹起，好像在空中飞翔。啊！印在记忆中难忘的西南联大附小和童年！

1950届校友李曾中说起自己的小学老师至今仍记忆犹新：

成志学校的老师都很好，他们不仅责任心强，业务素质也很高。例如，我们的美术老师是吴承露老师，大家都很喜欢上他的课，我学会了写美术字，做各种手工和画许多基本的图案，学习了素描基础、透视理论、二方连续、四方连续、仿宋体美术字的写法等。我的美术知识相对来说是较高的。他还不断地给我们发制作军舰等模型的画稿和制作美术摆件的资料，加强我们的兴趣和动手能力。我做的军舰模型受到了吴老师的表扬，使我更加热爱美术课和劳作课。朱安恕老师上课没有一句多余的话，眼睛也一直盯着学生，使你的大脑一直跟着他讲的内容进行思考。他为我后来学习数理化和从事气象科研工作，起到了很重要的作用。我们的英语老师是刚从美国回来的、水利学家张光斗教授的夫人钱玫茵老师，她的美式英语发音很好，这为我的英语发音打下了良好的基础。

语文课老师、班主任游珏老师学问很高，在课堂上经常引用各种经典故事，使我们听讲时精神十分集中，她对于作文的批改十分认真，对标点符号的使用讲解得非常透彻，使我对语文课的兴趣大增，由此，我的作文经常受到表扬，这种劲头一直持续到中学乃至一生，这对我后来写各种学术论文的帮助是很大的。

清华大学是一所著名的综合性大学，每当成志学校缺少教师时，就从大学调人来或暂时帮助代课。例如，历史系的一名研究生，就常到我们班上历史课，北京大学的丁石孙校长，当时是清华数学系的高才生，也在成志代过课。

除了课堂学习，我们还有丰富的课外教育，记得在大礼堂西侧的阶梯教室，华罗庚先生曾经给我们讲过数学在生活中的应用，讲中国古代数学家对数学的贡献。冯至先生给我们讲过散文诗歌的写作。回想起当时的生活，虽然物质条件不算富裕，但生活在大师云集的清华园，我们拥有得天独厚的师资条件，享受着温馨、浓郁的人文滋养。

对一个人来说中学、大学固然十分重要。但最最重要的，还是小学的教育，因为，这是人生最初的教育，是人生的第一步。这一步走好了，以后才可能不会走歪，所以，我特别感谢小学老师对我的教育。

家国与天下

清华学堂的诞生，带着民族屈辱的印记，半殖民地性质的校园生活和管理使清华的校园文化“不可避免地具有两重性格”，即“刻骨铭心的民族耻辱感”和“强烈的爱国、自强精神”。清华学子生活在这样的环境中，他们在苦苦寻求自己的精神支柱。

西南联大时期学校自制的体育器械

1914 年 11 月 5 日，梁启超先生莅临清华作题为《君子》的演说。他鼓励清华学子树立健全的人格，做一个真君子。他以《周易》中“天行健，君子以自强不息；地势坤，君子以厚德载物”两句卦词勉励清华学子。此次演讲以后，清华把“自强不息，厚德载物”八字定为校训，作图制徽。1917 年，清华大礼堂落成时，“自强不息，厚德载物”校训巨徽就镶嵌于大礼堂正额。

当时，成志学校的学生年龄还小，或许还听不懂“自强不息，厚德载物”等语句的含义，但是，他们感受到了作为清华教职员的父母们的兴奋与大学生们激昂讨论的状态。小学生们经常钻进清华大礼堂里，仰头看那半圆形穹顶下高悬的“自强不息，厚德载物”的校训巨徽。一批批的成志学生，就这样受到了校训的“洗礼”。

1937 年 7 月，抗日战争全面爆发，北平沦陷，清华南迁。成府小学最后一任校长（1936 年 5 月起）傅任敢先生暂留北平从事校产保管与转移工作。当时，日军已侵占了清华园车站一带，在敌人占领下担负这个任务，无疑是非常困难和危险的，傅任敢和几位同事勇敢、沉着地将这项艰巨的任务担负起来。成志学校撤离前的最后一课是由傅先生上的。当谈到“今天上课已不能再升我们的国旗”时，全校一百多名学生都泣不成声。后来傅先生南下抵达重庆，在报纸上发表《痛苦的经验》一文，备述“最后一课”的悲壮情境，历数清华园在日寇蹂躏下的种种遭遇，极大地激发了校友们的抗战激情，对后方人民的抗战热情产生了很大的鼓舞作用。抗日战争第一年，沦陷区内坚守岗位的傅任敢先生，还曾利用兼诚孚小学校长的机会，将一万六千元基金，通过叶企孙教授支援了在冀中抗战的吕正操将军。

在外敌入侵、家园沦陷的危难时刻，清华教职工家属与高校师生共赴国难，历尽艰辛困苦，扶老携幼随行南下。杨振宁先生在《西南联大启示录1》中曾经回忆起那段艰辛的岁月：

我还记得我的母亲怕我们走在路上被冲散，所以她准备了几块大洋。那时我最大的弟弟7岁，最小的弟弟才几个月。妈妈把我弟弟妹妹他们的棉袄拆开，给每个孩子的棉袄里放进几块大洋和一张纸，写上这个孩子叫什么名字，是杨武之的孩子，而杨武之将要到昆明西南联大当教授，希望好心人见到，将这个孩子送到昆明……

2015年7月下旬，恰逢清华附小百年之际，现任校长窦桂梅一行人从北京出发，穿过云层来到曾经的西南联大，开启了对附小根的追寻。他们到底

寻找到了什么？让我们跟随他们的脚步，一起走进西南联大附小那段艰辛的岁月吧。

在那个特殊的岁月里，不仅物资极度的匮乏，而且还要时刻躲避敌机的轰炸。为了保障学生的安全，西南联大附小不得不随时调整上课时间。小学一、二、三、四年级上午无课，下午3点到6点上课。小学五、六年级及初中各班，上午7点出发，到疏散点黄土坡露天上课，使用的教具要便于携带，课桌是可以折叠的支架，上置一块油漆过的木板，简单的小马扎就是学生的椅子。下课就在坟地周围玩耍。当时每班置一大伞，以遮日光。中午学生就地吃饭，以馒头稀饭为主。下午返校，教具存放在租用的民房。那时，只要警报一响，黄土坡上的学生就往旁边的坟地、山坡里跑。著名核物理学家赵忠尧先生的长女赵维志在《孩童记忆中的西南联大》中回忆：

傍晚，放学回家，除了帮母亲操持家务、照顾弟妹外，还得帮父亲制肥皂。从配方、烧结、成型、切块、打印到装盒的全过程，全家一起动手，卖几个钱贴补家用。夜晚，父亲在昏暗的灯光下伏案备课，母亲哄弟妹入睡后，又拿起了那永远补不完的衣裤……

尽管危机四伏、生活艰苦，但西南联大附小的学生依然留下了童年的美好记忆，并在艰苦卓绝的环境中锻炼了意志品质。周友樟（1943—1946年在读）校友在《永远忘不了那段温馨而厚重的艰苦历史记忆》中写道：

西南联大附小的校址位于联大北校区西南侧一土坯墙之隔的原浙江享堂，享堂是个已经很旧的、不大的坐西朝东的四合院。院子是灰色小长方砖铺地，院内西面是一间较大的、面向东的房屋，北侧和南侧各有一间同样大小、分别面向南和面向北的东西方向的房屋。小灰瓦尖顶屋上长满了野草，所有的屋内均无顶棚，地面也是残缺不齐、铺着高低不平的地砖，窗的下半部是砖的，门的下半部是整块木板，二者的上半部全是小小的长木块拼成的不同的图案格格。门窗没有玻璃，也不能糊纸，屋里屋外，那真是风声、雨声、读书声，声声入耳。好在当年昆明的气候宜人、四季如春。

在民族危急存亡之际，师长们对于小学生的教育仍然坚持保护童心，从人格教育入手的立场。张清常曾先后为西南联大、附中、附小分别写了校歌，从这三首校歌中，我们能够感受到在那特殊时期，师长们对大学生、中学生、小学生的不同要求。

西南联大校歌

罗庸词　张清常曲　1938

万里长征，辞却了五朝宫阙，
暂驻足，衡山湘水，又成离别。
绝徼移栽桢干质，九州遍洒黎元血。
尽笳吹、弦诵在山城，情弥切。
千秋耻，终当雪；中兴业，须人杰。
便一成三户，壮怀难折。
多难殷忧新国运，动心忍性希前哲。
待驱除仇寇，复神京，还燕碣。

附中校歌

张清徽词　张清常曲　1940

满眼是烽烟炮火，满眼是流离颠簸。
我们的国家正在风雨中奋斗，我们却幸得一堂理弦歌。
前进吧，姐姐妹妹！前进吧，弟弟哥哥！
要知道身只此身，怎能不学须便学，
好时光，莫放过，正年少，莫蹉跎，
努力报答我们的家国。

附小校歌

张清常词曲 1943

在这里四季如春，
在这里有爱没有恨。
我们要活泼有精神，
守秩序，相敬相亲。
我们读书要认真，知识要够，头脑要清新。
能独立判断，能俭能勤，
发愤努力，好好的做个人。

国立西南联合大学师范学院附属小学

校 歌

C调 4/4

張清常词并曲
1943年 昆明

| 1 1.2 3 – | 2.2 2.3 4 – | 5 1.2 3 – | 2 3.2 1.2.1 7 – |
在 这 里 四季如 春，在 这 里 有爱 没有恨。

| 3 3.4 5 – | 5.5 6.7 i – | 4 5 6 – | 2.2 3.1 5 – |
我 们 要 活泼有精 神，守 秩 序，相敬 相 亲。

| 3.3 3.4 5 – | 5 6.7 i – | 7.7 6.5 5 – | 5.5 6.7 i – |
我们读 书 要 认 真，知识 要 够，头脑 要 清新。

| 1 1.2 3 3 | 2 2.3 4 4 | 5.5 6.7 i . 5 | 5.44 4.2 1 – ‖
能 独立 判断，能俭 能勤，发愤 努 力，好好的做个人。

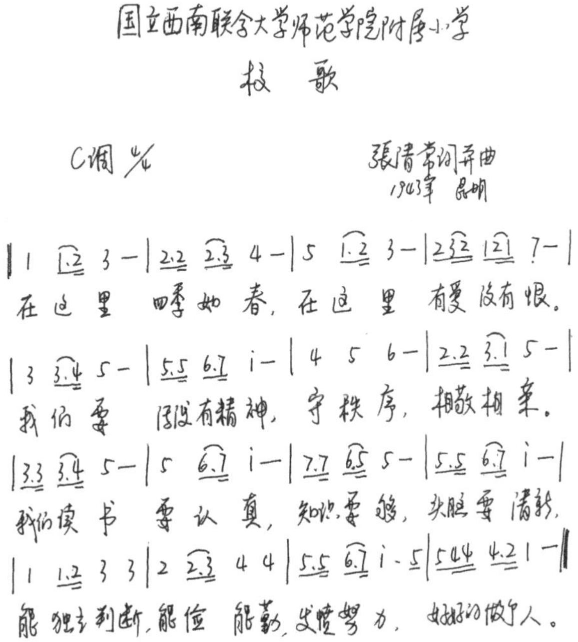

国立西南联大师范学院附属小学校歌

正如歌词结尾所言，西南联大附小的教育就是要小学生们好好地做个人，完善自己，也善待别人。西南联大附小的校主任黄钰生在《回忆联大附属学院及其附校》一文中把西南联大附小比喻为“花圃”，他说：

关于西南联大附小，我只用一句话概括：年轻的园丁精心培育幼苗。当时的附小，学校有自治会，经常出版《附小壁报》，有合唱团，表演精彩，有音乐家的风度。同学们自己管理图书馆，各班有菜圃一块，比谁经营得好，附小的路面很干净，路旁种满了鲜花。我们经过附小时，嗅着花香，看着花色，便想到在这儿有个花圃，里面培养着中国最宝贵的花朵。

在访谈中，当年的老校友们异口同声地说：若是有人来问我，这一生中哪段历史最值得回忆？我们可毫不犹豫地告诉他（她），抗战期间在大后方西南联大附小的那段学习生活，虽然各方面条件很艰苦，但有幸生活在“联大精神”的环境中倍感骄傲！自幼就听老师和大人的话，刻苦学习，好好做个人……

七十多年过去了，白发苍苍的学生依然清晰地记得这首西南联大附小校歌，它激励着同学们从小立志发奋学习、自强不息，做国家的栋梁之材！

抗战胜利后，清华大学由昆明迁回北平，1946 年 12 月 12 日，成志学校复校开学。1952 年 8 月，清华大学成志学校中学部和小学部分离。1960 年，成志学校小学部正式更名为清华大学附属小学，顾蔚云担任校长。1952—1966 年，在这十四年的时间里，随着社会主义的发展，清华附小逐渐形成了一个强有力的领导班子和具有一流教学水平的教师队伍，建立了一套比较完整的教学体系，在教育教学和基本建设各个方面都取得了长足的进步，为国家输送了一大批德智体美劳全面发展的合格人才。在“文化大革命”期间，西南联大附小尽量坚持上课，相对平稳地度过了那个混乱的年代。1976 年，我国迎来了社会主义革命和社会主义建设的新时期，清华附小教师振奋精神，认真学习教育理论，大胆进行各项教学实验，积极进行教学改革，用自己的行动为学生成才夯实基础，为提高教育教学质量不断努力着。

新百年的成志教育

百年立人，百年成志。每当走入清华园，踏上清华附小的成志之路，清华附小人经常情不自禁地想：1915 年创办学校的那些大师级的校长和校董们，该是基于怎样的初衷建立了这样一所学校？如若他们在天有灵，又该以怎样的期待凝眸今天的清华附小？

回望历史是为了更好地前行。百年清华附小基于这样的信念与定位：历史是深沉的教育，历史是庄严的洗礼。基于此，新百年清华附小出台《成志教育规划纲要（2015—2035 年）（征求意见稿）》，构建清华附小发展蓝图。

成志教育规划纲要（2015—2035 年）

（征求意见稿）

发布日期：2015 年 10 月 17 日

执行日期：2015 年 10 月 17 日

发布单位：清华大学附属小学

清华大学教育研究院

序　言

在实现国家“两个一百年”奋斗目标和中华民族伟大复兴中国梦的背景下，全面落实立德树人根本任务，培育和践行社会主义核心价值观，深化教育领域综合改革，传承清华大学“自强不息，厚德载物”的文化精神，“顶天立地树人”的育人思想，已成为清华附小的时代使命。

百年立人，百年成志。清华附小从民国初期的“完全人格之教育”到全面复兴时期的“为聪慧与高尚的人生奠基”，始终培养人从小承志、立志、弘志，最终成志。生发于此的已荣获首届基础教育国家级教学成果一等奖的主题教学，始终坚持“立人”思想，聚焦儿童终身发展的五大核心素养提升和社会主义核心价值观塑造，撬动了学校“1+X 课程”的整体构建与实施。传承百年成志教育思想和文化精髓，发展主题教学，践行成志教育已成为清华附小的历史使命。

《成志教育规划纲要（2015—2035 年）（征求意见稿）》正式提出成志教育。成志教育是学校教育的哲学命题。同时，既是学校的办学思想，也是学校的育人模式；既是修订《清华附小成志教育行动纲领》的指导思想，又是学校办学模式创新、课程与教学改革、教师队伍建设等各方面的行动指南。

一、成志教育的内涵阐述

（一）成志教育的发展历程

历史是庄严的洗礼，历史是深沉的教育。历经百年传承，清华附小一直担当着国家、民族赋予的使命，努力为实现中华民族伟大复兴的中国梦尽自己的一分力量。

成志教育的内涵是在成志历史的传承与发展基础上确立的。从成志学校建立时期的厚德办学，经历民国时期的文化坚守，西南联大时期的刚毅坚卓，恢复坚守时期的不忘育人，改革开放时期的守正拓新，到全面复兴时期正式提出成志教育，清华附小寻找成志教育的中国意义和价值。

1. 成志学校初期（1915—1937 年）“大师云集　厚德办学”

民国初期，清华大学校长周诒春着眼“民族教育独立”，推行“完全人格”的办学宗旨，创办成志学校。成志学校首任校长李广诚提出“立人为本，成志于学”的校训。在梅贻琦校长倡导下，由冯友兰、朱自清、马约翰等组成校董事会，学子深受大师们的精神濡染。

2. 西南联大时期（1938—1946 年）“家国破碎　刚毅坚卓”

抗日战争时期，黄钰生主持西南联合大学师范学院附属学校工作，依据西南联大校训“刚毅坚卓”，提出“办抗战时期最好的小学”。黄宁等一批爱国少年从小立志保卫国家。西南联大的成志精神挺起了中华民族的脊梁。

3. 恢复坚守时期（1946—1976 年）“勤俭办学　不忘育人”

新中国成立初期，顾蔚云提倡“勤俭建校，厉行节约”，以博爱敬业、兼济天下的公益情怀，进行“五四制改革”，推进德、智、体、美全面育人。

4. 改革开放时期（1976—2000 年）“守正拓新　生机勃发”

改革开放时期，清华附小站在“培养学者型教师”的高度，提出公益扶贫，制订清华“大、中、小一条龙”衔接培养计划，一批批师生成志、成才。

5. 全面复兴时期（2001 年至今）“成志教育　气象万千”

21 世纪以来，清华附小发展主题教学的“立人思想”，正式提出成志教育。坚持“儿童站在学校正中央”，基于儿童发展的五大核心素养，构建“1+X 课程”体系，为聪慧与高尚的人生奠基。

（二）成志教育的内涵与价值

成志教育是学校的办学思想，指向中华民族文化的传承与弘扬，社会主义核心价值的培育与践行，百年清华附小历史文化精神的延续与教育积淀。

成志教育也是学校的育人模式。综合发挥课程、养成教育、办学机制等的合力育人作用，使学生从小学会立志，培养兴趣、发展乐趣，进而以此为志趣，展现出健康、阳光、乐学的清华学子的形象，形成终身发展的五大核心素养，最终走向聪慧与高尚的人生。

1. 内涵

“志者，心之所之也。”“志”表现为：一是内心的理想与抱负；二是为追随志向而拼搏的意志和品质；三是在二者融合中需要付出的实践和行动。

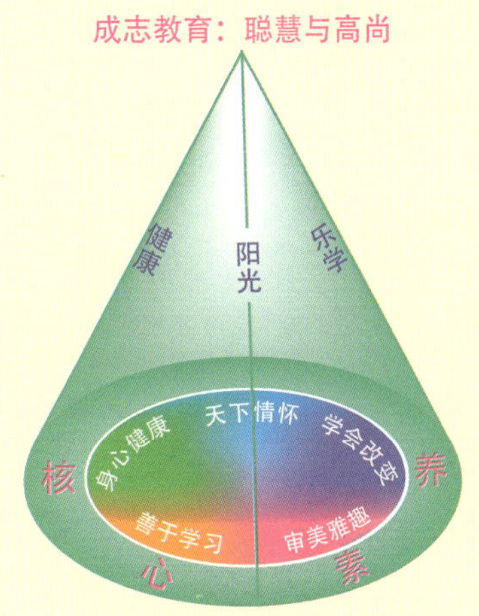

“成志”，既是精神内涵，又是教育过程，蕴含着千百年来中华民族的文化精髓，符合青少年学生身心发展的需求。“成志”强调“人无志则不立”，育君子之风，养浩然正气。“立人为本，成志于学”体现着清华大学“自强不息，厚德载物”的精神。“成志”强调“夫志，气之帅也”。西南联大时期的刚毅坚卓与家国情怀，砥砺着清华少年，在追求伟大目标的过程中，要坚定信念，吃苦耐劳，脚踏实地。“成志”强调“有志者事竟成”。从最初提出的“完全人格之教育”一直传承到今天“为聪慧与高尚的人生奠基”的办学使命，百年清华附小一直重视儿童的道德修身，人格修养，引导学生将个人的命运与祖国、民族的命运紧密相连。

成志教育，首先要做到“承志”——传承中华民族优秀文化传统，培养和谐共处的家庭与社会伦理道德，服务祖国和社会；其次要“立志”——从小学会立志，把人生最重要的志向同祖国和民族联系在一起，使之成为人生的脊梁；最后要“弘志”——弘扬中华民族优秀文化，并践行社会主义核心价值观，努力成为未来的榜样，引领社会，引领时代。

2. 价值

成志教育以社会主义核心价值观为引领，始终不变对“人”的关怀，以“成志教育”实现基础教育的“立人”功能，实现对“人”的价值观的塑造和道德修养的锤炼。从国家使命看，清华附小始终与国家民族同呼吸共命运。尽管人的志向和人生规划各不相同，但都要在承担中华民族伟大复兴使命的基础上，实现自己的人生价值。从社会责任看，要实现“三个引领”的中国意义——价值观引领、课程引领、公益服务引领。努力培养有社会责任担当、公益情怀的公民。从儿童发展看，成志教育既不以应试为唯一目标，也不以所谓素质教育做掩护而无所作为，而是有机实现优异成绩与卓越素养的统一，培育学生的独立精神与完整人格。

二、成志教育的总体战略

（一）指导思想

全面贯彻党的教育方针，坚持依法治教，尊重教育规律，坚持育人为本、改革创新、全面发展、促进公平、提高质量；立足清华大学“自强不息，厚德载物”的文化精神；秉承清华附小“立人为本，成志于学”校训，践行主题教学思想。

（二）基本原则

1. 立人思想

“立人”是教育学意义上的“完整人”发展的哲学视角，遵循儿童生命成长及教育规律，指向社会主义核心价值观和学生发展核心素养。

2. 儿童立场

教育的出发点是儿童，最终归属也是儿童。学习与儿童生活、生命相联系。儿童学习的需求点和生长点是教育教学真正的起点。

3. 整合思维

整合思维是一种创造性思维。学会运用创新思维、合作思维、整体思维，实现学科教育目标的融合，综合运用课程资源，优化学校组织变革等。

（三）总体目标

学校成志——成为一所有角落、有故事、有意思，令人难忘的小学，一所有行动力、有灵魂的卓越小学。

学生成志——成为一个健康、阳光、乐学，拥有中国灵魂、国际视野，具备“身心健康、善于学习、审美雅趣、学会改变、天下情怀”五大核心素养的聪慧与高尚的清华附小学生。

教师成志——成为以“选择了清华，就选择了一生的责任”为使命的教师，在今日之爱戴，未来的回忆中寻找自身价值，能够用敬业、博爱、儒雅成就每一个学生，把每一个学生的成长当作最高荣誉。

（四）重点战略

成志教育作为学校纲领性指导思想，指引着学校一切教育工作的方向。围绕成志教育，清华附小将实现构建“两种模式”的重点战略目标，一是清华“大、中、小一条龙”创新人才培养模式；二是基于成志教育的“1+X 课程”模式，重点研究儿童成志发展与教师成志发展。

1. 清华“大、中、小一条龙”创新人才培养模式

与清华大学、清华附中一起探索大、中、小教育衔接贯通，探索学生综合素质教育有效途径与方式，总结具有新时代内涵和中国特色的人才培养规律。

2016—2020 年，形成清华“一条龙”创新人才培养模式。

推进清华“一条龙”阅读与体育核心课程。阅读，开展为终身学习而奠基的阅读工程推进计划，对阅读活动的开展、阅读推进的方法、阅读效果的评估等展开深入研究，保证给予清华学子最好的精神食粮。体育，实施教体结合，健康体魄和人格并重的体育特色项目，完善清华体育特长生“一条龙”培养计划，实施足球运动特色学校建设工程，推动足球事业发展。

形成具有清华学生“一条龙”特色的义务教育育人模式，打通九年一贯制，整体育人。战略阶段性规划形成“小幼衔接”和“小初衔接”。包班制全校铺开，实现全员育人、全程育人。形成“小幼—小初衔接”课程体系。

2021—2035 年，形成立足世界战略水平清华“一条龙”创新人才培养模式。

形成阶梯式的符合“一条龙”人才培养需求的复合型教师队伍；形成具有清华特色的“大、中、小一条龙”课程体系；建立值得挖掘和借鉴的清华“一条龙”创新人才培养课程资源库；总结具有新时代内涵和中国特色的人才培养规律。

打通义务教育“幼、小、初”三个阶段，聚焦小幼衔接与小初衔接，创建一体化课程体系。革新管理机制，形成清华品牌的国际水平的义务教育集团化办学模式。推进未来学校联盟，打造清华“大、中、小一条龙”的创新人才培养的基本范式。

2. 基于成志教育的“1+X 课程”模式

明确清华附小学生终身发展的五大“核心素养”，系统构建“1+X 课程”模式。

2016—2020 年，构建成志教育育人体系，重点发展“1+X 课程”育人路径。

深化清华附小学生发展核心素养目标体系，深度研究成志教育的育人内

涵。完善课程的目标、结构、设置、实施和评价体系。总结基于成志教育的“1+X课程”改革实验的基本教育范式和经验。

2021—2035 年，顺应国际教育改革发展趋势，探索民族创新、自主创新的中国教育范式。

总结成志教育思想理论，系统完善“1+X 课程”模式。推进未来学校联盟，探索世界基础教育的中国课程基本范式。

三、成志教育的发展规划

（一）总体规划

未来二十年，成志教育将呈现出五大特征：一体化、科学化、民主化、数据化、国际化。一体化，形成清华“大、中、小一条龙”人才战略培养模式；科学化，尊重儿童成长规律，顺应儿童终身学习趋势，为儿童聪慧与高尚之人生奠基；民主化，穿越边界，实现学校、家庭、社区等的联合办学；数据化，建立儿童成长数据库，将信息化、数字化资源融入儿童学习生活当中，形成时代的信息数据素养；国际化，立足中国，形成清华基础教育品牌，进入世界一流小学行列。

2011—2015 年，构建基于核心素养的“1+X 课程”体系，传承与发展百年清华附小中国意义，实现三个引领，基于历史积淀提出成志教育。

2016—2020 年，形成清华附小成志教育育人体系，全面推进“大清华”战略下的基础教育“集团化办学”，探索九年一贯制中国基础教育基本范式。

2021—2035 年，形成根植于中国文化的自主创新的中国基础教育范式，加强国际交流合作，指向人终身学习的全面发展的教育基本模式。

（二）阶段目标

2011—2015 年（第一个五年），清华附小已完成“十二五”规划，制定并逐年修订《清华附小办学行动纲领》，确立了学校“为聪慧与高尚的人生奠基”的办学使命；提出清华附小学生发展五大核心素养，并构建了基于核心素养的“1+X 课程”体系；改造校园文化、革新组织管理变革；梳理百年清华附小的中国意义，坚定了学校的“三个引领”的教育综合改革方向，为提出成志教育的后二十年规划奠定了思想和实践基础。

1. 成志教育的提出与探索

2016—2020 年，确立成志教育基本内涵，初步构建成志教育育人体系。研究其内涵、特征、目标体系，探索成志教育的课程与教学、养成教育、组织变革、校园文化的实施路径。将《清华附小办学行动纲领》修订为《清华附小成志教育行动纲领》，科学定位，全面深化改革，全面依法治校。创建“大清华”意义的“集团化办学”模式。横向上，办好清华附小商务中心区实验小学、清华附小昌平学校。纵向上，形成幼儿园、小学、初中模式的多样化办学体制，探索“学前 + 义务教育”的一贯制教育规律。优化人事改革制度，探索多种组织变革模式；初步构建多层次、全方位、立体化的数智化学习系统。

2. 成志教育的发展与完善

2021—2035 年，发展成志教育思想，完善成志教育育人模式。形成系统的成志教育育人体系，涵盖课程与教学、养成教育、组织变革、校园文化等方面。深入实施清华“一条龙”人才培养战略，加强“学前 + 义务教育”的办学实践研究。在未来学校联盟中，发挥主导作用，形成清华基础教育的世界影响力。

四、成志教育的重大项目

多种形式的组织自 2015 年起，学校将面向个体发展的种子育人体系、全方位的数智化学习系统、多种形式的组织变革模式列为重点规划项目，依托清华大学文化及人才优势，发挥学校育人的主渠道作用，统筹课程、办学机制、清华文化等各方面资源，形成校内外整体联动。

1. 面向个体发展的种子育人体系

构建立足全员育人，尊重学生个性，促进学生个人与国家相统一志向的形成，具有私人定制特征的种子课程。

2016—2020 年，构建全员育人、全学段育人体系。

建设成志教育导师团，提供创新性人才支持系统。采用整合包班设双班主任，全学科，全过程育人策略，完善基于成志教育的“1+X 课程”。构建发展儿童多元化潜能的平台，促进教师队伍的专业化发展。

2021—2035 年，完善个体发展的种子课程。

完善全纳的课程体系。推广理论和实践经验，帮助学生发现自我，找到自我，进而悦纳自我，成就自我。

2. 全方位的数智化学习系统

构建与教育现代化发展目标相适应的数智化学习系统，实现儿童终身有用的现代信息素养。

2016—2020 年，建成“网络化、个性化、国际化”的数字化终身学习系统。

建成具有清华附小特色的基础网络化平台，完成软硬件的全面升级改造；建成数字化资源库；完善基础数据库、媒体资源库、公共数据库建设；建成个性化共享平台。

2021—2035 年，建成“全方位、全覆盖、全时空”的智慧化学习系统。

建成全方位的智慧化教育环境；完善智慧实验基础设施建设；建设智慧化教师队伍；建成全覆盖的智慧化资源工程，整体优化教育应用系统；建成全时空的智慧化开放系统。

3. 多种形式的组织变革模式

形成全方位的教师发展性评价，引领教师用敬业、博爱、儒雅成就每一个学生，打造使命驱动下的专业化教师队伍。

2016—2020 年，优化结构，实现成志教育角色认同。

优化教师队伍结构，提升教师队伍质量，引育结合；“分系列”进行人事制度改革；优化教师职级聘任；探索一套教育与教学整合的教师综合发展机制。

2021—2035 年，完善使命驱动下的“人人成志”的人事制度。

完成成熟稳定的聘任机制、科学有效的薪酬制度、完善合理的职级聘任体系、全面系统的教师育成机制、系统完备的教师发展评估机制，形成使命驱动下的“人人成志”的基础教育人事制度体系。

结 语

从一所学校，可以看出一个民族的未来；从一所小学，可以看出一个国家的希望。

在新百年之际，清华附小会在依然不变的成志教育追求中，继续服务清华大学的世界发展战略，将深度推进基于成志教育的学校改革，推广成志教育经验，继续为中华民族伟大复兴的中国梦奋斗，向世界发出基础教育改革的中国声音。

/二/ 有角落、有故事、有意思的校园

清华附小人跟自己算了笔时间账，我们究竟在哪里待的时间长？如教师所言："我们都爱父母，眷恋小家，但最终总要离开生养你的母亲，走到社会中去谋生，为实现人生理想而拼搏。在清华附小的日子，也许比在家里还多，但这是另一种'家庭生活'。"清华附小——一个实现理想的圣地，想要认识她，先从她朴素而优雅的校园说起。

清华附小校园环境是有百年清华根基的，每一个角落，每一座建筑，每一处景观都化作种种精神的符号，传承着清华烙印。这里有动人的故事、心灵的角落、沁人的书香。她是清华附小每个人文化意义上的母亲，提供给每个人所需的安全感与归属感。

走在今日的清华附小校园，见到陌生访客，学生会微笑着主动鞠躬问好；在校园的各个角落，随处皆可读书；轮滑场、网球场、棒球场处处都有学生

今日清华附小部分景图

们锻炼的身影；教室中、走廊里，甚至教师的办公室处处都有学生创作的作品……这一切，都成为“儿童站在学校正中央”这一办学理念的最好注脚。

建筑精神，文化格调

建筑决定了一所学校的精神格调。

清华附小现在的校园建筑是2001年落成的，由启程楼、知行楼、修远楼、华韵楼、联盛馆、丁香书苑、博雅楼等七座主要建筑构成。这七座建筑在落成之后的最初十余年，是以大写英文字母与阿拉伯数字结合的方式命名的。直到2011年6月至8月的加固过程中，经广泛征求师生及家长的建议，在不厌其烦的推敲下，才有了今天雅致的美名。

七座建筑在位置关系、主体构造上显现出疏阔、沉稳、素雅而又开放的大气格局。最能显现北京建筑文化的灰砖、灰墙成为清华附小校园建筑的主要架构。廊柱和屋檐处连贯流畅的白色，分明接续了江南水乡的建筑风韵。一南一北的文化情致，都被建筑师无声有形地融合到清华附小七大建筑的“骨肉”之中，造化出这番悠长绵厚的景致。几座建筑被长短有致，直曲起伏的廊径，若即若离地连成了一个整体，镶嵌在七座建筑墙面上的汉白玉文化石，连同紫色的窗户和鲜亮的果绿色的屋门，使得整个校园建筑流露着通透灵动并绵远活泼的性格。融一南一北建筑风韵于一座小学的庭院里，也与清华附小的广博气象默契地合为一体。

一、二年级的学生在启程楼完成他们小学低学段的学习生活。启程楼只有两层的设计，充分考虑了这个年龄阶段孩子的身体条件。启程楼东侧的山墙上嵌着一块汉白玉，形制与楼体的每一块灰砖大小一致，其朴素的白底上镌刻着出自《尚书·大禹谟》的名言“满招损，谦受益”。这方铭刻闪烁着朗朗清气的精神光芒，从学生蒙学之始、教师执教之初，便日日提示着每一个人，要养成虚怀若谷和虚心治学的胸襟与情怀。

启程楼北面那一栋，是为三、四年级适龄儿童设计的知行楼。楼的四面，都嵌有白底绿字的文化石。东侧有语出《管子》的“诚信者，天下为结也”和《尚书大传》的“明光华，旦复旦兮”；西侧有出自《晏子春秋》之“利于国者爱之，害于国者恶之”的明是非之句；南侧有出自裴松之《三国志》的“记人之善，

忘人之过”和《论语》中的“子在川上曰，逝者如斯夫，不舍昼夜”之言；北侧有《论语》中的“老者安之，信之，少者怀之”之语。教人诚信，向善，而又感知天地的沧桑无常，提示着中学段的师生养成独立、诚挚和专注的上进心和意志力。

五、六年级的学生，在修远楼的二、三层完成他们求学之路上的小学生涯。这座建筑的顶部为人字形的透明采光顶，让自然的光线在师生们日常的学习生活中始终相伴，也饱含清华附小师生修养清明透亮的人格蕴藉。修远楼二层南北相对的墙面上分别镌刻着出自《论语》的“见义不为，无勇也”和《左传》的“言以足志，文以足言”的砥砺精神之语。三层同样的位置上也分别有出自《论语》的“智者乐水，仁者乐山”和刘邦的壮志之言“鸿鹄高飞，一举千里”，激励即将走向更高层次学习之路的毕业生们，要胸怀大志，同时，不失以自然为师的智慧之心。

修远楼、知行楼和启程楼开放地围合成了一个相对独立的大院落，全校的升旗仪式、一年级的课间操都在这里完成。修远楼向东临对着丁香书苑、联盛馆和华韵楼。

承担全校音乐和舞蹈教学的华韵楼南侧镌刻着诸葛亮的“静以修身，俭以养德”的谦谨心语。东侧内庭院里有出自明代朱伯庐的“黎明即起，洒扫庭院”的养勤之语，西侧、北侧分别刻有唐代杨炯的“朗如日月，清如水镜”和汉代傅毅的“歌以咏言，舞以尽意”，教人为人要明朗清静，为业要择适而从。

华韵楼和丁香书苑被清华附小校内最长的一条走廊接连于一体，在丁香书苑的西南侧楼顶处装置的一架红色镂空顶，又把丁香书苑和行政办公的博雅楼连在了一起。丁香书苑承担着全校的美术和科学课程的教学，一层设有藏书十万余册的图书馆。书苑是一座三面围合，朝西开口的二层凹字形建筑。北侧楼上镌刻着唐代吴兢的“以人为镜”，提示着人要不断自省而又要省于人；南侧楼上镌刻着汉代恒宽的“至美素璞”，勉励人要本分、本色方是有度；李白的“清水出芙蓉，天然去雕饰”，被镶嵌在东配楼的当间，清逸脱俗之气跃然墙面。

与启程楼紧密相连的是方正朴素的博雅楼，为教师的办公楼。二层建筑的东西两侧分别镌嵌着语出《孟子》的“我善养吾浩然之气”和曹植极富汉字文韵的美言“文若春华，思若涌泉”，时时在告诫为师者应该具备怎样的修养和胸怀，才能不失其职责，而终成大业。

清华附小七座建筑上的古语美言，句句经典，透着为人、为事、为业的智慧与力量。一座透过建筑把古今精神和广大地域文化包含于一体的校园，像是一把弓，教学则是执于两端的弦。在学校教育理念引领下的教学，将决定着把弓拉开的程度，也将最终决定着从这里走出的一代又一代的学生对自身、对社会和对世界的意义。

清华紫，照亮校园

清华附小七座建筑环绕在一起，再加上错落有致的园林风格，很有特点。早在十多年前，清华大学建筑学院的专家们经过研讨，由著名设计师王丽方任总设计师，经历了四年半的时间，才拿出设计方案，清华附小建筑获得国家最高建筑奖，收入中国建筑艺术年鉴，在当时的教育界和建筑界都很有影响。

十多年来，随着时代的发展，大家对清华附小的感受也在变化，除了觉得过于素朴外，还觉得缺少灵动与童趣。特别是 2010 年 11 月窦桂梅任清华附小校长之后，“儿童站在学校正中央”的理念开始深入人心，对待有着良好基础的校园，大家纷纷提议：“要让大家觉得这是一所儿童的学校！”正是基于这种思考，2011 年，学校在加固校园地基的同时，梳理并改造校园文化景观，尤其加强师生对清华附小的认同感。

在大结构不变的前提下，如何体现儿童元素？改变窗框和走廊楼梯的色彩可不可行，改成什么颜色合适？争议中，学校决定让学生参与校园的文化建设。在交流与讨论中，没有一个学生同意用原来的棕色，也没有一个学生

同意用白色。有学生建议把所有的门改成绿色；还有学生说把窗框改成红色；有学生还建议把窗框改成紫色——清华紫！在场的教师和家长都在摇头，却也拓展了思路。

第二天，大家又聚在一起，拿出准备好的工具，用刷子沾上颜料刷出或深绿、或浅绿、或翠绿的门；再刷出或浅紫、或深紫、或玫瑰紫、或红色的窗框。当然也用白色和棕色来做对比实验。

实践创造了奇迹！“紫色的窗框配绿色的门，原本不搭的两个颜色，放在一起真的很好看啊！”大家欢呼起来。

在 2011 年艰苦的抗震加固的岁月里，学校从 6 月到 8 月，仅仅三个月的时间，就要完成地基加深到 2.6 米，抗震级别由 5 级达到 9 级的要求，仅就工程本身而言，就相当于重新翻盖了一遍校园，再加上校园的功能改造和环境美化，时间短、任务重，这几乎是一个不可能完成的任务。但就是在这样的背景下，学校对待一个小小的门窗，依然能够如此认真，可见，儿童真真正正存在于清华附小教师的心中。

现在，到清华附小来的人都说，灰、白、紫组合在一起，太和谐了！尤其那些紫色，起到了点睛的作用。有学生在作文中写道：紫色的窗户就像紫色的眼睛，照亮了整个校园！紫色成了学校的表情！

若说色彩是学校的表情，这清华紫则是清华附小独特的气质！低年段启程楼的红色，中年段知行楼的蓝色，合在一起就成了高年段的紫色！因为紫色，让所有的建筑有了灵秀、神秘而又高贵的生命气质；因为紫色，清华附小的教师懂得了必须让儿童站在学校正中央，校园文化建设因儿童参与，便赋予了别样的文化意义。

有故事的生命之林

清华大学曾是皇家林园，现在也是亚洲唯一入选的世界最美大学。且不说人文景观，单就整个清华园的树种就超过了圆明园和颐和园。清华附小作为清华大学的园中园，也是绿色生态园。

清华附小建设校园文化景观始于种树。种树，对于今天清华附小每个人而言，已成为一种精神追求的象征——把清华附小办成一片生命的林子。

2010 年 8 月的一天，还是副校长的窦桂梅来到学校备课。那天，风从北往南刮，所有的树叶和树枝都往南边使劲摇曳伸展，似乎每一棵树都在向她招手挽留。从小在长白山脚下长大，家里年年种花、植树，窦桂梅对树、对花有着特别的情结。2000 年，她第一次来到清华附小，校园里的树很多，给她的印象非常好，正契合了她心里生长的感觉，最终促成了她来到这所学校工作。那个众树齐招手的镜头，在窦桂梅心中一直挥之不去。在这十年里，尽管有各种各样的诱惑，但她选择了留下，继续与清华附小的一草一木相伴。

谁曾想，窦桂梅被任命为清华附小新一任校长的次年，便迎来学校的一件大事——校园抗震加固。校园加固的同时要进行校园文化建设，改造环境。面对千头万绪的改造工作，在尊重儿童的前提下，很多人主张走华美的路线。“不，我们要种树，一定要多种树，把这里改造成一片生态园。”窦桂梅是这样想的，也是这样做的。她带领师生们一起为加固一新的校园建筑起名字，一起维护校园里的多棵参天大树，移植了梧桐、白皮松、加拿大红枫、合欢树、鹅掌树、海棠、蜡梅、樱花、梨树、杏树、石榴、玉兰、紫荆、地锦、紫薇、丁香、月季、兰花、小黄杨、爬山虎……

窦桂梅有时候会想：教育到底是什么？如果说做一个喷绘，摆几张名人字画，都会很快完成，但是唯独树，得慢慢地长，要靠年轮来证明它成长的

记忆。怎么能让自己的心安下来？怎么能像树一样让孩子们生长？于是，她就每年都领着大家种树，特别是要按照季节更迭的规律，每个季节播种相应的树，每一棵树都让师生参与，体验生长的感觉。

六年级学生在毕业前，每个班必会种一棵丁香树，为学弟、学妹留下校花的芬芳。学校里的爬山虎更是凝结了窦桂梅的心血。有的爬着爬着就往地上铺，被过路的人踩；有的爬到墙上去，没有依凭触角无法生长，怎么办？窦桂梅经常观察爬山虎的生长，带着师生，把离开墙面的茎须绑上墙面，让触角抓住墙面，看着爬山虎越爬越高，窦桂梅露出了微笑。“桃李不言，下自成蹊”，我们的教育又何尝不是这样呢？像爬山虎一样生长，不断地向上攀缘，即使秋天黄色的叶子落尽了，但它能够等待，积蓄力量，第二年继续攀缘；只要给它一个向上的空间，它就永远在攀缘。

几年下来，清华附小校园里已有100多种树，52种花，一年四季绿意流淌，花开不断，色彩斑斓。植物种类丰富了，很多小动物纷纷投奔而来，在校园里安家，蝴蝶、蚂蚁、蜗牛、喜鹊、啄木鸟、夜鹭、刺猬……都已经成为学生异常喜爱的小伙伴。如今，校园里丰富的动植物形成了清华附小宝贵的课程资源，一年级就有了解校园里有多少种动植物的入学课程，到了六年级，学生还会把校园植物的研究当作他们的小课题。

在这一片生命的林子里，紫色映衬着各种新事物，一切都那么鲜亮；一切都可以如不断攀缘的爬山虎、常年盛开的月季、色彩绚丽的红枫那样恣肆，也可以如缓缓前行的蜗牛、随意在学校停驻的喜鹊、晚上来校园休憩的猫一样惬意……

丁香书苑，水木之夏

校门口第一景：“彼此的抵达”。穿过梧桐林荫大路后，走进第二景：“知识之门”。进而可见：“我们的家园”“福寿之园”“鸣鼓论道”“桐荫乐园”“人文科学”“水木之夏”“竹林小憩”“丁香书苑”“春华秋实”“凝固的风景”……

这些或隐或现的校园文化景观，使清华附小成了全国最富有“景观”的学校，学校藏有大型雕塑作品多达16件，这些作品均出自世界级雕塑大师之手，是清华大学百年华诞时的展品。学校将这些雕塑收于校园颇费了一番周折。

“水木之夏”是一尊女神雕塑，为铜质倒卧的裸女。这美丽的女神最初

彼此的抵达

知识之门

我们的家园

福寿之园

鸣鼓论道

桐荫乐园

人文科学

水木之夏

竹林小憩

丁香书苑

春华秋实

凝固的风景

运到清华附小时，正赶上窦校长出差，当时的校长助理、五十多岁的耿老师觉得太不适合小学生，放在显眼的地方实在有碍观瞻，于是把这尊女神藏在学校一个僻静的角落里。

没想到的是，“藏起来”的雕塑，学生们越发好奇，有几个男生悄悄躲到女神旁窃窃私语。他们被教师“一顿臭骂”，教师“骂”他们，是“怕他们想入非非，会学坏”。这事被窦校长知道了，就赶紧吩咐教师，找来吊车，把这尊女神雕塑安放在敞亮的华宇池边。“要让学生学会审美、学会尊重”。学生在女神面前驻足欣赏，面对光明正大的美时，学生眼神里不会有邪恶。

一名六年级学生这样描写这尊女神雕塑：“只见一位裸体美丽如维纳斯的女神，身体丰满而又健壮。圆润的乳房好像含苞的大花朵，婀娜的腰身似躺在水中，如此轻盈妩媚！她身体略微倾斜，一只手托着微侧的头，一只手似非常舒展地浮在水中。那么惬意，那么安静！表达了生活的舒适与滋润，人体的曲线，仿佛维纳斯水中静眠！这样美轮美奂的雕塑，体现的正是人与自然的和谐！”

“从孩子们作文里的描写可以看出孩子们的情趣，一些教师的顾虑趋于保守且完全没有道理。”清华美院院长来清华附小参观时，对清华附小教师最终的做法——可以让孩子们接受并审视这尊女神雕塑表示赞赏。

十六座雕塑、十二大景观渐渐成为学校里的另一种课程资源。这些雕塑在鸟语花香、树木葱茏的清华附小校园里，仿佛都找到了合适的位置，舒展了筋骨，看似不经意的摆放，文化景观的意义却鲜明地凸显出来。

附小精魂，人文底色

校训、校徽、校歌，是一所学校的文化精魂。校训犹如学校的灵魂，体现了学校的办学传统，代表着校园文化和教育理念，是人文精神的高度凝练。校歌犹如学校的宣言，既唱出了办学者、教育者的理想、愿望，又唱出了受教育者的追求和成长心声。校徽则如同精神图腾，与校训、校歌相得益彰，共同体现了一所学校的历史积淀、文化追求和精神风貌。

在窦桂梅心中，清华大学是思想的聚集地，清华附小也应该努力让所有学生在清华文化的润泽下，打下聪慧与高尚的人生基础，进而拥有未来实现

个人价值和社会价值统一的能力。从清华附小走出去的少年，将来要成长为具有中国灵魂和国际视野，有思想、有担当的现代公民。清华附小的校训、校徽、校歌，就是以这样的教育追求为思想基调，充满了人文情怀。

校训：立人为本，成志于学

早、中期的清华附小是否有校训、校训是什么，至今没有发现记载。有据可查的20世纪末期，清华附小才有了明确的校训："文明、团结、活泼、向上"。2002年，当时担任清华附小校长的赵颖，认为这一校训已不能很好地契合时代与学校自身的特色，决定改校训。

当赵颖和时任副校长的窦桂梅探讨时，两人从清华附小的前身成志学校想到"成志于学"，觉得将它作为校训的后半句挺好。"成志"一语双关，既体现了清华附小学子都应树立远大的志向，并通过学习实现自己的志向，提升核心素养，又体现了对学校办学传统的传承。

后半句有了，前半句也得四个字搭，还要搭得既具有时代感，又聚集学校的使命与精神，怎么搭呢？窦桂梅当时正开始研究语文的主题教学，"立人"的意识时常在脑海里打转。此刻，她脱口而出"立人为本"四字。赵颖连说太好了。为什么好？"立人",源自《论语》中"夫仁者,己欲立而立人，己欲达而达人"。一个国家、一个民族要想屹立于世界强国之林,其首在立人。"立人"也是20世纪初，鲁迅先生在当时的历史背景下提出的思想，即"立人以立国"。今天，社会呼唤"人"的现代化，清华附小也在想"十年树木，百年树人”，这个“人”怎么能让它立起来？那就是在“促进人的全面发展、和谐发展”的教育原则下，秉承清华大学的精神，通过清华附小的教育留给学生终身学习的愿望和能力，留给学生自信、责任感，留给学生做人的道理，留给学生终身受益的影响，培养学生健康、健全的人格，获得比知识教育更高的价值追求。

就这样，清华附小的校训确定为“立人为本，成志于学”。后来发生了一件非常有趣的事。清华附小在整理百年校史的时候，访问了一位九十多岁的老校友。这位老校友的父亲，就是原成志学校的校长。老校友坚定地说，他记得那个时候他们的校训就是“立人为本,成志于学”。因为缺乏文字记载，历史的真相究竟如何，如今已不可考。如果真是这样的话那就纯属天意了，恰似一种呼应、一种回归，或者是一种复兴。

直到今天，“立人为本，成志于学”，既是教师追求教育境界、追求自我完善的目标，也是学生为生命奠基、追求人生价值的目标，是教师和学生双向尊重生命、珍惜生命、体验生命意义的过程。“立人”让人走向高尚,“志学”让人走向聪慧。师生通过“志学”，实现“立人”，进而成为聪慧与高尚的完整的人。

校徽：方寸空间，育人内蕴

21 世纪来临之际，当时的赵颖校长发动了全校师生、家长设计校徽。一位学生家长设计的方案获得了一致认同。校徽主体为校花丁香花，花形又如光芒四射的太阳，下面是一道弧形的地平线，代表太阳从地平线上升起，花朵冉冉开放。

这个校徽用了有十多年，期间，学生发现了几个问题：一是花心是绿色的，是星星火炬的形状，不符合花的感觉；二是弯弯的弧线像镰刀，太尖、太硬，别人想象不出是地平线，如果真是地平线，那花又太大了。学生这样说的时候，窦桂梅和教师们一直在想，清华附小为生命奠基，清华附小是书香校园，最鲜明的特点就是儿童在书香校园里成长，是一本本书托起了他们。基于这些思考，2011 年，随着抗震加固后校园文化的不断改进，清华附小对校徽又进行了一次以学生为主体的提升。把弧线优化成翻开的书本形状，把花蕊优化成金色飞鸟组成的花蕊，将“立人为本，成志于学”的校训内涵寄托其中，新一代的校徽就这样诞生了。

旧校徽

新校徽

新校徽主体是丁香花。形状上，丁香花蕊簇状开放，热烈而芬芳，朵朵聚拢，象征清华附小师生团结向上。色彩上，丁香花蕊呈紫色，象征着清华附小师生传承清华人的高贵与谦逊。同时，由红、蓝组成的主色调——紫色，融合了中西文化对色彩不同的信仰、情感及精神，象征清华附小的育人理念：培养具有中国灵魂和国际视野的现代人。构图上，内层丁香花的花蕊由四只金色飞鸟组成，象征清华附小学生的金色童年在学校展翅翱翔；丁香花的下方是一本书，寓意书香托起祖国的花朵，书香润泽人生。方寸空间，浓缩了清华的传统精神和清华附小的育人理念。可爱的“小丁香们”就是在这样的书香校园里润泽开放。

校歌：快乐成长，远大志向

改革开放初期，由音乐组毕可纫老师牵头，在清华附中王玉田老师的帮助下，清华附小有了自己的校歌。歌曲清新活泼，表达了清华附小积极向上、敢于承担、敢于拼搏的精神。

多年后，窦桂梅在周一的升旗仪式上，发现一年级的学生边唱校歌边笑。

不明就里的教师们，拿着歌谱共同研究，终于发现：其实，学生不是音不准，也不是声调有问题，更不是唱不好，而是不理解歌词的含义，唱不出他们自己的心声。原来，学生的困惑就在这儿——歌词不新颖、曲风单调……

于是，学校开展了向全校师生征集校歌歌词的活动，大家尽情发挥，献计献策，凝聚着师生心血的新校歌终于诞生！

新校歌与时俱进，在旋律上融合了进行曲与抒情曲的风格，歌词融入了学生耳熟能详的清华文化、校训、学生誓词等内容，朗朗上口，简洁明快，又意味深长，既展现了独特浓厚的文化环境，又体现了清华附小儿童成长的快乐和远大的志向。

清华附小旧校歌
王玉田 曲
集体 填词
披 着 清 晨 的 霞 光 迎 着 朵 朵
彩 云 我 们 生 长 在 美 丽 的 清 华
园 我 们 是 清 华 园 的 小 主 人
团 结 勤 奋 文 明 健 美 积 极
锻 炼 攀 登 高 峰 要 做 新 时 代 的
好 儿 童 我 们 仿 佛 听
到 闻 亭 的 钟 声 我 们 仿 佛
看 到 断 碑 的 掠 影 断 碑 的 掠 影
我 们 高 高 举 起 星 星 火 炬 向 着 那
共 产 主 义 前 进 前 进

清华附小新校歌

王玉田曲
附小教师填词
李宝仓　制谱

/三/ 选择了清华，就选择了一生的责任

萨苏说过，有一个地方，可以清楚明确地去骄傲期许，可以理直气壮地去爱深责切，实在是一件太幸运的事。能够走入清华附小这所百年学堂，清华附小的教师是幸运的，他们深知：选择了清华，就选择了一生的责任！

一个好教师就是一种好教育

2015年，“好老师”APP给用户提供了一个平台，由清华附小的窦桂梅来回答“好老师”客户端用户请教的问题。一自称“文涵”的网友问：“窦校长好！在您看来，什么是‘好老师’？”窦桂梅回答：“我最想说的两句话是——做有专业尊严的教师！做一个精神上气象万千的教师！”

对此，窦桂梅如此解说：

由于环境、经历、学校职场中的角色不同，每一个人理解的“好老师”肯定不尽相同。就我个人理解，开头第一句是我专著的名字，第二句是发表在《人民教育》上的文章中一句话。这两句话一直是我的座右铭，也是我对“好老师”中“好”的两个维度地理解。

我们清华附小对“好老师”这样理解：每一位教师应努力使自己成为“一个因知识和才能而受聘，并全力投入事业的人；一个不断获得知识与社会经验的人；一个能完成相当多令人振奋任务的人；一个富有真正创造精神的人；一个随时准备从经验和教训中学习的人；一个从人品到职业都受到尊敬的人。”

“好老师”一定懂得，教师虽然不是待遇最高的职业，但永远是最高尚、最令人尊敬的职业。“好老师”也深知，生活上可以照顾，工作上不可以照顾，永远将不敬业视为失职。“好老师”更明白，一个好教师就是一种好教育。

清华附小的老师，努力具备敬业、博爱、儒雅的人民教师形象。而这也是精神层面对“好老师”的解读。

清华附小迎百年系列活动——访两园践行社会主义核心价值观

以“博爱”之仁立人

唐代文学家韩愈在《原道》中说：“博爱之谓仁，行而宜之之谓义。”在清华附小，博爱被确定为教师职场生命的“样态”。清华附小教师把教育当成“命业”，把微笑、感谢与赞美当作职业本能。他们相信教育的力量，努力做到每一天赏识学生、尊重学生、呵护学生，把爱无私地奉献给每一个学生。他们深知教师的工作不是个体行为，需要融入学校团体，用理解和奉献去协调各项工作，并甘愿为学校贡献才华和智慧。

把“爱”糅进细节里

时钟指向中午 12 点，送餐公司已经将三菜一汤一饭一面点送进教室，很丰盛、很诱人。要知道，窦校长带领服务研究中心团队，联合了家委会代表挑了大半个北京，又是看网评，又是让胜出的几家餐饮公司 PK，请教师、家长试吃，还为五毛钱讨价还价，最后才敲定了这家新公司。“小饭桌”这点事儿，是小事儿?

教一年级的张老师的儿子三岁，她常盼着儿子吃得多多的，长得高高的。对于学生，张老师也如此希望。想着若干年后，当自己成了一个小老太时，他们就都长成了她的“树”，张老师心里美滋滋的。她一边招呼小豆包们洗手，一边琢磨：以往让学生轮流当服务生，为其他同学盛饭，虽秩序井然，但盛到最后，饭菜难免凉了。练了一年了，小豆包们的手也该灵巧些了，能不能自己盛呢？这样还不浪费，吃多少盛多少。

等学生洗手回来，张老师就在黑板上画开了。

“今天我们吃‘自助餐’。看，这是饭菜，它们已经排好队了。你们也按小组排队来盛饭，一个小组站在左侧，一个小组站在右侧，像两队小鱼同时往前游。”小豆包们眼睛发亮，欢呼起来：“好耶，今天吃自助餐！”副班主任一听，觉得有意思，她也奉献一招：“把三个菜放在一块，勺子可以共用，更快！”小豆包们煞有介事点点头，赞不绝口：“老师太聪明了！”

小豆包们按着组号，一组组盛饭菜，只要有勺空着，就有小手过去拿，也知道谦让。张老师又逆着组号，让等着的其他组先盛汤、分小点心，不让他们饿着等，但汤不许多盛，因为喝多了就吃不下饭菜了。

时钟指向 12:10，只十分钟，小豆包们就各自盛好饭，落座吃起来。“蓝色多瑙河”的旋律从广播里流淌出来，大家不再说话，静静吃饭。

过了一会儿，张老师发现肉和菜都快吃完了，米饭却剩了不少。原来，新的送餐公司用的大米，好吃，却黏糊糊的，沾在饭勺上，下不来。这可能也是饭剩下不少的一个原因吧！张老师一边盛饭，又一边想：一起吃饭是件快乐事，不能逼，逼就成苦役了，怎么办？

盛完饭，张老师计上心来。她戴上一次性手套，喊道：“谁想吃日本料理？”正埋头吃饭的小豆包们纷纷抬头，四下搜寻日本料理。只见张老师弯下腰，三两下搓出一个饭团，喊一声：“变！”小豆包们见了，都嚷着：“我要吃饭团子！”

就这样，米饭畅销了。他们排着队，无比欢乐地从张老师手里接过了一个个大小不一的饭团子，小心翼翼地捧着饭团子，一边回座，一边欣赏，咂着嘴，啧啧称赞。连最不爱吃米饭的小雅也吃了两个大饭团。一转眼，米饭盒就见底儿了。张老师看着小豆包们喜不自胜的样子，在一边偷着乐。

吃完饭，张老师又趁热打铁来了一句：“我还要做几个特别的饭团子，送给吃饭最干净，小嘴和桌子都擦好了的同学。”这回，她在白白净净的饭团上安了两颗豌豆、一片胡萝卜，饭团变成一个可爱的娃娃。只听四下“哇”声一片，学生吃得更欢了。

最后，几个同学像领奖状一样，从张老师手里领走了“米饭娃娃”。张老师不忘叮嘱一句：“你可以将这个饭团带回家送妈妈，明天就是‘三八’妇女节了。”听到这句话，其他小豆包着急了：“老师，明天我们还吃日本料理吧！”

晚上，一位妈妈发来信息：“儿子送给我一个饭团，兴奋地告诉我，这可是我特别为您争取的奖励，于是我特别认真，特别感动地享受了儿子的礼物。饭团很香，看来学校伙食不错。老师真睿智，米饭捏成团就不一样，包点菜又不一样，其实大人、孩子都喜欢形式的变化。谢谢您！”

“小饭桌”这点事儿，在清华附小教师心中就是大事，而且，教师工作中满是这样的大事。从清华附小的教室里看去：后黑板上学生的画用小磁铁一张张贴着，是为了摘下来后还能为他们保存；窗台的花花草草上都写着浇水时间，三五天不等，是教学生付出爱；书包里的文件夹是教师特意为学生买的，因为杆儿薄，放在书包里不占地儿……不仅是张老师，清华附小的教师都是这样做的。教育原本就是细节，有很多“饭团”需要教师来捏，捏的时候，还要顺便将“爱”糅进去，把快乐也放到里头。

在孩子心中种下积极向上的种子

“昝老师，孩子说班里的小朋友都不喜欢他，他觉得自己活着没意思，他说他想死。孩子在学校是不是因为学习成绩不好，受到了班里同学的嘲笑了？”

听到家长的话，昝玉静老师吓了一跳。日常班级生活中的小方，由于家庭原因，性格沉静、内向、敏感，缺乏安全感，但是和班里的同学相处还比较融洽，组内同学也非常包容他、照顾他、喜欢他。虽然学习有一定的困难，但是班里同学从未笑话过他，也经常帮助他、鼓励他。这个连观看电影《大闹天宫》都害怕得瑟瑟发抖的孩子，究竟发生了什么事，让他产生了如此极端的想法呢?

从孩子妈妈口中，孩子已经不止一次提到“我想死”，孩子第一次是和妈妈在旅途中无意间的一句话。第二次是某天小方的好朋友允中问他：“你今天怎么不开心了？”他说：“我想死。”

于是昝老师和孩子妈妈又有了进一步的沟通，孩子妈妈说每天都会问孩子在学校开不开心，孩子的回答，很多时候是沉默，偶尔会告诉他开心。最近，孩子说班级里有同学骂他是笨蛋，嘲笑他。有一个小朋友的生日聚会邀请了全班同学，就是没有邀请他。

第二天，昝老师和学生聊天中，了解到事实并非如孩子妈妈所说的。小方说：“学科班踢足球的小朋友看我不会踢球，说我是笨蛋。”举办生日聚会的小朋友说：“是妈妈帮我写的邀请函，我也不知道都邀请了谁。要是我写，我就邀请全班的小朋友，但是不邀请小 A 和小 B，因为他们实在是太淘气了。”而这其中并未提到小方，小方是不是听错了？误会了班里同学的意思呢?

当第二次约小方妈妈聊天时，昝老师先和小方妈妈沟通了之前的误会，并对小方的近况进行了交流。小方妈妈讲述的这两件事情让昝老师再一次意识到，小方的极端想法，不仅仅是孩子自己的问题。

事件 1——小方和妈妈说班级中小 C 不让他和小 D 玩，因为小 D 没有给小 C 带糖果。妈妈问小方：“你觉得小 C 这样做对么？小 C 在威胁小 D，你不能向他学习，知道吗？”

事件 2——小方 :“班级中有个小朋友,大家都叫他胖太阳。”妈妈问小方 :“那你觉得他喜欢大家这么叫他吗?”“我觉得他不喜欢。”小方闷闷地说。“这样的称呼就是一种侮辱，你以后不要这样侮辱别人。”妈妈说。

当听到这两件事时，昝老师的心为之一震，这就是孩子妈妈平时教育孩子的方式么？妈妈用“威胁”“侮辱”这样的词来引导孩子如何对待孩子间交往的问题。在未了解事实的前提下，将孩子所有消极情绪都给予了强化与肯定，让孩子愈加认为自己的想法都是对的，这样的教育引导方式直接影响了孩子。这时，昝老师认识到了事态的严重性，而小方这种消极的情绪不是一朝一夕就能够改变的。

教育不仅需要家长教育方式的改变，也需要教师的引导，对特殊学生的教育尤其如此。对于这样一个敏感的孩子，昝老师开始仔细观察他的一举一动，期待能找到引导他积极对待人与事的各种契机。

于是，课上，昝老师时常不失时机地鼓励小方多发言，对他说一声“你真棒！给大家想出了这么好的一个办法”，让他逐渐变得自信。课间，昝老师经常和小方聊天，说说最近班里的新鲜事，了解他对待事情的想法，拉近和他的距离，引导他用积极的态度对待人与事。慢慢地，小方的脸上浮现出越来越多的笑容，他对生活的态度也变得越来越积极。

学校组织观看话剧《西游记》，当三打白骨精中的白骨精身披白骨出现在黑暗上的舞台时，小方再次胆怯地走到昝老师面前，眼中满是泪水地告诉她 :“昝老师，我害怕。”昝老师把他抱在怀里，小声问他 :“小方，在学校课本剧中你扮演什么角色呢？”“小老鼠。”“那你是真的老鼠吗？”“不是。”“其实，白骨精也像小老鼠一样，都是由叔叔阿姨扮演的。如果你还害怕，可以坐到老师的身边来，要是不怕了，就回到自己座位上，好吗？”敏感的小方战胜了自己内心的恐惧，勇敢地坐回了自己的座位上，一直坐到演出结束。

一次课间游戏中，昝老师偶然听到小方的组长告诉小方 :“组内成员都可喜欢你了,觉得你像小弟弟一样可爱。”听到这句话时,小方头摇得像拨浪鼓，并伤心地告诉昝老师，组长在说谎，大家根本就不喜欢他，平时不让他帮组内干活。原来，极敏感的小方，认为大家不让他干活，不是照顾他、喜欢他，而是嫌弃他，小方再次用消极的想法影响着自己的情绪。放学前，昝老师悄悄地叫过来小方组内的同学，告诉他们小方的想法，让他们了解到小方以为大家不让他帮忙干活是不喜欢他。组长马上说："那我们可以告诉他啊，我们可喜欢他了，以后也会让他多多帮忙的。"放学后，昝老师看到组内同学偷偷跑到小方身边窃窃私语，小方脸上洋溢着快乐笑容，她突然感觉到，其实小方也是一个阳光的孩子啊，他何尝不希望自己每天都快乐呢？

苏霍姆林斯基曾经说过："一个好教师意味着什么？首先意味着他是这样的人，他热爱孩子，感到跟孩子交往是一种乐趣，相信每个孩子都能成为一个好人，善于跟他们交朋友，关心孩子的快乐和悲伤，了解孩子的心灵，时刻都不忘记自己也曾是个孩子。"是啊，我们都曾经是个孩子，也是一株花朵。而小方这株脆弱的花朵，正需要像昝玉静这样的教师，去关心他的快乐和悲伤，呵护他的心灵，帮助他在心中种下一颗积极向上的种子，从而慢慢生根发芽！

给农民工戴红花

2011 年的夏天，雨水大，特别热，暴风雨刮倒清华附小多棵大树，给学校抗震加固造成了很大影响，七座楼都要加固，加上连廊及新建的华宇池和传达室以及两排简易库房与平房，而且不能耽误学生开学时间，眼看进入三伏，满打满算工期还有 45 天，工程难度可想而知。

窦桂梅很是着急，既担心不能按时完工，更担心工人们夜以继日，安全难以保障。于是，她找到施工公司负责经理，想给施工人员赠送西瓜解渴，同时给大家以激励，务必使工程保质保量，按时完成，杜绝不良状况发生。

经理说："校长啊，不能吃西瓜，一不解饿，二不卫生。万一给工人吃坏了肚子,我们的活就没人干了。"同时,经理建议："给工人们炖猪肉和土豆吧，工人们开了胃，那干活更有劲啦！"

于是，学校冒着酷暑买来了一头猪，又买了几百斤土豆，专为在工地上干活的670多名工人，炖上了七大桶猪肉炖土豆。

那天傍晚，工程队打出"感谢清华附小对酷暑中的员工送来的温暖"的条幅，工人们带着碗筷集合来到空地等待分肉，场面异常振奋。

分肉之前，经理让校领导讲几句。窦桂梅一手拿着大喇叭，一手拿着大勺，笑着说："亲爱的同志们，今天我代表全校1600多名师生，感谢你们的辛勤劳动！今天是三伏天的头伏，大家流着汗给校园打地基，真感动啊。学校为你们做了几桶猪肉炖土豆，愿你们吃在嘴里，乐在心里。拜托各位师傅们挖地基的时候带着感情干活啊！我们的孩子们忘不了你们的！ 9月1日那天，我们一定会在你们队伍中评选十佳员工，把你们请上主席台，给你们戴大红花，送上一点心意！好不好？"

"好！"响亮的声响过后，肉香飘散开来，开始分肉。七排长长的队伍浩浩荡荡来到教师面前。分肉的教师一边说着谢谢，一边为工人盛上满满的一勺肉。其中一个工人师傅微笑着回应说："吃在嘴里，乐在心里。"

之后，校领导轮流督导，每天都和工头们较着劲儿，也在不断鼓励工人师傅。这个不行，要体现清华元素；那个要重新再来，得考虑学生的喜好；校门要从北向挪到东向，便于校园安全封闭；建筑风格一定要和楼群一致；操场要纳入清华附小的整体布局中来……连续几十天的艰苦作战，终于赶在9月1日前，顺利竣工，清华附小成为海淀区唯一一所准时开学的抗震加固学校。

在开学典礼上，学校果真把工人师傅代表请到了台上，接受学生敬献的红领巾，学校也为他们发了红包。

一位师傅激动地说："这是我有生以来第一次领奖，它是我一辈子珍贵的记忆！"还有一位师傅说："我们在许多城市干过活，竣工时，望着自己辛苦劳动的成果，只能是无奈地背着行李，失落地离开。但这次在清华附小的工作不一样，我们收获了劳动后的尊重。”

前来参加典礼的领导和教师们也很感动，感动于学校关心体贴农民工，这样别开生面的开学典礼对师生来说，也是终生难忘的一堂课。

我们和你在一起

每年 10 月底，是清华附小例行的家长开放日，学校将开放定位为亲子共学，让家长亲身参与到孩子日常的学校生活的一天之中，身临其境地感受孩子的学校生活。这一天对于清华附小的每位教师而言都是普通又不普通的，普通是因为这是学生常态下课堂学习及日常生活的呈现，不普通是因为有大量的“大学生”进入课堂，参与进孩子们的学习生活，而且他们参与的目的并非单纯的课堂学习。

这一天，清华附小的每位教师都一如平常地认真对待，但怎样通过简单的课堂尽可能充分地让每个孩子得到展现，让前来参与的家长真正融入课堂，体验孩子们的学习生活，成了摆在每位任课教师面前的一个问题，尤其是对于新入职的几位年轻教师而言。刚从象牙塔里出来，踏入职场的年轻人难免还有些懵懂，发生在孩子们身上的诸多状况常常令他们措手不及，申旭兵老师就是其中一位。

刚刚经过两个月的接触与磨合，新接班的她已经与班级的学生建立了基本默契，她能够通过声音分辨出每一个学生……在有经验的教师的帮助与引导下，她对班级管理与建设的信心逐步增加了。可是，要面对学生家长，她内心不禁打起了小鼓，对于即将到来的开放日畏惧不已。

“别担心，我们和你在一起！”每当她对自己不自信时，这个声音便会出现在她身边。这是清华附小 2014 年的年度语，也是每个清华附小人用心践行的一种态度。陪伴才有感情，双师绽放、青年共同体……在清华附小，年轻人会成长得特别快。那是因为每个年轻人身边都有一群踏实陪伴的人，亦师亦友，肩并着肩，手牵着手，一起成长。

就在年轻的申老师一筹莫展的时候，同年级有经验的教师找到她：“旭兵，有什么不懂或者需要帮忙的地方尽管说，咱们共同解决。”年级语文教研员李春虹老师找到她：“我们一起来备共学日的课吧！”声音里充满了温柔与坚定。

主题整合是清华附小课程改革上的一大创新，突破传统课堂单篇的、碎片化的教学模式，以主题贯穿课堂，充分激发学生的积极性与主动性是当前清华附小课堂努力追求的。如何能够让家长更直观地感受到清华附小主题教学的理念，更充分地体验到孩子在课堂的生成与生长，成了横在年级教师面前的一大问题。经过一轮又一轮的备课又推翻，再备再推翻，她们决定用绘本来进行课堂教学。首先，绘本本身就是一种整合的艺术形式，课堂上给予学生展示的空间会更大；其次，绘本教学也整合了传统课堂教学的技法，既有借鉴又有超越，教学内容也比较新颖。方向选定之后，在纷繁多样的绘本中究竟选择哪本书呢？经过重重筛选，结合年纪的主题特色，她们选择了《达芬奇想飞》，一本字数较多，带有桥梁书性质的绘本。

第一轮备课结束后，李老师建议申老师在诸位教师面前，模拟课堂情境说一下课，年轻的申老师紧张地说完课后，同年级的几位教师频频摇头，“还不够咱们清华附小的味儿”“感觉这本书的主题挖得还不够”……教师们纷纷提出自己的意见与建议，申老师如获至宝般将大家的建议记录下来。怎样才能更好地综合大家的看法呢？李老师仿佛看出了申老师的焦灼：“旭兵，别担心，放学后咱俩一起改教案。”说完，李老师拍了拍她的肩膀，这一拍就好似一颗定心丸，让焦灼不安的申老师又重新有了信心。

放学处理完班级的事务后，时间已经不早了，天空好像被怪物一口吞下似的，一下子就暗了下去。清华附小教学楼的灯光依然亮着，各位教师还在自己的教室里忙碌着。申老师带着绘本和电脑急匆匆地走进李老师的教室。李老师正拿着书专心地研究，她眉头紧皱，一边拿笔在书上勾勾画画，一边口中念念有词。申老师轻声地唤了一声沉醉在书籍中的李老师。李老师抬头看了一眼，“旭兵，快来，我把今天大家的意见整理了一下，你看看还有没有补充？”申老师赶紧走上前去，看见李老师的电脑屏幕上条分缕析地对白天的说课进行了整理，她不禁感慨：李老师的效率之高太令人佩服了。

很快，她们便就课堂形式、授课内容等问题展开了激烈的讨论，李老师总是鼓励申老师大胆地表达自己的观点，不放过对每个闪光点的挖掘与称赞，这让原本底气不足的申老师增加了许多信心。对于申老师一些不成熟的表达，李老师也总能及时指正，并且给予正确的引导。对于初为人师的申老师而言，这样的指导如雨后甘霖般，对她的成长既是强心针，又是鞭策的动力，她的脸上泛着的红晕表达着内心的激动。

不知不觉间，时间一分一秒地过去了，当保安来提醒已经到了锁校门时间的时候，申老师抬头才发现她们已经密密麻麻地写了一黑板，她们手上满是白色的粉笔灰，课堂的样态已经初现轮廓。

这个时候，从门外传来一声温柔的问话："你们还在呀？"原来是学校负责教学的王玲湘老师，她是语文特级教师，更是教师们心中公认的知心引路人。看着眼前两个有点"走火入魔"的小年轻，王老师莞尔一笑，再看看黑板，"你们的板书我看过了"，她从讲桌上抽起一支粉笔，行云流水般地开始在黑板上涂改起来，边改边不时回过头来与二位老师交流，不知不觉间原本显得有些凌乱的黑板变得条理清晰起来。

门外已经一片漆黑了，教室里的灯光在这样漆黑的夜里显得更加明亮、温暖。"这样改可好？"说话间，王老师在黑板上勾勒完最后一笔。李老师、申老师情不自禁地竖起大拇指。"瞬间明朗清晰了！"李老师的声调有些高，像经过一番辛苦攀爬终于登上山顶一般。"早点回去吧，时间已经不早了。"王老师又是轻轻一笑，掸了掸身上的粉笔灰。看着黑板上这一行行隽秀的文字，看着眼前这两位知性又美丽的前辈，原本心存忐忑的申老师长长地舒了一口气，拿出手机，拍下眼前的这两位老师及黑板上那些闪亮的字迹。即将来临的每一个日子，她都感觉充满了信心，因为她明白，身边还有这样一群人，陪伴着她，引导着她，温暖着她……

"儒雅"姿态由心生

网友"泊通"向窦老师请教："我非常向往您所说的，做一个'儒雅'的老师。可是，我是一名中学班主任，每天要备课、上课、开会、准备评职称，还要保证学生的安全，常常感到筋疲力尽，我甚至只追求班级不出事，觉得儒雅离我太遥远了。我要怎么办？"

窦桂梅告诉"泊通"：

"儒雅"是你不断修炼出来的面对学生时的微笑，时常为孩子竖起的大拇指，并能够站住身子，弯下腰还一个鞠躬礼……

除了这些可以看得见的"儒雅"，还有你不断学习，成为学生崇拜的对

象的那种迷人的魅力。比如，你是一个出口成章的人，你是一个把尴尬化为幽默的人，你是一个晓之以理、动之以情的人……

你知道，学习是最好的保持“儒雅”的方法。这是我们清华附小每一位教师修炼自身的座右铭。改变，从阅读经典开始。当然这个阅读不仅仅是书本，现在学习的渠道太多了，只要你有“钩子”精神，只要你愿意当作一块海绵不断吸纳学习，你都可以获得促进你成长的“食粮”。人外在的形貌基于遗传基因是难以改变的，但人的精神却可以因读书而蓬勃葱茏。那些历经时间沉淀依然流光溢彩的文字，会在我们的心灵中留下缤纷的映象，让我们的内心漫卷云舒。

因此，我想说，你若奉献还将成长，并走向“儒雅”，你若粗俗随心所欲，便将“腐朽”。每位教师都要努力成为学科代言人，让学生因为热爱自己而热爱自己任教的学科。到那时，你就成了学生审美儒雅的对象啦！

丁香一簇静绽放

校园里满树的紫丁香又开了，或许是因为它的花朵纤小瘦弱，总是一簇簇相互依偎，远望如一片紫霞，走近，花香浓郁。恰似清华附小人，他们静静绽放，将青春写进百年的梦想里。

清华附小不仅校园美得像个大花园，这里的教师也努力成为学生的“审美对象”。校长常邀请形象、礼仪顾问来为教师作讲座。四（3）班的黄老师就是这“审美对象”的代表。你看，不论何时见到她，她一定将衣服搭配得利落合宜，头发一定一丝不乱。还有一个有趣的现象，她来上班时，脚上一定蹬着一双跟儿鞋，等到大课间陪孩子们玩时，又换作了平底儿运动鞋，多神奇。

如果说平常的黄老师代表了清华附小教师“儒雅”的气质，可是一到运动场上，黄老师就像变了个人似的。今年的“马约翰杯”足球联赛，四（3）班遇到了强大的对手——四（1）班，身为班主任的黄老师也来了劲儿，只见她换上和场上队员同款的球服，足登运动鞋，腰上别着无线麦克风，就带领四（3）班同学出发了。比赛开始后，黄老师在场边大喊着为队员们打气助威，眼看着四（3）班队员有些顶不住了，黄老师挥舞着双手大声喊道：“加油！你们是最棒的！你们是英雄！”这呼喊声极大地鼓舞了大家的士气，在队员们地积极配合下，四（3）班收获了本赛季的第一粒进球！此时的黄老师，高兴得又蹦又跳，俨然一位疯狂的球迷，在为自己的偶像加油、喝彩。后来，同学们在日记里写道：“黄老师完全不顾平日的淑女形象，在场边为队员呐喊助威，给球队注入了勇气和力量。”作为一位热爱教育、热爱学生的教师，这份投入、激情也是别样的“儒雅”。

更可贵的是，黄老师的身姿总是那样挺拔，即使临到下班，也看不到一丝疲惫，这是一种向上的牵引力。可想而知，学生们多么愿意面对作为审美对象的教师，愿意像她一样卯着一股向上的劲儿。

清华附小的教师是学生的审美对象，如丁香般，开得秀气，开得精神。他们美丽地工作，这状态正是“美丽清华附小”的一张名片。

乐学善施

如果说儒雅的外表给了清华附小教师成熟与自信，那么对于教育教学的深入研究则焕发出了教师独特的魅力。

花开花谢又一年，然而，已在江西南昌考取了教育管理岗位的熊老师，却觉得自己而立却不立，不惑却有惑，曾经的教育理想在原先的工作环境中似乎难以实现。熊老师认为：人生能走多远，有时往往取决于你与哪些人同行。因此一年前，他放弃了南昌安逸的生活，选择北漂，来到了有近百年厚重历史的清华附小。

清华附小是一个充满浓郁学术氛围的学校。每当熊老师翻看这些名师的履历、欣赏这些名师的课堂，拜读这些名师的著作，总能如醍醐灌顶般看到自己的差距和浅薄。面对师资雄厚，牛人扎堆，而且比你更谦卑，比你更努力的这群人，他当然不想被抛入谷底，唯有勤奋，必须努力。

于是，每天下班的时间，便成为熊老师不断修炼的“黄金时段”。虽然有的时候难免还会被繁杂的班级事务所牵绊，但是他还是坚持去读一些儿童文学作品、名家的课堂实录，希望能从中汲取一些对语言文字的感受力，加上众多名师上课时的引导方法，作用于教学，呈现在课堂。

备课往往在晚上，强忍住困意，振奋起精神，抬头看见博雅楼的点点灯光，顿生力量，熊老师感觉到窦校长和其他教师也一直在陪伴着他。

教师加班，校长一定在陪伴，一句“我和你在一起”温暖得让人只能快马加鞭地前行。每当这个时候，熊老师总会像运动员一样挥一挥紧握的拳头，鼓励自己，也时刻提醒自己：不能掉队，要努力跟上。

向上，乐学，还要善于应用，这是清华附小教师身上共同的特征。如熊老师一样，初入职清华附小的语文教师李宁老师经常光顾同年级教师的课堂，把好的教学方法活用到自己的课堂中。

听了数学课，她把开火车说口算变成开火车读拼音；听完英语课后，她巧妙地将英语老师组织纪律的“One two three，I’ m a tree”迁移到语文课堂；她将科学课的动手操作环节设计在创新实践课中；她将音乐课上的歌曲，整合到学生日常生活的各个环节中，如排路队，饭前一歌……

如何教一年级学生识字，李老师在海淀区组织新教师培训会上学到“字宝宝家族”教学法。第二天，班里讲台上就多了一个大奶瓶，那就是她连夜赶制的“字宝宝的家”。李老师向同学们介绍了“字宝宝家族”的第一位朋友，示范之后她要求同学们要努力帮助“字宝宝家族”加入新的朋友。同学们把自己新学会的一些难字放进奶瓶里，在奶瓶里放过字的同学就从里面抽出几个字讲给全班同学听，有的同学尽兴了，还会写在黑板上。在这个过程中，班里同学们还自发组织了“查字典小分队”。没多久，“奶瓶”里“字宝宝”已经是满满当当。

“怪”师傅

儒雅的气质，既来自教师的个人进修，也来自同事间的相互启发，教学相长、教教相长在这所学校里激起了教师深入研究的热情。

故事发生在易博老师初到清华附小时。在“1+X 课程”构建理念下，学校提出了课程整合的教学倡导，提出课堂评价的四个值——“意义值、方法值、动力值、容量值”，要求课堂要基于学生的有效问题展开，真正做到儿童站在学校正中央，而不是教师个人的精彩演绎。

相比之下，教龄三四年的易老师突然发现自己陷入了狭隘的经验怪圈，总是认为数学就应该“这样上”——标新立异的创设情境、选择素材、深入挖掘教学素材。但是，当他有幸和吕悦老师结为师徒，一次又一次走进吕老师的数学课堂后，他突然发现，原来清华附小的数学课堂是这样的……

吕悦老师的数学课，如果你是第一次听的话，总会觉得不像是数学课。第一次进班听她的课，易博老师就被她的“怪”给吓到了：“角的初步认识”课的前五分钟，吕老师就没上课！满是疑问的他心里打起鼓来，这是要干什么？当他走入学生小组后突然发现，学生要么在书上圈圈画画，要么在预习单上写写填填，还有几个学生被吕老师请起来去帮助别人。当有些学生快速预习问题后想与她交流时，易老师本以为她想问问学生收获什么，还有什么疑问。让他吃惊的是吕老师只问了一句：“你猜猜这节课我会怎么讲？”学生们一听精神头全来了。

“我猜老师您要讲什么是角。”

“我猜老师您要讲角的分类。”

“我猜老师您要讲角的大小与什么有关。”

“我猜老师是不是要讲讲角是谁发明的。”

“我猜老师是不是讲生活中什么地方藏着角。”

……

“你们都猜到了，我讲就没意思了，要不你们来讲？”还有些疑问的学生一边拼命地再看书，一边举手争先恐后地要当小老师来讲课。接下来的课堂就在学生们充分地讨论中度过。当易老师还在震撼中时，一个细节引起了他的注意。

“老师我觉得这不是一个角。”一个小姑娘指着黑板上的判断题里的一条直线说。

没等她说完，另外一个学生就站起来："老师我觉得这是一个角，我认识它，它是一个特殊的角，是平角。"

"但是刚才我们自学时，书上不是清楚地写着角有一个顶点两条边吗？这只有一条边，所以这条直线绝对不是角。"另一个学生情绪略显激动，眼睛也瞪得大大的。被他这么一说，全班孩子都点了点头。易老师听后也默默点头，根据书上的概念来说一条线确实不应该被称作角。

本以为吕老师会借机再强调一下角的概念，没想到的是迟迟没说话的吕老师突然开口了："你们大家真的都认同吗？书上说的就一定是对的吗？难道没有任何质疑？"

听老师这么一说，学生又来劲了："老师，学线段的时候，我们不是研究过，线就是无数个数不清的点组成的吗？就好比圆珠笔尖上的圆珠，画一条线，其实就是圆珠画一排点。要是照这么说的话，这条线上我们随便找一点就是角的顶点，分开后的两边就是角的两条边。"

当这名学生说完后，吕老师这位"怪"师傅什么也没说而是带头鼓起了掌。而这掌声也深深地敲打在了易老师的心间，清华附小这样的"怪"老师还有很多，而且一批又一批这样的"怪"徒弟也承继了师傅们的教育精神，为了学生用最佳发展方式去学习，清华附小教师会一直这样"怪"下去！

陪伴也是一份教育情怀

教师的儒雅最终会彰显为教师的教育智慧。教师的教育智慧是什么？教育的智慧是在"陪伴"孩子中来的；教育的智慧是靠"勤奋"出来的；教育的智慧是用心和孩子们"交流"出来的。

卢荣老师所任教的六（4）班，有一个奇怪的现象，每天放学学生不爱走，总是需要"轰赶"好几次，他们才肯离开班级和学校，而他们的理由是：六（4）班是我待了六年的家，现在我们快要毕业了，我们每天都十分珍惜在这个家中的时光。

家长们也这样给卢荣老师写道，孩子放学回家，最爱谈起的就是她们的卢老师。在家长听来，那不是站在讲台上的严师，她只是课堂上坐在孩

子身边、操场上站在孩子对面、和孩子们一起欢笑一起成长的挚友。孩子回家说起卢老师最爱用的词汇是探讨、讨论、商量……卢老师对孩子们的教育和影响，就在这看似平淡、悄无声息的交流中渗透着，浸润到每一个孩子的心中。

珊珊曾经很认真地和父母说："下次出去旅行我要去我选的一个地方，和卢老师一起去。"父母不明所以，孩子有些神秘地说："我想去庐山，因为我的名字和卢老师连起来是'卢珊'。"还有一次，孩子过生日前计划请同学和老师一起玩，父母劝说，老师这段时间工作特别忙，就不要去打扰老师工作了。孩子非常严肃地声明："反正卢老师我是一定要请的，我过生日请好朋友一起玩，卢老师是我们最好的朋友，所以不能不请卢老师。"孩子告诉家长："即使卢老师不能来，也要邀请她。"学校组织的任何活动，卢老师总会和他们一起参与。比如，在足球赛上，卢老师会上场和他们一起踢，偶尔还会被飞来的足球踢伤，孩子们总会细心地关照她；在合唱节中，她会在每天的课间和他们一起练唱，一起吹笛子；在班级诗歌朗诵会上，她也会加入他们的队列中；在班级的辩论会上，她也会和他们争论，一决高低。卢老师曾自豪地说："我是他们中的一员，我是班级里的第 37 名学生。"

和家长说起班级里的每一个学生，卢老师都会如数家珍，对他们说起每一个学生在学校的点点滴滴的故事。一个偶然的机会，让她在担任六（4）班的班主任的同时，还担任了一年级一个新班主任的带教导师，需要每天两边跑，指导两个年级、两个班级学生的一日生活。面对在成长阶段差异最大的两个年级，需要她付出很多精力和心血。

一年级的学生，需要无微不至的关心与呵护。每天清晨，她都会“察言观色”，掌握每一个学生的情绪变化，除了上课，还要照顾他们的生活，每天从提醒洗手、喝水开始到午饭的盛饭，课间教他们整理衣物、学具，到放学前保证每个学生干干净净、整整齐齐地出校门，将学生亲手交给家长，看到家长们欣喜地接过孩子后，心中才会踏实。

六年级的学生正处于成长阶段，也是相对敏感的时期，有了自己的一些想法和判断力。每个课间，学生都愿意围在卢老师周围，和她说着这样那样的事情以及自己的一些想法。卢荣老师时常会关心着学生各个方面的发展，遇到任何一个任课教师反馈问题，或者学生成绩不理想，她都会同任课教师及时沟通、交流，也让家长时时刻刻体会到教师在学校给予每个学生的关心和爱护。她还常常利用每周三的家校沟通日，积极做好家校沟通工作，她总是早早地安排好了接待工作。每次沟通总是能在笑声中促进家校紧密合作。

在学生心里，卢荣老师就是一（4）班和六（4）班83位学生的“好妈妈”。2014年，母亲节后的周一，当卢老师刚刚进入教室时，六（4）班的男生们悄悄把自己买零食、游戏卡等的零花钱凑在一起，给卢老师买了一个小小的挂件。班里最淘气的男生把挂件戴在卢老师脖子上，并且很男子汉地当着全班学生的面说：“卢老师您像妈妈一样照顾着我们，严格要求和教育我们，我们也没少给您添麻烦，这是我们男生给您的母亲节礼物。我们都觉得很配您的衣服。”礼物虽小，但是衬托了学生发自内心的感激。卢老师心中的欣慰不言而喻，她是学生认可的“好妈妈”。

作为清华附小的教师，不仅仅是儿童站在学校正中央，同时教师也一定要站在学生的心中。只有这样才能达到为人师者“桃李不言，下自成蹊”的至高境界。

“敬业”成就梦想

网友“繁花点点”问：“廉颇老矣，尚能饭否？对于一直很普通的、已经进入不惑之年的教师，是否还有机会做一个有特色、有影响力的教师呢？”

窦桂梅回答：

从普遍意义上来说，终身学习，终身受益。面对工作压力，要懂得忙是“营养”，不忙就是“营养不良”。要有“本领恐慌”的压力，懂得我们的“本领”在时代发展中会不断折旧，必须通过持续学习来实现保值与增值。“三十而立”“四十不惑”早已过时，要毕生用“终身学习，终身受教育”的观念去追赶这个日新月异的时代，不断感受和吸纳这个时代的奔腾与力量，并以这感受和吸纳去锻造下一个时代的精华与脊梁。

从儿童立场来说，我们小学教师是泥土工程，用雨露阳光滋润儿童。这是我们的特色，要说影响力，我觉得我们的影响力是——教师要平等对待每一个学生，了解每一个学生，学生只有差异而没有差距，要尊重个体、呵护个性，相信每一朵儿童之花都会绽放，只是花期各有不同。当我们这样看待、对待儿童的时候，我们的影响力就不请自来了。

从个人特点来说，每一位老师都有自身的特点。如何发挥自己的特长，并很好地运用到教育教学以及班级管理中，这是很好的方法。过去讲木桶原理，说的意思就是决定胜负的是你的那块短板。然而在互联网高速发展的今天，你应该让你“长”的地方更长！适才扬性，对学生、对自己都适用。比如，你擅长书法，你可以在班级进行书法特色的打造；你会舞蹈，你可以让你的学生形体挺拔向上有审美气质……

总之，当我们用一颗“敬业”之心面对教育时，每位教师都能成为最有影响力的人。让我们一起和时代共进，和学生一起成长——你永远都是“长大了的儿童”！

握紧这只小手

新学期开始，苗育春老师走进了一年级的教室，成为一名一年级的语文教师兼班主任。看着这四十多个孩子充满稚气的小脸，满含好奇的眼睛，工作二十多年，从未教过一年级的苗育春老师，忽然觉得肩头的责任更重了！

新的环境，新的伙伴，新的要求……对这些刚刚踏进学校大门的小朋友来说，帮助他们消除这么多新鲜事物带来的陌生感，尽快让他们熟悉乃至亲切起来，从而树立初入校门的自信，是苗老师给自己定下的学生入学初期的目标。

新学期开始，首先要带着小朋友站队，准备各种开学事宜。带着小朋友走出教室，按高矮排好队后，苗老师带着温暖的笑意告诉小朋友："手拉手，我们要到小操场开会啦！"

还好这段路不长，小朋友排着队走过去。苗老师正感叹小朋友的乖巧，却发现前面有小朋友在小声说话，老师感觉是小朋友刚进入学校，还不能严格要求自己，便没在意。在指定位置站好后，活动一项项有序进行。

欢迎一年级新生仪式结束了，要把小朋友带回教室休息了。苗老师正在整理队伍，一个小男孩仰着小脸对老师说："老师，我不和她拉手！她的手拉着不舒服！"

苗老师拉过旁边小姑娘的小手一看，发现她的小手爆了很多皮，摸上去真的是扎扎的感觉。苗老师看了看小姑娘，她正一脸无辜又无奈的表情，再看看小男孩，期待的眼睛似乎在等着老师同意他的要求！

苗老师想了想，为保护小朋友的自尊心，便笑了笑，握着小姑娘的另一只手，对小男孩说："她的手只是有些爆皮，没关系！你看，老师也拉她的手呢！"小男孩似懂非懂地点点头，轻轻地拉上了小女孩的手……

后来，向家长了解情况后得知，小姑娘爸爸家很多人小时候手都是这样的。第二天来到教室，苗老师把小女孩请到教室前面，握紧她的小手，笑着，大声地告诉小朋友们："这个小姑娘的手爆皮了，你们知道是怎么回事吗？原来是太阳公公特别喜爱她，希望她长得快点，于是就亲吻了她的双手，因为太阳公公太热情了，小姑娘的手上留下了太阳公公的吻痕。"小朋友们点点头，张开自己的小手也看了看，似乎要努力地发现是否有太阳公公的吻痕……

从此，无论谁和小姑娘并排，再也没有小朋友提出不拉手的要求了！苗老师的灵光一闪，保护了一颗小小的心灵，绽开了那么多的笑脸，这或许就是做教育的幸福吧……

理解生死的意义

2014 年深秋的午后，韩老师正在给三年级的学生进行安全教育，忽然传来噩耗，班中的小乐因为脑瘤去世了。

当晚，韩老师便收到班级家委会主席的短信 ："老师，发生了这样的大事，不知道该怎样跟孩子们解释才恰当？"这可怎么办？韩老师第一次遇到这种突如其来的事情，当时也是六神无主。此时，博雅楼内的会议室里，中层领导正在开会。韩老师在会议室外徘徊的身影，被教师们发现了。王玲湘、王丽星、安华、梁营章四位教师立刻停下手里的工作，召开紧急会议，商量对策。

窦校长当时在台湾出差，晚上 10 点多了，还不停地打来电话、发来信息，与大家一块商量。最终，大家决定借助第二天主题阅读课程的时间给学生讲绘本《獾的礼物》，渗透生命教育，并由韩老师立即群发短信，建议家长当晚不要告诉孩子，请家长们相信学校。

当韩老师第二天踏着沉重的脚步，再次走进教室的时候，他不停地告诫自己 ：要沉住气，要控制好情绪，要让学生觉得和平常上课是一样的。他说 ："今天的主题阅读课，我们来讲一个绘本《獾的礼物》。"一听是讲故事，孩子们的兴趣瞬间被调动起来，纷纷屏住呼吸，安安静静地听。

獾是一个让人信赖的朋友，他总是乐于助人。他已经很老了，老到几乎无所不知，老到知道自己快要死了。

这天晚上，他对月亮说了声晚安，拉上窗帘。他慢慢地走进地下的洞穴，那里有炉火。吃完晚饭，他写了一封信，然后就坐在摇椅上睡着了。他梦见自己在跑，前面是一条长长的隧道。他越跑越快，最后觉得自己的脚离开了地面，觉得自由了，不再需要身体了。

第二天，狐狸给大家念了獾留下来的信：我到长长的隧道的另一头去了，再见！

……

看着孩子们慢慢融入了绘本故事，韩老师开始了关于珍爱生命的引导 ："我知道大家都想念小乐同学，都关心她的病情，今天我要告诉大家，她像獾一样去了另一个时空。但想着她的好、她的爱，就像獾留给伙伴们的礼物一样，永远留在我们的心里。所以，我们不要难过，衷心祝福她好吗？”

“好！”孩子们异口同声回答。韩老师心里的石头终于落地了。之后，孩子们平静地完成了悼念活动，没有影响学习生活。第二天，老师们又陪着学生家长来到清华校医院的告别厅，向小乐的家长致哀、问候，并送上了代表全体师生心愿的挽联。

正是在教师们的真情陪伴下、睿智的教育中，韩老师深深懂得了：只有用孩子的视角去解读生死，才能让儿童惊恐的心灵得以平复；只有饱含智慧的爱心才能真正地教育好儿童。

书香澄净心灵

图书馆杨雪原老师虽然没有担任学校一线教师，却深深懂得学校的时时处处、角角落落的工作都蕴含着深刻的教育意义。

早上，杨老师早早地来到此时还寂静的校园，打开了学生阅览室的大门，点亮学校的第一盏灯，迎接每天阅读微课堂第一位学生读者的到来。七点左右，第一位读者小明早早地来到阅览室：“老师好！”杨老师微笑着招招手：“小明好！”小明选好一本书，走到椅子旁，手捧书籍，专心致志地读起来。为了让学生快乐阅读，杨老师可没少想办法。

在学校的大力倡导下，清华附小学生的读书热情极其高涨，如何让学生读到喜闻乐见的图书呢？杨老师很是动了一番脑筋，不如在学生中间发布“图书征集令”，让学生把自己喜欢读的图书写下来推荐给图书馆。想法一出，杨老师开始忙碌起来：设计印制表格，将表格下发到全校学生手中，回收“征集令”并统计出学生推荐的图书，按学生对图书的喜爱程度选择性购买新书……看着采购回来的深受学生喜爱的上千册新书，杨老师脸上露出了欣喜的笑容。杨老师接下来的工作是要对这部分图书进行进一步加工，盖章、做数据、贴书标、摆放到合适位置供学生借阅，工作量不少，但只要想到能为学生提供优质的精神食粮，杨老师心中异常高兴。她常说：“儿童站在学校正中央，图书馆工作就是要把学生的需要放在首位。”

在清华附小图书馆这个工作岗位上，杨老师除了和成千上万册图书打交道，更多的是每天和众多的小读者打交道，这也是杨老师每天工作中最高兴的事情。从清晨到放学后，从每个课间到班级阅读课，杨老师接触的学生年

龄可是最广泛的（从一年级到六年级），性格也是最多种多样的（从活泼好动到内敛安静），但他们有个共同特点——爱读书。

有一天，五年级王老师领着一个瘦小的孩子走进了图书馆，“他叫小华。”王老师后来悄悄对杨老师说：“这个孩子是从美国回来的插班生，但因为非常不适应，在班级里无法和同学友好相处，经常以武力相对，甚至还打老师，最严重的时候甚至把椅子从三楼抛下来。为了帮助他，我们年级的老师要在图书馆给他一个人单独开课，不上课的时候可能就需要您多帮助他了。”杨老师眉头紧锁，这样的孩子来到图书馆，能心平气和地安心学习和读书吗？但凭借多年的经验和认真负责的态度，杨老师开始了对小华同学的耐心帮助教育。在知道了小华同学爱看书后，杨老师总是在他上课之余，特意为他找来了这个年龄段孩子最爱看的图书，一有空杨老师还与他一起读书并交流读书体会。小华身体比较瘦弱，经常感冒，每当这时杨老师都会提醒小华多喝水。由于图书馆里的气温常年偏低，杨老师还经常将自己的厚衣服披在小华身上……

一片书香中，杨老师感到心灵无比充实、澄净。

成就“中国新锐教师”

一次学校举办《清华大学附属小学办学行动纲领》知识竞赛，低学段代表队抢答失败后，代表们沮丧地叹气，但台下低学段的教师却用《清华大学附属小学办学行动纲领》中的话语大声安慰台上的代表：“别担心，我们和你在一起”。在清华附小，经常出现这种轻松愉悦的氛围，每位教师之间都洋溢着真诚。

这样轻松的氛围，让清华附小的青年教师们敢于讲真话、敢于发表真知灼见。一次会议，美术老师聂焱大胆发言，说办学校就是要赚钱的，没有钱很多教育的事情都没法开展。年轻人说话不知轻重，但学校领导对于年轻人的成长给予了更多的宽容，相信年轻人只是方法问题，而非性质问题，鼓励年轻人以恰当的方式说出自己心中所想，为学校贡献真知灼见。

此后，窦校长特邀聂老师列席学校中层会议，并让他参与学校“1+X课程”研究中心的研究工作，这给聂老师提供了良好的学习平台，也给了他认识与了解学校领导及其他教师工作的机会。

聂老师在清华附小学到了很多，成长得很快。他觉得自己又回到了学校，重新受到教育。通过一系列的会议，聂老师渐渐养成了简单做人、高效办事的作风，也非常理解学校的办学使命与做事风格，了解了领导与教师的教育情怀。聂老师爱好写作，他的笔下，渐渐由个人的小感悟，变成了对于学校建设的大智慧。

在“1+X课程”研究中心的学习，聂老师深深深地感受到，在这个中心工作的教师无一不是喜爱读书的，无一不是喜欢搞教育科研的，大家聚在一起就是研讨。中心经常邀请教育界的知名人士、搞教育科研的专家同仁前来讲座，这让聂老师受益匪浅。后来，聂老师凭着对“1+X课程”研究的深入理解，在自己的美术课堂上进行了独具特色的课程创新——他将语文、数学、英语学科教师集体研发的《乐学手册》迁移到自己的美术教学中，自主设计每节课的“美术乐学单”，实现了学生的自主学习。

机会总是留给有准备的人。聂老师通过在清华附小的学习与感悟，写出了多篇关于儿童艺术教育的随笔，并被选为“清华附小最具发展力教师”。借着百年校庆的契机，学校专门为聂老师出书，书名为《回到童画》，寓意回到教育的童话，希望教育更加美好，并于 2015 年 5 月为他召开“清华附小最具发展力教师”推广会。

2014 年，聂老师获得搜狐教育盛典的“中国新锐教师”称号。在颁奖典礼时，聂老师说道：“我想，这个‘中国新锐教师’的奖不是颁给我一个人的，而是颁给清华附小的，在清华附小还有一大批锐意改革、积极探索、努力创新的老师，祝福百年的清华附小。百年的清华附小，大家的清华附小！”

/ 四 / 大拇指校长窦老师

如果人生是有色彩的，那么窦桂梅的人生色彩一定是丰富的、洒脱的。

在采访的时候，我被她眼里跳脱出来的光芒深深震撼。无须刻意，绝非表演。只有一个几十年深扎在教育一线，与孩子们为伍，与研究为伴，视教育为生命的人方能迸发出的夺目的光。此时的窦桂梅不是那个油墨印刷出来的教育专家，不是那个教学公开课视频里的特级教师，也不是那个被众人“追捧”的名校校长。她就是那个爱孩子、爱讲台、爱教育的窦桂梅。

王国维曾说过：“有真性情方有新境界。”窦桂梅是个性情中人。无论有多疲惫，一旦在工作岗位上她便浑身散发着激情，我想这是源于她对学生们的爱。

人如其名，恰如丹桂飘香，梅影傲雪。窦桂梅的骨子里就是透出那种不认命、不服输的韧劲儿，而中国基础教育薄弱的现状不也正是需要千万个“窦桂梅”才能冲破藩篱，迎来新生吗?

——搜狐教育《把人生交给教育——清华附小校长窦桂梅的“三重身份”》

窦桂梅是一个爱讲故事的人，也是一个有着丰富的人生故事的教育专家。来到清华附小十几年，窦桂梅和清华附小学生、教师之间发生了无数故事。在师生心目中，她是深得大家喜爱和敬重的“大拇指”校长窦老师！这个网名为“玫瑰”的特级教师、清华附小校长，究竟具有怎样的魅力？让我们走进下面这些故事中，亲身去感受她的性情与境界吧！

笑容最灿烂的老师

小学生小吴，由于先天性白内障，眼睛只能看见1.5米的距离，而且他看见的事物不是很清晰，就像蒙了一层面纱一样。他需要特殊照顾，他爷爷、奶奶、妈妈轮流来教室跟读。窦桂梅把他安排到一个特别有耐心的老师的班。

因为从小被照顾惯了，这个小学生从来不知道什么叫规则，不知道要在什么时间干什么事儿。比如，他想吃啥他就拿啥，他想说啥他就说啥，没有规则感。由于他眼睛看不清，同学在他面前走快了，他就以为这个人要打他，于是就要打人家，一拳打到人家脑门上、眼睛上；只要有人在他眼前一跑一晃，他就喊叫。

但是，这个学生也有很多独特的地方。他看书看得多，想象力很丰富。窦校长只要有空隙，就要去关注他一下。碰巧遇见他非常安静的时候，窦桂梅就说，同学们看，小吴多棒！她会跑到他面前，夸张地把充满微笑和赞美的脸凑在他面前给他看。小吴记住了窦校长的笑容。

这个孩子入学一年以后眼睛做了手术，势力范围在5米左右，这就好多了。回来后，他才看到了一个完整的窦校长和完整的校园，他逐渐地知道了什么是班级、什么是群体。在学校里，他最喜欢的人就是窦校长！不上学不行，为什么？因为窦校长跟他有一个约定，每天早上他们俩都要见面，他一定要见到窦校长的笑脸。

别人问他：“你在这个学校最喜欢什么？”他说：“是窦校长的笑容。”在上二年级时的教师节，他送了窦桂梅一张贺卡，上面用歪歪扭扭的字写道：“窦校长，您是清华园里笑容最灿烂的老师，我们都爱您，我会更加努力学习，遵守纪律的。”

小吴现在上四年级了，长高了、长胖了，成了一个阳光少年。在他的童年里，曾有那样一抹微笑，如一束光，点亮他的天空。

红夹子里的校长奖

丹朱是个藏族孩子，爷爷奶奶是农奴，没上过学，但是爷爷奶奶是天生的舞蹈家，新中国成立后来到北京定居。但是，在培养小丹朱的过程中，他们沿用的是自己小时候受教育的方式，在家里还要说藏语。所以，入学以后，丹朱的语文一直在 20 ~ 30 分，不会拿笔，要看书、要写字，丹朱都跟不上，一高兴就跳舞。因为他在班里学习是最差的，找不到自信，爷爷奶奶十分难过。家长开放日，孩子们做广播操的时候，爷爷奶奶一边看，一边哭。

丹朱家过藏历新年的时候，非要请窦桂梅和老师们参加他们的藏历新年。爷爷奶奶都七十多岁了，给窦校长和老师们一个接一个地表演节目。二老的学生们也给老师们表演，让他们感受藏族舞蹈的魅力。酒过三巡，老爷子握着窦桂梅的手，真诚地说："窦校长，我知道你爱孩子，但是不要让老师逼着我们家孩子学语文啦。我们家孩子能知道这些字已经很不容易了，将来坐地铁、买东西能认识字就够了。你看到我们藏族人的风采了吗？我们藏族人是用身体来表达对这个世界的感受的，不是靠字。"

不大一会儿，大家又唱起来，丹朱也在场，说："我要给窦校长唱一首歌。"一曲《天路》被这个极具艺术天分的孩子演绎得淋漓尽致，窦桂梅不自觉地也加入到对唱中去，平时唱不上去的高音，跟着丹朱也唱上去了。唱罢，丹朱弓一下腰施礼，窦桂梅也弓腰施礼。《天路》唱完了，丹朱接着说："我们还要唱第二首歌《清华附小校歌》。"丹朱和窦桂梅边唱边配上清华附小升国旗的动作，丹朱奶奶感动地哭了。活动一直进行到晚上十二点多，爷爷奶奶还说不尽兴。窦桂梅告诉爷爷奶奶："孩子明天早上要上课的，不能迟到，这是规矩。"

第二天早上，窦桂梅来到这个班，一进教室，丹朱马上站起来，一下就冲上来拥抱她。窦桂梅对全班孩子说："同学们，你们知道丹朱吗？丹朱的字，可能不是最漂亮的，语文不如你们分高，但是丹朱的歌声是最美的。丹朱用最美的声音唱藏族的歌，而且还能唱出最美的校歌。昨天我和丹朱一起唱了两首歌，他唱出了清华附小少年的风采，我们也唱出了藏族人和汉族人架起铁路让两族人民友谊更美好的愿望，你们知道我今天带来了什么吗？"丹朱看着校长手里拿着的一个特别漂亮的红夹子，眼睛直发亮。

“我今天要送给丹朱一个红夹子，你们猜猜里面是什么？”

“校长奖！”

“对了，我今天要送给丹朱一张校长奖。”窦桂梅开始读奖励语，“丹朱次仁，你用那嘹亮的歌声唱出了清华附小少年的风采，你又用你最美的藏族舞蹈和我一起表现出了《天路》里面藏族和汉族朋友的情怀！”窦桂梅把奖状送给他，丹朱激动得脸都红了。

窦桂梅问学生：“我还要把这个夹子送给丹朱，你们猜猜我是为什么？”

“因为你喜欢他！”

“因为他喜欢红色！”

窦桂梅告诉学生：“今天这个夹子要送给丹朱是有特别的含义的，我有一个请求，丹朱，你要继续努力，一点一点攒，看你小学六年，能得到多少个校长奖，把这些奖状都放在这里，这个夹子专门用来装校长奖，好吗？”丹朱使劲点点头。

窦桂梅刚往外走，一个小男孩哭着冲出来了，带着哭腔现场就唱校歌，唱完了说：“我也会唱校歌，我能得校长奖吗？”

窦桂梅肯定地说：“你能的，但是有一条，你不仅要会唱校歌，还要学会唱三字口诀歌。你要是学会了，唱出来，下礼拜你一样得校长奖。”小男孩响亮地“嗯！”了一声，高兴地回教室去了。当然，第二个星期，窦桂梅又如约出现在了这个班级。

为什么“为什么”

一个小男孩，姥姥是清华附小的老教师。这个小学生虎头虎脑的，非常可爱。有一次在校门口相遇，他问窦桂梅：“我怎么三天没看见你了？”“我出差开会去了。”“你上哪儿开会去了？”“上成都去了。”“成都在哪儿？”他不停地问，窦桂梅想，原来自己少在学校一天，都能被孩子关注。

他姥姥有一次碰到窦桂梅，说：“我跟您讲，你就是俺家的话题，现在俺家孙子天天讲你的故事。”窦桂梅问：“讲我啥啊？”“讲有一天你到他们班吃饭，你问他们饭好吃不好吃，你做了一个表示好吃的表情，他学着表演，哈喇子都淌到地下了。他还讲你每天都站在门口迎接学生，今天穿的是蓝的，那天穿的是紫的。俺家这孩子就为了见你，为了让你迎接他，明明从西门进来是最近的，但是我们没有办法，每次都得从东门转过来。”

窦桂梅想：我在这个小孩心中是个啥样子？他要我既亲切又平等，但又觉得我是校长很神秘，他还很喜欢，真的是有非常丰富的东西在他心里边。

小男孩班有一个家庭音乐会，定期演出。这个小男孩是音乐会的主角之一，弹钢琴。他每次演奏的时候，都把头发弄得特别酷，穿一套小西服，神气得不得了。窦校长得知此事后专门到他们班去，找这个孩子聊天，“你怎么这么酷啊？你这么会弹钢琴，太了不起了！我本来以为你很懂礼貌，没想到你竟然还有弹钢琴这个爱好，未来可能会成为一个艺术家啊。你好好练，练好了之后赶紧到咱们大队部去申请开水木秀场。”

又有一天，窦桂梅给小男孩的班上课。学习《威利的奇遇》——世界著名图画书作家安东尼·布朗的一本代表作。窦桂梅做了一个大胆的尝试，让高年级同学把这些书推荐给低年级的同学，低年级恰恰就选了这个小男孩的班。刚开始的时候，窦桂梅发现这个小男孩，听得津津有味，一边听一边打岔，问推荐书的哥哥，这是为什么，那是为什么，好奇心特别强。

发言的时候，窦桂梅把这个小男孩叫起来了，问他：“你喜欢哪本书？”

“我喜欢《鲁滨孙漂流记》，但是我有问题，他为什么一个人在荒岛上呢？”

“是啊，为什么呢？”窦桂梅用小男孩的“话语”追问他。

小男孩看看窦桂梅，接着又问，“他为什么会在海滩上发现这么一个大脚印呢？这个脚印到底是谁的呢？”

“好啊，你有三个‘为什么’了。那我要问你了，这是为什么呢？”

小男孩锲而不舍：“我现在就要问你呢，为什么呢？”

窦桂梅乐了：“我现在还要问你为什么呢？”

“我明白了。”

“你明白什么了？”

“你是让我到书里找答案。”

“太精彩了！你所有的‘为什么’都通过阅读这本书找答案吧，这本书就会告诉你一个个‘为什么’，它会帮你解除一个个‘为什么’，你还会诞生一个个‘为什么’,”窦桂梅又问:“你刚才有一连串的‘为什么’问我,你的‘为什么’是你自己提问的‘为什么’,还是小哥哥刚才帮你导读的时候推荐的‘为什么’?”

“都有。”

“那好，既然都有的话，除了你自己我要为你喝彩，你现在要对小哥哥说什么呢?”

小男孩转过身，郑重地对小哥哥说:“谢谢你!”

这就是窦桂梅和一个二年级小男孩的故事。这里其实没有什么特别，就是把生活的碎片串联起来，于是就诞生了故事。然而，真正的教育也许就诞生在这样的生活碎片中。

“猜猜我们多爱您”

“六一”儿童节，学校为全校同学准备了节日大礼包——一个米色印有校徽的布制环保手提袋，里面装着印有清华附小风景的特制扑克牌和儿童节专场电影票。如此贴心的礼物让孩子们欢呼雀跃。学校号召同学们发挥想象，在环保手提袋上尽情创作，可以画自己快乐的校园生活，可以画敬爱的老师、亲密的伙伴，可以画自己的梦想，想画什么就画什么。

有了创作的空间，孩子们就有了大展身手的舞台。他们就像是点石成金的魔法师，把简单的手提袋变成了精致的艺术品。那彩虹般绚烂的清华附小校门，那丁香树下静静阅读的少年，那活泼俏皮的百年校庆吉祥物丁香娃娃，那操场上飞奔的足球小将，那参加水木秀场的芭蕾女孩都飞到了手提袋上。虽然那笔法还很稚嫩，虽然那构图还很简单，但是班主任连洁老师分明看到爱校之情流淌在孩子们的笔端。她把那一个个手提袋用细绳穿好，小夹子固定，拉起一排展示在楼道的围栏上。看着这一排同学们的作品，连老师越看越喜欢，越看越感动，忍不住拍下照片发到了学校班主任微信群中与大家共享。没想到第一个回复的，竟然是窦桂梅!她说:“太精彩了，每一个都喜欢!一定要保留下来，这些都是孩子们的心啊!”

在窦桂梅眼中，每个孩子都是一株孕育着无限生机的萌芽。每天清晨，她都会精神饱满地站在校门口，在灿烂的阳光中迎接每一个学生。她能准确叫出很多学生的名字。她会亲手为有特长、有进步的学生写校长奖。她会随

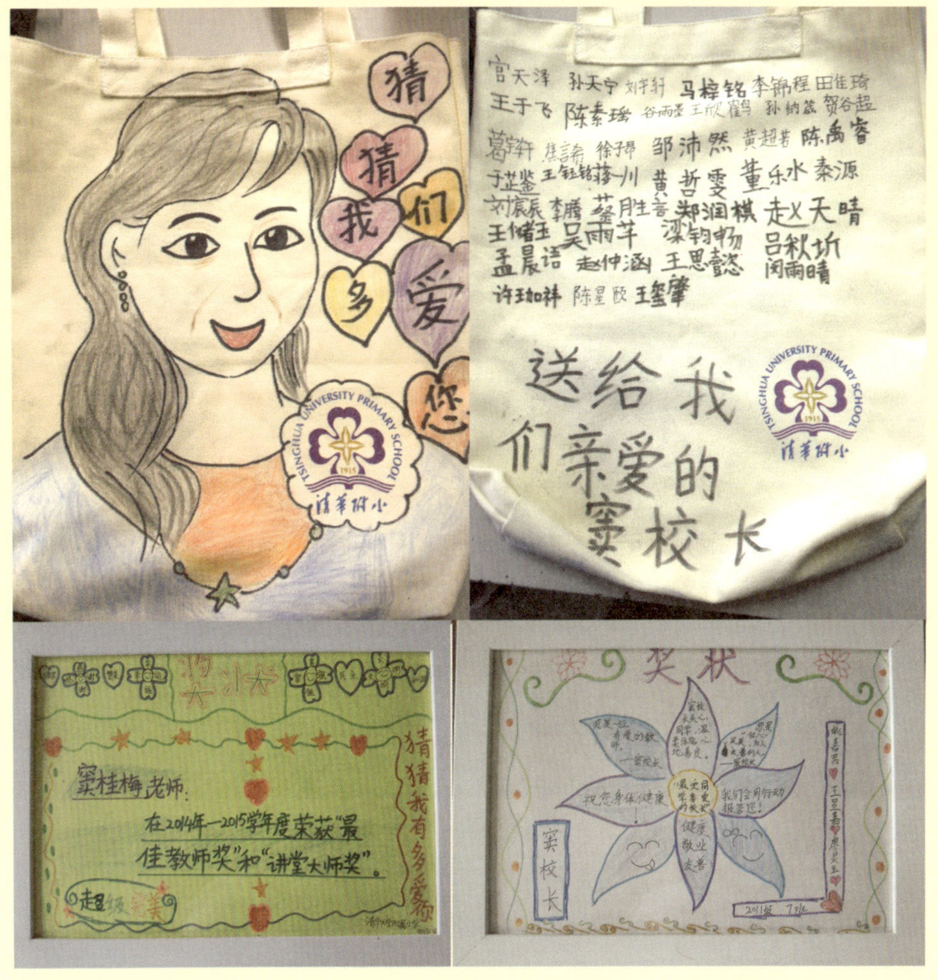

时发现学生的闪光点，为他们送上热情的拥抱。孩子们远远地看到窦桂梅，都会激动地挥舞着小手，雀跃着跑进她的怀里。在同学们眼中，窦桂梅是亲切的大朋友，是敬爱的好老师，更是他们爱戴的校长妈妈！

没想到的事情还在继续发生。中午，孩子们正在有序地分餐，校园的广播中传出轻快的钢琴曲。教室的门被轻轻地推开了，窦桂梅满面笑容地走进来，竖着大拇指说：“同学们，你们画的环保袋我都看过了，太棒了！每一个都那么好,那么有创意！二（4）班,非同一般啊！”为避免打扰孩子们就餐，窦桂梅慢慢退了出去，但高高竖起的大拇指始终没有放下。她轻轻地关上了教室门,孩子们好像才反应过来。“嘿,校长表扬咱们了。”“是啊,太棒了！”“快看，校长还没走呢！”小脑袋一个个凑到窗台前，窗外的窦桂梅没有匆匆离开，而是再次翻看着走廊上展示的环保袋，拿起来，看一看，摸一摸，再放下摆正，好像捧着的是世上最珍贵的宝物。孩子们看着窦桂梅缓缓离开后，才陆续回到自己的座位，开始七嘴八舌地议论起来。

“校长刚才认真地看了我画的环保袋，她看得都笑了呢！”

“对，她也看了我画的！”

“还有我的，我的！”

“校长怎么不多留一会儿？”

“窦校长是怕打扰同学们吃饭。”

“就是，窦校长还没吃饭呢，就先来表扬我们，再多留一会儿饿坏了可怎么办啊？”

“窦校长那么喜欢咱们画的手提袋，咱们专门画一个送给她吧！”

“好主意！这叫私人定制。”

“哈哈！对！”

可是手提袋上画什么，孩子们可犯了愁。画学校的建筑觉得不够亲切，画全班同学肖像觉得构图拥挤，画一颗爱心觉得过于单调。到底画什么呢？嘿！就把咱们最爱的校长妈妈画下来吧。这个主意马上获得全体同学的一致通过。于是，孩子们的行动开始了。他们先从一大摞崭新的环保袋中选出一个最干净的袋子，然后向老师借了一本窦校长写的书，那上面有校长妈妈的照片和画像，接着由班级画画最好的两名同学起稿，最后大家一起商量修改、涂色。画像栩栩如生，但是好像还缺少点什么。

沛沛说：“老师，上面还得写字吧？送礼物都要写上自己想说到话。”

“你们想写什么呢？”连老师说。

轩轩说：“写‘猜猜我有多爱你’吧。”

连老师问：“为什么想起写这句啊？”

天天说：“因为校长妈妈总是对我们说，孩子，猜猜我有多爱你！我们也要对她这样说。”

“改成‘猜猜我们多爱您’更好吧？”沛沛说。

“真好，猜猜我们多爱您！”“猜猜我们多爱您！”同学们不断地重复着。在手提袋的背面，每一个同学认真地签上自己的名字，好像只有最工整的字迹才配得上这件礼物。

这就是一个手提袋的故事，一个校长妈妈和一大群爱着她的孩子们的故事。校长妈妈，猜猜我们多爱您，我们爱您从这里一直到月亮那里，再绕回来……

相逢曾经相识

何烨老师初识她，是在2000年。她，是窦桂梅老师。这个名字，在绝大部分小学语文教师的心中，都是带着光环的。她不同寻常的、有血有肉的课堂风格让何老师深深着迷。

2006年，何老师代表原学校参加海淀中心学区“创新杯”赛课。她惊喜地发现，窦老师居然是评委！何老师属于那种极富激情、表现力很强的人。能在自己一直梦寐以求的“偶像”面前上课，这该是一件多么让人兴奋的事情！

何老师上课的内容是“生死攸关的烛光”。比赛那天，她一眼就看到了窦老师，乌黑的辫子斜斜地偏向一边，一袭墨绿长裙，笑容明媚。窦桂梅拿着手摇铃走到她面前，笑眯眯地说：“何老师，今天我来摇铃，一会我一摇铃你就开始，再次摇铃就代表下课，好吗？”

“天，她是全国著名特级教师呀，怎么那么亲切，那么随和，还那么美丽呢？”何老师的激情从那一刻起便被激发。她几乎使出十二分的力气，把课文中那种紧张的气氛营造到最佳，同事听完课对她说：“你的课老有激情了！”

上课的过程，窦桂梅投入地听着，时而跟着皱眉，时而跟着笑出声来。还不时站起来用相机为何老师拍照。

课堂很精彩，但是超时五分钟，按照赛制来说，这应该属于硬伤。但上完课之后，窦桂梅向她竖起了大拇指。她笑着对何老师说：“上得不错！”更让她这个小粉丝激动的是，窦桂梅还给她留了邮箱，说：“我曾经指导山西的一位老师上过这节课，有一些想法，以后可以交流一下。”

何老师上课表现力很强，可是一到这种面对面交流的时候，她又不知道该怎么办了，只知道一个劲地说：“谢谢您，谢谢您。”那次比赛，她得了一等奖。随后，何老师零星与窦桂梅通过几封邮件，窦桂梅发来的邮件，有鼓励何老师不断成长学习的文章，有推荐的阅读书目，还有一些清华附小内部教研活动的通知……

窦桂梅从未脱离过课堂，之后她曾到何老师所在的原学校上了一节《丑小鸭》。何老师听完之后感慨万千，在窦桂梅的博客上写下留言，窦桂梅是这样回复的：“谢谢你，我最亲爱的朋友。感谢这样一段旅程，尽管‘丑小鸭’那样真正的‘高贵’，对我们而言，也许还很遥远，我们也许终其一生，也没有机会体味‘幸福中的谦卑’，但我们将永远跋涉，永远在苦难中孜孜追求，因为，我们心中永远怀有飞翔蓝天的梦想和追求。”

没想到，兜兜转转，2013 年，何老师来到了清华附小工作，窦桂梅成了她的校长。她每日清晨都能看见窦桂梅站在大门口向每一个进校的孩子问好，与每一个学生行鞠躬礼、微笑、竖起大拇指。何老师能看见，窦桂梅为每一个获得校长奖的学生手写的奖状……每一句话都字斟句酌、每一个字都遒劲有力。

初到的何老师，站在教室里，不经意抬头时，常能看见窦桂梅从窗外走过。有时校长会走进来，对她、对学生露出最灿烂的笑容，然后说：“一（1）班的老师和孩子最棒了！”有时在路上偶遇，窦桂梅会鼓励她：“小何，真有激情，让我想到当年的自己，但要保护好自己的嗓子呀！”窦桂梅经常鼓励她，有时说她的班级文化建设很好，有时说她班上学生升旗纪律很好，有时又说家长表扬何老师对学生尽心尽力……总之，传递给何老师的都是赞美。

在度过最初的适应期之后，何老师的工作“渐入佳境”。“渐入佳境”这个词也是窦桂梅在 2015 年的元旦发给何老师的短信中提到的。她写道：“很高兴看到你的工作渐入佳境，我一直相信你，看好你！”这份信任让何老师有了“士为知己”的情怀，不知为何，她总觉得与窦校长间有一种与众不同的情愫……

时间来到二年级上学期，该写学生评语了。何老师用了几天的时间，几乎是“呕心沥血”写完了评语。根据每一个学生的特点和表现私人定制，努力挖掘学生的闪光点，每一份评语都不同。更让何老师感到自豪的是，经过一年半的时间，她越来越喜爱这个班的学生，每一份评语的背后都能看出她对学生浓浓的爱和殷切的希望。

评语的效果非常好，家长们看完十分感动。当天就给何老师发来短信，很多家长说看评语都流泪了。其中有一位家长将孩子的评语拍了照发在朋友圈里，朋友们纷纷点赞，其中有一位是全国知名德育工作者，他说要将这份评语作为全国班主任学习的榜样。窦桂梅看到了大家的赞美，于是，将大家纷纷点赞的截图发到班主任群里，同事们也开始为何老师点赞。

就在各方的“赞美”涌来，何老师差点就要为这份评语飘飘然时，窦校长的短信来了：“小何呀，看到家长对你的赞美，我由衷地高兴！可是，你的评语如果作为大家学习的榜样，代表学校的导向，是不是可以进一步用细节展示你的育人成果呢？多一些具体的故事，多一些真实可感的描述，那样不是会更好吗？”

何老师收到这条短信时的心情，只能用“醍醐灌顶”来形容。窦桂梅的这条短信，让她就像一路奔跑不知前方情形的马驹，开始冷静思考。她给窦桂梅这样回信：“感谢校长，您这条短信非常有力也十分及时，确实，我是可以把这件事情做得更好。谢谢您，让我知道所有的事情可以有更高的追求，自己的力量可以发挥得更大，做得更好。”

当校长的窦老师

老师，是小时候常学的课文题，更是常写的作文题。每每读到、写到，当时还年幼的何秀华老师一定收起顽滑鲁野，屏息凝气、正襟危坐，用心读、用心写。孔子不是校长，是老师，所以，她更愿意称窦校长为老师。这绝不是将她放于“高山仰止、景行行止”的圣人位，那是神化，更是距离。称“老师”，恰是可以触摸到的亲切。

何老师还在湖南时，书柜里就已经全是窦桂梅的书，而她的录像课更是占据了何老师电脑大量的内存，看了一遍又一遍，甚至一招一式都不放过。但凡窦老师去湖南讲课，多远何老师都赶去，有时人多得只能看到台上一个硬币大小的窦桂梅。

2009年，何老师到清华附小试讲，窦桂梅在课堂上听课，何老师的心情只能用“欣喜若狂”来形容。那时，窦桂梅坐在何老师对面，目光清亮、跳跃而深邃。这样的神情，在后来的工作中何老师常常见到，有时是教学研讨，有时是大会议事，有时是伏案读写。

窦桂梅常说：“老师好好学习，学生天天向上。”所以，她不只是甄选“玉

料”，更有切磋琢磨之心。久而久之，人尽皆知“窦老师身边无弱将”。

在何老师进校之后，就和窦桂梅一起研究《林冲棒打洪教头》。何老师下了班就读书，《水浒传》看了好几版，见《水浒传》评论书籍就读，搜遍了网络，只言片语也没放过；看各种版本的教案，写自己的预案，教完回头又批注、修改、反思。窦桂梅陪着何老师，研究课听了一节又一节。她私底下常说的话是“优点我就不说了，这些地方要改……”，但在人前总是将没对何老师展开说的优点放大了说。

就这么被窦桂梅赶着，何老师悟出了好些主题教学的道道。当何老师为北京市骨干教师研修班上课时，窦桂梅就静静地坐在台下。何老师回头找她，她只是躲在人群里淡淡地笑，何老师明白那温婉笑容的含义——“这不是终点”。

如今忆起这堂课，何老师觉得真是一次涅槃。留下的不仅是自此会上课，更留下了一种作风：努力！于何老师，这是她的“雕琢”之恩；于学校，这是一任校长对教师的关怀、对人的发展的用心。

窦桂梅是个不折不扣的“书虫”，办公室里立着好几个大书柜，办公桌上到处散放着书，谁要找她借书，那情境好像来人要夺走她心爱的孩子。同时，她又是一个忘性极大的人，及至还书，都会见她大舒一口气 ：“原来被你借去了……”

窦桂梅不仅自己爱读书，还热衷于引导师生阅读，清华附小图书馆里的童书比国家图书馆里的还多。她说 ：“书翻旧了不要紧，只要老师们和孩子们肯读便好。”受窦桂梅的影响，现在的何老师亦是一日不读书，便觉面目可憎。家中的书渐有汗牛充栋之势，也是人借书似钝刀割肉。窦桂梅身边，有多少个被她改变了精神结构的“何老师”啊，这是窦桂梅不独善其身、兼济众人的影响力。

如今，何老师渐渐成熟，上过听众近千的大课，先后编写或参与编写了三套丛书，发表过多篇论文、随笔。

如今窦桂梅已经忙得没时间蹲何老师的课堂了，但关注却从未改变。有一天，何老师坐在她对面吃饭，她说 ：“脸上的斑怎么多起来了？注意身体。”还有一天，何老师和她一起坐在小马扎上听课，她说 ：“何啊，已经是孩子妈妈了，该成熟了，把个性收一收。”又有一次，她拿来几件自己的新衣服，塞进何老师的手里，说 ：“你不容易，能省点儿是点儿。”何老师背过身，掉下泪来……

亲爱的窦老师啊，您最喜欢园子里的喜鹊，它们那么勤劳，在高高的大叶杨上做窝。我愿是那喜鹊，没有您，没有清华附小，哪来我在北京的家。

吾爱吾师更爱真理

人生路上，老师很多，但触及心灵、影响价值观乃至人生目标与追求的，在特级教师王玲湘老师的心中，非窦桂梅校长莫属。

小学语文圈内，老师们称窦桂梅是“激情绽放的玫瑰”！

该如何描绘这样一位导师呢？前年，王老师写过《童心校长》，那是一位导师的素描画像。今年，王老师回望她在成长路途，写下的《整合告诉我 ：儿童站在正中央》，那是导师给予她的人格、思想的引领。

其实，早在 2001 年，王玲湘老师就成了江西省南昌市的教研员。2006 年，在全国第六届青年教师阅读教学大赛上获得了第一名，可谓功成名就、享誉全国。2011 年，已是全国特级教师的她，因为仰慕清华附小、仰慕窦校长，不远万里举家北上，来到清华附小任教。一位特级教师与另一位特级教师，惺惺相惜、共商教育，会擦出怎样的火花？

2011年4月的一个周日上午，王老师走进静悄悄的校园，发现丁香书苑的角落里蹲着一个人，头深深地低着、偏侧着，左手扶着竹竿，右手中指小心翼翼地把爬山虎的嫩茎须绕到竹竿上，轻柔又缓慢，仿佛沉浸在一个重大的艺术创作中。阳光洒在青砖白墙的教学楼上，洒在轻轻摇曳的绿植上，也洒在她鲜红的毛衣上。

一个名校的校长，一枝小小的茎须！——窦桂梅的心里积淀着对清华附小怎样深厚的情谊，才有这样投入的举动呢？

"窦校长！"虽不忍心破坏这幅画面，王老师还是脱口而出。

"来了！"窦桂梅微微抬起头，"爬山虎的嫩茎须不会长，有的趴地上了，来，把那几棵也捋捋。"

那么简单，又那么自然。王老师蹲在窦桂梅身边，看着她的凝神静气，想着窦桂梅常叨唠的话语："清华附小校园应当努力成为生态田园、儿童乐园、人文家园、书香校园构成的水木之园，我们要努力让'每一个角落都能游戏'，让'每一个雕塑都有故事'。"

旁边的攀缘墙上，已落下了学生斑斑点点的攀岩足迹，角角落落有学生唾手可得的书籍，华宇池的月季正迎着春风开放。生活在清华附小校园里的学生是幸福的，因为他们有一个把他们的成长时刻烙在心间的校长。

学生最盼望的是周一升旗仪式，因为，升旗仪式上有一个项目是"颁发校长奖"。得到校长奖的学生，可以获得由窦桂梅亲自写的颁奖词，而且每份颁奖词都是不一样的：有爱读书的，有积极锻炼身体的，有尊敬老师的，有主动帮班里打扫卫生的……

一个周五晚上，临回家前，窦桂梅还把一大摞奖状往包里塞。

"周一上午，您要发言，这奖状就不要一张张写了，要不，让班主任写好，刻个您的章盖上，省事多了。"想着窦桂梅常常为亲笔写校长奖耽误很多时间，王老师想帮她减减负。

"不行！给每个学生颁奖的理由不一样，我要亲自看，亲自写。这是对每一个学生的尊重！"窦桂梅不容分说，继续往包里塞。

谁都不知道，紧张的会议议程后，窦桂梅要凭着怎样的毅力写完这些颁奖词，总之，周一的升旗仪式上，几十个获得"校长奖"的同学带着一脸的自豪登上了领奖台。家长会时，有一个从新疆转来的学生家长，紧紧拉着窦桂梅的手，一遍遍地传达，女儿得到校长亲笔写的奖状后全家人的感动，如今奖状就挂在他们家客厅最醒目的位置上。

元旦联欢会，德育团队倡议每个学生写出“我的梦想”。窦桂梅带着校领导逐个教室抽取梦想幸运者。当走到三（3）班的时候，一个学生的梦想是：我想和校长拥抱一下。窦桂梅赶忙拉过学生，和她拥抱并留影，还乐得把学生高高地抱起来。走到四（3）班，林林的梦想是当一名保安，窦桂梅立即提笔书写并给林林颁发了校长奖，颁奖词是：你的梦想既朴实，也伟大。小保安的角色意味着你有份责任，保护、爱护我们清华附小这个美丽的家园！让你我共同护卫我们美丽的学校！

当了校长以后的窦桂梅，太忙了！人说校长头上三座大山：师生安全、教学质量、学校经费。窦桂梅也常开玩笑地称自己是“八爪鱼”，啥都必须想到，啥都必须落实。于是，她又把钻研课堂的“钻劲”放到了当校长上。如果人们了解窦校长，他们才会感叹，对比窦桂梅的学校管理能力，“教学”原来只是她的冰山一角。

尽管是“八爪鱼”，窦桂梅还坚守着课堂，就像她说的：“我是特级教师，什么时候也不能丢了课堂。”主题教学的研究一直进行着，与时俱进地超越着。2012 年，窦桂梅领着清华附小的老师们研究《魅力》，原因是“文本太好了”，它传递着关注儿童、捍卫童年、呵护童心的理念。中国的教育“儿童观”缺失，窦桂梅希望今天的儿童长大成人以后，仍像儿童一样单纯，像儿童一样相信这个世界还有真善美，即使变成成人，也会是长大的儿童。课堂上的窦桂梅，真的是“放下了”，以“三单”——“预学单”“共学单”“延学单”为载体，小组化学习为主要学习方式，让学生质疑，让学生充分地思考，真正把儿童放在课堂的正中央。

前来清华附小学习的任何一批教师都被窦桂梅的敬业精神感动，也有人劝她：“休息一会儿吧，注意身体！”她笑呵呵地说：“鲁迅把喝咖啡的时间都用到写作上了，想做点事，能不付出代价吗？”

真的，窦桂梅除了吃饭，甚至吃饭的时候都在想着学校的事。但窦校长又很幸福，正如她自己所说：“别人觉得我挺可怜的，但我不那么认为，我觉得我很幸福，因为我做着有意义的事。”

蔡元培先生有一句话：“有的人做事是为了当官，有的人当官是为了做事。”窦校长显然是后者，谈起学校的故事，谈起学校的老师，谈起儿童，她的眼里常因动情而满含泪水。“为什么我的眼里常含着泪水？因为我对这土地爱得深沉。”窦桂梅的心里，装着对教育的爱，盛满“童心”！

2011年，窦校长把主题教学“语文立人”的教学思想，推及学校各学科的教育教学中，提出“1+X课程”，核心词是“整合”。王玲湘老师在这样一个时刻，加入到清华附小的团队。作为一个语文特级教师，如何在整合理念的指引下，突破语文教学窄化为语文能力的画地为牢，引领学生在阅读过程中学会审美、学会成长呢？于是，捍卫童年、留住童年的《花脸》走进王老师的研究视线。

《花脸》可以看作是关于“童年”放胆去闹的连环画，“文学就是画面，画面都是语言”的表达特点，买京剧脸谱、放胆演京剧的文本内容，让语言、画面、戏剧成了统一体。在课堂教学中，王老师让学生朗读语言、感受画面、体验演京剧，尝试将语文学科和美术学科、音乐学科整合起来。这种大胆的整合，赞同者认为整合让语文学科出现了新的形态：动静结合、小组碰撞、互动生成，文本从封闭走向开放，平视的文本价值观，赋予文本儿童的意义；也有人旗帜鲜明地提出，语文姓语，语文课就应该教语言本身，用语言教形象，这是语文学科的性质。这些声音，让王老师的心中产生了迷茫和困惑。

“基于儿童完整意义的生命，学校提供的课程也应该是整合的。方向对了，还怕方法不当，路途遥远吗？”窦桂梅如是回答王老师的困惑。王老师佩服的不仅是窦桂梅的“读心术”，更是一位特级教师高远的理想信念，心如磐石的坚定跋涉——整合的目的是为了培养完整的人，指向的是儿童的核心素养。我们要研究的是如何回到儿童，生成较高层次的意义创生。

回到儿童，多么简单的话语，理解与践行却是漫长的路程。

2013年的期末家委会，王老师在与家委会交流中，依据二年级期末语文试卷中的附加题“2014年，足球世界杯在哪儿举办？关于足球世界杯，你还知道什么？”呈现出的丰富答案，由衷地赞扬二年级学生：“由于工作太忙，我没看足球世界杯，与孩子们的丰富答案相比，我自愧不如。”但令王老师不能忘记的是散会后，窦桂梅严肃的面孔、诚恳的语气：“你是学校教育教学的负责人，怎么能以忙为借口，不了解足球世界杯？这学期孩子们踢足球踢得那么痴迷，你不了解儿童生活，怎么跟儿童交流，难道只和学生道声‘你好’

吗？不了解儿童的生命特点，怎么又谈得上用课程整合促进儿童完整生命的发展呢？”那一刻，王老师心怀愧疚。她愧疚没有主动走进儿童生活，充分了解儿童，更愧疚的是她没有意识到自己的问题，大言不惭地告诉家长自己没关心足球世界杯。王老师终于明白，为什么每一个学生都那么喜欢窦校长，不是因为她是校长，而是因为她时时刻刻把儿童放在心尖。这件事使王老师从思想深处顿悟了什么叫“儿童站在学校正中央”。

理念是航灯。王老师更深刻地理解了课程整合的意义：学科是一口口深井，井与井之间缺少联系，无法满足儿童的完整发展需要。指向核心素养的整合，就是把一口口学科的井打通，汇成一片系统、整体的知识世界。“整合”落到语文教学上，需要有小语文的内涵，即语文是以语文能力的培养为核心的，又要有大语文的视野，即向上指向的审美情趣、道德修养等。

将这样的理念转化到课堂上，王老师带领清华附小语文团队的教师，延续窦桂梅开创的课例研究的方式，改造课堂的样态。《小镇的早晨》《我的名字》《月光曲》《詹天佑》……从质疑开始，真正了解学情的起点，梳理出主问题，课堂中真实倾听共学中的生成，真情共鸣学生的心声，带着更高的问题走出课堂。

王老师在上科学小品文《琥珀》一课时，学生问道：“小虫子在琥珀里面是幸运的，还是不幸的？”在热烈的讨论中，学生的思维被激活，答案出乎意料：“不幸，因为它们被松脂包裹住，死了。”“它们挺幸运的，一万年以后还能看到它们的样子。”“它们是幸运的，因为课文中说‘成千上万的蜘蛛和苍蝇来了又走了’，说明生活中的蜘蛛和苍蝇生命短暂，而琥珀里的蜘蛛和苍蝇却获得了永恒的存在。”……窦桂梅肯定了这个环节，正是因为儿童站在学校正中央，点燃了儿童哲学启蒙的思考，为心与智的生长释放提供了极大的可能空间。

窦桂梅说：“整合的目的是为了培养完整的人。”“整合”需要理解儿童，尊重儿童，基于儿童需要，展开穿越边界的协同创新与系统设计。在课堂教学迷茫的时候，请倾听儿童的声音；儿童与我们同行的地方，总是离目标很近。

时至今日，如果再给窦桂梅画像，王老师觉得画笔和文字都显得太笨拙。一个新中国成立六十五周年以来首届基础教育国家级教学成果一等奖的获得者，一个全心全意为儿童聪慧与高尚人生奠基的著名特级教师，一个带领团队探索百年清华附小中国意义的教育家型校长……三年多的跟随，王老师懂得了“钢铁是怎样炼成的”：高远的理想信念、始终不变的激情、强大的内心世界、异于常人的努力、仁爱的童心！

有意思的是，当王老师把这篇文章给窦桂梅看时，窦桂梅笑着说："'吾爱吾师'只是说对了前半句，还有'吾更爱真理'的后半句呢。某种意义上说，我们能走到一起，是机缘，是价值观趋同，是后半句的'吾爱真理'使然。为了那个充满真理的完美课堂，我们实际上是一起成长着，互相成就着，一起走向未来。王啊，我们继续努力！"

第二章

探索现代小学育人范式

英国剑桥大学人类学家麦克法兰说："想了解中国未来的基础教育，请去清华附小看一看吧！"

2014年10月22日下午，英国著名人类学家、历史学家、剑桥大学国王学院终身院士艾伦·麦克法兰携夫人哈里森女士一同来到美丽的清华附小。

据同行的工作人员透露，麦克法兰夫妇来清华访问前，曾多次路过清华附小，驻足东门许久，对清华附小门外的宣传栏特别感兴趣。尤其是久闻清华附小的课程体系与"儿童站在学校正中央"的理念，这次通过学校的引荐，专程来清华附小看一看。

麦克法兰夫妇来到清华附小后，先听了一堂课，是由聂焱老师执教的艺术与审美领域的整合课《抽象书画》，担任翻译的焦老师坐在麦克法兰夫妇旁边，不断地通过耳语给他们口译课堂内容。但焦老师仔细观察，有些内容，麦克法兰夫妇通过观察师生表情动作，便能理解。麦克法兰夫妇一边听，一边认真地记笔记，而且不断地点头，时而微笑，时而惊喜，麦克法兰夫妇被课堂中先进的整合理念、创意的教学形式所吸引，该堂课给他们留下了深刻的印象。麦克法兰院士向校方提出申请，是否可以拍照和录像。经校方同意，他举起自己随身携带的摄像机，不停地抓拍孩子们的动作、神情。这一堂课，他比学生听得还要认真。

课后，麦克法兰夫妇还热情地与孩子们交流、互动，与孩子们聊到理想，聊到徐志摩，并共同朗诵清华及剑桥共同校友徐志摩先生创作的《再别康桥》这首诗。孩子们展现出了清华少年的阳光、才情。麦克法兰夫妇对清华附小孩子们的样态叹为观止，麦克法兰手里那珍贵的相机，不停地抓拍孩子们的笑脸。

在随后的座谈中，麦克法兰院士给清华附小竖起了大拇指。他说："来中国前，曾有很多人对中国教育的教育公平问题以及学生学习压力问题向我抱怨。但今天在清华附小，让我放弃了原来的观念。现在我想告诉大家，如果想了解中国基础教育的未来，请去清华附小看一看吧！"最后他用两个英文单词形容在清华附小的感受：Exciting（兴奋）、Stimulating（刺激）。

麦克法兰与清华附小学生在一起

不谋而合的是，另一位到访清华附小的国际著名课程专家、《理解课程》的作者威廉·F. 派纳先生在短暂访问清华附小之后，也用两个英文单词形容清华附小：Belonging（归属感）、Power（力量）。在他心中，清华附小是一所学生能够获得归属感与力量的学校。

清华附小为何能引来这些见多识广的国际知名专家的赞誉？这与她在整体办学中，以课程为中心，围绕着“培养什么人，怎样培养人”这一教育的根本问题，构建“1+X 课程”体系，深入探索培育学生核心素养密切相关。

有一位教授如此评价清华附小的教学改革：在小学教育变革中，清华附小在实践和学术两个层面，起到了引领作用。有媒体评价：秉持“为聪慧与高尚的人生奠基”办学使命的清华附小，从学科建设到课程体系构建，再到育人效果，都达到国家一流水准，甚至在基础教育改革中勇立潮头，引领全国。

/一/ 五大核心素养引领“1+X 课程”改革

“1+X”他说

我特别期待周五，一下午的创新与实践课，就像爱丽丝梦游仙境一样，总是有那么多的惊喜！上学期我们排练戏剧，语文老师和我们一起编故事，美术老师跟我们一起画背景，音乐老师和我们一起跳舞……特别好玩。

——清华附小 2013 级学生

学校在提供全面基础的学习内容的同时，也提供丰富多彩的个性课程。比如，我最喜欢的竹笛、板球等。这些课程开拓了我的视野，锻炼了我的能力，使我全面发展，学有所长。

——清华附小 2013 届毕业生

清华附小自创的“1+X 课程”体系，充分满足了学生个性化成长的需求，真正代表了清华附小学生“乐学”的样态。孩子们能茁壮成长，收获聪慧、高尚、硕果累累的人生。

——学生家长

清华附小“1+X 课程”是建立在宏观思维的课程观理论基础之上的——“教育的基本手段是提供学习经验，而不是向学生展示各种事物。”这种观点强调学生是主动参与者，学生是学习活动的主体，学习的质和量取决于学生而不是教材，强调学生与外部环境的互相作用。

任何课程的直接目的都是促进学生发展。对学生而言，最切身的影响不是上了多少门课，学了多少知识，而是在这些课程背后所接受的启蒙教育能否为他们未来人生的发展奠定坚实基础。

如今的清华附小，仔细观察，你会发现最核心的改变都在孩子身上，这些改变体现在孩子的体魄、精神与气质上。而孩子的背后，是一大批爱琢磨儿童的老师，他们将课程整合的理念以一种吸引孩子的方式进行着教学传达。

“1+X 课程”体系是清华附小课程改革和教学研究的“集大成者”，这个体系和教学思想让窦桂梅校长的“主题教学”思想从语文课堂走出来，为更多的老师和学生提供了更广阔的天地。

“清华附小正在破解一个教育问题：越来越多的学科导致的越来越细分的知识与孩子的完整独立发展之间的矛盾。”北京教育科学研究院基础教育课程教材发展研究中心副主任王凯对清华附小课程改革和创新如此评价，“清华附小的一系列课程整合举措有一个出发点，即不管学科有多少，每一个孩子都是一个完整的独立个体，他们通过课程获得发展，在他们的发展中找不出哪是数学、哪是语文留下的印记，而是多学科共同形成的。”

近年来，清华附小的课程改革更是抓住了“核心素养”这一“牛鼻子”，向着帮助学生实现自我、成功生活与融入社会，从而向成为“聪慧与高尚”的完整人的方向前行。

清华附小在思考和解决的第二个问题，就是学科知识与孩子生活之间的割裂问题。在生活中，没有一个问题是仅仅依靠一个学科就能解决的，一定是多学科联动，通过具体而生动的生活场景融合多学科的智慧，这就超越了知识的简单吸收，而在知识应用中加深了对知识的理解。清华附小的课程正在努力帮助学生达成这样的融合。

教育部基础教育课程教材发展中心主任田慧生说：“清华附小的‘1+X 课程’已经从‘校本课程’走向了‘本校课程’，而这正是国家提倡的未来教育发展走向。”

主题教学，语文立人

“语文立人”在清华附小素有传统。早在成志学校时期，李广田校长就强调：“教育的功能，一方面在教人以知识与技能，另一方面在教人以做人的道理。文学的教育功能属于后者。”李广田的继任者，文学史家季镇淮，更是将清华附小的国文教育放在了国之精粹的高度去思考与构建。今天的清华附小掌舵人窦桂梅依然带领着团队，坚定地走在“以文立人”的道路上。

主题教学撬开“冻土”

在小学教育中，语文教育是非常重要的一个板块，也因此，每当基础教育教学改革时，语文科目的变化都会成为关注度最高的内容。

然而，孩子们需要什么样的语文课？语文到底应该教什么？怎样教？始终没有找到满意的答案。

在近三十年的一线教学与实践研究中，窦桂梅发现语文教学存在不少问题。我国的语文教材以单篇教学为主，篇与篇缺乏联系，因此，造成学习内容和体验的碎片化。加之教师长期受到僵化的教学方式的影响，一直不能跳出内容分析的套路，让学生分析“这儿怎么好，那儿怎么好”的单调学习方式，很难引发学生的兴趣。“语文课不是上成训练课，就是上成思品课。”“语文不是学生向往的伊甸园，却成了接受训练的马戏团。”

早在20世纪90年代，窦桂梅便提出了语文教学改革的“三个超越”——基于教材，超越教材；立足课堂，超越课堂；尊重教师，超越教师。2002年2月22日，窦桂梅正式来到清华附小工作，作为副校长开始面向全校行使权利和责任。刚来到清华附小的窦桂梅对于清华附小当时的教学氛围特别不适应。为迅速展开教育教学管理工作，窦桂梅决定进班听课，深入底层撬开冻土。

听完86节课之后，窦桂梅发现了一个共性问题，当时的清华附小教师处于自我满足的状态，较为封闭和固守，课堂的有效性不敢恭维。基于此，窦桂梅认为课程必须要有抓手，提出了每学期的“三层次课”：第一个月为个人研究月，第二个月为年级研究月，第三个月为校级研究月，逐渐养成规则，变为传统。就这样“三层次课”在清华附小坚持开展了十余年。

在教学工作的整改中，窦桂梅发现清华附小教学并没有实现“三个超越”，教学中存在教材本本主义的现象，教师共生意识淡薄。“三个超越”从语文开始，到底如何超越，如何牵一发而动全身呢，窦桂梅开始了新的摸索研究。

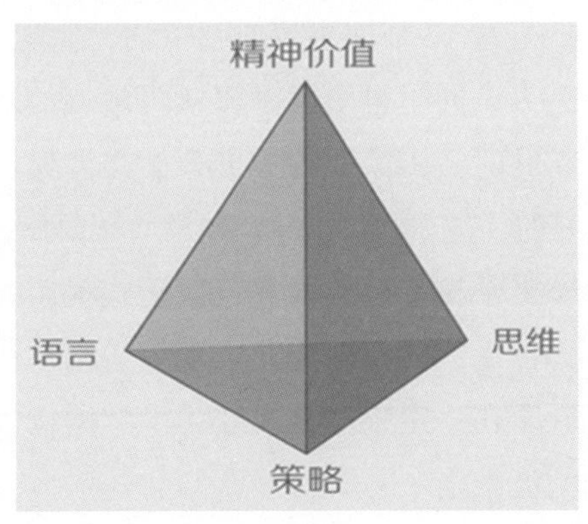

2002年，窦桂梅拿到北京师范大学出版社出版的教材，她发现按照主

题单元的方式架构，比如“水”“春天”等。她突然意识到主题真的是一个很好的抓手，可以牵一发而动全身，主题找好了，不就可以更好的实现超越吗？而且主题可以有相同主题、异构主题。于是，窦桂梅决定坚定不移地将主题作为她“超越”之上的提升。

2002 年 5 月，窦桂梅辅导清华附小的刘建伟老师参加海淀区首届“世纪杯”评优课竞赛。在两周时间里，窦桂梅与刘老师一起备了 12 篇课文，其中每篇课文都要经过 6 次试讲与反复修改。刘老师刚刚毕业分配到清华附小，工作不满一年时间，是清华附小当时唯一一位青年语文教师。虽然缺少教学经验，但她勤于学习、积极上进。两周的时间里，她们每天都忙碌到深夜。

终于到了“世纪杯”比赛的那天，由于之前做了大量而又充分的备课工作，窦老师和刘老师都认为那节课上得特别好。刘老师依然清楚地记得，“当时我们着重讲了‘理解词语’的办法，通过表演、体验来理解。比如说，什么叫七嘴八舌、议论纷纷。老师抛出一个话题，让大家随意，不需举手、随意表态，结果学生们你说、我说、大家都说，却形不成统一的决议，最后师生总结这就叫七嘴八舌、议论纷纷”。

尽管经过了精心的设计，但结果并不像窦桂梅和刘老师想象的那么美好，当时教研员认为“这叫什么呀，理解词语你就应该组织学生查字典，搞体验有什么用？”刘老师仅在首次“世纪杯”比赛中得了二等奖。

回清华附小的路上，窦桂梅是这样为沮丧的刘老师打气的：“建伟啊，你要记着，虽然这次比赛成绩并不理想，但给教研员们留下了深刻的印象。对你来说，备课及比赛的过程才是你最大的收获，你要记住这个难忘的历程。这 12 篇课文会让你的未来发酵的。”

这 12 节课不仅成就了刘建伟老师，让她后来成了清华附小第一位学科带头人，同时也引发了窦桂梅深入的思索：到底应该如何实现课堂的有效？就在此时，国家课程标准开始强调要加强人文性，改变工具性太强的现状。窦桂梅一直研究的“主题教学”，正好解决了当时课程偏颇的问题。于是 2003 年，窦老师在基础教育界首次正式提出“主题教学”的概念，并提出了以主题作为抓手，整合内容，实现教学结构化、序列化的设想。十几年过去了，主题教学在一定程度上改变了小学语文教学的状况，成为我国小学语文教学重要的流派之一。

从教师主导到学生站在中央

开始探讨主题教学之后，为了印证其实践效果，窦桂梅决定拿研究课说话。2003 年,她研究的第一堂课就是“亲人”。以“亲人”为主题,以魏巍的《再见了，亲人》为主讲教材，结合现实生活，补充丰富的语文资料。从不同的角度、不同的侧面，探讨对亲人的理解。教学时，从会意字“亲”入手，想象“树木高高立，枝壮叶儿绿；父母和子女，就像叶连枝”，领会亲人的血脉相连。然后，引导学生从抗洪抢险的战士、抗击“非典”的白衣天使以及“感动中国的年度人物”身上体会同一个祖先、同一个民族，华夏儿女的亲人之爱，血浓于水。当对“亲人”层层铺垫后，接着重点引导学生跨越国界，放眼世界，学习《再见了，亲人》，体会其中爱的奔流与燃烧，人间至贵的爱的轰轰烈烈，然后回到《我的老师》中平平淡淡的爱。最后，她推荐了几本表现各种亲情的书给学生，如《爱的教育》《马燕日记》《我们仨》《鸟奴》《红奶羊》《一只猎雕的遭遇》《独耳大鹿》《雁王》《消失的野犬》等，收到了很好的效果。

窦桂梅也从中尝到了甜头，有了信心，继续往前推进研究。

2004 年，在《晏子使楚》的备课过程中，窦桂梅发现这节课的主题应该是“尊重”。教学中，窦桂梅围绕文章的最后一句话“从这以后，楚王不敢不尊重晏子了”，让学生们从尊重出发，进行深层次讨论：楚王到底尊重的是晏子呢，还是鉴于晏子的使节身份，尊重的是齐国呢？晏子和楚国到底是什么关系？当问题一个一个地抛出来之后，一石激起千层浪，有的学生说尊重的是晏子，也有的学生说尊重的是使节身份，更多的学生表达不清。

在此基础上，窦桂梅又拿出了《狼和小羊》，让学生们阅读。学生们发现，尽管小羊这么善良，还给狼讲道理，但最后还是被狼吃了。因此，有的同学总结说，“尊严来自于实力”“国家的强大不能依靠一个人，这个人只能影响一阵子，不能影响一辈子”。这堂课主题鲜明，极富思辨性，在全国产生了轰动的效果，也成了主题教学由设想到现实的最大的转身和突破。

可是，当时对这节课也有几种不同的声音。有评论说这节课变成政治课、品德课，思想性毕竟不是语文本身。甚至有专家认为这节课很怪，不知道如何评课，没办法下结论。江苏的一些专家专门在杂志上发表文章，认为窦桂梅在瞎整，谈得太远，语文不像语文。但同时在广东省，所有的市、县都在拿这节课作为学习的典范。教研员印发了课堂教学的实录给了所有的老师，将窦桂梅的这节课作为正面教材进行研究，称这节课为“了不起的突破”。

当时，《人民教育》的著名编辑赖配根老师在《人民教育》发表文章《语文课，你在做加法还是减法？》。文中提到，一个好的案例，是触动人思考，而不是提供一种结论，希望读者能够通过窦老师这节课看到举一反三和举三反一的教学。

窦桂梅回忆说，尽管有很多反对的声音，但是自己当时并不难过，反而非常开心。就此她曾经写过一篇文章，将自己比喻为一辆法国跑车，喜欢法国车的人就认为好极了，但是，喜欢开德国车的人就会不以为然，甚至嗤之以鼻。“有人把我捧上天，也有人把我打到地狱。但是，我清楚地知道：我的主题教学走向了思想性教学的道路。”

从此以后，思辨性成了窦桂梅的课的代表性特质。她认为，语文的外延和思想的外延是相等的，语文是思想的外壳，在提升了儿童的批判性思维的同时，语言文字的水平可以同时获得提高。她的课越来越受全国各地小学老师的欢迎，大家发现听窦老师的课“永远超出自己的想象”。

窦桂梅说：“其实我的课，一直在刺激学生们的兴趣，通过启发、激活、刺激，让学生更好地掌握知识，并有所成长。”正如有人说，窦老师的课是让儿童生长的课。

2010 年，担任校长后，窦桂梅发现自己原来倡导的主题教学都是以预设为主，之前总是坚定地认为：教师能走多远，学生就能走多远。现在想来，这话忽视了儿童的逻辑起点和生长点，应该是：相信儿童能走得远，同时教师要因自己的陪伴指导而让儿童走得更远。

窦桂梅发现，此前她的《卖火柴的小女孩》《丑小鸭》等精彩课例，是她和教师团队一起深挖教材的结果，是多年的教学经验巧妙设计的结果。当去掉这些技术层面的经验，返璞归真，回到儿童本身的时候，竟有意想不到的收获。她作了这样的比喻：“教学，实际上是给孩子们施肥，而不是替代他们生长。以前，我是一棵树，我给学生们架一个梯子，让他们在我身上爬，他们只是单纯地爬树，爬不动了，我给他们再架一个梯子，继续爬。只是爬树，而长不成一棵树。如今我要做泥土，让孩子们借助我长成他们自己。换句话说，原来我的课是，自己登上一个山顶，对着山脚下的学生高喊，孩儿们到这里来，这里有鲜花、有树木，漂亮极了。而现在我的课是，我发现了一片很茂盛的草地，我带学生来到这里，我不会告诉他们都有什么，让他们自己带着无限的可能性去寻找。尊重儿童的已有认知，是主题教学必要的前提，否则主题教学永远是空中楼阁、概念车。”

于是，在此后的教学中，窦桂梅先从自己的课堂改起。2011 年的《牛郎织女》可谓是其转型之作。在此前的 2007 年，窦桂梅曾经上过这一课，以预设的“美满”这一主题带领学生在文本中“出生入死”。时隔四年之后，这一老课如何新上？此时已是清华附小校长的窦老师，想尽办法把儿童放在课堂正中央，用学生的质疑撬动全课的教学。

上课伊始，先与学生分享初读后的收获和疑问。在曾经的一次教学中，学生们一口气提出了 27 个问题，比如：

“为什么织女一定要与牛郎做对象，而不是‘马郎’‘羊郎’什么的？”

“王母娘娘那么了不起，法力无边，为什么去抓牛郎时，恰恰会在牛郎不在家的时候扑个空呢？”

“为什么织女就轻率地选定了牛郎？她会后悔吗？”

“织女被抓时，为什么会说‘快去找爸爸’？孩子爸爸是牛郎，有什么用呢？”

……

此后的教学，窦桂梅打破了自己原有的精彩预设，而是把学生的问题进行编织和整理，筛选出课堂的主问题，同时随着主问题的逐步解决，顺势回答了学生们提出的各种问题，更在这个过程中，将原来由教师给予的主题“美满”，变为让学生生成主题。主题教学的课堂开始呈现出一种基于儿童的新面貌。

然而这样的转变，却让一些曾经的粉丝感到深深的落差。2013 年，窦桂梅到重庆上《皇帝的新装》一课，一位老师专程从贵阳赶来听课。那位老师听完课后，难过地到后台找到窦桂梅，对她说：“窦老师，我是您的铁杆粉丝，您的课总是那么精彩，您的粉笔字那么漂亮，您的朗读那么动听，但是您今天的课让我特别失望，竟然没有一句您的‘名言’，也没有朗读和漂亮的粉笔字，没有精彩和魅力可言！”窦桂梅对这位老师说：“你没看到吗，我把精彩留给了学生，把魅力留给了学生，你不觉得这样更有价值吗！”

望着这位老师怅然若失的背影，窦桂梅心中并没有难过，因为她和主题教学一道完成了由教师为主导到“儿童站在课堂正中央”的华丽转身。

语文课的使命

“我是教语文的，我是教人学语文的，我是用语文教人的。”窦桂梅这样说。在她看来，“语文立人”是语文教育教学的基本价值追求，语文课就是实现“语文立人”使命的过程。

2014 年 9 月 9 日，窦桂梅在人民大会堂得到了习近平、李克强等国家领导人的接见与祝贺，她带领团队实践研究的“小学语文主题教学实践研究”荣获新中国成立以来首届基础教育国家级教学成果一等奖。2014 年 11 月 29 日，窦桂梅参加了由吴康宁教授任答辩组长的博士论文答辩会，历时一小时，回答了五位专家提出的十五个问题，得到了专家们满含高度肯定的评审意见：“论文中凝练的关于小学语文主题教学的相关理论具有创新性，独到的实践范式为改革我国的小学语文教学提供了一条新的路径。论文研究主旨明确，内容中心突出，写作思路清晰，框架结构合理，语言流畅，引文翔实，结论对小学语文教学有借鉴价值……”并获得“优秀博士论文”的荣誉。

二十余年的主题教学的实践研究，让“立人”的理念一直萦绕在窦桂梅的心头。申报国家奖和攻读博士学位给窦桂梅带来进一步的启发：主题教学必须有其核心的育人理念、准确的内涵界定以及丰富而可行的实践样态。为此，窦校长带领团队围绕这些内容逐一进行梳理，最终将主题教学的核心理念定为——语文立人；将主题教学界定为——小学语文主题教学是以“语文立人”为核心思想，针对小学语文教学的现实困境，根据教学内容和儿童身心发展特点，从文化的高度、培养完整人的哲学角度，坚持以儿童的生命价值为取向，在综合思维指引下，整合多种资源，挖掘教学内容的原生价值，生发教学价值。在语言文字的理解与运用中，引导儿童形成主题意义群，促进儿童语言发展、思维发展、精神丰富，整体提升语文素养与培育价值观，进而逐步形成促进儿童核心素养发展的理论主张与实践模式。

除了深入进行语文教学的课堂改革之外，“我希望最终实现两座灯塔照耀儿童：一座是远处的灯塔——国学经典；一座是近处的灯塔——现代中外儿童经典作品。”窦桂梅说。

国家级教学成果奖
获奖证书

获奖成果：小学语文主题教学实践研究

获 奖 者：窦桂梅 胡 兰 刘建伟 王玲湘 王 艳 焦 玫

获奖等级：一等奖

证 书 号：20140044

中华人民共和国教育部

二〇一四年九月

走进清华附小，不仅有藏书几万册的图书馆，而且学校还有意将书籍放在学生可以随时取阅的各个角落中。清华附小从每周的语文课中拿出一节课开展整本书阅读的推荐、导读与分享。清华附小的推荐阅读书单在全国产生了广泛的影响。窦桂梅亲自上的《威利的奇遇》《大脚丫跳芭蕾》《我的爸爸叫焦尼》《我爸爸》不仅深深地留在了清华附小学生的心中，也影响了全国的语文教师。

阅读，已经成为清华附小的一种文化。“不看书，每天会很别扭。”清华附小三（1）班学生杜晨牧说。每学期，清华附小的学生除了5本必读书和10本以上选读书外，还要积累20首古诗、10首儿童诗和现代诗、10篇文言文以及阅读其他大量的名家名篇。在清华附小的课表上，每天中午都有15分钟的吟诵、习字时间，学生们伴着广播里传来的传承了几千年的中国古人念诗歌辞赋的方式——吟诵，提笔练字。每学期的语文综合实践活动课上，学生通过戏剧创作与演出、清华风物游、博物馆课程等形式获得丰富体验。在每一届的新一年级家长学校，窦桂梅总要和家长们分享这样的观点：书声琅琅、朗朗乾坤，亲近母语，做有根的人。

2014年圣诞节前夕，清华附小四年级语文教师薛晨为学生上了一节绘本导读课，使用的是曾被改编为电影的绘本《极地特快》，一个关于“相信”的故事。

这本书只有十来页，主人公是一个小男孩。小男孩原本并不相信圣诞老人。但一个偶然的机会，他在圣诞节前夕，登上了一列开往北极的特快列车，最终果真见到了传说中的小矮人和圣诞老人，并第一个得到了圣诞老人送给他的礼物——一只银铃。不过，故事并未就此结束。小男孩在满怀喜悦的返家途中，意外地丢失了这只银铃。男孩很沮丧，但就在第二天早上醒来时，男孩又意外地重新得到了这只银铃……

与书中的主人公一样，薛老师班上的很多学生，也不相信圣诞老人的存在。课堂上，他们甚至通过各种福尔摩斯探案的技巧告诉老师，他们不仅知道而且能证明，收到的圣诞礼物都是父母送给他们的。“我妈之前一段时间频繁地去华堂，后来我收到的礼物背后正好贴着一个华堂的标签，一猜就是她买的。”一个男生这样说。也有一部分孩子的父母直言，礼物就是自己送的。

“在与孩子探讨主题的时候，可以明显感觉到，中国家庭对于孩子童心与幻想的呵护，似乎做得还不够，未来应该做得更好，”薛老师说。

但也有极少一部分孩子，虽然也知道事情的真相，但他们却愿意选择相信，而并不去揭穿这层美好。

在这节课的结尾，当薛老师再次询问班里的学生，如果有一辆极地特快开到你的家门口，有谁愿意登上这列火车？班里多数孩子举起了手。

“我相信……我们应该相信什么？”薛老师问。“相信善良。”“相信美好。”“相信……”学生各自说出心里的答案。此时，教师在前方的屏幕上打出几个字：我知道这不是真的，但我相信……

“在古代，语文课就是人生课，一门教学生‘做人’的课。它里面盛放的是人的故事，是自然与伦理道德，情感美学与理想人格……”著名学者王开岭说。在今天的清华附小，语文课无疑也是人生课。

从主题教学到“1+X 课程”

语文主题教学是基于学生发展核心素养的教与学的研究。“语文立人”立的是学生的核心素养，最终使学生自主学习、学会学习，创造性地学习、享受学习，使学生亲近母语，做有根的人。

——窦桂梅

语文主题教学就单篇经典阅读、群文阅读、整本书阅读、主题实践活动等都展开了深入的研究。于是，在清华附小的语文课堂上，学生学习课文就要在语言文字的积累与运用中，体会“尊重”“信赖”“诚信”“友善”等主题，

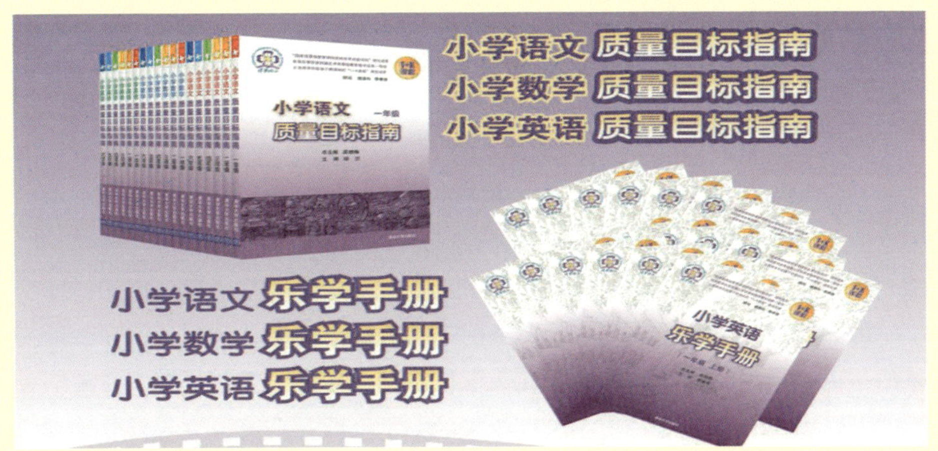

并以这些主题为统领，提高能力，形成素养。

二十余年来，窦桂梅带领语文教师团队，对语文课程内容进行了“整合”“整容”以及“改造”，对语文学习内容进行了“二度瘦身”，再度研发，出版细化国家课程标准的《小学语文质量目标指南》、改革课堂教学方式的《小学语文乐学手册》，以二者为载体，形成了“情感·思辨”为主线、“体验·生成”为特征的小学语文主题教学实践模型。

窦桂梅在2010年成为清华附小校长之后，在历经了第一年以《清华大学附属小学办学行动纲领》聚齐人心，第二年完成抗震加固、建起最美校园环境之后，学校的发展，逐渐走向深入，而这更加挑战窦桂梅作为校长的智慧和勇气。

在经过了“三个超越”“主题教学”的多年实践与思考后，窦桂梅认识到，唯有整合，才能释放出更多的教育空间，才能在更大程度上给课堂松绑，赋予课堂更多的活力。整合思想是撬动课程改革的重要杠杆。课程是教育改革的关键路径，要立足儿童核心素养而实现整合。正确处理分科和整合的关系，使二者有机结合，实现整合的课堂和整合的课程，进而从主题教学走向主题课程，走向主题整合教育，是行进路程，也是挑战。

课程如何整合？窦校长深厚的课堂积淀、强大的教师团队和清华附小令人羡慕的办学自主权，使得这个问题很快找到了思路。主题教学培养完整人的“主题·整合”理念，催生学校课程育人体系，本校课程——“1+X课程”应运而生。

基于五大核心素养的“1+X 课程”真貌

五大核心素养

“为聪慧与高尚的人生奠基”是清华附小的办学使命。“聪慧”就是一个人的“一撇”,高尚就是人的“一捺”。立人的核心就是在寻找一个人的“一撇一捺”,这是一所学校培养人的终极目标,也是孩子一生需要追寻的目标。

随着课程改革的不断深入，清华附小越来越清楚地认识到，课程改革的目的是提高学生的综合素养。为此，学校发动全体教职工，认真学习清华大学的办学思想，总结清华附小一百年来的办学经验，群策群力，反复研究，初步拟定了“清华附小学生发展五大核心素养”。“五大核心素养”使学校的课程改革更加有“魂”，更加有“根”。

身心健康

“身心健康”源于原清华附小校董马约翰先生的身体力行，清华大学老校长蒋南翔倡导的“每天锻炼一小时,为祖国健康工作五十年”的体育精神。这里指学生的生理和心理健康。

清华附小学生要养成良好的生活习惯，努力达到身体发育良好、视力达标、体态匀称、体质强健。每个学生至少要有一项自己喜欢的体育运动，有较强的身体活动及协调能力、疾病抵抗能力、面对危险逃生自救的能力。要热爱生活、自信向上，悦纳自己；学会微笑、感谢与赞美，尊敬师长，友善乐群，乐于助人；要学会情绪管理，自强不息、积极进取，拥有朝气蓬勃的“精气神”。

善于学习

“善于学习”指学生永葆积极的学习状态。志存高远，通过学习成长、成人，努力成才，成就未来事业。

清华附小学生应当学而不厌，拥有扎实的基础、广泛的兴趣，进而形成志趣。要增强学习内驱力，勤于学习、敏于求知，既能自主学习，又能与人合作，具有良好的学习习惯、科学的学习方法，学会思考、敢于质疑、勇于探究，并能够把学习所得运用于社会生活中，做到知行合一。

审美雅趣

“审美雅趣”源于清华大学四大国学导师“至真、至美、至情”的美学境界。这里指学生应该具备符合社会主义核心价值的审美意识和创造美的能力。

清华附小学生应向往与追求美好形象和美好事物，学会感知美，善于发现美、体验美、理解美，在对生活、自然、科学、艺术的欣赏中，受到美的熏陶。在此基础上传播美、发展美、创造美，提高自身的精神境界和审美品质，进而做到语言美、行为美、心灵美。

学会改变

“学会改变”源于清华大学“人文日新”“独立之精神，自由之思想”的理念。这里指学生主动适应、勇于创新、超越自我。

清华附小学生应具有敏锐的环境感知能力和信息捕捉能力，面对不断发展进步的社会和生活，能够直面变革、学会适应、顺应发展，不断提升自己的心智模式，实现自我超越。要勇于面对生活中遇到的实际问题，形成并发展积极的人生态度，敢于实践、动手动脑、不怕困难、大胆尝试，通过自己的努力影响周边的人和事，传递正能量。还应有敢为人先的精神，具有批判性、创造性思维以及创新实践能力。

天下情怀

“天下情怀”源于清华大学“厚德载物”“中西合璧”的办学思想以及清华附小百年来一直坚持的公益情怀。这里指我们的教育要使学生扎中华根，铸民族魂，做具有国际视野、天下情怀的现代中国人。

清华附小学生应自尊自重、自立自强，拥有爱家人、爱家乡、爱集体、爱人民、爱祖国的思想感情。要有为社会服务和奉献的公益精神；要有振兴中华的社会责任感、使命感；要有较开阔的国际视野，能够理解、尊重、包容多元文化，能与不同文化背景的人进行平等交流、友善相处。

清华附小学生发展核心素养，外显为“健康、阳光、乐学”的学生样态，通过学校课程、教育教学、管理、校园文化等工作以及家庭、社会的共同努力来实现。

揭开“1+X 课程”的面纱

目标决定方向。学生核心素养的形成，需要学校工作的各个方面加以支撑，而在其中应当找到一条核心途径，据此撬动学校工作的改革。而“课程”就是这牵一发而动全身的“牛鼻子”。

课程是学校最重要的产品。一所学校拥有怎样的课程，往往决定着这所学校为学生的发展提供了怎样的可能性。落实学生发展核心素养，需要以课程为依托，将核心素养的原动力化作学生学习的生产力。

“五大核心素养”的提出，打破了传统的人才观，必然要求学校课程结构改变学科本位，突破以往在教学内容、教学时间和教学空间上的限制，形成学校育人目标服务的课程体系。“五大核心素养”的提出，进一步明确了学校多元发展的课程体系的核心要素。这就要求学校课程内容，在基于国家课程标准的基础上，超越教材，大胆整合，在国家、地方、校本三级课程内容的统筹协调中，凸显有助于培育学生“五大核心素养”的核心内容。以“五大核心素养”为依据的“1+X 课程”，必须要优化课程资源，科学安排课时，使课程的实施方式满足人的全面发展的需要。基于上述思考，清华附小从课程结构、课程内容、课程实施等维度深入思考与实践，构建起一套适合学生整体、多元发展的“1+X 课程”体系。如今，这套体系在不断地改进中已进化到了 5.0 版本。

重整课程结构

课程的品质影响着学生的核心素养发展，课程的结构影响着学生的素养结构。传统课程结构取决于对国家课程的忠实取向，在育人目标、课程内容、课程实施、课程评价等方面缺少自主性，忽略学生个性化需求，不符合学校办学实际，难以形成学生核心素养。为此，基于核心素养，重整学校课程结构，使学校整体课程结构能够为每一个学生的“身心健康、善于学习、审美雅趣、学会改变、天下情怀”奠基，成为核心素养落实的基础。

为实现核心素养，学校精简、整合国家课程，创生适合学生的校本课程，逐步形成一套基于国家课程且高于国家标准的、符合清华附小学生发展需要的“1+X 课程”体系。“1”指优化整合的国家基础课程，我们把原来的十几门课程，根据学科属性、学习规律及学习方式整合为五大领域：“品格与社会”“体育与健康”“语言与人文”“数学与科技”“艺术与审美”，交叉指向学生发展的“五大核心素养”。“X”指发展个性的校本课程。“X”包括学校个性课程、班级自创课程和学生自创课程三个层次。学校个性课程既有面向全体的经典课程：主题阅读、阳光体育和应用创新等，又有面向各年段的特色课程：启程课程、知行课程和修远课程，还有面向特需个体的种子课程、“一条龙”课程等。班级自创课程是根据班级兴趣题和个性以及班级文化开发的班本课程。学生自创课程是学校为学生提供平台和支持，由学生自主开发、设计和实施的个性课程。“1”是“X”的基础，“X”是“1”的补充、延伸、拓展，是核心素养实现的个性化体现。二者相辅相成、融合共生、动态平衡，共同促进学生的发展。

在目前状态下，“1+X 课程”中的“1”与“X”追求的是“0.618”的黄金分割比值。“＋”不是简单的加法，而是“1”与“X”相辅相成，形成一个趋于合理的、整体的课程结构。既使学生学好国家规定的核心知识，形成核心能力，为后续的学习和发展打下扎实的基础，又能在这个基础上，使知识得到拓展或深化，使能力，特别是运用知识的能力、探究问题的能力、动手实践的能力得到提升，满足学生个性需要。这样，“1”与“X”就构成一个有机的整体，在课程的事实中让学生做到以学修身，提升学生的综合素养。

“1+X 课程”体系旨在帮助儿童更好地建立书本知识与现实生活世界之间的有机联系，在与世界的开放联系中不断拓展思路、开阔视野、创生意义，从而更加有效地面对现实问题，成就高素质的现代小公民。

整合课程内容

“核心素养”并非与生俱来，需要通过各教育阶段进行长期培养，而科学合理的课程内容则是其重要保障。国家课程本身为学生核心素养的形成奠定了坚实的基础，应当给予充分的尊重，使之成为实现学生核心素养的核心途径。但由于地域、学生等的差异，不能对国家课程所使用的教材被动接受，要依据学校育人目标加以调试与补充，进而使核心素养在“根”和“魂”的基础上长成“树”，形成“林”。

为此，我们以学生发展的需要为依据，在把握国家课程标准的基础上，梳理、整合各版本教材的课程内容，规划了我们的课程实施。学校主要是做了两项工程，一是制定语文、数学、英语等学科的《质量目标指南》，据此，明确了每门学科的教学目标、教学内容、实施策略，并提供了大量的课程资源包，达成了国家课程标准的细化、具体化；二是研发了语文、数学、英语学科的《乐学手册》，将教学内容的课堂落实方式呈现出来，取代了传统的练习册，达成了课堂目标的操作化，也实现了减负增效。

在学校整体课程构建的过程中，首先，围绕校训和办学使命提出了“成志教育”。其中，具有清华附小特色的学段主题课程“启程课程”“知行课程”“修远课程”又是“成志”的重要载体。在学段衔接方面，低学段“启程课程”，包括“入学教育”“入队仪式”“乐学嘉年华”等系列内容；中学段“知行课程”，包括“十岁的天空”“清华小导游”等以及从低学段升入中学段的认识自我与他人、社会建立怎样关系的系列内容；高学段“修远课程”，包括“回望小学”“走进中学”“走进清华大学十大实验室”等系列内容。并从体育、美术、英语、音乐等学科基点出发，探索清华“大、中、小一条龙”的创新人才培养路径。

贯穿于三个学段主题课程的还有六大养成教育。结合马斯洛关于人的需求层次理论，学校确定了学生六大养成教育主题，即“言行得体、协商互让、诚实守信、自律自强、勇于担当、尊重感恩”。围绕六大主题，分布细化到小学六年每个学期。每月中，通过日常管理、节日活动、主题实践活动，落实学生良好行为习惯，践行核心价值观。

其次，传承“阳光体育”“主题阅读”“应用创新”三大经典课程。一是强调体育课程在学校教育中的核心地位，通过“每天体育三个一（每天一节体育课，每天一个健身大课间和晨练微课堂，每天每个学生一个体育自主选修项目）”，为学生打下健康身体的底子。二是强化母语，通过语文学科本身的改造，适当增加学习时间，补充大量诵读、阅读、积累内容，为学生打下学习的底子和精神的底子。三是强化应用创新，每周一次 90 分钟的应用创新课等，使学生有充分的时间合作、探究，在校内外学习场所内进行研究性学习，打下创新的底子。三大经典课程，既是实现“五大核心素养”的体现，又为学生在各学科学习中形成核心素养奠定坚实基础。

最后，开发丰富的个性课程，基于清华特色，最大限度地满足学生个性需求。学校不断开发和完善的学校个性课程包括：清华园课程，3C（Care、Connection、Creation）课程，运动项目自主选修，艺术项目自主选修，科技项目自主选修，儿童特需课程等。学生班级自创课程也在探索中不断创新，如“成志班”的四季课程、节日课程、学生社团、成长活动馆等。学生自创课程包括：水木秀场、名生讲堂、水木 TV、校园吉尼斯等。这些课程涉及五大板块，消弭了学科边界，服务于学生综合素养的发展，彰显了清华附小“儿童站在学校正中央”的课程理念，受到学生的欢迎。

创新课程实施

核心素养的培养切忌空洞灌输，而应当引导学生在教育情境中进行自我构建。为此，学校课程要积极营造、模拟或还原儿童真实的教育情境，使课程的实施符合儿童的接受心理和生长发育规律。为此，学校对教学方式、学习空间、课时安排等课程实施方式进行系统规划。

就学习方式而言，在清华附小的课堂上，面对整合过的学习内容，学校更加强调学生通过质疑发现问题，然后在小组内，通过自主、合作的方式获得深刻的学习体验。清华附小的课堂强调"预学、共学、延学"的动态三环节。预学——让学生自主构建知识和发现不懂的问题,带着准备和疑问走进课堂,使教师的教学更有针对性;共学——以问题串的形式呈现学习内容,以小组合作为主要学习方式,师生、生生合作解决问题,学生在质疑、释疑的循环中获得持续的提高;延学——学生带着更深层次的问题在课后继续思考,鼓励学生应用知识解决实际问题。整个过程鼓励学生改变传统的认知方式,实现核心素养的自我构建。

就学习空间而言,在清华附小的教室里,学生的座椅由秧田式变为卡包式,便于学生间相互交流学习。同时,教室依据功能进行分区,分为集体学习区、单独辅导区、自主学习区、作品展示区。以此,既为不同需要的学生学习提供便利,也让教室除了载人以外,能够发挥更大的育人功能。除了教室,清华附小力争将自己的校园建成儿童乐园、生态田园、书香校园。校园里植物多、书多、健身器材多,到处都是可供学生动手实践的课程资源。于是,校园便成了学生更为开放的学习空间。这样的安排,为学生提供了更多同伴交往、自主实践的平台。学生在与自己、与同伴、与学习内容、与自然、与书籍等的多向交互中,形成核心素养。

就课时安排而言,为了适应整合、改革后的课程内容,学校在保证课时总量不变的前提下,调整了课时比例,将原来固定的"一刀切式"的每节课40分钟调整为90、60、50、35、10分钟等综合、大、小、微课时。

"小课时"35分钟,主要用于整合后的基础性学科的教学,这比原来减少5分钟,对老师的课堂教学提出了更高的要求,强调精讲精练,减少无效劳动,提高教学实效性。

"大课时"60分钟,主要用于语文、科学、书法、美术以及一些综合性课程,如语文课,要认字、写字、读文章、交流读书感悟,还需练笔、作文等,原来的每节课40分钟,着实不够用,改为60分钟,师生都感到比较合适。再如科学,每堂课都有实验,需要使用很多器材,学生要积极参与,观察、思辨、假设,动手实践、记录实验情况、报告实验结果等,改为60分钟,进行得就比较充分了。

"综合课时"90分钟,用于应用与创新、品格与社会的综合实践课、头脑创新思维课(DI)、戏剧等课程,这些课程性质、内容要求教学时间相对长些。

“微课时”10或15分钟，为晨诵、习字、吟诵、暮省等。

大课间为50分钟，变原来的被动做广播体操为主动项目。学生在运动场上，可以整班跑步、跳绳，也可以根据自己的特长参加各种体育社团，还可以自主到操场不同的健身区域去,在体育老师的带领下练习专门的运动项目。

根据课程性质和教学内容配以不同的课时，体现出了课时的灵活性，而且长短课时相间，也使学习生活张弛有度，富于变化。

2015—2016学年度第一学期课程表

一（8）责任人：李春虹 陈京芳

时间	星期一	星期二	星期三	星期四	星期五
入校—8:00	晨读/晨练时光				
8:00—9:45	语言与人文（语文） 语言与人文（英语） 李春虹 黄耀华	语言与人文（语文） 李春虹	语言与人文（语文） 数学与科技（数学） 李春虹 陈京芳	语言与人文（语文） 数学与科技（数学） 李春虹 陈京芳	艺术与审美（戏剧） 语言与人文（语文） 李春虹
9:50—10:35	品格与社会（少先队活动课）	游戏时光			
10:40—11:10	数学与科技 陈京芳	数学与科技（数学）陈京芳	数学与科技（阅读）陈京芳	语言与人文（语文） 语言与人文（英语） 李春虹 黄耀华	数学与科技（数学）陈京芳
11:15—11:45		体育与健康（体育）郑雨	体育与健康（体育）郑雨		语言与人文（英语）黄耀华
12:00—13:55	午秀时光				
14:00—14:35	语言与人文（主题阅读）李春虹	艺术与审美（音乐）文炎钊	数学与科技（应用创新）陈京芳 李春虹	数学与科技（3C课程）陈京芳	体育与健康（形体）张帆
14:40—15:15	体育与健康（项目自选）	艺术与审美（书法）李春虹	品格与社会 李春虹	体育与健康（足球）白杰	艺术与审美（美术）王志兴
15:15—15:45	暮省时光				
15:45—离校	嘉年华时光				

备注：

1. 模块时间涵盖“语言与人文”“数学与科技”“品格与社会”等领域。
2. “戏剧”“应用”由两位包班教师与相关学科负责人共同备课、共同上课。
3. 周一第四节体育自主选修时间为11：20—11：55；阅读时间为13：35—14：35。
4. 李春虹：语文、品社、戏剧、书法；陈京芳：数学、科学、戏剧。

特别是，在坚定地保有国家各门课程的学科属性的基础上，为了突出课程的整合性，学校还特地设定了模块式课表，体现出以下特点。

整合性——以主题模块的组织方式，将学科以及多学科整合到一个大的模块之中，包括学科内整合、学科间整合、超学科整合。其中，既有相似或相近的学科整合（课表中以纯色显示），如语文与英语，整合为语言与人文领域；数学与科学，整合为数学与科技领域等，也有基于某一真实问题解决或某一综合能力的领域整合（课表中以过渡色显示），如语言与人文和数学与科技的跨领域整合，语言与人文和艺术与审美以戏剧为载体实现消弭式整合等。这样的整合模块为学科整合提供了落实落地的时间和空间，同时也为连贯性的、完整性的教学情境，资源的整合提供了时间保障。模块式的课时整合，打破了时空，突破了学科壁垒，为学生核心素养提升提供了规范性的、整合性的保障。

选择性——周一至周五下午的课时中，安排了学生自主选修课程，采取“年级联动授课制”“选课走班”的自主选修，学生根据自己的兴趣进入各个主题项目组展开学习。此外，“午秀时光”有水木秀场、名生讲堂、校园吉尼斯等专项活动可选择。主题教学为学生搭建多种综合性的自主学习平台，鼓励儿童自创课程，还儿童独立创造的空间，为学生提供综合运用语文的平台。

融通性——模块时间的设置，极大地鼓励或加强教师之间的合作育人。每个教师都是一个完整育人理念的教育者。以往的分科教学，往往会出现过度强调学科任务和要求的现象，当将不同学科整合打包在一个模块之中时，教师也就打包在一起了。教师打破了以往的学科思维方式，将育人的任务放在了首位，增加了多学科教师陪伴学生的时间，将对每一个孩子的尊重落在了实处。在这个过程中，无形中增加了教师相互学习的机会，使教师能够在整合的道路上走得更远，使一个教师一旦需要，就能够适应多门学科的教学，完成了教师的自我教育、自我培训、自我成长，解决了师资缺失以及师范教育不足的问题。教师合作育人，既通过互相促进提高教师的综合素养，又通过学科整合，提高学生综合素养。

“1+X 课程”，力图通过课程改革使学生建立系统的思维方式，体验知识之间的联系，还原事物或问题在现实生活中的本来状态，使原来学科本位的多个知识纵横联系，聚合裂变，形成强大的核力量，促进学生关注生活、关心世界、整体考察、系统思考、全面发展，避免重复、零散、琐碎，消除高耗低效。在五大板块整合的过程中，更加突出了学生核心素养的整体发展。

回顾这几年构建“1+X 课程”体系的历程，清华附小的教师有一种“痛并快乐着”的涅槃之感。他们心底深深地收藏了一个个难以忘怀的故事。

从校本课程到本校课程

“1+X 课程”体系，给我们现在学校的课程改革提供了一条思路。当所有的课程都成为学校课程的时候，才是真正的课程，才是真正校本化的课程。

——国家督学　成尚荣

课程是学校核心竞争力

2011 年初，教育部基础教育二司课程发展处组织业内专家开展关于减负增效、课堂改变的座谈会，凭借主题教学闻名全国的窦桂梅受邀在会上汇报清华附小的相关教学成果。当时，学校已经拟定了学科《质量目标指南》，又根据《质量目标指南》研发了课堂《乐学手册》。《质量目标指南》明确了教学“学什么”的问题，《乐学手册》则解决了“怎么学”的问题。专家们对于清华附小的基于语文学科主题教学的改革实践给予了高度肯定。

在聆听其他人发言的过程中，窦桂梅敏锐地发现在掌管我国基础教育的最高行政机构中竟然设立了“课程发展处”，并且各位专家学者已经将研究教育改革的目光聚焦在创新课程上。她在自己的笔记本上写下这样的几句话：“课程是学校最重要的产品，是学校的核心竞争力！”

与学校繁忙的抗震加固工作同步，窦桂梅带领当时还称为“教科室”的几位主管领导开始为课程建设奠基。参与这项工作的当时清华附小主管数学教学的张红老师、主管科研工作的胡兰老师、主管科任工作的李强老师开始了对于课程基本理论的深入学习与研究。

2011 年 3 月，北京市课程改革开始启动“基础教育课程教材改革实验”。同年 7 月，清华附小成为项目实验学校。在完成项目实验校实验方案撰写的过程中，张红和胡兰两位老师，根据自己半年来学习的心得，对清华附小既往课程研究的经验进行了梳理，第一次正式提出“多元课程体系的构建与实施”课程改革方向，其中包括细化国家课程标准、探索国家课程实施方案、构建校本课程体系、改革课堂教学方式等研究内容。

“教科室”的老师们越发深刻地感觉到，清华附小的课程改革发展方向已经初步明确，那就是在保证国家课程高效落实的基础上，发展校本课程，但亟须一个具备纲领性的课程名称统领整个课程发展。

就在这一年10月，学校进行“基础教育课程教材改革实验”阶段总结，由当时教科室主管科研的胡兰老师负责撰写总结报告。在撰写阶段总结的过程中，胡兰老师左思右想：该用怎样一个名称概括清华附小的课程理念和课程实践呢？

几天的纠结过后，忽然间灵感闪现。尊重国家课程就好比一个根基，可以用“1”来表示，构建校本课程、发展学生的个性，这些都是提供可能性，这些可能性，要根据实际情况调整，好比数学里的未知数“X”。学校的课程结构对这两项充分重视，何不用“1+X”来对学校的课程名称进行概括呢？

当胡兰老师兴冲冲地将写好的材料交到窦桂梅手中时，窦桂梅看到“1+X课程”的名称顿时觉得眼前一亮，觉得它能够充分地反映学校课程构建的整体创想。她在总结报告上签上“同意”二字的时候，心里便开始规划宏伟蓝图：一定要把“1+X课程”做成清华附小专属的、真正服务于师生成长的课程体系。

在此后的一段时间里“1+X”成了校内的关键词，学校成立了“1+X课程”研究团队，在每周四展开研究。教师提出了“1+X”的课堂学习方式、“1+X”原创学习单、“1+X”的学生评价体系等研究内容。虽然“1”与“X”的核心概念与后来的定稿大相径庭，但却反映出“1+X”能够最大程度上得到广大教师的认同。

一年之后，清华附小确定了“1+X”的最终内涵：“1”指优化整合的国家基础性课程，“X”指实现个性化发展的特色化课程。窦桂梅带领研究团队确定了包括课程目标、课程内容、课程实施、课程资源、课程评价、课程管理在内的体系，完成了“1+X”的顶层设计，并在实践层面开展了大量研究。

2013年5月22日，清华附小召开“1+X课程阶段汇报会”。国家教育咨询委员会陶西平委员评价：“清华附小把握住了减负增效的实质。”教育部基础教育一司王定华司长评价：“清华附小是全国课程改革的一面旗帜。”会议间隙，窦校长向前来参加会议的清华大学姜胜耀副校长请教：“您跟我们讲实话，‘1+X课程’究竟怎么样？”姜校长真诚地说：“‘1+X课程’的创意很好，名称也非常贴切。‘1’是不变的符号，象征着对国家课程和百年传统的传承；‘X’表示未知，蕴含无限的可能性；‘1+X课程’非常鲜明地体现了基础教育课程的核心理念。”

寻找课程的春天

2011 年年底的一天，窦桂梅到一年级的一个班蹲点听课。

第一节语文课，语文老师循循善诱，声情并茂，认字、读文、写字，内容丰富、形式多样，小朋友应接不暇。第二节数学课，观察、描述、计算，同样忙得不亦乐乎。语文老师教了孩子们一堆知识，有一套自己的课堂常规要求；数学老师，又教了一堆知识，还有一套自己的课堂常规要求。接下来，音乐、体育……不同的教师走马灯似地轮番登台，都在传递本学科的知识并提出不同的要求。

六七岁的小朋友，对这一天所积累的知识碎片和老师提出的各种要求，

茫然无措，真的有点晕了。到最后一节课下课的时候，很多学生都蔫头耷脑地往教室外走。

窦桂梅又想起最近听的其他几节课。唐代诗人骆宾王的《咏鹅》分别出现在一年级的语文和音乐教材中。语文老师带着学生一遍遍读："鹅，鹅，鹅，曲项向天歌。白毛浮绿水，红掌拨清波"，而到了音乐课上，音乐老师还是零起点教学，从怎么读教起。学生已在语文课上学过，便丝毫没有兴趣了。

六年级的《长江之歌》分别出现在语文和音乐教材中。语文课上，语文老师带着学生了解背景、阅读、听歌曲。到了音乐课上，音乐老师又从零起点教起，大量铺陈关于长江的背景知识，其后让学生试唱练习。学生丝毫没有跃跃欲试的感觉，似乎只是在耐心地配合老师。窦桂梅见学生有些漫不经心，向一个小男孩询问缘由后，问他："你为什么不告诉音乐老师，已经学过了呢？"小男孩一脸无奈地回答："没机会呀。"窦桂梅又问："那你从音乐的角度好好唱歌，提升一下，行吗？"小男孩更是无奈："调子太高，我们都变声呢，唱不上去呀。老师喜欢唱，那就以他为主，我们陪着唱好了。"

这天中午，带着深深的忧虑，窦桂梅回到教师办公区，刚想和教科室的负责人王老师沟通，却发现王老师正在给各学科教研员开会，逐一强调开学后听课发现的问题。她不想打扰他们，就又走到隔壁的德育处，德育负责人张老师也在开会，各年级的年级组长，刷刷地记录着学生常规培养的注意事项。两位部门负责人都在尽心尽力地完成自己的工作。但是,这么多的要求、这么多的注意事项，最后落到哪里去呢？还是落到教师、学生身上了。教师怎能不累、学生怎能不忙？

当各学科教师过于强调自己的学科，各部门的领导过于强调自己的工作时，作为基础教育的小学，最应当做的"培养完整的人"的工作却被忽略了。在当今，乃至未来的社会，完成任何一项具体的工作，需要的都是人的综合能力。基础教育正应当培养人的这种能力，真正的教育是不分学科、不分部门的。当学校里的每一个部门、每一位教师都想真正做事的时候，怎样能"增效"不"增负"？

怎么办？必须从学校课程的整体构建上动脑筋！此时，窦桂梅又想到了自己多年来研究的主题教学。主题教学的根本特征之一就是"整合"，主题教学，通过整合阅读资源、生活资源和文化资源，密切联系儿童社会生活、情感体验，实现语文课程的整体构建。这样的思想能否迁移到学校整体课程建设上来，以“主题”的方式实现学科内外的融合、统整的化学变化，进而打破分科过细、教学内容过深的碎片式教学现状。

2013 年 10 月，海淀区教育委员会、海淀区教育工作委员会组织举办“窦桂梅教育教学实践研讨会”。这是一次整体提升学校课程改革品质的机会！窦桂梅认为一次颠覆传统的机会来了，她决定在两委规定的会议议程加上“一堂现场课”。

借助这节《皇帝的新装》，她将学校所提倡的整合途径“学科内整合、学科间整合、超学科整合”、学习方式“质疑、小组化”努力在课堂上呈现出来，并引入 iPad 进入课堂教学。课后，海淀区政府傅首清副区长评价：“你根植于课堂，立足于实践，不断超越课堂，超越自我，语文教育教学实践的出发点和落脚点都在儿童。”十年来，见证了窦桂梅一路走过来的海淀区教委尹丽君主任说：“窦老师由‘三个超越’走向了‘主题教学’又走向了‘课程整合’，但永远不变的是超越的理念和精神。”

主题整合，儿童立场

校长的亲身示范带动了教师研究的热情。但是，怎样立足教材的单元，在学生兴趣所在的地方进行主题整合呢？教师的研究，如同泥泞中的跋涉，但是，只要有目标，路就不怕远。

主题整合没找到重点

时间的追光灯，聚焦到了 2014 年 1 月的一天夜里（寒假刚刚开始）。

几个语文老师在一（1）班的教室开始研讨主题整合的路子。教研员李老师把大家聚集在一起说：“主题教学的核心思想是整合，我们看看怎么能将主题的思想落实在平时的课堂上。”话音未落，一个老师说：“窦校长的主题教学，更多的是单篇经典的教学，而且是公开课。这样的课，平时怎么上啊？”又有一个老师说：“说实在的，对老师水平要求也很高啊。”

空中的气氛像凝固了一样。李老师微笑着说：“咱们不能因为主题教学的理念高，要求高，就退缩吧。哪怕咱们迈个小步呢？”

林老师："嗯。咱们迈个小步可行啊。我觉得，主题教学鲜明的主张就是整合思想，以主题统整语文教学的方方面面，是不是可以沿着这个思路想想？"老师中又有了声音："嗯。我觉得，主题教学，应该是超越教材吧。一年级的学生，应该结合他们的兴趣和生活。""我同意。主题教学坚持儿童立场，应该贴近他的生活，而不是讲更多的知识。"李老师接着刚才老师的疑问说："我也觉得是啊，你们觉得怎样整合学生生活呢？"

一个老师说："你看啊，《美丽的武夷山》是自然里的山，可不可以让学生联系生活中见过的山。如果他没有见过，总从书中知道一些山吧。"另一个老师接着说："嗯。可以让学生先查阅资料，然后课前三分钟演讲'我喜爱的山'。"

"嗯。挺好的。结合学生生活体验，进入教学。"

"既然是整合，能不能不拘泥于阅读啊？是不是可以画画山啊？"

"还可以写山吧？"

"太好了。这真整合了。你看啊，整合了教材、生活、美术、写作啊。"

一阵欢呼声……

回望当时的情境，今天的语文教师团队深深地感受到自己当时的幼稚：整合，不是大包大揽，更不是拼凑，最忌讳"乱炖"，"山"不是主题，而仅仅是一个话题，学生通过这样一个话题，难以得到精神滋养和价值塑造。

于是，老师们又陷入了深思。

立足教材也没踩准点

时间的追光灯，聚焦到了2014年8月的一天夜里（距离开学还有一周）。

语文教师团队在微格教室集体研讨教材与主题单元整合。主持人仍然是教研员李春虹老师："老师们今天讨论一下，怎样依托教材，进行主题单元整合。"

话音刚落，几个声音出来了："什么是单元主题整合？""不是超越教材吗？"

一阵喧哗之后，李老师接着说："主题教学，不仅有单篇经典教学，还应该有群文阅读教学。”

角落里面，一个老师就说了：“群文？教材不是有单元，已经整合好了吗？干吗还整合？”

课程中心胡老师，接着刚才老师的发言说：“刚刚老师们说的也对，也不对。教材的单元，有的是按照语文知识、能力编排的，有的也考虑到了学生生活经验、季节等因素。不过，有一个问题是，实际上课，还是一篇一篇教，学生学习到的都是碎片化的知识点和能力点。”

教育教学中心王老师说：“是的。而且，教材的选文，很难考虑到具体学校学生的接受能力，有的过于简单，有的过于困难。同时，也存在选文的经典性和非经典性。经典的文章需要长时间地咀嚼，而非经典性的文章，只需略读或自学。”

刚刚落座的窦校长，听到大家的激烈研讨，很高兴，说：“我觉得啊，大家这样的研讨特别好，就要提问、质疑、研讨，越激烈越好。刚才王老师说得很对。主题教学恰恰是根据学生的身心发展特点以及生活经验，整体构建适合儿童发展，促进语文素养全面提升的语文教学系统。我们现在要做的是，以主题教学的教学理念和价值追求来统整多种版本教材，打破一个版本教材的局限，而整合多种版本教材，取其精华，内容重组，明确目标，提供策略。”

中学段的祝军老师说：“我们是中年级，我们是不是讨论一下中年级的主题啊。”紧接着，各个学段老师开始了分组讨论，半个小时左右之后，中学段申老师说：“咱们三年级寓言二则《掩耳盗铃》《滥竽充数》是不是可以以‘诚实’为主题呢？”

连老师接着说：“诚实，这个主题可以，三年级学生开始建立诚信意识，学会诚实守信。”李老师补充说：“人民教育出版社出版的三年级上册教材中《我不能失信》《灰雀》的主题与之有相关性，是不是可以整合进来？”

大家一阵阵掌声……

真理越辩越明，教师对主题的含义逐步清晰之后，新的问题又摆上桌面：教材当中不是每一个主题都有丰富的选文支撑，几篇整合后的选文又该怎样落实主题？语文老师们又陷入了深思。

找到需求点亮一盏灯

时间的追光灯，聚焦到了2015年1月的一天夜里（寒假刚开始）。

三年级的语文教师团队，围绕“儿童与主题单元整合”在闻道厅进行教研活动。

主持研讨的李老师说：“上学期，我们尝试将教材的单元重新调整，以主题统整各个篇章，并以一篇带多篇的方式，整合了各种版本教材。可能我们走的步子有些大了，大家研究的切入点不太聚焦。这学期，我们看看能不能集体共研一个单元的主题整合，做扎实，做透。”

王老师拿过手里的教材，拍着李老师的肩膀，说：“李老师说得很好。我觉得咱们聚焦在一个单元的探索好一些。有了经验之后再打开一些。”

林老师一边打开电脑，一边说：“主题教学的群文整合，一定是经典选文，这个是保底的吧。教材中不太经典的文章，我们可以替换掉的。第一个单元‘亲情’就可以作为我们共同研究的典型案例。”坐在一旁的连老师微笑着说：“我觉得，是不是要考虑我们的学生的生活经验和需求呢？我们现在的孩子关于‘亲情’这一主题，他们最缺的是什么，最需要我们填充的是什么？”

大家都看着没有发言的申老师，于是都想让她说说，申老师放下手中的语文书说道：“我觉得，现在的孩子看过的一些亲情文章已经不能够打动他们了。是不是选一些从孩子自己出发写亲情的文章呢？这样是不是会引起共鸣？”

李老师打开了她准备好的PPT，“我找到的经典的亲情选文《斑羚飞渡》行不行？”王老师听完后，说：“我觉得主题教学有一个鲜明的儿童立场。我们还应该从儿童出发，从他的生活出发，从他的情感需求出发。《斑羚飞渡》，对三年级的学生难了。我们是不是应该从学段特点来考虑教学。还不能说，经典的就是可以的。”

正在这个时候，窦校长、胡老师加入了他们语文团队的研讨，大家掌声极其热烈。

课程中心胡老师说：“我建议还是立足教材中的一篇文章，然后以主题的方式群读其他经典选文。当然，适合三年级学生的阅读水平和情感需求是一定的。而且，还应该是从人的亲情入手，而不是动物的亲情，对于学生的情感有一个过渡。先去感受人的，贴近他的生活的，然后在此基础上再去感受动物的亲情。另外，刚刚申老师说得对，咱们应该给学生一些多角度的选文，爸爸的、妈妈的、孩子自己反思的，从角度上说，可以有温馨的、有严格的，这样是不是更适合儿童？”

大家都觉得胡老师说得很有道理，频频点头。窦校长接着说：“那，我们的亲情主题比较宏观，是不是应该再聚焦一下？”

林老师接过校长的问题说：“我觉得，现在孩子的情感需求是什么，就是发现，缺少发现的心，可能觉得父母的爱都是天经地义的。是否可以，定为‘爱，在于发现”这一主题呢？’李老师激动地说：“这个好。先是感受‘爱’，最后再出示‘发现’二字，会显得更加深刻和有意义。”

又是一阵阵掌声……

主题单元整合，应该有一个鲜明的儿童立场，这是基本的价值取向。清华附小人一直在行走，探索实践的路线，但不能“忘了当初为什么而出发”。所以，他们又放慢脚步，一步一步地，回到事情本身，回到儿童本身。语文老师们由此找到了方向。

这样的研究不仅仅发生在语文教师的团队，整合的理念在清华附小深入人心，走在校园里，和老师们交谈，几乎每个人都能给你说出些道道。

春日里，阳光明媚，清华附小校园里的玉兰树长满了花苞，戚凌霄老师带着一年级学生到校园“寻找春天”，学生们仔细地观察，在本上画出花苞的模样，他们要记录的是植物在不同季节的变化。在清华附小的教育理念里，亲历生命成长的历程，有助于学生深入、完整、真实地认识世界。

“我上学时，大部分时间都是看老师用幻灯片演示实验，很少能自己动手。”对传统科学教育的局限深有体会的科学老师文敏，在教学过程中坚持能用实物教学的一定不用照片代替，能做实验的课程尽量不用讲授的方式授课，能让学生自己动手去探究的课程尽量减少教师的演示，总之尽可能地引导学生开展自主学习。在科学相关课程中，学生们充分体验到动手的乐趣，同时，也在学习用数学方法科学记录下眼前发生的一切。学生们会在种植园里种植各种瓜果蔬菜，在华宇池中放养鱼苗，在班级内养蚕、养蚂蚁、培育绿植。同时，学校开展贯穿整个学期的观察、记录、保育、探究活动等。

“懂数学的蝉”，这是数学课吗？这堂课虽然是讲“质数”，但却从北美洲森林里每隔 13 年或 17 年都会集中爆发一次的蝉说起，引导学生感悟自然选择中蕴含的数学知识，同时，又融合了生物、自然的相关知识。这一堂课为学生们提供了研究自然现象的方法论、解释世界的数学模型，让学生意识到数学本身的价值，也体会到自然选择的神奇力量，引发对生命的尊重。在汤老师看来，整合是服务于培养完整的人的最佳途径。

……

直到今天，清华附小的主题整合之路还在继续，到底往哪里走，怎么走，一直是一个实践的命题。在行走的过程中，总有磕磕碰碰，跌跌撞撞，但清华附小人心里是幸福的。因为他们有一个明亮的方向和一颗执着的内心。他们收获的仅仅是教学设计本身吗？恐怕还有更宝贵的东西吧。

课表之战

如果说课程是学校发展的原动力，那么课表就是课程内容的直观外显。一张小小的课表往往是学校办学理念、课程内容整合以及课程实施方式的全面展示。本着“儿童站在学校正中央”的办学理念，在清华附小改课表已然成了一年一度的必选动作。

每学年结束，学校都会根据两个学期的实践摸索，结合学校课程顶层设计的需要，在全校范围内征求学生、家长、教师的意见，进行课程整改。为了更好地落实国家课程改革要求学生每天运动一小时的要求，更好地增强学生的身体素质，清华附小在 2014 年上半学年结束以后就把体育纳入学校核心课程——努力使每个班级每天都有一节体育课。学校课程牵一发动全身，体育课程增加，就意味着有些课程要重新整合，再加上师资力量需要保证等多重因素，排课团队陷入了一场“没有硝烟的战争”。

“我不反对加入一节体育课，但是科学课坚决不能减掉。科学在美国都是主学科，毫无疑问科学课对培养学生创新精神、动手能力都是有意义的。要不减掉一节数学课？”科学组长李强老师率先在中层会上表达了自己的观点。

还没等当时主管数学教学工作的王丽星老师反驳，英语教师黄耀华就先把话抢了过去："减掉谁都行，但是绝对不能减掉英语课，英语需要大量的发音训练和语言交流环境，孩子每天都应当和英语碰面，中、低学段英语课时本来就少，一周两节的英语课再减掉一节课，我们的英语教学质量还有什么保障？"

"国家的教育方针正在调整，过分强调英语的重要性的教育追求在逐渐改变，不是说英语不重要，但是确实不能过分强调英语课程在整体课程构建中的重要性，应该加重母语的教育比例，应该强调母语的重要性！"语文教学主管也加入了战团。

"但是咱们学校的母语教学已经很突出了，低学段的语文课程设置已经超过了国家的百分之二十。咱们是清华大学的附属小学，理工类院校，数学课的比重也不能轻视，少一节数学课绝对不行。我倒是觉得可以少一节语文课。"数学老师也加入了抢课大战。接下来各个学科的老师都你一言我一语地争执不下……

"同志们，你们的心情我都能理解，但是我觉得你们刚才的话又都与学校的课程理念相悖。'儿童站在学校正中央，是真正地以儿童发展的需要构建课程，在这个过程中，不应当强调学科本位，提出五大课程领域就是要强调课程之间的整合。刚才你们的站位又回到了各个学科上，这不是又在强调课程的割裂吗？这次把体育纳入核心课程，要求班班都每天安排一节体育课是我们的共识，具体到哪节课少了，我看不是少了，应该是整合了。现在的课表还是按学科去排，这本身就有一定的问题，我们应该按照领域排课，在课表中明确体现出五大课程领域的特色。"窦桂梅说完这一番话，大家都安静了下来，开始体味窦校长的苦心。

"安老师，你是教务处主任，把我们之前讨论的方案给大家说说。"众人都在苦思冥想时，窦桂梅又发话了。

"窦校长刚才说的其实是整合，按照学校五大领域的规划，我建议把五个颜色搭配到五大板块里，如体育与健康就是绿色。这样的好处是：首先，让孩子从众多纷杂的科目中清楚定位五大课程群；其次，在领域内进行整合，看看是否有整合课程的好方案……"

"我觉得安老师说得很有道理。上学期我们一直研究低学段数学与科学两门课程标准及教材，低年级数学与科学有很多交叉知识点，我觉得完全可以整合一下，安排一节科学中的数学，这样两个学科可以整合在一起，从而多出来一节课时让给体育课……”数学主任王老师还没等安老师说完，就把这个构想接了过去。

“丽星说得很对，我们总把阅读定义为语文课的阅读，这是把阅读的窄化，为什么不能把各学科的阅读课统整起来，专门安排一节阅读课，这不是又能整合一部分教学资源吗？”窦桂梅作为语文特级教师，在充分肯定大家意见的同时又提出了新的思路及构想，再一次激发出大家的火花。

“我觉得艺术与审美领域也可以整合，学生学习的起点都不一样，可否变过去统一的美术课、统一的音乐课为可以走班的艺术选修课。这样不但整合了教学资源又尊重了学生的差异及兴趣。”分校执行校长傅雪松老师对课表的编排提出了新的构想。

“傅老师说得太对了，体育也有这个问题。虽然是每天一节体育课，但是都天天按照一个思路去教学也不行，能不能体育也进行选修？”窦桂梅再次对体育组提出了新的课程改革思路。

那一天讨论到很晚，大家对课表编排的可能性进行了一轮又一轮的讨论及编排，有些马上就可以实现，有些构想需要长期去摸索，暂缓推行。但是在课程改革的路上，那一次课表编排从“抢课大战”发展到“整合资源”，从“抢”到“整”的背后是清华附小“儿童站在学校正中央”的教育理念的展现，清华附小“1+X 课程”改革的深入也在这一次小小的课表编排中得以展现。

用儿童喜欢的方式教学

关注，就是改变

2015 年 5 月 8 日，首届基础教育国家级教学成果奖推广会——清华附小语文主题教学成果展示会召开。即将跨入百岁的清华附小展示了“主题教学”的成果，并展现了由主题教学撬动学校“1+X 课程”整合的崭新尝试。清华附小语文教师团队呈现的有关雾霾的非连续性文本主题阅读课《关注，就是改变》被与会专家誉为近年来少有的引起学生语言、思维、精神三位一体发展的典型课例，引来教育界的诸多关注。

简言之，非连续性文本是相对于以句子和段落组成的“连续性文本”而言的阅读材料，它多以统计图表、图画等形式呈现。每天乘坐公交、地铁，看作息时间表，等等，阅读非连续性文本已经成为儿童学习、生活的迫切需求，可是语文教材中却缺少相关内容。全球举行的国际阅读 PISA 测试中，上海市连续两年蝉联第一，可是非连续性文本的阅读成绩却不尽理想。

清华附小语文团队敏锐地察觉到这一现象，他们认为主题教学倡导儿童立场，面对当今儿童生活、阅读现状，研究单篇经典、群文阅读、整本书阅读。群文阅读应该包含非连续性文本的阅读。这不仅仅是满足儿童当下生活需要，也是提升学生阅读能力的关键。

2015 年春，一周七天雾霾，师生都只能躲在室内。语文团队选择了当下儿童关注的热点——雾霾，展开非连续性文本主题教学研讨。2015 年 3 月 10 日是个重度雾霾天，何烨老师接到一个任务——讲一节关于雾霾的非连续性文本课。何老师说自己接到任务的时候脑子里“一团雾霾”，比室外的还要厉害。任何版本的小学教材中任何一篇课文，作为中年骨干教师，她都可以游刃有余。但是，雾霾和非连续性文本相关内容的课程却让何老师紧张起来。

在其他老师们的帮助下，何老师几乎查遍了网络和图书馆，搜集了大量的关于雾霾的非连续性文本。备课组反复研讨，根据课程标准和对学生的调研，确定了几个非连续文本。

有了教材，何老师信心满满地上课了。阅读第一份非连续性文本（饼状图）在学生漫谈自己的发现时，教师随机总结出阅读非连续性文本的方法。比如，看表头提取信息，看主图提取信息，先看主要信息、再看补充信息……

课上完了，备课组都感觉到这节课特别充实，学生对什么是非连续性文本、非连续性文本的阅读方法已经有了比较清晰的认识了。

但，仅仅这些，就够了吗？年轻教师张文强老师“义愤填膺”地慷慨陈词，只学非连续性文本的知识和方法远远不够，必须挖掘出背后的精神与文化，这才是“一撇一捺高尚的人”，这不正是主题教学的优势所在吗？

主题到底是什么？备课组反复研讨，有些人说是环保，有些人说是平衡，有些人说是自然。最后，备课组聚焦“一切都与我有关”这个主题。这个主题怎么落，备课组请张文强老师试教一节课。

张老师入职仅仅一年，是国学爱好者，热衷中西方文化对比。接到这个任务，他如获至宝。当天晚上，张老师一会儿翻书，一会儿打字，一会儿念叨：“同呼吸，共命运，这不是与我有关吗？同一世界，同一梦想，所以与我有关啊。We are the world，we are the children, 这还整合了英文歌呢！所谓‘人皆有不忍人之心者，今人乍见孺子将入于井，皆有怵惕恻隐之心’，国学里面也讲一切都与我有关！西方也有，比如英国约翰·多恩神父的祈祷词《丧钟为谁鸣》。鲁迅先生也有这样一句话‘无尽的远方，无数的人们，都与我有关。’这下可以好好跟孩子们聊聊‘一切都与我有关’了。”在主题的轰炸下，学生一定恍然大悟，原来，一切都与我有关。搞到深夜一点，想象着第二天学生在主题浸润下，生长成为“大写的人”，张老师兴奋不已，久久不能入睡。

第二天，在阅读完关于雾霾的文本后，张老师设计了一个问题：谁该为雾霾负责？没想到一个学生立刻回答：“我！”张老师觉得五雷轰顶一般，又问第二个同学，又说：“我！”雪上加霜！其他人呢？大家整整齐齐地回答：“我！”此时，张老师真想死在讲台上了。怎么办呢？只好硬着头皮往下进行了。他看着学生整整齐齐地一会儿唱，一会儿吟，一会儿读，但却挡不住一脸的茫然，看着听课老师眼睛里的一个个问号。他苦笑了一下，又想——死在讲台上算了。

课后，备课组反复研讨，主题不是教师高高在上的教化，整合不是恣意拼凑。任何时候都不能忽略了儿童，要回到儿童。

回到儿童，但儿童在哪里？这时候，美术老师提供的几幅儿童画的雾霾画引起备课组的注意，为什么这几幅画吸引了这么多人呢？原来这就是儿童关注的。主题不在别的地方，主题在儿童心中，儿童告诉我们，他们在关注。备课组把主题确定为“关注，就是改变”。

经过了何烨老师的课后，关于读单幅非连续性文本的策略、思维已经梳理清楚。经过了张文强老师的课后，主题已经逐渐明晰——关注，但这只是从学生生活中来的无意识的、浅层次的、初步的关注。怎样将这两类课加以糅合，实现主题教学锥形图，即语言、策略、思维与精神价值的四位一体？这是备课团队第三阶段课要突破的难点。

何秀华老师接下了这个任务，她将课堂分为以下三个板块。

第一板块：关注信息本身，看单幅图，提取信息，很明显，这是策略。

第二板块：关注信息间的联系，看多幅图。联系是什么，设置真实情境展开思辨，对接生活。

第三板块：关注信息背后，走进历史隧道，世界原野，让思考走向深入。

从单幅图的提取信息到多幅图的对比和联系，已达成策略和思维上的初步目标。但这显然是不够的。主题教学的最主要特征之一就是“情感·思辨”。如何引发学生在一个真实的生活情境中，基于体验有一个大的情感思辨呢？何老师设计了这样的一个情境：关注网络热点问题——你是否同意关闭重污染企业？

在对情境问题的辩论中，儿童的语言表达能力得到了发展，又多次运用阅读策略为辩论服务，由思维走向思辨。而此时的关注主题已经不再是浅层地意识到生活中有雾霾，画展中看雾霾作品，认识雾霾，分析成因，更将关注引向重污染企业，将关注的触角伸向了社会问题。

正当何老师对课稍稍感到满意的时候，有一个孩子的发言又引发了备课组老师们新的思考。他说，其实不只是我们国家有雾霾，在英国等发达国家的发展过程中，也出现过重度雾霾。

是啊，高学段同学的思维、思辨应该在历史的长河中、世界的原野中纵深，对主题形成独属于他自己的意义建构。于是，备课组又找到了 DDT 事件的资料，由此又牵出一系列非连续性文本，以史为镜可以知兴衰，从 DDT 的使用和停用的大事件中，孩子们对到底关不关重污染企业，又形成了更全面、更客观、更柔软的认识。

课上到此时，“关注”已然变成了清华附小学生发展核心素养中“天下情怀”的明朗注脚，精神价值在现场的课堂中真正生长，它犹如头顶的太阳，而语言、策略、思维是精神的底座，四位一体，将孩子的生命带向最明亮的地方。

为什么是乌鸦喝水？

周四的第一节课，是预约听课的日子。王玲湘老师走进一（2）班的教室，黑板上写着“乌鸦喝水”。此刻，李老师正在组织同学们自主提问。

王玲湘老师抬头望去，好家伙，小手呼啦一下举起来了。

只见一个女生站起来，大声地问：“李老师，为什么是乌鸦，怎么不是麻雀呢？”

“对呀，怎么不是天鹅呢？”另一个同学应和着。

20秒钟的寂静，大概连李老师也对学生的质疑颇感意外。“是呀，为什么不是别的鸟喝水，而是乌鸦喝水呢？同学们四人小组讨论一下这个问题吧。”李老师把问题还给了学生。

激烈地讨论后，学生开始发表看法。

“因为乌鸦很聪明。”一个声音落下去，教室里传来孩子们“哈哈”的笑声。

“因为乌鸦长得黑，黑色吸光，乌鸦比别的鸟容易渴，所以是乌鸦喝水。”

真不知道这些小脑袋里都装着什么，多么独特、富有想象力的答案啊。

七嘴八舌的讨论后，结合课文的插图，大家得到了一个新结论：“如果是仙鹤，它的嘴又细又长，不要小石子就能喝到瓶子里的水；如果是小麻雀，它的嘴巴太小，衔了石子也很难喝到瓶子里的水。”

下课了，老师们坐在一起议论开来，学生们的质疑和回答，带来以往课堂无法预料的精彩，也带来了深刻的思考。

从儿童的“真”问题出发。《小王子》中有一句话：“所有大人原先都是孩子，但他们中只有少数人记得这一点。”为什么是乌鸦喝水？若从成人视角来看，课题就是“乌鸦喝水”，这不是明知故问吗？

可贵的是李老师课上20秒钟沉默后的呵护与沟通，她没有忽视倾听孩子的需要，尝试肯定孩子的问题，引导小组交流：“是呀，为什么不是别的鸟喝水，而是乌鸦喝水呢？”就这样一句话，成为走进孩子内心世界的一把钥匙。

这让王玲湘老师想起另一个课堂。一年级语文课《我家住在大海边》，同是预学提问环节，一个孩子站起来问：“老师，为什么我家住在大海边？”年轻的语文老师请孩子坐下后，再也没有搭理这个问题。

整节课，这个孩子不断地用小手抹着桌沿，喃喃自语。下课后，王老师走到她身边，问她：“你的问题没解决对吗？”她点点头，说：“我家住在大海边，那不淹死了吗？”王老师扑哧一下笑了，原来她以为“边”就是“沿”，对“大海边”指“靠近大海的地方”没理解。

两个课例对比，让王老师深感从孩子“真”问题出发的重要性。都说教师是成人世界派往儿童世界的大使，请让我们蹲下身来，听懂孩子的“真”问题。我们只有站在儿童的视角观察事物、思考问题，用孩子的生活经验去思考，我们采取的对话才是孩子喜欢并有效的。

“为什么不是别的鸟喝水，而是乌鸦喝水呢？同学们四人小组讨论一下这个问题吧。”把问题还给学生，让学生的思维开动起来，碰撞起来；让学生的想象放飞起来，释放出来，是教师的明智之举。正是因为“放手”，才有课堂意想不到的精彩生成。

问题仅仅是冰山一角。如果仅仅满足于学生的回答，没有发挥教师引导、提升的主导作用，课堂教学也会失去一半的美丽。课堂上有一个学生回答“因为乌鸦很聪明”，引起同学们的笑声。在中国，乌鸦是不祥之鸟，电影、电视中，人快死了，总有乌鸦绕屋顶，孩子们的笑声是可以理解的。可是，《乌鸦喝水》选自于《伊索寓言》，这只从古希腊漂洋过海，钻进中国小学语文教材中的“乌鸦”，在古希腊是能够预言，并具有一定神性的大鸦的“亲戚”，极有智慧。它曾对燕子说：“你的外貌只有在春暖时节才显得容光焕发，而我的外貌虽历经冬日风寒，依然丝毫无损。”在《伊索寓言》中，乌鸦担当了穿着黑袍的祭司或先知的角色。

碰巧的是，王老师的一个朋友到甘肃沙漠旅游，在那大片大片荒凉的沙漠中，缺水少食，能生存的飞鸟极少。“但是，你能看见一群一群的乌鸦飞过，真佩服它们是怎么找到水喝的。”这些，大概才是“为什么是乌鸦喝水”的原因吧。

小心呵护儿童的创想。为了完成教学计划，启发得过多，甚至急于把答案告诉学生，是很多中国教师的习惯做法。据说，法国督导下学校听课，把是否启发得过早作为评价课堂的一把尺子。在清华附小的课堂上，老师们正是如此小心地轻放着儿童的想象与思考。

创意舞蹈魅力无限

这天清晨，文炎钊老师早早地来到她最为熟悉的舞蹈教室，拉起窗帘，打开窗户，让崭新的阳光和最为新鲜的氧气都能够充分地布满教室。流动的空气带走沉寂了一夜的污浊，换得全然的清新，充满了对这一天的期待和满满的生机。就在这一切刚好饱和的时候，孩子们已经列队整齐，静静地在门外等候进入教室了。小军鼓的鼓点响起，孩子们踏着平稳的节奏，抖擞着精神走进舞蹈教室，这将是他们第一次接触以舞蹈为课堂主体形式的创意课程，老师也希望可以在这节以舞蹈为载体的课堂中，带给他们新鲜的认知和全新的课堂体验。

这是来到清华附小之后文老师第一次尝试将创意舞蹈的内容融进艺术课的课堂里。回想之前数周对于这堂课的准备、琢磨和推敲，也是绞尽脑汁。

虽然在教儿童舞蹈这件事情上，前人积累了很多的经验，老师们只需踩在巨人的肩膀上继续攀爬，就可让自己和孩子都颇有收获，但真正要从课程的意义上去追溯舞蹈对于儿童教育和对儿童认知的影响，便又感到课堂内容的准备不是一件普通的事情。关于舞蹈教育,美国舞蹈教育的历史和发展过程中，得到过一些十分重要的启示，即舞蹈教育的核心是心灵的开发，认知的培养和体能的超越。心灵、认知和体能，三者合而为一，才是舞蹈对于儿童教育更为深刻的意义，这使得舞蹈这门课程应该成为儿童成长中的必修内容。也正因此，为了备这样一节舞蹈创意课，前前后后组里教研数次，大家集思广益，都为这一堂新课如何得以很好地体现出主旨出谋划策。

小军鼓的音乐结束时，孩子们已经面对镜子，整整齐齐站好，静待这堂课开始。他们的眼神满是期待与渴望，一双双亮闪的眼睛，无不在表达着对老师今天要教的内容和对新鲜事物即将到来的希冀。而这份热忱地期待与渴望，恰也点燃了老师上课的热情。

这堂课的内容是舞蹈造型，大概是考虑到孩子们的舞蹈基础参差不齐，所以，课程从最基础的部分出发，从最初的动态形成开始。课堂的开始，老师出示了一张盘根错节的大榕树图片，让孩子们来观察。接下来是思考的时间，孩子们需要选择榕树的任意部位进行模仿，在对具象事物进行肢体模仿的过程中，其实已经在启发孩子们进行创造性思维。身体之于物体，是十分不同的，如果想要模仿某一物件并模仿得十分相似，那便必须开动脑筋去改变身体的自然形态。一瞬间，全班人的身体都变了形，有人是树枝，有人是树干，有人是树根，甚至有人是树的藤蔓，若从他们当中穿过时，真的如同走进了一片榕树林中。从这片“榕树林”中，老师挑选出了最特别的造型，向孩子们问道：

“大家觉得他像榕树吗？”在得到肯定的回答后,老师进一步地追问道：“为什么像呢？”

“因为他的身体很像榕树的躯干。”

“因为他的线条很像榕树。”

“因为他抓住了榕树的特点。”

聪明的孩子们很快领悟到了表现和创造的前提是学会观察，能够用眼睛捕捉到事物自身的特别之处，才能体会到它与其他事物的不同。

孩子们渐渐感受到了身体造型的魅力所在，于是，在接下来的环节里，小组合作的树洞造型更是别开生面。这个时候，孩子用身体所表现的树洞已经远远超出了模仿的层面，他们已经开始去建造自己想象中的树洞和他们想要去表现的树洞。这些树洞在地上扎了根，还生出了花。孩子们运用着自己的知识积累，创造出一个个造型奇特，结构怪异的树洞，进而进一步展开想象，用身体表现各种事物。一节课的时间，他们从对一个现实之物进行表现，到表现一个脑中想象的事物，并能够用肢体语言进行极具美感的表达，这是一个创造性思维渐渐延展的过程，从模仿到创造，孩子们从对一个事物有着具体的认知继而过渡到可以进行抽象的表达，这不仅仅是一种认知上的开发，更是另一种表达形式的习得。一节课，大部分时间是孩子们用肢体在创造事物，去表达自己对于美的感受。也许就在潜移默化之中，他们能够明白身体同样也是我们进行表达的一种方式，是语言的另一种形式。

下课前，孩子们对这节课各抒己见。

“我觉得自己很快乐，因为在这节课里我的身体很自由。”

“造型很有魅力。”

“需要我们细心观察生活。”

有一个孩子这样说道 :“感觉我们的身体就是活的雕塑。”没错，身体本身就是独特的艺术，它不仅仅可以成为自己的审美，同时更是一种语言，是另一种方式的表达。

下课了，孩子们踏着小军鼓的音乐整齐地离开，这间教室此时阳光明媚，阳光下，还闪烁着孩子们灵动、跳跃的智慧。而最令人感动的则是老师所探索的意义在孩子们身上的实现。舞蹈对于教育的意义，对于他们成长的意义，这仅仅只是开始。这条舞蹈教育的探索之路，也许在之后的课堂中会渐渐宽广。

寻找生活中的数学

如何教孩子认识0到10各个数？一年级的傅老师发现过去的经验不灵了，按照教材既定的内容，孩子们提不起兴致。于是傅老师在完成教材既定内容的基础上，把数字的发展史引入到课堂教学中，将古埃及的数字、中国古代的算筹计数法摆在孩子面前，孩子们第一次知道了阿拉伯数字各个符号的诞生原来和这些数字原本书写时角的数量有关。孩子们的认知积极性被充分地调动起来。

清华附小低学段重视小幼衔接，强调整合、模糊学科的边界。傅老师同时承担科学、美术、数学三科教学任务。于是，在她的教学中，还将语文课正在学习的古诗“一去二三里，烟村四五家。亭台六七座，八九十枝花”中的中国数字，人民币上大写的中国数字，引入课堂，学生就能够区别开什么时候用怎样的符号表示数。傅老师还和学生一起阅读绘本《古代人是怎么数数的》；美术课上，傅老师让学生自己选不同颜色的纸，画出数字，然后让学生手工撕数字，将对数字的认知结合到美术创作中。

“十一”长假来了，对于上学刚刚一个月的小豆包们来说，如何既能和父母一起享受第一个学期中的长假，又能不忘学习这点事儿？放假前，数学组老师们一起商量着：画画吧！让孩子们把看到的与数字有关的情境画下来，这样可以让孩子们更多地观察到与生活有关的数字。这是个很好的想法，但是，对于“画画”这种方式，傅雪松老师很是疑惑，孩子们能画好吗？孩子们对画这些真实的场景有兴趣吗？这样的作业是否会变成负担？因为从教数学的“资历”尚浅，苦于没有良策，傅老师并没有提出什么建议。

放假第一天，她到学校值班，浏览着微信中的信息，突然灵光一闪，为何不拍照？与生活中发现的数字合影，然后将照片上传班级微信空间，这样信息量又大，同时，孩子们还可以在家长们的帮助下相互学习。于是，一条微信发到了班级群：

各位辣爸、辣妈，节日快乐啊！祝8班所有同学节日快乐！ 7天假期，我们和小朋友们一起玩一个寻找身边数字的游戏吧！游戏规则：第一，在外出游玩的时候寻找身边100以内的数字，并与找到的数字合影；第二，合影的照片可以随时上传班级微信空间；第三，找到的数字不能重复，也就是别人已经找到的数字就不能再照了；第四，找到数字多者为优胜。希望大家在游玩的过程中，一起寻找藏在角落中有趣的数字吧！开学后，很期待孩子们彼此交流在找数字时所发现的有趣故事啊！雪松老师

家长们的反应超出了傅老师的预期。从微信发出后，各种与数字合影的照片蜂拥上传。傅老师意识到这是多么丰富的课程资源啊！只要将这些资料稍加整理，孩子们可以了解多少与数字有关的数学信息呢？于是，“寻找生活

中的数字”系列课就这样产生了。

第一课：中华人民共和国成立 65 周年是怎样数出来的？

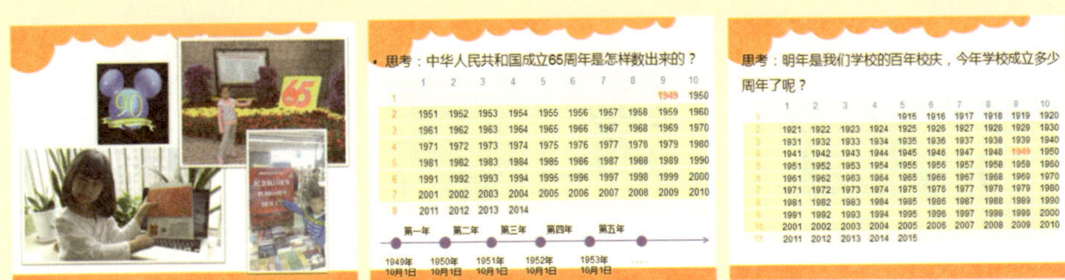

第二课：身边的编号

第三课：关于钱的问题

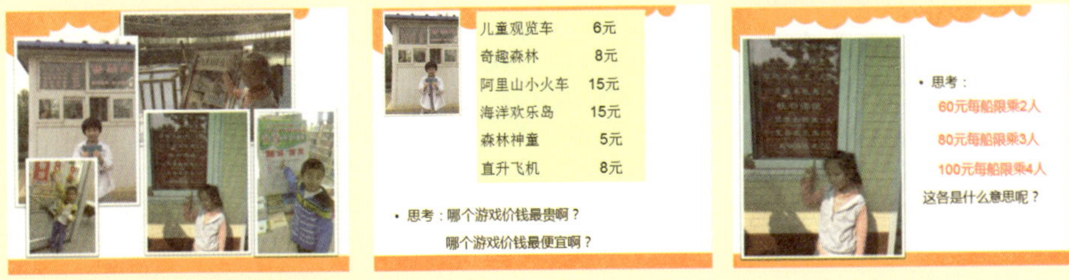

第四课：关于距离

第五课：与时间有关的数字

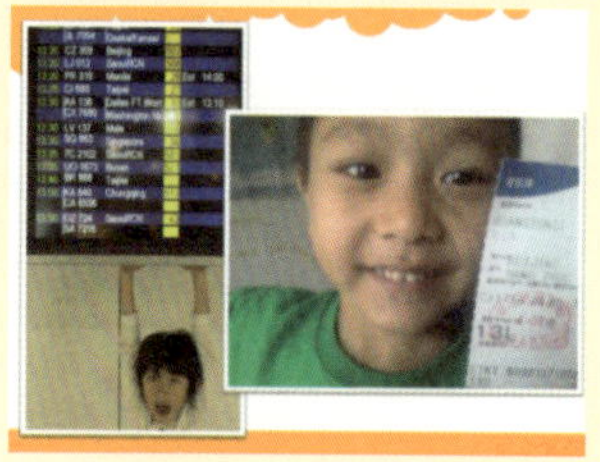

第六课：表示步骤的数字

第七课：运动衣上的数字

第八课：食品（物品）包装上的数字

第九课：特殊的数字

因为所有的数字信息均来源于孩子们的发现，所以孩子们在课上学习热情始终高涨。在准备好教学内容后，傅老师又给家长们发了一条微信：

大家晚上好啊！感谢各位的配合，孩子们的‘十一’作业完成得非常出色！明天下午第二节课是数学与科技的整合课程，我计划在这节课中，结合上传的照片资料，与孩子们一起研究生活中数字的意义。现征召 5 名家长与我们一起研究。请有兴趣参加的家长报个名吧！这样做的目的是为了探索出一条更好的家校合作的途径。如果给各位带来麻烦请谅解啊！自愿报名，名额不足没有关系的。

邀请家长听课，参与教师与孩子们的研究活动，对傅老师而言是有压力的。但是，她是多么想让家长们知道，他们在假期与孩子们一起干了一件多么有意义的事情啊！她真心希望家长们在日常的生活中具有捕捉教育契机的能力，让孩子们在鲜活的生活中体验鲜活知识的力量！当然，最终的结果让她很欣慰，这种欣慰来自家长们的课后微信：

刚从数学课上回来，大开眼界！清华附小的教学理念非常先进，今天的课上，傅老师让同学们指出假期发现的数字是什么意思。一部分数字是表示时间，如中华人民共和国成立 65 周年。傅老师拿出日历，让同学们算 1949—2014 年隔了几年，很自然地根据日历的编排带出了 10 这个整数，共有 6 行，这样就是 60，然后再把其余的加上。这样就隐含着乘法的概念。类似的还带出了减法的概念。另外一部分数字是表示位置的，如门牌号码、检票口等。傅老师引导大家，发现诸如 1、2、3、4 可以写成 1~4，这样带出了集合的概念。这些都不是像我们小时候那样按部就班直接算加减乘除，而是寓教于乐，同学们很踊跃，对家长平时教孩子也非常有价值！

——黄云齐爸爸

今天的数学课受益匪浅。孩子们都积极参与，气氛热烈。傅老师把数学带到了生活里，代表时间，代表钱，代表队员号码，代表位置与数量的数与生活常识的结合……课件很生动，很用心。对我们做家长的如何培养孩子数学兴趣，如何培养孩子深入思考的习惯提出了好方法。压力山大啦……与各位家长分享一下，共同进步哈！

——李佳山妈妈

傅老师把孩子们提交的 157 张照片分类归纳总结，并请当事人给同学解说，老师再做进一步深入浅出的讲解，不光是数字数学，还带出很多的知识点和常识内容，激发孩子的兴趣，课堂气氛很活跃。处处留心皆学问，受教了。

——杨静姝妈妈

/二/ 让儿童站在课程的正中央

2015 年 7 月 13 日，一场热烈的讨论在清华大学工字厅内举行，主持会议的清华大学校长邱勇，针对清华大学的重要课题《关于从小学到中学到大学的完整的人培养的研究》，召集清华附小、附中、大学相关部处的领导，在此共同协商。会上，邱校长特别表扬了清华附小在体育、阅读等课程领域所进行的课程创新。

是的，在“1+X 课程”体系不断完善的过程中，清华附小逐步形成系列特色课程。清华附小的教师坚信：课堂改变，学校才会改变；课堂高效，教育才会高效；课堂优质，学生才会卓越；课堂创新，学生才会创造；课堂进步，教师才会成长。

马约翰体育——培养完整人格的前提

“健康、阳光、乐学”是清华附小学生的成长样态，健康被放在第一位，健康离不开体育锻炼。翻看清华附小校史可知，清华附小百年前建校伊始，体育就居于重要位置。“体育是培养人格的最好的工具”，这是校董马约翰的一句名言。在这位近代著名的体育教育家的眼中，“运动场是培养学生品格的极好场所，可以批评错误、鼓励高尚、陶冶性情、激励品质”。

体育可以带给学生很多东西，既有身体的健康、强壮，也有意志、品格、审美等许多精神层面的蜕变，体育带给学生的变化和影响，往往让人惊喜。让校长窦桂梅至今都颇有感触的是前几年发生的一件事情。

那是高考的前一夜，晚上 11 点多，一个高中生在父亲的陪伴下来到学校，说想到清华附小的轮滑场地坐一坐，但保安说不能进。孩子的父亲跟保安解释：孩子小学时是清华附小的轮滑队队员，轮滑带给孩子许多美好的回忆。明天就要高考了，他想来以前陪伴他好几年的这片轮滑场地坐一坐，以缓解高考带给他的焦躁。保安为之动容，破例开了门，这个孩子就和爸爸在轮滑场坐了 40 多分钟，后来安心离去。

“轮滑已经成了那个孩子生命中的一部分，体育带给他的自信和力量令他终生难忘，他到轮滑场是来‘接地气’、补充能量的。”窦校长说。这件事让她更加认识到，体育是教育的重要载体，而不能只当作技能来培养。

体育课程大变身

体育是清华附小的重要课程，学校的体育组有个特别的名字——马约翰研究室。在当今智育压倒体育的社会风潮之下，清华附小依然坚持传承着老校董马约翰的体育教育精神。学校“1+X 课程”体系中，秉持“有趣、出汗、安全、技能”的原则，设定了“一身好体魄”课程目标，“体育与健康”作为五大板块之一，被纳入“核心课程”；学校更提出了“每天体育‘三个一’，健康工作五十年”的倡议：每班每天一节体育课；每天一个健身大课间以及晨练微课堂；每个学生一个体育自主选修项目。清华附小的课程设置，表明了一种态度：体育是培养完整健全人格的前提。

第一个“一”，即每天一节体育课，结合学校“1+X 课程”的新举措，每周 5 节体育课，其中 3 节上国家规定课程，学校特意拿出 1 节开展足球专项训练，还有 1 节体育自选课程。在清华附小，体育课程被分解为十余种项目，供学生选择。

第二个“一”，即每天一个健身大课间，一次晨练微课堂。晨练微课堂从早晨入校起至 7：50 结束，学生随意参加自己喜欢的体育活动，全程都有体育老师指导和陪伴。健身大课间时长 30 分钟，变原来被动做广播体操为自

选项目，学生们在运动场上可以整班跑步、跳绳，也可以根据自己的特长参加各种体育社团，还可以自主到不同的健身区域去运动。

第三个“一”，即每个学生一个体育自主选修项目，包括轮滑、板球、健美操等近十个项目。在同一时间，学生打破班级限制，根据爱好组成新的班级，体育老师则根据自己的特长执教相应的项目。这样，清华附小的每个学生至少熟练掌握两个以上的运动项目。

此外，学校每个学期还有体育节、体育嘉年华、田径运动会等活动，提升学生对体育锻炼的兴趣。

学校力求把整个校园变体育锻炼场。除国际化标准的轮滑场、网球场、棒球场、板球场外，教学楼旁边还设计安装了多处攀岩墙。学校还给每个学生都发放一个轻巧、便于携带的运动小器材，如跳绳、毽子，让学生课间或下午休息时，随时可以动起来。学校的诚信器材室面向所有学生开放，只要在规定的时间，学生都可以随时去拿器材运动、锻炼。

即使在寒暑假，很多学生也养成了每天锻炼的好习惯。鑫竹是清华附小六年级的学生，他说自己每天参加体育锻炼的时间一般都会超过一小时。“一、二年级的时候早晨都会睡懒觉，后来有了晨练微课堂，每天醒了就想着去锻炼，怕去晚了假期玩得不尽兴。”

刚刚过去的这个寒假，清华附小足球队16名小学生远赴阿根廷进行了为期两周的足球交流和训练，走进了著名的博卡青年俱乐部。

借助这次交流，三（4）班的小吕接触到了足球强国阿根廷的足球教练，“阿根廷教练很有激情”。作为清华附小足球社团的成员，小吕的足球爱好在学校得到充分发展。“每天放学都要训练一个半小时，加上每天一节体育课，一天至少要有两小时的体育锻炼。”自小体弱多病的他，自踢球后几乎不再生病了。

近年来，清华附小学生的肥胖率和新发近视率均下降了，一位家长曾就学校体育课和大课间的变化给窦桂梅发来一封信：“有时候我会扪心自问，我真的需要他成为牛顿或陈景润吗？一个健康快乐的他，可能才是离我最近、最真实的他。我很感动，我的孩子将有充分的时间为自己装满这些记忆，直至学有所成……”

足球是教材

随着国家《中国足球改革发展方案》的出台，习近平总书记关于足球的三个梦想将激励更多人走上绿茵场。足球是高智商的运动，足球运动是力量和审美的结合。在国家重视校园足球发展的大时代背景下，百年的清华附小传承马约翰体育精神，秉承“无体育不清华”的传统，发挥校园足球的育人功能，提升整个中华民族的精气神，培育学生的团队精神和集体协作能力，在足球运动中培育和践行社会主义核心价值观。

学校提出“足球是教材，身体是教育”的口号。在连续举办多届六年级毕业足球联赛的基础上，学校逐步完善校园足球联赛制度。自 2012 年起，学校每年都举办全校校园足球联赛。截至 2014 年，学校已经连续三年举办“马约翰杯足球联赛”。借助第 55 届“马约翰杯”田径运动会和 2014 年巴西世界杯，2014 年 6 月，清华附小举办了自己的“世界杯”。在清华大学国际级裁判孙葆洁老师的带领下,42 个班级,代表包括“中国”在内的 42 个“世界杯”参赛队伍，拉开了清华附小足球联赛的序幕。同时，利用世界杯比赛，全校还开展“三个一”活动,即“看一场世界杯足球比赛、了解一支世界杯足球队、评论一场世界杯球赛”系列活动。

今天的清华附小，班班有球队，男女都发展。全校 42 个班有 84 支班级代表队。2015 年的足球联赛上，共有 800 多名学生上场，历经 94 场比赛，产生了 12 个冠军班级、12 名男女生最佳射手，还评选出了特别支持学生踢足球的 42 位“足球爸爸、足球妈妈”。

三（2）班肖聿琳写道：“男足比赛结束之后，女生们的比赛开始了。我们班的铿锵小玫瑰随即上场，迎战三（5）班。对方一开场攻得很厉害，率先打破我班张若溪把守的球门。对方想扩大战果，还想进球，但都被张若溪化解了。最后，郎佳祺连进两球，将比分反超。我班队员将这一比分保持到终场，和田忌赛马一样转败为胜了。”

浓厚的校园足球氛围也影响和带动了家长的足球热情。家长们不仅支持学生进行足球锻炼，还有很多家长充当教练及裁判，带领学生课余时间进行锻炼。这是三（2）班家长写的一篇班级微信《足球之光照耀“哆来来”》。

LINI

一年级8班

第四届马约翰杯校园足球联赛历时35天,“哆来来”男足与女足两支队伍,共参加了6场比赛,均以小组第一名的好成绩进入决赛,最终以亚军双双收场。

这是一次幸运的足球联赛,三年级的七个班,在小组赛中要淘汰掉五个班,“哆来来”以两场绝对的优势留到了最后;这又是一次残酷的足球联赛,“哆来来”是冲着胜利来的,孩子们是如此渴望拿到冠军,可最后两支队伍均屈居第二!

欢笑,曾属于我们,欢欣鼓舞;泪水,也属于我们,遗憾与不服!

这哪里仅仅是一次足球联赛啊!

这明明是一堂情境体验的大课啊!这节课的主题是:责任与奉献、机会与命运、担当与成长、挫折与坎坷!

这明明是一场全班参与的大剧啊!上演的主旋律是:速度与激情、疯狂与冷静、渴望与坚守!

2015年年初,清华附小成为教育部向全国推广的“校园足球先锋学校”之一,并得到了中国教育电视台等媒体的报道。清华附小浓厚的校园足球氛围和师生的足球热情,吸引了很多足球组织或人士的到来,著名足球裁判孙葆洁老师以及著名球星郑智、邵佳一、李玮峰等先后来校与同学交流。2013年1月,即将出征亚洲杯的国足队员来到清华附小;2013年12月,英超形象大使格莱姆携“冠军杯”莅临学校,并开展足球交流活动;2014年3月28日,北京青少年足球进校园普及教育活动启动仪式在学校举行;2014年11月6日,全体学生观看全明星义赛,并参加颁奖典礼、入场式及两位足球明星对55个清华足球少年的明星赛,中场进行啦啦操表演;2014年12月,清华附小校园足球得到中央电视台关注,并在央视新闻频道专题报道。

在全校浓厚的校园足球氛围中,清华附小也十分重视足球社团梯队建设,以榜样促进足球普及。清华附小始终以足球作为育人的手段,不仅建立了男子足球社团,还逐步建立了女子足球社团,让男女足球社团都得到发展。

近年来,清华附小足球社团也取得了优异的成绩。2013年,北京市足球联赛第三名;2014年7月,“鲁能杯”全国少儿足球邀请赛,清华附小派出两支队伍,均获得亚军;2014年8月,北京市第31届百队杯中小学联赛中,清华附小派出三支队伍,分别获得冠军、亚军、季军;2014年11月,获北京市中小学生足球联赛第三名；2015 年 7 月，清华附小足球队再次参加“鲁能杯”全国少儿足球邀请赛，五战全胜，喜获全国总冠军。清华附小还参加了首届京津校园足球对抗赛，获得优胜奖。此外，清华附小向北京国安和山东鲁能梯队，分别输送了多名队员。

2015 年 1 月 24 日至 2015 年 2 月 9 日，清华附小足球队一行 16 名队员，在阿根廷甲级俱乐部博卡青年俱乐部进行了为期 15 天的培训，并参观了阿根廷的独立队、大学生队、竞技队以及国家队训练中心。在阿根廷集训中，清华附小足球队和教师团队获得阿根廷足球精神和文化的洗礼，战术水平和比赛精神都得到了提升。在与博卡青年的少年预备队进行的三场比赛中，清华附小足球队，取得 4：4 平、8：8 平和 5：4 胜的战绩。同时，清华附小足球队在阿根廷期间也展示了中华文化的魅力，以小足球推动了中阿青少年文化交流。

校园足球给清华附小带来了明显的变化，对学生的集体荣誉感、团队合作意识、意志品质的培养起到明显促进作用。主要表现为“起得早、吃得香、坐得住、学得好、合得来”。校园小足球，带出学生大健康。

篮球打出师生情

2013 年 2 月，新学期之初，为了进一步深化体育课程改革，学校决定开设师生早锻炼的活动——晨练微课堂。每天利用 7：20—7：50 的时间，学校体育教师、器材管理小志愿者、小体育指导员，就开始为大家服务。带领广大学生进行锻炼。晨练微课堂为学生搭建自主锻炼、自主选择、自我管理、自主发展体育技能的晨练平台。

体育组长任海江老师负责篮球项目的指导，每天早上，带着学生练习运球、投篮、玩花样。

二（1）班刘渊禾是任老师的粉丝，他上一年级的时候参加晨练微课堂，抱着篮球站在篮筐下。篮球架好高啊，仰起头直着脖子才看得到篮筐，想投球，却怎么也投不进。这时，任老师投篮进球，球掉下来时正好被刘渊禾抱住了，任老师表扬了刘渊禾的手疾眼快，这让他非常得意。任老师还细心地指导他的投篮动作：两腿分开，与肩同宽；膝盖稍微弯曲；一只手托着球，另一只手轻轻扶着球。投篮的时候是从腿开始发力的，在腿向上蹬的同时，托球的那只手把球送出去。刘渊禾永远忘不了自己投的第一个球，当时他高兴得手舞足蹈。此后，每天的晨练微课堂，他都要来到篮球架前练习投篮，不到一个星期，刘渊禾的投篮命中率已相当得高。

六年级费瀚清个子矮，很多同学都以为他是二年级的，这让他十分害羞。听说打篮球能帮助长高，他迫不及待地加入了篮球的晨练当中。刚开始的时候，费瀚清觉得自己力量不够，得站在离篮筐很近很近的地方投，觉得没面子；离远了吧，又投不中。一天早晨，他向任老师请教，任老师回答说："老师是成年人，有力气，可以从三分线的地方投。但刚开始练习的时候，需要循序渐进，根据自己的实际情况进行调整，先从简单的练起，逐渐进步。"听了任老师的话，费瀚清发奋努力，先练熟了篮下进球，然后又练会了从罚球线的位置投球，最后竟然还能够从三分线外进球。

就这样，在任老师的带动下，从一年级到六年级很多学生把每天早上玩篮球当作乐事，老师和学生边运动边聊天边分享，其乐融融。他们因篮球相识，因篮球结缘，因篮球结下生生情、师生情。

冰球少年助力奥运

"快起床，打冰球去喽……"清晨5时，清华附小一年级学生刘昊鑫被爸爸唤醒，一骨碌翻身坐起。换作平时，且要赖呢，可一说打冰球，只有7岁的他立刻来了精神！

初春的周末，乍暖还寒。清晨6时，整个城市都在睡懒觉，刘昊鑫和他的小伙伴们却早已穿好冰鞋，戴好护具，手持冰球杆，在顺义区浩泰冰场一圈一圈开始热身。

他们是清华附小冰球队队员，一群执着的冰球少年。

刘昊鑫打冰球是他爸一手促成的。三岁半那年，因为总是淘气，爸爸就把他带到了家附近的冰场学滑冰，理由是：放进操场眨眼就找不着人影儿，好歹冰场是圈着的，而且有教练，再淘气也跑不出那块"高粱地"。

蹬冰、正滑、倒滑……小昊鑫学得出奇的快。休息的时候，他看隔壁冰场有教练在教冰球，便跑过去，围着冰球杆转来转去。教练顺手拿给他玩，不料，这一玩竟好几年没撒手，还玩出了彩儿。

现如今，小小年纪的他既是自己所在冰球俱乐部的主力中锋，也是清华

附小冰球队的一员大将。北京市青少年冰球联赛开赛以来，他已经打进了 71 个球，高居俱乐部射手榜榜首。

在清华附小冰球队，有 30 多个像刘昊鑫这样热爱冰球运动的学生。这所有着 62 年冰球传统的学校，培养了一拨又一拨的冰球少年，不断把这项体育运动发扬光大。

今年 10 岁的队员王浩宇是因为“护具像变形金刚”而爱上冰球的。5 年前，曾当过运动员的爸爸力主他加入俱乐部打冰球，懵懵懂懂的他从那时起开启了自己的冰球生涯。

除每周一外，王浩宇天天都有训练，时不时还要参加各种赛事。妈妈郑亚华成了他的专职司机，每天开车带他在家、学校、冰场间奔波，吃饭和写作业都是在汽车上完成的。碰上周末打比赛，披星戴月、早出晚归更是家常便饭。有时候夜里回到家，娘俩儿累得连话都懒得说。可是第二天，郑亚华又早早地做好儿子爱吃的肥牛饭，带着“满血复活”的儿子参加训练去了。

去年在香港参加亚洲少儿冰球锦标赛，王浩宇在激烈的拼抢中，身体横着撞向了球门杆，都没能站起来。裁判吹停后，有人将小浩宇扶下场休息，谁知，仅仅过了半分钟，他又挥舞着球杆，重新上场比赛了……

“打冰球后，儿子表现出来的坚毅令我这个做母亲的都感到惊讶。”郑亚华感慨。

和足球、篮球、排球这些运动相比，冰球算不上普及，尤其是训练场馆建得太少，还多分布在郊区。另外，购买球杆和护具动辄数千元的成本也很高。

所幸，清华附小冰球队得到了家长们的大力支持。他们不但自购装备，还积极联系，使得球队在海淀和顺义找到了三处相对固定的训练场地。场地紧俏，球队通常只能预约到清晨 6 点至 7 点半这样的非黄金时间段，家长和孩子们也从不言辛苦。

有人说，冰球是一种在冲撞中成长的运动，只适合男孩子，今年 8 岁的女生宋若嘉却不信。2013 年 9 月，球队在全校招募队员时，这个小姑娘独自跑去办公室找体育老师何宇畅：“我想报名打冰球，可以吗？”看着她瘦弱的模样，何宇畅留了个活话儿：“试试吧！”

50 米跑、400 米跑、立定跳远……小姑娘项项优秀的测试结果令清华附小冰球队的教练何宇畅刮目相看。那天过后，宋若嘉成了学校冰球队里唯一的女生。

几乎每天，宋若嘉都要在俱乐部练球，周末再参加校队合练，小姑娘从不喊累。有好几次，冰球打在她的胳膊上，青一块紫一块的，她也不吭声。妈妈王晖看着心疼，却很欣慰：“自从打了冰球，孩子有了团体意识、拼搏意识，做事也更加积极了。”

冰场上，经过短暂的休息，孩子们又投入热火朝天的训练了……他们有个美好的愿望,那就是:以这样的方式,为北京2022年冬季奥运会加油、助威。

校园“吉尼斯”秀绝活

清华附小在晨练微课堂与健身大课间分别加入了“我练我秀”与“我行我秀”体育秀场。孩子们兴致勃勃，积极参与，秀出各自绝活，用自己的活力与激情创造了一项又一项校园“吉尼斯”纪录。

二（3）班的王冠朋同学是一个瘦小的男生，坚持每天晨练微课堂，并连续每天参加“我练我秀”呼啦圈挑战活动。这天早晨，王冠朋照例早早地来到挑战场上。在一大圈“粉丝”的注目下，他利落地把呼啦圈往腰上一套，突然向右一转，腰极富节奏地扭了起来，呼啦圈也跟着“呼——呼——”地快速转了起来。“1、2、3……143、144……”数圈的同学几乎要跟不上呼啦圈转圈的速度了。呼啦圈就像着了魔似的，紧紧地跟随着小冠朋的腰旋转。每个人都目不转睛地盯着，被他的高超技艺迷住了。“236！ 237！238……”数圈的同学更是激动得脸颊通红，报数声越来越响亮。“Stop！”随着掐表的同学一声令下，王冠朋以每分钟261个的成绩，成为当月体育秀场呼啦圈擂主。鼓掌声、欢呼声中，王冠朋的名字写上了校园“吉尼斯”的榜单。

同样的场面不断地在清华附小体育秀场出现：龚近琦一分钟踢毽98个；侯凌岳一分钟足球颠球102个；李伯钧一分钟原地篮球运球186个；王德玥一分钟双摇112个、一分钟单摇226个……

就这样，一项又一项校园“吉尼斯”的纪录不断地被创造、被刷新。孩子们享受着快乐的体育秀场生活，在体育活动中学会选择、学会竞争、学会发现自身优势、学会表现自我，从而增强自信心，不断地挖掘自己的潜能，激扬自主成长的热情。

主题阅读——让生命在书香中绽放

“办一所全国最宜读的书香校园”是清华附小的口号。学校努力营造“水木童心、书香立人”的育人氛围,努力办一所“全国最宜读的学校”。“1+X课程”从一年级到六年级各学科，都开发了同步配套的推进阅读书目，每周固定安排一节60分钟主题阅读课，由各科教师带领学生开展各种静态与动态相结合的阅读课程；每周末开放图书馆，开展亲子阅读课程；每年4月设立读书节，开展系列读书活动。十多年来，清华附小根据学生年龄特点给每个年级学生推荐的必读、选读书目，滋润了一届又一届学生。每周一节雷打不动的主题阅读课更是引领学生读出了热情，读出了滋味，读出了思考。阅读，改变生活；改变，从阅读经典开始。

主题经典阅读：两座灯塔照亮儿童的心灵世界

一个民族的母语是一个民族的灵魂，一个孩子的母语学习界定了他一生的精神格局。小学六年，到底如何改变单篇短章、支离破碎的阅读现状，为一个孩子一生的精神格局打底呢？

清华附小在确定精读、略读课文，优化整合教材的基础上，用传统文化经典与中外经典儿童作品的两座灯塔，共同照耀儿童成长的完整心灵世界。

优化课程内容，素养带动阅读整体育人

指向儿童核心素养发展的主题阅读，打破学科界限，强调每位教师都

是阅读的点灯人。语文、数学、科学、艺术、体育，各科教师从不同维度和角度，为儿童推荐经典书目。由此，形成清华附小选择书目的三个原则：经典性、序列化和趣味性。

经典性，即坚持“让儿童最初见到最好的东西”，推荐书的主题内涵深刻丰富、语言典范、文化精神丰厚，得到广泛的认可，如书目中的《小王子》《格林童话》《安徒生童话》等经久不衰的儿童文学作品。

序列化，即依据儿童成长的身心规律，与其生命成长的节点相链接，有序安排一年级到六年级阅读内容。例如，一、二年级的书目以童谣和绘本为主，符合低学段儿童形象化的思维方式与韵律化的阅读习惯。一年级刚入学，安排选读《啪嗒猫第一天》《鳄鱼怕怕牙医怕怕》，帮助部分学生消除上学的畏惧感；第一本必读绘本《猜猜我有多爱你》，帮助学生寻找归属感。序列化，并非僵化的程式，可根据学生成长的需要调整阅读的顺序。

趣味性，即在选文内容与呈现形式上充分考虑到儿童的阅读期待与审美品位。内容上，考虑到儿童兴趣的差异，尽可能覆盖儿童文学读物、绘本、民族文化经典、科普作品、人文社科作品等多个门类。选书按照文学、科学、人文三个类别，形式上，以清华附小吉祥物丁香娃娃为主角，用丁丁和香香走进一扇扇门，遇上一些不可思议的事儿，经历一次次妙不可言的旅行，把一百本必读书目串在“探险”情境中，形成《丁香娃娃奇遇记》，提升学生阅读的兴趣和期待。

固化课时设置，母语阅读打通全时空

“课外阅读课内化，课内阅读教学化”是清华附小主题阅读的鲜明特征，也是主题课程能够固化，并传承与发展的重要保障。

清华附小的课表上，每周都有一节 60 分钟的主题阅读大课，语文课教师任教为主，涉及其他学科阅读的内容时，由相应学科的教师任教。课上，老师和同学们一起走进必读书中，在整本书创设的完整、持续情境中或导读、或共读、或分享、或鉴赏。

从课表的一日纵向安排可以发现，晨诵、吟诵习字、主题阅读，三个长短不一的主题阅读课程整体打通，形成互为补充、互为呼应的主题阅读课程链。晨诵 10 分钟的微课程，用朗读和吟诵的方式，诵读的内容，主要是经典的古诗文、蒙学经典、文言文、儿童诗和现代诗，每学期学生背诵古诗 20 首、儿童诗或现代诗 10 首、文言文或蒙学经典 10 则，用“与黎明共舞”的琅琅书声涵养诗词文赋。吟诵习字，还原古诗词的创作方式，还原古诗词的生命立场，口诵心惟，让中华文化传统的根生生不息，扎在学生心中。

丰富实施方式，探索多种经典阅读路径

（一）课堂实施

每周一节的主题阅读课，清华附小开发了文学导读课、阅读分享课、阅读欣赏课、阅读创作课等。文学导读课分为经典导读、绘本导读、同题材（同作者）导读。导读课上老师可以借助乐读单，指导学生进行阅读。

1. 文学导读课

（1）经典导读

教师要善于揭开名著的面纱，抓住名著中最能吸引学生兴趣的地方，激发学生对作品的阅读兴趣，从而促进学生带着疑问去阅读名著。窦老师的《丑小鸭》一课，选择了安徒生童话的原文阅读，以美读认知环境描写，以对话探讨人物，以问题引导学生关注情节，最后把安徒生的人生与丑小鸭的境遇

做了对比，帮助学生感悟高贵这一主题。

（2）绘本导读

优秀的绘本不仅有着精美的画面，引人入胜的故事，更蕴含着深厚的哲理。绘本阅读课主要集中在低、中学段。绘本导读，以朗读、讲述等方式引发学生阅读兴趣，教给学生阅读绘本的方法，引导学生关注绘本的封面、蝴蝶页、封底的设计，留心图画的色彩细节，借助图画与文字理解故事内容，表达的主体等，并对书中表达的情感有所呼应。

2. 阅读分享课

在与伙伴分享阅读的过程中，通过教师的组织和指导，会让学生享受到更多的阅读乐趣。

（1）阅读材料的分享

学生在假期做好阅读记录表，把自己买的书填在上面，便于同学间借阅。把自己喜爱的图书带到学校，可以制作手抄报、相关的演示文稿，向同学们推荐。每学期定期安排图书推荐课，展示学生独特的阅读视角，从而点燃每个孩子的阅读兴趣，同时丰富了老师与同学的阅读量。

（2）阅读感受的分享

阅读的感受因人而异，每个孩子的能力不同阅读的感受不同。在班级内定期分享阅读感受，不仅提高了学生的阅读能力，也提高了学生的表达能力。比如，在读完《西游记》以后，各小组以“妖怪为什么吃不到唐僧肉？”“八戒与悟空谁更可爱？”“沙僧只是打酱油的吗？”等为议题，展开精彩的分享。男生、女生的兴趣不同，读一本书也会有不同的感受，男生、女生之间的分享有助于共同成长、互相欣赏、互相学习。

3. 阅读欣赏课

小学阶段的阅读欣赏课主要是通过朗读和欣赏影视作品等学生喜闻乐见的形式，来激发学生的阅读兴趣，提高学生的审美品位。

（1）美读欣赏

朗读是传递理解的一种方式，是自己对文本独到的解读。儿童诗的阅读、散文的阅读一定要读出美感、读出情感；故事要读得抑扬顿挫、跌宕起伏、引人入胜；绘本还要读出画面感和隐藏在画面之中的声音特点……

（2）影片欣赏

很多文学作品都有相关的影视呈现，导演把自己对文本的解读，投入到拍摄和角色的选择中。但是不能用影片来代替看书，一定要在看书的基础上来看影片，或者在看完影片之后还能深入阅读文本，通过别样的视角，重新欣赏作品。

（3）创作欣赏

学生对文本有不同的认识也可以以自己的方式表达出来，或读、或写、或动手做一做。例如，把喜欢的角色、片段、书籍做成一个小书签，用陶土捏一个人物，把最喜欢的场景描绘下来，围绕读书开展多样的互动，更加激发了学生的阅读激情。

主题阅读课堂操作载体为“乐读单”，乐读单打通课前、课中、课后的通道，使课堂上师生间、生生间、师生和整本书间的对话有了切实的依据。例如：

《铁丝网上的小花》乐读单

活动一：共同阅读绘本

1. 读绘本，知背景

我所了解的第二次世界大战：____________________。

2. 读绘本，有方法

在绘本阅读中运用的阅读策略：____________________。

3. 共交流，会质疑

（1）回味感悟，与小组同学交流感受。

（2）提出你的疑问：____________________。

（3）小组交流，推举代表发言。

活动二：课堂聚焦，细读品味

共同研究：身为德国人的罗斯布兰奇为什么会冒着危险，帮助集中营里的孩子？

1. 细读文字与图画

读图画并结合文字，思考罗斯布兰奇是一个怎样的女孩子，是什么使她发生了变化？自己看图画，观察细节（人物的刻画、色调的明暗、色彩的搭配……）。

2. 关注画面，思考感悟

继续阅读，观察图画，思考战争还改变了什么？

3. 感悟主题，歌颂和平

（1）战争似乎具有摧毁一切的力量，但从绘本中你能感悟到战争不能摧毁的是什么？

（2）“春天在歌唱。”你认为“春天在歌唱”指的是：____________。

活动三：读后质疑，深化主题

1. 你对文章还有哪些疑问？提出来大家互相解疑。

2. 阅读绘本最后一页的文字，谈谈你对战争的思考。

活动四：同主题阅读推荐

绘本：《大卫之星》《安娜的新大衣》《凯琪的包裹》

小说：《穿条纹衬衫的男孩》

电影：《辛德勒的名单》《美丽人生》

“威利”系列图画书作者安东尼·布朗

《大脚丫跳芭蕾》作者埃米·扬

国际知名分级阅读专家理查德·安德森

美国著名儿童文学学者艾莉森·阿里达

（二）课内外打通

“得法于课堂，得益于课外”主题阅读课程，已经打破课堂边界，拓展延伸到丰富的阅读形式。除了班级读书角让学生随时取阅，班级黑板一角古诗文积累和本周推荐书目丰富着学生的视野以及校园文化墙上的读书格言无声地带给学生启迪以外，还有诸如绘本接力棒、书签展览、藏书票制作大赛等。每年 4 月是清华附小的读书月，学校会举行大手拉小手同伴阅读、亲子校园共读、图书义卖、读有字之书与无字之书等系列活动，让学生在节日般的喜庆气氛中获得体验与收获。

清华附小还每年举办国际儿童阅读论坛，引进国际先进阅读理念，搭建儿童阅读的国际交流平台，进行名师阅读教学展示，国内外知名作家埃米•扬、安东尼•布朗、曹文轩、金波等都曾莅临附小与师生们一起分享阅读的乐趣、收获。

课堂实施与课内外打通，主题阅读课程已经撬动起学校文化的变革，让清华附小成为“书香润泽丁香，丁香化育书香”的书香校园。

数学阅读，让数学丰富而柔软

一转眼易博老师来清华附小已经三年了。三年前当易老师带着市学科新秀的名号自信满满地踏入清华附小时，一入学校他就傻眼了，各种不适应突袭而来。先说对学生的不适应，当时让他教二年级，他在原单位刚刚教过一个二年级，按说应该是驾轻就熟，但没想到的是课堂上学生的学习和易老师的教学预设完全不对接，没等他讲，好多学生都会了，学生学习的兴趣明显不高，新接班的易老师压力之大可想而知。

更叫他不适应的是，在教研活动的时候，其他数学老师居然拿起了一本本的数学绘本开始研究。在他看来，课堂时间这么紧，哪有时间弄这些，再说，要弄也应该是语文老师来弄，跟数学老师没有多大关系。

但学校在排课时，在课表里明确安排了一节数学阅读课，于是易老师硬着头皮登场。没想到，当易老师一把书拿出来，还没开口说话，孩子们的眼睛就都跟灯泡一样发亮，一节课几乎都不用他组织纪律，遇到书中的数学问题，不用易老师追问，孩子们居然纷纷举手，抢着要来回答。数学课堂一下子多了一份生动与和谐。下课的时候孩子们都跑到易老师身边，恋恋不舍地都想来亲自翻翻那本书。

此后，《给我点糕点，我就不吃你》《贪心的三角形》等课的教学，慢慢让易老师对数学绘本有了新的认识。数学绘本无疑是一座数学学习的森林，为学生提供了更丰富、更完整、更原生态的学习资源。

接下来易老师找到了新的研究动力，从最开始学校提供的书籍，到自己自费浏览网上的数学绘本，基本市面上能买到的绘本他都收集和阅读并把它们转化为自己课堂的教学资源。易老师甚至把数学绘本的教学推上了全国的舞台。让他没想到的是，求绘本资源、想留电话深入交流的听课老师层层地把他围了起来。而易老师与数学阅读的故事也只是刚刚开始……

《宇宙小子》讲述了这样一个故事：主人公吉姆爱吃宇宙小子牌能量棒，这种食品正在搞一个活动——“集齐 10000 张包装纸能参加太空夏令营”。他很想去，但这么大的数量，吉姆怎样收集？又怎样数清？吉姆先自己努力，发现一周才收集 10 张。于是他开始向同伴求助，向校长求助，在社区贴广告，最后还上了报纸，在这么多人的帮助下，他的梦想实现了。而在这个过程中数学也帮了他的忙，怎么帮的呢？“十进位值制计数法”帮他数清楚了 10000 这么大的数。老故事生动有趣，又巧妙地把十进制计数法和位值制蕴含其中。数学老师的直觉告诉许淑一老师，用这个题材教学十进位值制很好。

于是，许老师准备了丰富的学具：计数器、绳子、方块模型、糖纸、信封、手提袋、大垃圾袋。借着绘本，做着数学的事儿——满十进一、位置不同表示的大小不同……扎扎实实上了一节数学课。一个小时的大课结束后，许老师问学生：“累不累？”“不累！”“喜欢吗？”“喜欢！”

许老师满心以为，学生会说到老师给提供了很多学具让大家动手体验。没想到学生说的是，“吉姆太棒了，他懂得坚持。”“怎么会有那么多人在帮他？”“吉姆收集包装纸的时候不应该受到嘲笑。”……

听了学生的回答，许老师不禁自问：原来学生对绘本的认识和教师并不一样，他们看到的似乎不是数学，而是故事的情节以及情感态度的东西。怎么办？数学团队做出了这样的选择：由“成人的立场”向“儿童的立场”转变，回到阅读，回到故事本身。

一张阅读单“应运而生”，许老师紧紧抓住“吉姆怎样实现梦想”展开阅读，学生边阅读、边思考、边填阅读单。这节课大部分时间是学生静悄悄地在“战斗”，下课了，许老师问学生喜欢吗？几乎无人应答。从他们的眼神中，许老师能感受到：阅读单带给学生的压力很大。

于是，改变继续发生：从儿童出发。许老师结合学生的实际，对文本进行了再次解读。文本中有两条线，一条明线是故事情节的发展；一条暗线是十进位值制帮吉姆解决问题。在课堂实施中，许老师带领学生从阅读入手，感受故事情节。在回顾“是谁帮助吉姆实现梦想”时，通过追问，实现由明线到暗线的转变。下课了，有的学生跑来告诉许老师：“老师，数学太伟大了！要不是数学帮吉姆，他也不能数清 10000 张，我要好好学数学。”

真是众里寻他千百度，蓦然回首，那人就在灯火阑珊处。这给了一位学科教师多么甜蜜的拥抱！至此，数学老师们放下了学科内部的枝枝节节，他们心中念念不忘的数学在发挥着更大的价值！而数学阅读更让数学变得丰富而柔软。

数学阅读课程的研发与其说是教师团队的研究，倒不如说是儿童在阅读中的成长撬动了数学阅读课程的改革。正是有了一节又一节的数学阅读课的实施，才打开了学生们丰富想象和大胆创造的空间。

四（5）班的金之涵源于其真实的生活创作了属于她的数学绘本。金之涵同学每天都会在清华附中门口等 562 路公交车回家。有一天，小涵好奇地对小明说：“咱俩每天坐 562 路公交车回家，你说在回家的路上，我们会碰上几辆对面开来的 562 呢？”

小明说：“那得看 562 多长时间一班，对吧？”

小涵说：“我们就假设 562 五分钟一班吧。”

“那还得看 562 从清华附中到蓝旗营跑多长时间呢？”

“估计 20 分钟，我们假设 562 跑 20 分钟。”

“啊哦，两辆 562 间隔 5 分钟，从清华附中到蓝旗营 20 分钟，应该碰上 4 辆！”

“只有 4 辆吗？怎么我觉得会更多一些？”小涵说。

“是吗？哦，也对。如果对面开来的 562 全部停止了，肯定是 4 辆。可是，所有的 562 都正常运行，后面的 562 也会跑过来的呀！”

“那到底能碰上几辆 562 呢？难道是 8 辆？”

“那咱们就这样解决吧，假设我们坐的这辆 562 叫 A，对面过来的从近到远叫 B1、B2、B3、B4……”

“那从清华附中到蓝旗营路上的应该是 B1、B2、B3、B4……”

“嗯，对。再远的就是 B5、B6、B7、B8……”

“它们当中有哪些会让咱们碰上呢？”

“在 20 分钟内，哪辆 562 最后到达蓝旗营呢？”

“应该是第 8 辆吧！”

“对，B8 经过 20 分钟到达蓝旗营，正好能最后碰上。所以，我们能碰上 8 辆。”

“可如果 A 出发以后，经过 5 分钟才碰上 B1，那我们还能碰上 B8 吗？”

“那严格地说来：在回家的 562 上可以碰上迎面而来的 562 最多是 8 辆，对吗？”

“对，老师不是说过，思考问题要严谨嘛！”

这就是金之涵同学创作的绘本。她运用绘本的形式“呈现”了对生活的思考。学生的绘本不也是一种课程资源吗？让学生自己讲述自己的绘本，同学间互相交流、分享、借鉴，取长补短。于是，阅读分享课诞生了。而这些交流又促进了全班学生的创作热情，绘本的创作蔚然成风。

六（3）班的吴雨钊，在三年级第一次拿到推荐书目《奇妙的数王国》的时候，感觉外表一般，非常无趣。可是，翻了几页，突然有了惊喜的发现，比如，其中有一个奇怪的章节：人追不上乌龟。吴雨钊寻思着，人怎么会追不上乌龟呢？身边的每一个人都能追上乌龟啊，100 米跑十几秒，一会儿就追上了。

但是，吴雨钊仔细阅读之后，发现书上说得好像有道理。它说：当你站在 A 点，乌龟在 B 点，你从 A 点追到 B 点，而乌龟又不会站着不动，所以乌龟从 B 点跑到了 C 点，你从 B 点追到 C 点，乌龟又从 C 点爬到了 D 点……如此循环下去，永远都追不上乌龟。

吴雨钊百思不得其解。于是，他去网上寻找答案，阅读了芝诺悖论和《庄子·天下篇》相关资料。课余，和同学们进行了探索和研究。终于，吴雨钊理解了：“人追不上乌龟”是从离散的角度来看待的，其实生活中人是能追上乌龟的，因为人和乌龟的运动都是连续的。

于是，一种新的课型“阅读评论课”诞生了。数学老师们引导学生阅读、评论了更多的数学书目。比如，《可怕的科学》系列、《数理化通俗演义》《啊哈！原来如此》。老师们看到了孩子们已经在阅读中有了批判、有了反思、有了探索、有了研究、有了交流。数学阅读给孩子们带来了无穷的乐趣和无限的价值。

数学阅读让数学在儿童和老师心中不再是冰冷的、坚硬的。数学变得可亲、可爱，丰富而柔软。儿童徜徉在数学阅读的世界里，所获得的不再只是数学的滋养，还有情感的熏陶、人类历史关键步子的重蹈、文化的润泽、品格的内化，一切都是那么润物无声。

亲子阅读成悦读

“从前，有一只猫，他穿着……”

“靴子？”

“哦，不！他穿着四只新鞋子，四只雪白的新鞋子……”

这是一（4）班嘉善妈妈周六在陪孩子们亲子阅读呢！一大早，有几个孩子见到嘉善妈妈，便问：“嘉善妈妈，今天是你给我们讲故事吗？”得到了肯定的回答之后，他们欢呼一声“太棒了！”，便一溜烟跑去看书了。

嘉善妈妈如此受孩子们欢迎是有原因的。上学期，一得知每周六学校开放图书馆，欢迎家长带孩子到图书馆进行亲子阅读的消息，嘉善妈妈就报了名，结果是轮班制的，轮到自己孩子班才可以报名。耐心等到了那一周，嘉善妈妈和嘉善就忙起来了。该讲什么呢？就讲嘉善最喜欢的故事《金发姑娘和三只小熊》吧。可是，他们没有这本绘本，于是就决定到网络上找图片，一张一张拼接成一个完整的故事。

但图片可真不好找，有的网站上不去，有的图片不清晰。花了两个晚上，终于把图片找好了。可是，如果小朋友们听不懂怎么办？这可是英语故事啊！虽然他们想到了用双语来讲，但是在讲单纯的英文故事时，如果小朋友们理解不了，就没那么有趣了。母子俩想让小朋友们快快乐乐地听故事，快快乐乐地学英语，于是又想出了一个主意，把绘本演出来。就这样，妈妈和嘉善还有弟弟至美分了工，妈妈来讲叙述的部分，小朋友们就看图片。轮到故事的对话部分，就分角色表演出来——妈妈演爸爸熊，嘉善演妈妈熊，弟弟演小熊。

他们又精心地准备了服装和道具，一切准备就绪。可是，到了周六早上，

弟弟不舒服，去不了了。临时决定，嘉善承担所有的角色扮演。不得不说，好演员就是这样，在别的演员缺席的情况下，一个顶仨！妈妈绘声绘色地讲，嘉善投入地表演着，当时在场的嘉善班数学老师说："我当时低着头，突然听到声音变了，粗声粗气的，还想是谁呢？一抬头，居然还是嘉善。她模仿的那几只熊太像了！"

接着嘉善妈妈又给小朋友们说了一个英文歌谣，大意是讲：几只小猴子在树上荡来荡去，看到鳄鱼后，淘气地挑逗鳄鱼。鳄鱼不动声色，啊呜！啊呜！一只一只地把小猴子都吃掉。学习语言最有效的方法就是重复重复再重复，一个英文歌谣重复十五遍，孩子们总能记住了吧？问题是如何重复才能让孩子们觉得有趣。嘉善妈妈准备了五只小猴磁贴，又做了五只小猴子的指偶和五只小猴子的头饰，以及一个鳄鱼的手偶。

第一步，嘉善妈妈左手套上五只小猴子的指偶，右手套上鳄鱼的手偶，每念一遍歌谣就用右手的鳄鱼吃掉左手的猴子，孩子们跟着一起听歌谣，试着重复。五遍歌谣说完，左手的猴子被吃完了，嘉善妈妈接着说："鳄鱼吃了五只猴子了，还没吃饱，又盯上了黑板上的五只猴子，这五只猴子可不容易吃到，需要小朋友的帮忙，一只一只送到鳄鱼的大口里，鳄鱼耳朵有点背，一边送，还要一边念歌谣哦！”小朋友们一个个跃跃欲试，期待而又紧张地排队喂鳄鱼。等把黑板上的五只小猴磁贴吃完后。嘉善妈妈又接着说：“吃完了十只小猴子了，可是鳄鱼还不满足，还想吃，小朋友们愿意扮演小猴子吗？”孩子们欢呼雀跃，嘉善妈妈给其中五个孩子一人一顶头饰，然后说：“五只小猴子你们可要东躲西藏，尽力不要让鳄鱼抓到，但别忘了你们的歌谣噢！”小朋友们边跑边念着嘉善妈妈教的歌谣，累得嘉善妈妈扮演的鳄鱼精疲力竭才把小猴子吃到口——当然，不是真的吃掉，而是抱在怀里。

好不容易又盼到了这学期的亲子阅读，嘉善妈妈准备了《Pete the Cat》这本获奖作品。故事里讲到一只喜欢穿白色鞋子的猫到处跑，结果踩进了草莓、蓝莓堆里，把鞋子弄得一塌糊涂。嘉善妈妈将计就计，买来时令水果。这些水果做什么用呢？小猫不是踩到水果堆里了吗？就用这些水果的果汁来画小猫的鞋子吧！顺便还可以帮助小朋友们认识时令水果的英文名。于是，讲完书中的故事之后，嘉善妈妈先用水果提出了几个问题：“彼得猫先踩到了哪里？”“Is it cherry? Mulberry? Blueberry? Or strawberry? (是樱桃，桑葚，蓝莓还是草莓?)”小朋友们很快回忆起绘本的内容，争先恐后地回答问题。接着开始用水果画画了。一个小姑娘瞪大了双眼说：“水果还能画画？这下又学了一招！”嘉善妈妈让小朋友们分别尝试，把四种水果掰开，用水果的果汁涂抹猫咪的鞋子，边涂边用英语说出水果和色彩的名字。“真好玩！”“太好玩了！”眼看，鞋子涂好颜色了，水果还剩一大盘。“水果能吃吗？”孩子们已经迫不及待了，于是嘉善妈妈给小朋友们发了牙签，大家开始吃水果喽！

小朋友们听得津津有味，玩得不亦乐乎。故事讲完了，演完了，玩完了，小朋友们还都意犹未尽。更有家长们围上来夸赞讲得好。能给小朋友们带来快乐，能让他们在玩中学，那种感觉让嘉善妈妈无比兴奋！

双语架设国际桥

近年来，王峰老师承担了“1+X 课程”中“语言与人文”领域中英汉双语主题阅读课程的实践研究。他尝试在穿越语言、文化的对比研究中与学生生活体验整合，希望在儿童的生命中烙下“天下情怀”的因子。王峰老师执教的“己所不欲，勿施于人”就凝聚了清华附小教师对双语阅读的实践与思考。

在这节课上，王老师先引导学生去联系生活。“在和朋友交往的过程中，你最希望或最不希望被怎样对待？”学生的回答可谓由心而发：“不希望被冷落。”“不希望朋友欺骗我。”“不希望我的朋友当面一套背后一套。”学生仿佛一下子打开了话匣子，王老师追问：“我们都希望被给予关心和理解，不希望遇到你们说的这种种，面对这样的情况你会怎么做？”自此学生开始不再是一味地指责和抱怨，有的人开始沉思，在回答中有的学生说：“要试着去想为什么朋友这么做。”“我会原谅朋友。”“我会试着和朋友沟通的。”

接下来，王老师引入孔子的名言“己所不欲，勿施于人”，并由学生谈对这句话的理解，面对学生说不准的，进行深入的文本学习，通过借助注释的方法理解文本，顺势拓展关于孔子的资料。至此，教学并没有结束，王老师创设情境，引导学生为喜爱中国文化的外国友人翻译这句话，并在学生翻译过后给出了两个现有的翻译版本，让学生进行选择和比较。课堂上学生融汇中西，有了很多发现。

己所不欲，勿施于人。

翻译一：

Do not do to others，what you would not want others to do to you.

翻译二：

One should not impose on others what he himself does not desire.

老师：用英文思考一下对这句话地理解，刚才大家都翻译了，翻译的基本上都是正确的，但是翻译得好不好呢？有没有更好的翻译呢？有同学说要查一些资料，我就给大家带来了这样的小资料，这是两个已有对这句话的翻译，小组之间读读吧。有不同的意思吗？

学生1：最后一个单词我不太明白是什么意思？

老师：desire是希望、想要。这句话说的什么意思呢？

学生1：第一句的意思是，不要对别人做什么你不想让别人对你去做的。

老师：如果再有一个外国友人来到咱们学校，咱们班作为志愿者就可以这样向他介绍这句话。第二条谁来翻译一下？

学生 2：就是不要对别人做他不想要被这样做的一些事。

老师：看到这两个翻译，作为小导游你得有一个选择，哪一个你觉得你最喜欢，想介绍给外国朋友，简单地说说你的理解。

学生 3：我会选择上面那句话，上面的那句话我觉得我们会更好懂一些，而且也比较简单，不会出现有些词说错了，外国友人听不懂之类的。

学生 4：我觉得第二句话比较好，主要是因为 impose（强加）这个词跟中国人的意思更加贴切。

学生 5：我觉得第一句话比较好，这个“己所不欲，勿施于人”，是两句话，而第一句话翻译的也是两句话，意思也比较简单，外国友人也比较容易懂。

学生 6：我觉得上面那句话比较合适，因为我觉得下面这句话可能强调了一些原句中并没有提到的一些词语，上面那句话我觉得比较符合“己所不欲，勿施于人”的意思。

老师：他从本意上来说的，其实每个版本都有翻译者翻译的目的和他的考虑，第一个版本是第一本翻译中国《论语》著作中的翻译，而第二个翻译是 2013 年李克强总理在答中外记者问的时候对外国记者的一个回答。他说的是中国富强了，也不会称霸，因为中国的历史深深地告诉中国人民，“己所不欲，勿施于人”。他的翻译就采用了第二条。

老师：2000 多年前的道德名言金科玉律，到今天我们再学习，我们国家的总理在引用，甚至我们这个国家，我们的民族都在遵循它，它真的可以说是中国精神的代表。

在对比理解的基础上，王老师拓展圣经中相似的表达“Whatever you want men to do to you，do also to them.”学生惊奇地发现，原来世界上各国在文化上和理解上有那么多的差异，但是向善、向美的追求却是相同的。最后，再次联系学生的实际生活，“学习了这句话，你觉得对今天的我们有什么用？”有的学生说：“学过以后，我会站在别人的立场上想问题了。”有的说：“我更能理解别人了。”有的则说：“不仅我们人与人之间，国家和国家之间也一样遵循这个道理。”

儿童是教育的目的，“立人”是教育的根本任务。在设计这一课的出发点时，窦桂梅就叮嘱王峰老师：“一定要努力站在文化高度与完整人培养的角度，以‘语文立人’为核心，促进学生语言发展、思维提升、精神丰富。”正是本着这一原则，他从儿童体验出发，关注学生质疑，学生不仅在学中质疑，在学后依然带着更高的问题走出课堂，从而真正实现学生在自我认同下的多元文化理解和民族文化传承。

读书节绽放儿童生命

“快来买我的书！实惠又好看！”

“老师，你买我的书吧，5 块钱，就 5 块钱！”

“打折了，打折了，走过，路过，千万不要错过！”

……

这个热闹的场面不是在书市上，而是在清华附小读书节图书义卖的现场。清华附小每年 4 月都会举办读书节系列活动，截至 2015 年已经举行了 40 届。2015 年的主题是“长满书的大树”，创意来源于第一届国际儿童图书节杰拉发表的《长满书的大树》的献词。书是从树上长出来的，孩子们越长越大，树也越长越高，书呢，也越来越多！这是个漂亮的故事，也是一个美丽的梦。献词表达了作者的一种美好愿望，让读者能够自由享受书的滋润。而这些，在百年的清华附小已经成为现实。清华附小的校园里到处是书，不仅图书馆里的书多，校园中图书随处可见，书籍就在儿童身边，而且在学校的课堂里还有专门的主题阅读课，让学生从一年级到六年级都在进行整本书的阅读，学生个个都是爱阅读的小书虫。

读书节不仅仅是 4 月份的为期一个月的活动，更是学生长期阅读的成果展现。在 4 月份读书节启动仪式后，学生要分年级进行图书海报的绘画。这个海报不是简单地写几句表现“要读书，爱读书”的口号，而是每个小读者要推荐“你认为最有价值”的图书，然后用图文并茂的方式进行展现，让人感受到阅读的乐趣。

学生不仅将书中的内容用画笔进行展示，而且还把书中经典的画面作为海报的主题。一个一个的画面汇集起来，就像一本本书的缩影。学生创意的产生不是凭空而来的，它既是清华附小书香阅读课程长期熏染的结果，还源于清华附小在“1+X课程”中不断强调整合、用各种形式丰富学生的阅读体验和方式。不仅语文课有阅读，数学课有阅读，而且美术、科学等学科都有阅读。经典阅读成了清华附小课程改革中一个鲜明的特点。学生正是在清华附小的图文并茂的绘画的启发下，才与老师携手共同创作了一本深受欢迎的绘本《丁香娃娃奇遇记》。学生和教师在阅读中遇到的奇思妙想、情感体验，汇聚成了一个新的绘本，成了阅读节的一大亮点。

阅读不仅发生在校园里，也发生在家庭里。读书节倡导学生阅读，清华附小校园里已经形成了浓郁的阅读氛围，除了课表里引领阅读、探讨方法的阅读课，晨读微课堂、最美读书人的活动都在进行。2015年的读书节还开展了“最美读书家庭”展示，在家庭里倡导一种读书的风气，让家校合作，有一种共同的纽带。有一个爱好摄影的学生说，为了能在校外拍摄到最美的读书人，他花费了不少工夫，但遗憾的是没有发现最美的读书人，倒是看到了很多玩手机的“低头族”。这个现象让他深刻认识到阅读的紧迫性。回到家里，他坚持让爸爸妈妈关掉电视机，全家和他一起读书。

阅读不仅仅是指读书这一行为。读书节期间，尤其是图书义卖的时候，每班都有一个微型小剧，都是书中的某一个片段的表演，或者书中某几个人物的大游行。让书中人物由平面走向立体，学生自己制作道具，诸葛亮的羽扇、小青蛙的外套……学生活灵活现的展示，不仅是书中内容的再现，也很好地展示了对书中人物的理解以及对书中传递出的真善美的宣扬。

读书节虽然只有一个月，但它是清华附小阅读传统的一个加速器和展示舞台。正是由于学校对阅读的重视，清华附小已经连续举办两届“北京国际儿童阅读论坛”，从国内外知名的文学家曹文轩、沈石溪、郑渊洁、金波等，到世界著名的艾米扬、理查德安·德森、安东尼·布朗，都来到了清华附小校园，与儿童对话。

读书节是一个让清华附小学生生命绽放的节日。让学生自由地展示生命之可能性、丰富性，这是阅读的要义所在。学生在阅读的世界中构建自我成长的台阶，成就每一个独特生命，形成清华附小培养学生的共同基因。

主题戏剧——开启第二重生活

由读书节拓展开来，清华附小的主题阅读也有了越来越丰富的实现形

式。在2015年“六一”儿童节系列活动中，清华附小的学生不仅欣赏了来自丹麦戏剧家演出的经典剧目《卖火柴的小女孩》《房间》，还自己走上清华大学新清华学堂，开展了“戏剧，儿童的第二重生活”的戏剧主题展演。低学段的童话剧、中学段的历史剧、高学段的校园剧，学生读书品百味人生，演戏剧体验角色，感受人生百态，将阅读从平面拉向立体，让儿童感知丰富多彩的生活世界和内心世界。

惠特曼在一首诗中写道：“一个孩子，向最初的地方走去，那最初的，便成了孩子生命的一部分。”在孩子最初的生命里，学校力所能及的，能给予他什么呢？ 1914 年，梁启超先生在清华演讲，勉励清华学子要做君子，树立“完整人格”。1958 年，清华附小的科学幻想剧《宇宙骏马》的公演，拉开了一个寻找儿童完整人格的序幕。今天，当我们翻开“1+X 课程”的画卷，去寻找戏剧课程的影子，就会留意到，原来戏剧课程中已经有了培养儿童完整人格的模子了。

牛牛真“牛”

“班班有戏剧，人人都精彩”，在促进每一个儿童核心价值观的塑造与核心素养的提升中，改变静悄悄地发生了。

一（6）班的姜行健，小名叫“牛牛”。名如其人，那叫一个牛！开学后的第一次口语交流，还没打开书，已经是哭天抢地了。语文课前三分钟到了，尽管妈妈带来了小食品为他减压，但走上台时，牛牛又是满脸的眼泪。两个月的一对一辅导，没有丝毫的改观。戏剧月到了，牛牛说什么也不上台，就喜欢当观众，美其名曰：“总要有人鼓掌的。”没有体验，就没有“发生”学习。这可怎么办？班主任卫京晶老师思来想去，于是便有了下面的故事。

首先，老师、父母车轮战，戏剧的好处讲了一大堆，好一阵苦劝，牛牛终于答应演一块“石头”，条件是只趴着不动。可这个角色，剧本里根本就没有，不过没关系，可以创造，先设计道具吸引他。好歹是把牛牛请上舞台了，在舞台上就一定有状态。

老师和家长一道把空调箱子，前后贴上牛皮纸，掏了三个洞，一个偷窥孔，两个手提口。手提口方便牛牛手提，随意遮挡住自己的脸和身体，慢慢走上台，给害羞的他带来安全感。偷窥孔则是给他壮胆的，方便他偷偷看演出。可能是因为有了一丝的神秘感，要知道谁也没在台上看过演出呀，小家伙居然答应了。可事实远没有想象中的那么顺利，上台时，牛牛又哭了。不过，没关系，还是那句话：一切慢慢来，急不得。练习若干次之后，牛牛终于可以顺利上台、下台了。

这种胜任的感觉真好，牛牛的笑容多开心呀！卫老师和妈妈电话沟通后，加大难度给牛牛设计了两句台词：我是大石头，我要藏在这里，看看“狐假虎威”是怎么回事儿。就这一句台词的练习，又是半天，不是声音小，就是忘记台词。不过这回牛牛没抵触，认真配合着，用心记着台词。一句没忘，真棒！

看着牛牛的进步，卫老师心里挺美的，对他更加不吝惜大拇指。牛牛呢，在台上一蹲就是20分钟，一动也不动，那控制力，真牛！更了不起的是他默默地记住了所有演员的台词和动作。听妈妈说，牛牛常常会坐在车上把旁白1、2、3、4全都说上一遍。吃完晚饭，嘴里唠唠叨叨的全是老虎和狐狸的台词，牛牛不再想当鼓掌的了，时刻做好了当替补演员的准备。看着孩子如此热情，大家又给"牛牛"设计了一个华丽的谢幕。展演那天，在五只"小鸟"的簇拥和另一块"小石头"的陪伴下，牛牛从道具后面面带微笑地走到台前，大大方方配上动作表达自己的心声："共演戏剧来助力，百年附小有我有你"。

牛牛表现得好极了，自己也觉得特别有成就感。此刻，站在后台的老师、家长们也都欣慰地笑了，但惊喜远不止这些。

一（6）班表演结束后，坐回观众席，接下来的节目牛牛看得比谁都专心。下一个剧演完，又到抢答时刻了，突然，牛牛的小手举得老高，那一脸的执着、一脸的热情吸引了主持人沈老师。话筒递过来时，牛牛大声地表述："我的答案是这样的……"一段话说得流畅自然。当照相机的镜头都聚焦在他脸上的时候，别提他有多牛了！那一刻，他是大家心中最闪亮的那颗星星。

后来，妈妈激动地在朋友圈里分享了孩子的舞台照片，由衷地说："牛牛是一个热爱奔跑的石头。投入的表演，如同丘比特的箭，俘获了妈妈们的心呀，幼儿园老师在朋友圈里希望牛牛在小学的生活里勇往直前。其实，这也是我们的愿望，祝愿牛牛同学，就像名字里说的那样，力求进步，刚毅坚卓，永不停息。"

大气的小瑞

二年级要集体排演童话剧《小红帽》，在全年级大范围的海选后，小瑞凭借自己的努力获得了大灰狼这一角色。戏剧很顺利地排演，可临近正式演出不到半个月时，小瑞突然手臂受伤，一周无法来校，眼看戏剧就要演出，没有了男一号，这可怎么办呀！老师们急得团团转，这时，扮演大树的小宇站出来："老师，让我试试吧！""演大灰狼可是需要很多台词的，这么短的时间，你能记住吗？"老师有些担忧。"虽然我一直扮演大树，但小瑞表演的时候，我就在台上，他的每一句台词我都默默记在心里。"老师半信半疑，决定让小宇试试。没想到，这个平时不善言谈、默默站在舞台一角的"大树"，扮演起大灰狼来毫不含糊，模仿得惟妙惟肖，引来同学们的阵阵掌声。

有了小宇，戏剧排练得以顺利进行。没多久，小瑞回来了，一部戏里不能有两只大灰狼啊！老师找到了小瑞，委婉地说出自己的顾虑，没想到这个孩子爽快地答应了："没事，老师，我演大树吧！我一样会演得很好。"

一天，戏剧排练休息时，老师突然发现小宇和小瑞都不见了。四处寻找，两个男孩躲在走廊一侧的角落里不知在做什么。慢慢走近才发现，原来小瑞在指导小宇如何演好大灰狼呢！他不厌其烦，一字一句教着台词，告诉小宇如何把狼的凶狠和愚蠢表演得生动、逼真，还不时亲自示范，那模样简直像一个小导演。两个男孩太投入了，完全沉浸在故事中，就连老师什么时候走到他们身边也没有察觉到。就这样，两名同学一有时间就在一起交流，在小瑞的帮助下，小宇演出获得了成功，赢得老师和同学们的一致好评。

戏剧带给孩子们的不仅仅是一次难忘的表演，他们在其中更学会了服从大局，这份大气弥足珍贵。

“拖延症”飞走了

这帮孩子啊！真有他们的！

刚刚入职的韩老师发现每天总有那么七八个孩子在写作业的时候，边写边玩、拖拖拉拉，这对于韩老师来说可是一件十分头疼的事情。

“这节课，我们就一同来修改剧本，把毛毛躁躁的主人公小U改成一个做事拖延的孩子……”韩老师的口令一出，各个小组成员争先恐后地发表意见，都希望本组改编的剧本能够胜出。

从剧本创编、台词训练、道具设计、背景制作到小导演、小摄像、小记者、小场记的分工，孩子们在戏剧表演学习中，通过扮演角色，体验、思考、表达并分享生活中的各种问题和想法；通过团队合作来体会和理解人与人之间的各种矛盾、关系和相处之道；通过演出和观看演出理解纪律、规则和公共场合的各种礼仪。

韩老师根据本班学生的特点，引导学生改编了剧本的剧情，以“时间都去哪儿了”为主线贯穿于剧本的始终。孩子们通过小组合作，展开了大胆的想象，把9点、10点、11点等时间当成人去写，随着时间一个接一个来到主人公小U的身边，与主人公进行对话。起初，看到时间一点一点消失，小U并没有在意，但时间不等人，当他发现自己近七个小时只写了一个作文题目时，小U终于意识到珍惜时间的重要性。

多么好的构思啊！这在韩老师看来，这么巧妙的情节设计和极富童趣的文字背后，是四位小同学丰富的想象力和扎实的习作功底。“改剧本”这一关算是通过了，对于如何选角色，韩老师又陷入了深深的思索。

“我们组的剧本被选中了，主角就应该由我们演。”一个孩子骄傲地说。

“你们写得好，未必演得好。”另一组的孩子提出了反对的意见。

“我觉得应该竞争上岗，谁演得好就让谁上！”班长这时候站起来主持公道了。

韩老师一言未发，目光不停地在做事拖延的几个孩子身上游移。这几个孩子或沉默寡言、或口齿不清、或舞台怯场，怎么办？既然他们行动拖拖拉拉，舞台上的表现应该是本色的，何不让他们在角色扮演中体会拖延的坏处呢？对，就这么办！

在韩老师的提议下，有拖延现象的小光也参与到试演中来，由于本色出演，立刻得到了大家的一致赞同。韩老师还有意把学校戏剧社团的骨干和其他几位有拖延毛病的同学拉入“帮帮团”的队伍中来。几个小家伙还挺上心，每天的课余时间成了几个孩子不断切磋台词的黄金时间。

一周后，恰逢班级的国旗下演讲。韩老师把这几位同学叫到身边，让他们以“自律自强”为主题，准备国旗下演讲的素材。让我们再来看一看孩子们的现场发言，相信你一定有身临其境之感。

小光：“以前我放学总是半天也收拾不完书包，无论老师怎么催促也没什么改变。可是自从老师让我扮演了小 U 这个角色，只要我做事情拖延，他们总是管我叫小 U，我感觉小 U 就是‘拖延症’的代言人，我可不希望同学们这样称呼我，渐渐地我收拾书包的动作也变得麻利了。”

小亮：“我写作业总是磨磨蹭蹭，起初老师和家长们都以为是我的握笔姿势不到位造成的。其实我在写作业的时候，心里总是想着动画片里的故事情节，思绪一飞，作业也就完不成了。可是，自从班里有了监督员，记录谁写作业最慢，情况可就不妙了。我几乎天天最慢，我可不希望成为剧中的小 U，总是倒数第一，多没面子啊！”

孩子们就是在这样的戏剧教育情境中发现了自己，了解了自己，也改变了自己。

几周后，年级的戏剧展演如期举行，清华附小的联盛馆里座无虚席。孩子们精彩的表演赢得了家长们持续而热烈的掌声。展演结束后，家长们兴奋地交流：“剧本、音乐、服装、道具、海报、花絮等均为原创！这一个个原创背后是老师和孩子们智慧的结晶与努力的汗水！”

“随着‘时间都去哪了’接近尾声，我们依然沉浸在孩子们带给我们的感动中！相信我们的孩子们一定会有所体会和改变！”

这样的故事在戏剧月还有很多很多。比如：为美丽“小鸟”找回自信、团结的“老虎”团队……每一个故事都让人看到孩子们的成长。在学校精心设计的戏剧课程里，老师带着孩子们做着各种小动物的“发声”练习，练着练着，孩子的音量就放开了；玩着“射箭”“介绍角色”等小游戏，玩着玩着，孩子们就会运用气息了；品读着经典文学作品，读着读着，孩子们的心灵更广阔了；也时常会进行角色的互换，换着换着，孩子们的情感更加丰富了；还时常会把生活和学习的内容编入有趣的儿童剧中，编着编着，孩子们的感悟和理解就更深刻了。老师、家长带着孩子们一起排演，一起裁剪服装，一起制作道具。这其中的汗水、泪水、沮丧、欢乐都是一笔笔财富！在“第二重生活”的体验中，教育就这样开花了。

你所不知道的另一面

经历了一个学期戏剧课程的学习，每个班级都要编排一部戏剧进行汇报演出。二(1)班经过投票，同学们一致同意排演安徒生童话剧《皇帝的新装》。剧本确定后，在全班招募演员，由同学自愿申报角色，并进行即兴表演。

小益是一个活泼好动的男孩，平时调皮捣蛋，精力旺盛得很。可一提到学习，就打不起精神，不是头晕，就是犯困。每每语文课朗读课文时，他的嘴巴总是半闭半张，说起话来含糊不清，脸上显出极不情愿的表情，老师拿他也没办法。但大家惊喜地发现小益非常擅长表演，他模仿人物惟妙惟肖，赢得同学们阵阵掌声，并被推选为剧中的主角“皇帝”。最初老师有些担心，这样一个不愿意写作业，连读课文都会当成负担的学生，会把那一串串台词背下来吗？如果“皇帝”没法完成这项任务，整部戏剧的质量就会受到影响，这点不容小觑。老师找到他，委婉地说出了自己的担心，没想到平日慵懒的小益郑重地对老师说：“没问题，老师，我一定能背会台词。”做出承诺后，短短的周末两天，小益竟将几千字的台词背诵下来了！课间，再也看不到小益奔跑的身影，他总会静静地坐在走廊上，一遍遍读台词，反复读童话原著，寻找“皇帝”的感觉。那认真的样子跟以前判若两人。戏剧课程让这样一个对语言文字提不起兴趣的孩子投入其中、陶醉其中。

涵涵是一个文静乖巧的女孩子，平时不善言语，也缺乏自信，在戏剧课程中没有竞选任何角色。她喜欢写作，文笔很好，于是加入了编剧组，涵涵找到了自己的兴趣点，潜心钻研，几易其稿，不断完善剧本。在一遍遍修改剧本的过程中，涵涵对“皇帝”爱美的癖好了解得愈来愈透彻，为皇帝的出场编写了生动的独白，以诙谐幽默的语言将一个酷爱换衣的皇帝形象展现在我们面前：

穿过附小的联盛馆，皇帝我来到更衣间。
吃喝拉撒少不了，打扮漂亮最重要。
国家大事我不管，好看的衣服最喜欢。
珍珠翡翠装满柜，真丝绸缎堆成山。
外套裤子数一数，数到手软嘴抽筋。
鞋子帽子算一算，算到海枯石也烂。
天天对着镜子看，左看右看上看下看，还是觉得太难看。
时时站在衣柜边，换这件换那件，换了 N 多件，满意的总是下一件。
现在还不知道穿什么，烦啊烦啊真是烦。

精彩的独白引得老师和同学们啧啧称赞，涵涵也在剧本创作过程中感受到了乐趣，收获了自信。

小峰是班级里不折不扣的艺术家，拥有一副好嗓子，喜欢唱歌、跳舞，这部戏剧中所有的音乐都由他亲自挑选。为了能与故事情节相匹配，小峰反复钻研剧本，从皇帝出场时轻松诙谐的曲子，骗子行骗时扣人心弦的曲调，到皇帝游行大典时荒诞的乐曲，每一幕挑选都谨慎认真，毫不含糊。在选曲的过程中，他对故事内容有了更深入的了解，选出的世界名曲契合主题，为戏剧增色不少。小峰也在戏剧中体会到自己的不可或缺，收获了成功的喜悦。

千名师生同演《丁香花开》

清华附小百年华诞之际，戏剧课程结出的累累硕果在舞台上精彩绽放，全校 1000 多名师生同台公演了百年校史剧《丁香花开》。《丁香花开》校史剧，是清华附小找到的爱国主义教育的美育路径。通过更加形象、生动、丰富的美育路径，清华附小培育学校师生社会主义核心价值观，也向中国人民抗日战争暨世界反法西斯战争胜利 70 周年献礼。

《丁香花开》以成志教育为主题，以时间发展为线索，以重要史实故事为核心，分为萌芽、生长、灌溉、花开、绽放五幕，真实而缩影式地展现清华附小创立后，历经民国发展、抗战南迁、改革开放到 21 世纪的百年发展。所有演员都由学生、教师和校友构成，上至 85 岁高龄的老校友，下至 6 岁乳牙未脱的在校学生，参演人数超过 1000 人。著名老校友，如诺贝尔奖获得者杨振宁、清华附小原校董马约翰的孙子马迅等参加了首演。

2015 年暑假一开始，就有三百余名主要演员在三伏天，全情投入，摄像机不停地闪动、音响不时响起，一群孩子在燥热的室内穿着棉袄“发抖”，还有大白天亮着的煤油灯，过去旧的房屋模型也出现在了综合馆里……一幕幕，一行行，很多温暖感人的故事，悄然发生着……

参加百年大戏《丁香花开》让我学到了很多东西，学会了坚持，学会了谦让、理解，收获了友谊。我觉得这 100 天的付出真是太值了。

从暑假开始，我们这些演员就牺牲了很多个人时间，按照导演的要求进行排练。看见别的同学都到处去玩儿，我也很羡慕，但是排练的时间紧迫，导演说必须保证参加。我想过放弃，也打过退堂鼓。但是妈妈对我说：“一百年，这是多么有意义的日子，你能够参与百年庆典，应该为你的幸运感到骄傲才是呀！”听了妈妈的话，我确实也感觉到一种荣耀。我是清华附小的一员，有责任为母校出一份力。我开始按导演的要求认真排练，认真背台词，揣摩人物的动作细节，导演老师说我有小革命者的气质！嗯，我也是这样认为的，因为我平时就很有正义感！我们还去录音棚录音，穿民国时期学生的衣服，特别有趣。暑假期间我没有耽误一天排练。开学了，我们依然要每天抽时间排戏，有时还要排到晚上8点多，其实我真的很累，但是又怕耽误学习，好在我的班主任王娜娜老师特别心疼我们，让我们回家早点休息，功课找时间给我们补回来，让我能全身心地投入到排戏当中去，我要跟王老师说一声，谢谢您！

我们小演员虽然很累，但是老师们比我们还要辛苦。他们不仅要排戏，还要照顾我们，维持秩序。记得有一次在后台，赵丽娜老师在和韩沐霏老师说，不想吃东西，就是特别渴，嗓子不舒服。我在旁边听到了，悄悄去给赵老师打了一杯水，赵老师当时特别感动，夸我懂事，还问我是哪个班的同学。我说是三（8）班王娜娜老师的班，我认为这都是我应该做的，因为我的一言一行都代表班集体，代表清华附小人。

——三（8）班学生

这次百年大戏孩子付出很多，但我作为家长非常支持。韩咏华是我父亲的姑姑，我从小就对梅贻琦、韩咏华的故事很熟悉。我在英国留学时和他们的二女儿梅祖彤在一起生活过一段时间，对他们的这段过往有了更多的了解。尽管如此，看到《丁香花开》还是让我感慨不已。我们家从梅贻琦、韩咏华开始，与清华有三代的情缘，家人、亲戚中有许许多多清华人。如今，孩子开启了第四代的清华之缘，这种传承由这部大戏推向了高潮，让我们陷入对往事的回忆，对那个年代的感叹和致敬。这不单单是清华附小百年，也是我家族的百年。这是清华附小的节日，也是我们家的节日！

——五（1）班学生家长

谈到这次的百年大戏，窦桂梅说：“孩子们在戏剧活动扮演中发现自己潜能的同时，也逐渐改变他们对周围世界的看法。戏剧构建儿童的第二重生活，让儿童在未知的世界遇见未知的自己。戏剧给儿童提供了表达的空间，促进每一个儿童核心价值观的塑造与核心素养的提升。”

中科院院士、原清华大学校长顾秉林看完演出后说："这不仅是一台剧，更像一堂课，对演员和观众都有很好的教育作用，对孩子的一生都会产生巨大影响。"

戏剧，使道德、人格自由浸润儿童心灵，是清华附小找到的一条有效的、体验式的、富有审美雅趣的实现爱国主义教育的路径。

在清华附小教师眼中，戏剧课程既可以作为消弭学科间边界点的教育生长点，又可以作为国家课程校本化过程中的有效补充；它不是戏剧教育，而是教育戏剧，通过戏剧的"参与、体验、整合、创造"，为儿童创设完整的、生活化的教育情境，构建儿童的第二重生活，以达到儿童审美旨趣、道德品质等的综合提升；孩子们则在这第二重生活中，找到自己的大舞台，展示自己的精彩。

一条龙课程——直通大学的小学课程

清华附小历史悠久，在 20 世纪 60 年代就已经开始了幼儿园、小学、中学及大学的"一条龙"人才培养模式的研究，其研究重点就是如何整合课程，培养创新人才。

今天的清华附小为实现"大、中、小一条龙"创新人才培养，特设衔接课程，针对小学六年级的不同特点，按照"低、中、高"三个学段设置启程课程、知行课程、修远课程。这三者，是在"1+X 课程"整体结构之下，德育活动序列化，目标清晰化，内容课程化的体现，也是主题教学的思想理念在德育方面的拓展，是培养核心素养的有效途径。

在学科建设上，清华附小以英语学科为龙头，历经十几年的时间，开展"一条龙"研究，出版《英语"一条龙"教材》，该教材曾获北京市教学成果一等奖，并从体育、美术、英语、音乐等学科基点出发，探索清华"大、中、小一条龙"创新人才培养路径。

在社团建设上，清华附小以民乐团为龙头，衔接中学、大学民乐团，十余年来培养了大量优秀毕业生走入清华大学。每年民乐团都举行"大、中、小一条龙民乐演出"；每年 5 月的第二个星期五是民乐团老团员的返校日，新老团员相互交流，对清华附小学子是莫大地激励。

启程课程之“小幼衔接”

启程课程既有德育主题课程的整体定位，也是学段特点的不同体现。启程课程重在“启程”二字，是不同时间不同方面的启程，更是不同学生不同形式的启程。所以，启程课程既指在主题月活动中相对简单的内容，也指在低年级因学生需要而设计的特色课程。

	地位	名称	内容	实施
板块一	课程主体	德育主题月课程	将素养要求细化到每个月，学校统一规划主题活动	
板块二	特色补充	学段特色	小幼衔接课程	
			入队课程	以入队为契机，通过申请书营造向上氛围，通过心愿卡改正小缺点，通过实践卡了解清华文化。寻找身边的榜样，寻找清华附小历史的榜样
			“协商互让”主题课程	开展“你是我的天使”活动，每人是其他同学的天使，暗中帮助，理解友情
		班级特色	班级水木秀场	每月至少开展一次班级水木秀场活动，让不同学生有展示的活动平台
			班级特色活动	根据班级情况和资源以及班级特色文化，开展相应班级活动
		家校互动	系列亲子活动	低年级学生较依赖父母，能力也相对较弱，亲子活动是低学段的一大特色
			周末亲子阅读	每周六一个上午或下午，图书馆开放，故事爸爸、故事妈妈讲故事
			亲子运动会	每年九月趣味运动会中一年级为亲子运动会
			家长进课堂	周五创新与实践课，根据班级情况，酌情邀请家长进入课堂

下面以小幼衔接课程为例加以说明。

课程目标：在不同方面启程

课程是学校办学目标的实施途径，低学级的启程课程目标是让儿童顺利开启一段新的人生历程，不仅要体现趣味性，更要有严谨的课程体系。依托国家课程目标，低学段老师们设定了“小幼衔接”的三维目标体系。

基于社会层面。社会层面的目标是指刚入学的小学生对学校的认知。这里包括对学校环境的适应、学校生活规则的了解以及独立在学校生活的能力等。

基于交往层面。延续幼儿园时的学习模式，以小组化学习模式为基础，建立伙伴式的学习群体。此阶段的主要任务是感受同伴之间的关系，感受到为他人服务所带来的成功感与幸福感，从而建立班集体的概念。

基于认知层面。学会学习，养成较好的学习习惯，提高学习能力。例如，听讲的习惯、书写的习惯以及阅读的习惯。能根据教学要求完成学习任务，并逐步形成应用所学知识解决真实问题的能力。

三个目标维度，从不同的侧面落实学校对学生发展五大核心素养的要求：身心健康、勤于学习、审美雅趣、学会改变、天下情怀。

课程实施：以主题活动为载体

在课程衔接中，结合学校“1+X 课程”，力求在整合国家基础性课程“1”的基础上，开发符合儿童个性发展的“X”，以主题活动为载体，开发适合新入学儿童的课程资源，促进儿童自身内部的发展变化，寻找幼儿园与小学两个阶段之间儿童的“最近发展区”。

开学的第一个星期是学校传统军训周，利用这一个星期的时间，一年级整体设计了开学启程周。课程主题为“玩”转校园，设计绘本阅读、识图辨路、了解校园设施、简单数量关系等，既包括学科知识，又关注学生自我管理能力地提高。活动以小组的形式展开，孩子们在活动中很快认识、熟悉彼此，并了解了学校生活中的一些规则。活动有趣而又充满挑战，从孩子们兴奋的表情中，能够感受到孩子们渐渐独立，尝试着在老师的“势力范围”之外开展活动，并体会着自己做主后成功的喜悦。

主题课程："玩"转校园

（一）课程目标

1. 基于社会层面

建立班级概念，初步了解学校里其他年级同学的情况，了解校园中卫生间、饮水间以及老师们的办公室。初步了解自己如何在校园中生活以及应该遵守的一些规章制度。

2. 基于交往层面

感受老师的关爱，感受与他人合作所带来的乐趣。通过活动参与感受成功的喜悦，增强自信心，从而爱上学校生活。

3. 基于认知层面

语文学科：通过绘本阅读，了解校园生活，懂得校园中的规则。

数学学科：将以往认识校园的活动课程化，让学生在认识校园的基础上，能建立一一对应的联系。使学生初步感知教材第一单元"生活中的数学"中最基本的数学信息，如认识生活中的数、用符号表示、有序地观察、数量关系比较、物体大小比较等。

科学学科：认识示意图与平面图，认识校园中的一些植物，比较两种植物叶子的大小等。

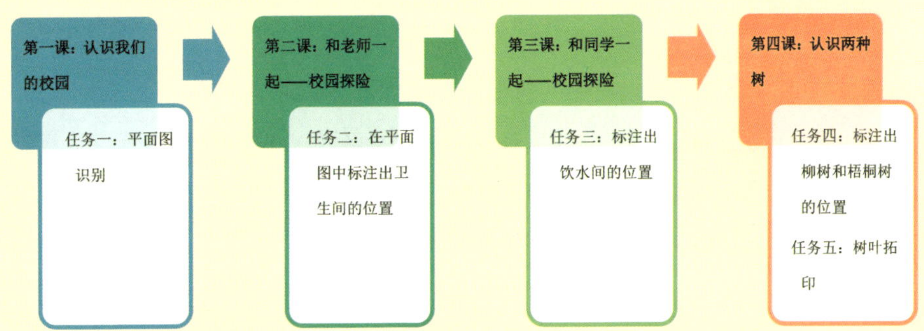

（二）学生在活动中要完成的目标

1. 1~10数字的书写

2. 用符号表示地点

标出学校所有建筑物中卫生间的位置。引导学生思考如何在图中标注，并观察男卫生间和女卫生间的数量，初步懂得同样多的意义。（活动中教授

学生应有的礼貌：轻声、慢步、协商）

3. 养成教育

如何安全、有序地上卫生间。人多时要排队、用完后要冲水（演示冲水的方法）、一个蹲位不能同时进去两个人、卫生纸要节约使用、用过的卫生纸要投入到废纸筐中、上完厕所要洗手（演示洗手的方法以及使用洗手液的方法）。

通过图片观察老师饮水处和学生饮水处的异同点，告诉学生老师饮水处的水是开水，水温有100摄氏度，这样的温度对皮肤有伤害，要远离。学生饮水处的水是温开水，水温在30摄氏度左右，直接饮用是安全的。

通过观察比较老师与学生饮水处的数量，能表达出：老师的饮水处比学生的饮水处少，学生的饮水处比老师的饮水处多。

4. 学会用自己的水瓶接水

教育学生要爱惜水资源，了解北京是一个水资源非常匮乏的城市，每次接的水尽量都喝完；冬天因为天气冷，接好的水容易凉掉，所以可以喝多少就接多少；知道喝水对身体来说是一件非常重要的事情，了解每一节课课间即使不渴也要喝水的道理；保持水杯清洁；如果接水的同学很多，我们需要有耐心，排队接饮，避免弄湿衣服。

在老师的带领下阅读5本绘本，并学习唐诗《咏柳》。

（三）主题课程实施策略

教学用时分“一大＋一小”两个课时，学生两人一组进行。上课分为三个环节，前8~10分钟在教室内进行，说明任务，然后用20~30分钟进行实地观察。

明确任务后先让学生思考两个问题：一是如何做到全面观察不遗漏；二是如何让别人明白你的想法。在活动中老师要格外关注能力弱的学生，并在活动中适度帮助。

引导学生理解讨论的意义，培养学生反思能力，以及择优处理问题的能力。

合理设计拓展任务，如设计师为什么将学生的饮水处设计得多呢？

在课程研发时，老师们的心一直悬着，怕没有老师的“监管”，孩子们有可能发生各种意外。但实际上，孩子们表现得非常出色，一个星期的课程结束时，他们都期盼着赶快再回到学校来探险。

清华大学附属小学学
誓词：
我是清华少年，
力成为健康、阳光、
乐学，拥有中国灵魂
国际视野的现代人！

支持保障：形成一股新的教育合力

在实施层面上，低学段老师们不仅关注到课程内容的设计，还关注到学生学习、生活的环境设计。

教室环境的布置。低学段老师们首先走访了幼儿园，发现幼儿园的教室布置生活化大于学习化。教室中有孩子们生活的印记，其设计应该让进入到教室中的人感受到教室是孩子们的家。为此，低学段老师开始讨论怎样的布置才会让孩子爱上教室。开学前，老师们给每个家长打电话，了解孩子们学前经历、个性特点，并要到了孩子的生活照。当孩子们第一次走进教室时，就会欣喜地发现墙壁贴着上自己的照片，心中会涌起亲切感和归属感。

与家长建立沟通渠道。新的环境容易让孩子产生焦虑，而这种焦虑会影响孩子们对校园生活的认同。为此，在孩子们入学阶段，低学段老师们设计了 5 次家长进校园的活动。

七月初，在家长们接到入学通知书的第一个周六、周日，连续两天召开家校学习共同体，对新生家长们宣讲学校的办学理念、课程特色，还邀请高年级的家长进行经验介绍，指导家长缓解孩子的入学焦虑。

一年级新生比其他年级的学生早到学校两天，主要用于让孩子们熟悉校园环境。第一天，邀请家长与孩子们一同进校，走进班级，了解校园环境，拍照留影，用照片记录第一次进入班级的情境。因为有父母的陪伴，孩子们对校园、班级很快熟悉起来。家长们集体离开时，也不会造成孩子太多的紧张情绪。第二天，当家长们送孩子到校门口时，孩子们也会很愉快地与家长说再见了。

九月底是学校的运动会,安排家长第 3 次入校。经过一个月的学习生活，孩子们已经了解了校园生活，个性也显露出来。一年级的运动会是亲子运动会，家长们要与孩子们共同参与游戏式的体育比赛。在这个团队活动中，家长们会关注到孩子身上非智力因素的品格，对孩子有更全面的认识，便于与老师沟通，并达成共同的教育诉求。

十月底的校园开放日，家长将陪伴孩子度过一天的校园生活，共同经历晨读、课间、上操、上课等。通过课上观察，家长们将了解到孩子在课堂上的学习情况，如是否专注、是否愉快等。通过这一天的活动，不仅让孩子们感受到爸爸妈妈对自己的关注，也进一步拉近家长与老师之间的距离，形成友善的家校关系。

家委会是家长与学校沟通的桥梁，也是家长积极参与学校工作的平台。通过家委会，各班组建多种多样的班级家长社团，凝集和发掘家长们的课程资源，服务学生。同时，借助家委会，让家长们形成团队，有助于家长们相互间交流对子女教育的成功经验。目前，清华附小班班都建立了微信群，并创建了公共号，宣传班级内的活动，让家长们在“云端”了解孩子们在学校的生活。

新常态下的师生关系。“启程课程”实施的关键是良好师生关系的建立，“亲其师，信其道”要让孩子们在最短的时间里爱上老师，是一年级老师必备的专业能力。要让学生爱上老师，老师要先爱上学生。如何让孩子们感受到老师的爱，关键在于日常生活中老师对孩子的态度，也在于老师对孩子同伴的态度。所以，在一年级的教师培训中，清华附小提出最具一年级教师特点的方案：

要努力寻找孩子们的话语系统，并能与之交流他们感兴趣的事情，要知道师生之间的交流内容不仅仅是学习上的那点事儿。

要努力寻找与孩子们交流的时间与空间，并要关注到每一个孩子，要知道师生之间共处的时间不仅仅是课堂 40 分钟。

要努力站在学生的角度体会他们的感受，并能用同理心进行沟通，要知道孩子虽小也是具有思想的独立个体。

……

低学段的老师们正在努力寻找一种真正的平等、友爱、关注的新型师生关系。

创新尝试：课程整合，双全育人

在教育部印发的《关于全面深化课程改革落实立德树人根本任务的意见》中，提出全面深化课程改革“五个统筹”的工作任务，力求中小学改革能整体规划，协同推进。清华附小再次成为课程改革的弄潮儿，一针见血地指出问题，缜密严谨地思考问题，最后稳中求变地解决问题。在新学期，清华附小进行了“双全育人导向下的包班制”改革。实行全学段、全学科合作育人，整个学段联动，各个学科教师联动，统筹时间、统筹内容、统筹教学设计等。

特色一：强化核心课程，突出综合实践

“双全”育人就是通过全学科及全员育人。“全学科”旨在凸显学科教育性，教师在夯实学科基础的前提下，从学科代言人变为教育代言人。“全员”指两个方面：其一，指向学生，关注每一个学生，满足每一个学生的需求；其二，指向教师，每一位教师，无论执教哪个学科，都对学生的成长具有不可推卸的责任。同时，学校的课程按照每个月的主题和清华园主题进行补充，弥补学科课程不足。清华附小的课程改革强化学科的核心地位，又增加主题和综合实践的内容。

特色二：增加班级的教师配比

清华附小的“包班制”，试图解决长期困扰中小学的班额大及师资不足的问题。在不具备小班教学的条件下，增加单个班级任课教师人数，平衡师生比，让大班中的孩子也能享受小班化的教学。

以一个 40 人的班级为例，国家学校班级师生比是 1∶1.9，清华附小包班后的师生比是 1∶2.5，这样学生能得到更全面的关注。新的改革下，学校所有的管理人员，包括校长、副校长在内，全部进班上课，保证教学质量。

每个班级配备专属的语文老师及数学老师，并承担核心学科以外的思想品德、科学、书法等学科教学工作。艺术、体育、英语等学科由专业教师教学，确保专业学科教学品质。

特色三：班级双人负责制

长久以来，学生和家长都习惯了一个班主任，若干个任课老师的班级模式。清华附小的一年级和二年级共 16 个班采取包班制度，班级里设两位班主任，分别是语文和数学老师。

两个班主任就如同一个家庭的“爸爸”和“妈妈”。过去班主任的工作压在一个老师身上，现在变成两个老师共同分担，教学质量责任共担。在一位老师上课时，另一位老师就是助教，在班里协助辅导学生，这样能够关注到班里的每一个学生。学校制定如下班主任岗位职责：

1. 常规管理：组织学生进行教室、环境布置等工作，确保整洁，营造健康、安全、和谐的学习氛围。鼓励学生坚持体育锻炼，保护视力，培养良好的个人卫生习惯。

2. 规划制订：制订班级成长规划，并有效实施。

3. 安全管理：二人共同是学生的安全第一责任人。

4. 学业评估：全面评定学生成长，及时上交阶段性材料、登统学生成绩、撰写学生评语、学校系统录入等。

5. 活动实践：培养小干部，指导班委会、少先队，有效开展各项主题教育及社会实践活动。

6. 家校联络：与学生、家长及所有任课教师进行有效沟通，掌握并调整学生的课业量。

7. 个体保障：平等对待每一位学生，了解每一位学生，做好种子学生的转化工作，尤其应做好特需学生的转化工作。

备注：如果其中一位班主任未在班级，在班级的班主任为本班的第一责任人。

特色四：课表设置“模块时间”

没有了不同科目的任课教师，课表也发生了变化。课表上不再有过去的语文、数学、科学等科目，而是全部用“模块时间”来代替。包班制后，两个班主任在总学时中拥有整体设计及运用的自主权，他们可以就课程的进展灵活安排教学的长度、主题教学科目等。

在课表中，原本设置的数学课、语文课等都可以按照老师的“模块时间”自由调整。举例来说，原来的课表可能第一节是语文，第二节是数学，语文老师如果有内容没讲完也不能拖堂，使用模块时间后，两位老师可以互相商量课程的长短。

施行模块时间后，老师们的下课时间不再一样，一二年级不统一打下课铃。特别是以往学生集中下课后容易喧闹，现在则会专门给学生留出室外活动锻炼的时间，在平时上课的间隙，老师会自主安排课间休息，让学生安静地做一些自己的事情。

低学段的启程课程就是在这样不断的自我超越中，寻找更加适合儿童的教育路径。

知行课程之“十岁天空”

引子：油门和刹车的启示

镜头一：

2005 年北京的秋天，新的一个学年又开始了。几位四年级班主任老师聚在一起，“痛诉”十岁现象带来的教育困惑：

“也不知怎么回事，学生的意志品质在这一阶段出现倒退下滑的现象。”

“十岁，确实比起低年级更有主见，但仍有些懵懂无知，不知到底该怎么做，有时会做一些试探性的举动。”

“学生在这一阶段表现出较明显的分化现象，呈现出差异性和多样性。”

“对于老师提出的一些额外的任务，比如集体的事情，不再欣然接受，而是更在意自己的事情是否做完。”

……

十岁，幼学之年。如果将小学阶段学生六年的学习能力、道德修养、精神品质比喻为 U 形曲线，中学段处在 U 形曲线的底部。十岁，恰恰就在这个令人头疼的底部。

镜头二：

2012 年的秋天，又是一个开学季，《开学第一课》第一讲就出自于清华大学副校长、著名的教育社会学家谢维和教授。谢教授讲道：“根据教育学的一般原理，教学活动有两个非常重要的原则，一个是‘成熟原则’，另一个是‘适应原则’。所谓‘成熟原则’，指的是根据学生的本性，或者说，根据学生成熟的阶段及其发展和成长的需要，进行教育教学，其目的是促进学生的成长与发展；而所谓的‘适应原则’，则是指根据社会的要求进行教育教学，目的是使学生的发展符合和适应社会的要求。当然，这二者是结合在一起的。但是，在不同的阶段二者往往又是有所侧重的。在小学教育阶段，由于学生的年龄小，身体和心理仍然处在发育的早期阶段，所以在教育教学中常常更加强调和偏重‘成熟原则’，即按照学生的本性进行教育教学。在有些欧洲国家，甚至以法律的形式对这种教学原则进行强制规定。譬如在德国，教育法明确规定，小学四年级之前，必须根据儿童的本性教学；四年级开始，要根据社会需要来教学。”

谢维和教授的话不仅从教育学的角度带给我们启示，还让我们了解到，小学四年级的确是一个阶段性的转折。在交流中，谢教授形象地把学生的学习动力和自控能力比作油门和刹车。他还说，四年级现象已经得到了全国各地甚至世界各国教育同行的重视，这的确是一个值得研究的课题。

从课程中去寻找儿童“十岁的天空”

2014 年秋，又一届学生升入四年级，这一届的班主任，把对十岁学生的感性了解，提升到理性梳理。十岁，学生即将进入第二次成长期，身高、体重、运动能力均有较快的增长，是一个浑身充满活力的阶段。于是，中学段的老师们开始在课程中寻找儿童的“十岁的天空”的教育意义。针对四年级学生的特点，培养学生具备两个良好的系统——油门（自主、自强）和刹车（自律），这两个系统无疑是课程的目标。

根据社会需要，这两个系统要从知行开始。“知”，就是一种探索和学习，探索世界未知的事物的本质，明晓里面的来龙去脉；“行”就是将知的积累应用到现实世界、现实生活以及这个创造过程中体现的精神。“十岁的天空”课程就这样诞生了……根据儿童认知心理发展特点，结合学校办学理念、国家立德树人的根本任务，课程细分为三个维度的课程目标。

1. 自主发展维度

完善自我意识。这一阶段是儿童个体形成自信心的关键期,其自我尊重、获取他人尊重的需要比较强烈，开始从活动的效果、动机等多方面评价自己和他人，开始学会独立地把自己与他人比较。

学会自我控制。这一阶段，儿童情绪变化大，自我调节能力差，自制力和坚持性出现下降趋势。可以感受到的是，要求独立和摆脱成人控制的欲望——对外部控制的依赖性逐渐减少，内部的自控能力又尚未发展起来。儿童的气质类型开始表现为积极或消极的性格特征，对情绪的调节开始和某种道德规范相联系。

2. 文化修养维度

提高文化修养。十岁前后是儿童智力发展的过渡时期：开始出现抽象逻辑思维，认知活动的目的性有明显的增长，是形象思维向抽象思维发展的关键年龄，他们开始了解学习活动的社会意义。要培养学生思维的敏捷性、灵活性、独特性和批判性，进而提高文化修养。

3. 社会交往维度

学会正确交往。在同伴交往中,孩子与同伴的友谊进入了一个双向帮助、但是还不能共同患难的阶段。同时，孩子们之间分化并且形成了若干个同伴团体。对异性同伴的关注开始增多。在与成年人的交往中，比较明显的变化是师生之间的人际关系受到影响，学生不再像低年级时那样盲目依从，而是会思考老师的话对吗？应该完全听话吗？孩子与成年人（尤其是家长）之间的矛盾与代沟开始出现。

三个维度的目标，从个性、认知、社会性三个维度整体指向完整人的心理塑造、品格提升。这样的三个维度的目标，再根据学生的心理特点、生活经验等，有所侧重。中学段的四年级学生，主要侧重在自我的心理塑造、自我的管理和约束、自我的调整和控制，等等。因此，“十岁的天空”更侧重在自我发展维度的目标达成，而思维品质、社会参与维度有针对性地、有机地辅助自主发展维度的目标，最终三个维度的目标水乳交融，有重点、有互动、有结合地促进学生的心理塑造、情感提升、品格修养。

行走在知行课程中

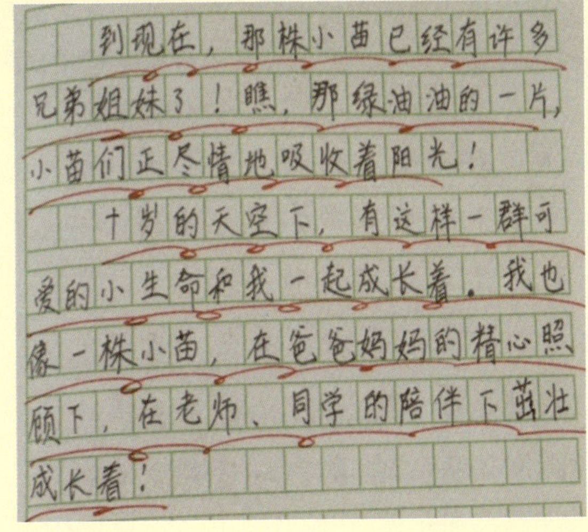

到现在，那株小苗已经有许多兄弟姐妹了！瞧，那绿油油的一片，小苗们正尽情地吸收着阳光！

十岁的天空下，有这样一群可爱的小生命和我一起成长着。我也像一株小苗，在爸爸妈妈的精心照顾下，在老师、同学的陪伴下茁壮成长着！

基于之前的分析，中学段知行课程在四年级重点针对“十岁现象”开展。谢维和教授在与老师们交流时反复提出，学生身上所表现出的不是问题，而是现象，是特点，学校课程建设应基于这些特点。这一点，正是中学段老师们研究课程的首要前提。

（一）明确课程实施原则

1. 关注内隐与外显

对于四年级学生的“知”与“行”，不仅仅关注到学生的外显的行为和活动现象，往往外显的行为可能受环境、同伴、教师、家长等因素的影响，是有所顾忌的表现，而并非真实性的内心感受和想法。因此，外在的效果不代表内化。

2. 兼顾全体与个体

清华附小坚持“儿童站在学校正中央”，无论是课程的实施，还是课堂教学，都关注儿童的个体发展和个性的发挥。因此，知行课程面向全体，同时关注个体差异，根据不同学生的特点，从个体差异出发整体设计课程与教学。

（二）组织课程实施

1. 自主发展课程

（1）自我体验

经过一年级“言行得体”、二年级“协商互让”、三年级“诚实守信”课程的培养，孩子们已经初步地了解了身边的世界，可是这些更多的是被动地适应，进入四年级以后，孩子们开始有了自己对世界独特的思考，开始用自己的眼光去看待周围的一切。这个时候，教育就是要及时地去引导他们从正确的角度，用正能量的态度去看待身边发生的事情。那么，最好的方式莫过于让孩子们观察、感受和理解生命的由来。

于是老师们设计了这样的活动：给每一个学生发下一包种子，让他们带回家种在花盆中，一定要自己亲自照顾，记录种子发芽、生长的重要时刻。一颗小小的种子在孩子们的细心呵护下，经历了播种、间苗、移苗、开花、授粉的成长，在灿烂的春日里挂满了累累硕果。这些播撒在孩子心中的不仅仅是丰厚的收获，更是这个过程带来的对责任和耐心的深刻体验，是对生命的尊敬，由此带来的是满含感恩地自主前行，负责任地主动应对周遭的变化。

从孩子们传来的照片、写下的随笔中，老师们欣慰地看到，孩子们从中学会感恩、学会珍惜、学会汲取、学会向上。这样的自我体验无疑是可贵的。

（2）自我成长

清华附小一贯重视学生的习惯养成教育，习惯是养成教育的产物，它往往起源于看似不经意的小事，却蕴含了足以改变人类命运的巨大能量。四年级教师团队充分调动学生的积极性，在老师、家长和小组同学的建议和自己充分考虑后，每个学生制定了一个“100 天改掉一个缺点或者养成一个好习惯”的目标。孩子们以自己喜欢的方式制作了记录表，将每天坚持的情况记录下来。

一天，宋永懿回来说：“老师让我们制订 100 天计划。我已经想好了我要每天做三组仰卧起坐每组 30 个，我一定要坚持做到，争取把我的肥减下去。”已经过去十六天了，然而我惊讶并且高兴，他可以每天坚持做 90 个仰卧起坐。有的时候，他在临睡前很困的情况下，还能记住他要坚持仰卧起坐。我们也很开心他有了长大的感觉。我们也相信宋永懿能坚持下这 100 天。“坚持”对于他不再是难事。

同时，老师们在“十岁的天空”这一主题课程下，更加细化活动的内容，重视过程化的评价，更注重细节上的引导。心理学家研究指出，一项看似简单的行动，如果你能坚持重复 21 天以上，你就会形成习惯；如果坚持重复 90 天以上，就会形成稳定的习惯。因此，老师们在班级中积极强化那些坚持 21 天好习惯的同学，班级和家庭一齐对孩子表示祝贺，当其坚持到 66 天和 100 天时，学校还会有更大的惊喜等着他！这样的活动对孩子们无疑是有意思的，对于长期以来因为孩子某一方面的不良习惯深感头痛的家长们当然也很支持。四年级教师团队还对学生

坚持好习惯的情况做出细致的统计。结果表明，连续 21 天坚持好习惯的同学占四年级学生总数的 68.2%，而努力坚持但 30 天内偶有间隔的同学人数占总人数的 28%，未能坚持自己定下的这项好习惯的同学人数占总人数 3.8%。

有意思的是，一个孩子在她的习作中记录了这样一件事：

今天，王老师说，她要和我们一起坚持 100 天，养成一个好习惯，还邀请我们为她制定目标。同学们立刻七嘴八舌地讨论起来。有的说，老师有时拖堂不太好。有的说，老师桌面不够整洁。最后，有一位同学提出了建议：要每天吃早饭！因为王老师很多时候要照看我们晨读，所以常常顾不上吃早饭就来到了教室，或者一包零食就草草解决……最终，在六个备选方案里，所有的同学不约而同地举手选择了“请王老师坚持吃早饭”，就连那些平时调皮的同学为了老师的身体，也没有坚持自己的想法……老师也欣然接受了我们的建议，提出要和我们互相监督，共同坚持养成好习惯。十岁的天空，无限的可能……

（3）自我约定

针对四年级学生在遵守纪律方面出现的倒退现象，老师们没有着急，而是针对学生“自我尊重、获取他人尊重的需要比较强烈，开始从活动的效果、动机等多方面评价自己和他人，开始学会独立地把自己与他人比较”这一心理特点，和学生一起讨论作为一名四年级学生，应当自觉做到哪些？由此制定出班级的公约。例如，“自主安排富余学习时间”“到专业教室上课提前排队，队列整齐，在铃响前到达专业教室”“做力所能及的家务（整理房间、洗内衣、洗红领巾……）”“上卫生间不拥挤，有序互让；卫生间内人多时，耐

心等待”“上下楼梯有秩序，不嬉闹，不推搡，右侧通行”等。在公约中，大家还提出了“积极参与大课间的活动并能坚持完成”“努力克服自身存在的缺点”“努力让自己在某一方面成为大家的榜样”和“遇到困难时能努力克服”等自强目标。有了这样的目标，老师们又建议学生自己设计“自主、自律、自强”奖章，每月月底评选出表现突出的学生。如此一来，各班的纪律有了明显地提升。

2. 文化修养课程

（1）开发属于自己的课程

四年级的老师们鼓励每一个孩子都开发一个属于自己的小课程，喜欢研究昆虫的、爱摄影的、爱好诗歌的、体育出色的……都可以与自己有相同兴趣的同学合作，无论是组织小社团，还是编辑自己的作品集都会得到老师和家长的鼓励与支持。这样，将学生中间原来只是因为单纯的性格相投而走到一起的小团体引向因兴趣爱好相同而能共同学习的小社团，在志趣相投的同伴交往中，提升了彼此的文化修养。

（2）共同营造充满文化气息的成长环境

在中学段的知行楼里，各种带有清华附小文化符号的环境布置随处可见，台阶上的“三字口诀”，提醒学生时刻记住“诚实守信”与“自律自强”；走廊里的故事廊

柱，让学生和文学经典与做人哲学时时相遇；教室外的宣传栏记录着学生在“知”与“行”中留下的精彩收获；教室内根据不同学科加以分区，设有学生自己设计、布置自己喜欢的小角落，每一个角落都有属于自己的小故事……这样一个充满文化气息的成长环境，让学生乐学。

3. 社会参与课程

（1）做一次设计师，我也行

活动不一定都得由老师设计，十岁的学生可以自己做设计师。四年级的老师们鼓励孩子们跨越校园，将关注的视线和触角延伸到社会的各个角落。无论是公益活动，还是与学科学习相结合，只要孩子提出来，并得到同学们积极响应，老师和家长都将担任学生的梦想导师，帮助其实现自己的设计梦。这样的过程，对于十岁的孩子来说，无疑是一次前所未有的成长体验，使他们对自己的十岁充满成功的喜悦，对未来充满信心。

（2）参加一次比赛或其它集体活动

清华附小每学期组织的活动都非常丰富，每月都有活动的主题，就拿这学期来说吧，“我是演说家”“运动会、足球联赛”“书中人物游行”“图书义卖”……各类活动丰富多彩，孩子们大多乐于参与，收益颇丰。但每个班总有一些学生，或缺乏兴趣，或信心不足，各类活动中都找不到他们的踪影。为此，老师们将关注的重点放在这些孩子的身上，鼓励他们在十岁这样一个值得纪念的阶段，积极参与至少一项活动，为自己十岁的天空添上一抹亮丽的色彩。老师们也为他们鼓劲，在活动中给他们拍照，留下宝贵的瞬间，珍藏在纪念册中。

在四年级即将结束时，老师们要为所有四年级学生过一次集体生日，生日会的主题就叫“十岁的天空”。这次生日会上将分为成长、感恩、风采、梦想四个单元，孩子们将和自己的老师、同学、家长一起分享自己的成长故事，表达对父母师长的感恩之情，欣赏彼此成长的风采，插上梦想的翅膀，展望美好的未来。

修远课程之毕业课程

修远楼里传出了窦校长一贯爽朗的笑声。此时，即将毕业的2015届毕业生正在上“修远”毕业课程第一课。

学生：这么多年来做了那么多事儿，您觉得累吗？

窦校长：是你们让我精神饱满啊，看到你们的成长，虽然累但值得。

学生：有没有遇到怎么教都教不会的学生？

窦校长：总有教不会的学生。同学们，任何教育都是自我教育，学习如果没有自主、自省和自悟，学习就不会和你发生真正的关系。但是老师会等待你觉醒的一刻，等待你花开的时候。

学生：从小学老师当到校长，有什么感受？

窦校长：苏霍姆林斯基说过，当你当校长的时候，千万别忘了你曾经是个老师。当了校长，还要有老师的样子。每个学生都是一颗种子，要观察每个学生，发现他们的独特之处，为他们提供发展的水分和养料。

不同于毕业典礼上一个人的演讲，也不同于一台毕业演出，校长窦桂梅的“修远”第一课采取了学生提问她回答的方式，学生站在中间，人人都是采访校长的小记者。面对学生成长的困惑，窦校长通过自己及身边的小故事表达了对学生的期望。学生们倾听、思索，未来走向中学、大学也要不断地上下求索——扎根、开花、结果，这就是清华附小毕业课程的魅力。

为了与未来的中学生活进行无缝链接，清华附小的毕业课程研发小组针对六年级学生第二学期的学习状况进行了调查。结果显示：大部分学生已经明确了中学的方向，于是学习状态出现断层，心理波动较大，对于小学最后一个学期的学习生活兴趣和动机普遍低下，“高原”反应明显。同时，课程研发小组又对“理想中的毕业课程是什么样子的”也进行了采访，了解到了教师、学生的很多想法和期待。

访谈：你理想的毕业课程是什么样子的？

老师 1：毕业课程既要对小学阶段进行总结，更要为中学生活做好铺垫。

老师 2：毕业课程一定要有内涵，让学生受到教育。

老师 3：为学生中学生活打好基础，帮助学生尽快适应中学生活。

……

学生 1：好玩，有意义，可以学到东西。

学生 2：让我们接触一些和小学不一样的东西，体验中学的生活。

学生 3：自己选修我们自己喜欢的课程。

……

调查结束后，课程研发小组的教师决定和以往过度关注课本知识的教育体系说“Bye bye”，着眼于现阶段毕业班学生的需要和兴趣来调整课程设置，包含为各个学习层次的学生设立的体验课程、清华附小文化传承课程、创新微研究课程，削减了本学期学生已经掌握的学习内容，摒弃现行课程的进度导向制，鼓励在不同的科目学习中开设“自主学习”单元，引入大课体系开展创新性实践活动，促使学生不仅用脑去学习，更要用身体去感觉和理解知识的本源和对社会生活的意义。

此外，教师在调查中还发现，伴随着身心的发展，六年级的学生已经出现了青春期的躁动和叛逆，一部分学生不能控制自我情绪，再加上对未来的担忧和恐慌，显得更加手足无措。所以，教师不能将目光局限在学生的小学阶段目标达成上，而是应该着眼于学生的长期发展。清华附小的办学使命是“为聪慧与高尚的人生奠基”，旨在培养学生的核心素养，发展完整人格。因此，毕业课程一定要基于学生核心素养发展的终极目标，帮助学生巩固正确的人生观、价值观，强化良好的行为习惯，顺利完成从小学到初中的过渡。

在这样的调查和思考基础上，以“修远”为主题的清华附小毕业课程出现了。“修远”毕业课程设计了以下三大模块。

模块一　中学生活体验课程：走进中学——遇见未来的自己

路漫漫其修远兮，中学的大门即将打开，未来的学习世界将会是什么样子？清华附小在课程平台中设置了体验课程模块。了解了学生对初中生活的问题、期待后，清华附小根据学生的兴趣、特长等有针对性地进行了设计，将体验分成：集体参观交流和一对一中学生活指导两部分。

集体参观——熟悉校园是走进初中第一件要做的事，这里的参观并不是走马观花式的观赏，而是透过中学校园的一树一木、一花一草体会中学的育人理念，明确自己未来的目标，在座谈和交流中，帮助学生通过感受小学和初中的变化，尽快转变角色。在参观过程中，学生表现出了强烈的好奇心和巨大的热情，对初中的生活多了一分期待少了一分恐惧。

一对一中学生活指导——让六年级毕业生和初中的学生手拉手，他们将以伙伴结对的方式进班听课，参加中学的社团活动。在体验中，学生认识到自主学习能力、自我管理能力和自我规划能力的重要性，这种来自同龄人的经验分享，更贴近自身、更容易实现自我教育。

体验归来之后，还要组织学生进行课程汇报，通过小报、PPT 等形式展示自己的体验和收获，做好规划，争取在未来的中学遇见最好的自己。

模块二　创新微科研课程：走进全国顶尖十大实验室——探索发现世界的真相

在实施毕业课程中，最让学生大开脑洞的就是走进全国顶尖的十大实验室：纳米实验室、基础工业训练中心、汽车实验室、航空航天实验室、水利实验室、精仪实验室、物理实验室、建筑实验室等。学生可以根据自己喜欢的方向选择适合自己的实验室，针对自己关注的科学问题进行实验和探究，最后形成科研报告。“纳米材料是怎么创造出来的”“卫星发射的基本原理”“三峡水库工作模型”等有趣的科研报告就是这样诞生的。清华附小校长助理、高学段段长张华毓说：“通过这一课程的开展，我们深切地感受到学生们对科学研究的兴趣和好奇心异常浓厚，认真严谨的科学研究态度渐渐培养起来，形成报告过程中的严密的科研逻辑也渐渐建立起来，学生具备这样的科学素养，无疑会促进他未来形成对科学的自觉追求。”

模块三　传承清华附小文化课程：重温六大主题——塑造中国灵魂

清华附小每一个学段都根据学生的年龄特点、认知规律、成长要求，量身定制学生的成长主题：低学段言行得体、协商互让；中学段自律自强、诚实守信；高学段勇于担当、尊重感恩。作为即将毕业的六年级学生，应该在小学阶段的培养中，打下清华附小文化的烙印，继续在未来的生活中守正与创新。于是，清华附小开展了系列毕业季的清华附小文化课程：

学长日——和学校的养成教育整合，录制“一日课程”微视频，与低学段的学弟、学妹共同分享，相互促进，让言行得体深化到每一天的日子里，发挥毕业生的榜样示范作用。同时，学长日期间，很多班级同学走进学校的

清華大學附屬小學 TSINGHUA UNIVERSITY PRIMARY SCHOOL　成志国际机场 Chengzhi International Airport　24小时订票热线：010-62782474　登机牌 BOARDINGPASS　登机牌 BOARDINGPASS

姓名 NAME　清华少年

航班号 FLIGHT　QHFX2009

始发站 INITIAL　清华附小 TsingHua University Primary School

到达站 DEST　梦想 DREAM

日期 DATE　06-27

登机时间 TO TIME　08：00

候机厅 HALL　1915

登机口 GATE　修远楼

座位号 SEAT　2015

舱位 CABIN　健康 阳光 乐学舱

清华附小登机口示意图

水木童心号

ETKT
20092015QHFX5201314

登机口可能变更，请注意广播或提示信息

航班号 FLIGHT	航班号 FLIGHT
QHFX2009	QHFX2009
座位 SEAT	座位 SEAT
2015	2015
日期 DATE	日期 DATE
06-27	06-27
序号 NO	序号 NO
0915226 ETKT	0915226 ETKT

特别提醒
航班起飞前10分钟关闭飞机舱门
Flights departing 10 minutes before closing the aircraft door

百年的附小 大家的附小

JOIN US FOR THE 100TH ANNIVERSARY OF TSINGHUA UNIVERSITY PRIMARY SCHOOL

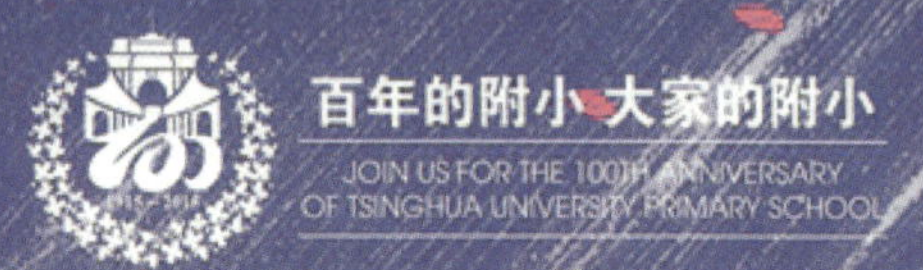

2009 级 6 班素描附小老师

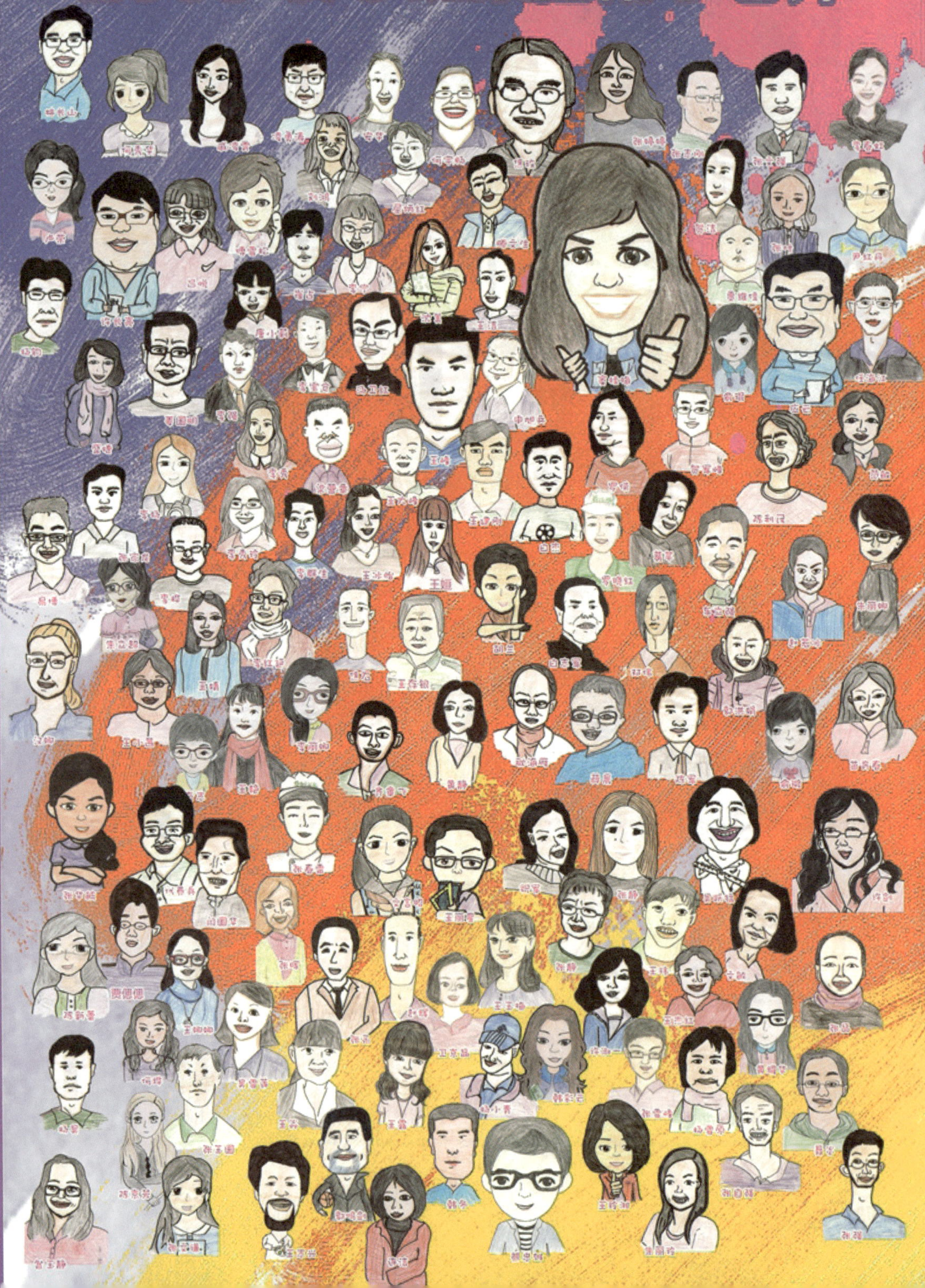

清

各个办公室、教室，帮助打扫卫生、整理物品、分发报纸、送达快递、一对一生生辅导、一对一共同阅读等。在学长日期间，学生懂得了与同伴的交往中，有分歧要能协商，轻私利、重友谊，有荣誉、同分享，存小异、求大同。遇到不能满足自己或不顺心的事学会换位思考，主动沟通交流，学会忍耐与谦让。学长日也极大地挑战了学生们对自己言行负责，尽全力做有益于他人与社会的事的勇于担当的责任心。

趣味衔接课——六年级的学生，正处于形象思维向抽象思维过渡的时期，适当提前和加强抽象思维训练，适当补充一些新的教学内容，加快学习节奏，可以缓解学生身心剧变产生的矛盾，降低过渡期“坡度”，帮助学生轻松跨越“小初衔接”的难关，增强学习适应能力，有利于平稳过渡。基于“小初衔接”的重要性，整合小学、初中的教育资源，实现课程的最优化，清华附小整合补充了“古诗文素养课”“圆明园主题历史课”“哲学启蒙课”“英语戏剧课”等趣味衔接课程。

领航青春课——基于六年级尊重感恩的主题要求，清华附小设计了“毕业前应该做的五件事”活动。五件事中采取“1+X”的方式，既有学校层面的要求，也有班级方面的自选动作。实施过程中，既有统一的行动，也有个体在日常过程中的生成，让毕业成为一个不断升温的过程，让学校的人、事成为不断加深的印象，让学生成为不断成长的个体。学校层面倡导了四件事，分别为：

第一件事：向所有教过我们的老师表达一次感谢。

第二件事：向低年级的同学送一本书，讲一本书。

第三件事：向班主任老师写一封自己心里话的信。

第四件事：重走一次成志大道，了解学校的历史。

“路漫漫其修远兮，吾将上下而求索。”毕业课程之路也是清华附小的修远之路。在毕业课程的道路上，清华附小人且行且思，坚信只要上路，就会遇到隆重的庆典。

“一条龙”英语填补空白

1998年，清华大学外语系提出了对大、中、小学英语教学实行“一条龙”培养的设想，成立了清华大学教务长亲自领导的清华大学大、中、小学英语教学“一条龙”项目组。“一条龙”英语教学模式，确定了小学的英语教学作为整个英语教学体系的基础地位。作为“一条龙”项目的研究单位和实验学校，清华附小成立了“小学英语教学研究与实践”课题组，深入开展小学英语教学各个方面的研究与实践。1999年9月起，清华附小正式开始试行清华大学“大、中、小学英语教学一条龙”《小学英语》实验教材。

2000年一个秋日的下午，清华大学外语系范文芳教授带领教师一起走进清华附小英语李老师的课堂听课。这节课的话题是动物，但也涉及介词on的应用。李老师先在黑板上画了一片草地和一棵大树，然后她拿起玩具猴子为同学做语言示范：“The monkey is on the grass.（猴子在草上）The monkey is on the tree.（猴子在树上）”然后，她又拿起一只玩具兔子说：“The rabbit is on the grass.（兔子在草上）The rabbit is on the tree.（兔子在树上）”之后，同学们开始模仿老师提供的句型造句。下课后，范老师带领大家一起评课，她首先提出了这个问题：“我们可以说The rabbit is on the tree吗？”大家一致认为这是在帮助学生操练句型，可以脱离现实。但范老师强调，学习新语言一定要为学生创造尽可能真实的语境，表达真实的想法。语言学习是生活的再现，不能曲解科学事实。清华附小的英语老师就是在这样一次次研讨中，改变着惯有的思维模式，逐渐接纳、展开了课堂新模式的研究和实践。

经过多年的研究与实践，课题组教师在范文芳教授的指导下，建立了一套完整的现代化教材体系。首先是编写了一套完整的贴近学生生活，符合小学生认知规律的“一条龙”《小学英语》1~6年级12册教材。这套教材通过教育部审定并在哈佛大学图书馆收藏。同时，多方位地开发教学资源，如学生活动手册、寒暑假作业、单元测试卷、期末试卷、教师参考书、课堂教学设计、教学课件等。在我国这样一个母语与英语不属于同一语系而且文字不是拼音文字的语言环境中，高质量、有效地丰富小学英语课程学习的资源是小学英语教学必要的条件。对小学英语而言，清华附小开发贴近学生生活实际、为学生喜闻乐见、符合小学生认知规律的教材，有着填补空白的重大意义。

课题组老师在实践中还探索出一套成熟的小学英语教学模式。他们在教学过程中以学生为本，根据学生生活经验和认知水平，把小学英语分成三个教学阶段。第一阶段：语音、语调输入和认读阶段（一年级和二年级），听说为主，认读跟上。第二阶段：语音、语调输入和读写初级阶段（三年级和四年级），继续听说，读写跟上。第三阶段：语调输入和读写并行阶段（五年级和六年级），听、说、读、写全面训练，并形成了比较成熟的学生学习方式和教师教学模式——

学习方式：

低学段（一年级和二年级）：在说、唱、动中学习；

中学段（三年级和四年级）：在仿、说、演中学习；

高学段（五年级和六年级）：在读、写、思中学习。

教学模式：

低学段（一年级和二年级）：听说结合，说唱结合，说动结合；

中学段（三年级和四年级）：情境对话，仿写练习，学演训练；

高学段（五年级和六年级）：学科融合，故事教学，戏剧表演。

实验开展多年，学生是“一条龙”英语课程最大的受益者。他们参加2007－2009年海淀区五年级学业质量监测，连续三年取得了优异的成绩：合格率均为100%，优秀率分别为99.9%、96.5%、100%，平均分分别为98.5分、96.8分、99分，名列海淀区前茅。

张老师的儿子在小学六年级第二学期才从山东转学到清华附小。他在开学时的英语摸底测试中只考了52分。但在开学后，他的成绩每个单元都能进步十几分，最后在期末中取得了100分的好成绩。现在的他正在清华大学读书。每次和张老师谈到儿子的英语学习，她总是提到“一条龙”英语教材启发了儿子学习英语的欲望，使得孩子通过学习英语课文获得了中文所不知道的学科内容，达到了英语学习最终的目的“Read to Learn”。

多年来，清华附小的“小学英语教学研究与实践”，根据清华大学大、中、小学英语教学“一条龙”培养的设想，制定了小学英语教学教法研究的总目标和主要内容，从教学大纲、教学模式、教材及测试等几个方面进行系统研究，并且在理论研究的基础上，边实践、边提高，积极探索、努力创新，使教学质量不断提高。教师在多年的实践中探索出有效的教学方法、测试方式和英语实践方法，对我国小学英语教学起到积极的推动作用。

丁香树下闻笙声

丁香是清华附小的校花，丁香树下的笙管代表着清华附小的民乐团。

清华附小金帆民乐团从建团至今已经近 15 年了，从乐团走出的学生已接近千人。金帆民乐团创始人吴跃猛老师，1999 年毕业于中国音乐学院，当时他放弃了中国音乐学院附中专业教师的条件来到清华附小，做了一名普通的小学音乐教师。翻开吴老师的在校档案，他几乎门门功课在 90 分以上，专业成绩更是名列前茅。那他为什么还是放弃留校而选择了音乐普教工作呢？吴老师说，他想让民族音乐的花朵开遍整个清华园。清华园的孩子更多是清华大学教职员工的子弟，父母当中很多人都有过留洋的经历，如果说让他们的孩子们学习一种西洋乐器，他们会毫不犹豫地答应并支持，如果你说让他们的孩子学习中国传统的唢呐、笙等乐器，这在办团初期还是挺费劲的。

随着乐团在 2011 年申办北京市金帆民乐团的成功，现在每当放学，当你漫步在清华园，就会听到阵阵悠扬的笛声，这也都是吴老师带领清华附小音

乐团队的老师们一起普及竹笛进课堂的效果。正是有了这种普及工作，金帆民乐团的发展才有了更大的底座。随着乐团逐渐走出校门、走出国门，逐渐被世界很多国家和地区的观众所认可，清华园的家长们也慢慢认同了清华附小的民乐团，并积极鼓励自己的孩子参加乐团，学习中华民族的传统乐器。

经过多年的良性发展，随着一届届学生的毕业以及新生力量的加入，目前，乐团的毕业生在清华大学、清华附中的民乐团中都发挥骨干作用。并且，由已经毕业的学生干部提议把每年5月第二个周五作为每年的毕业团员的返校日活动。在这一天，已经毕业离校的乐团成员都会如期返回母校，来到曾经排练过的排练厅与往日的师生聚会一堂，畅叙离别之情，他们也会与原来的小徒弟亲切拥抱，嘘寒问暖。小徒弟会给小老师带来零食，边吃边聊，并带着小老师在学校各处走走、转转；小老师也会给小徒弟带来小礼物，鼓励他们好好学习，争取考入理想的中学继续深造。

至今已从清华附小毕业十年的王昱阳说："管子声部是清华附小民乐团引以为傲的一点，作为'笙管笛箫'中的第二位，管子却远远没有其他三样乐器知名，甚至清华附中、清华大学的民乐团，都是在我从清华附小毕业后好几年，才逐渐有了管子声部。清华附小的民乐团，往小了说是各中小学民乐团中的一面鲜明旗帜，往大了说是在弘扬中华民族传统文化。"

而对于离开清华附小的民乐团已经有八年的邵城阳来说，在清华附小学习音乐的经历已成为他生活中不可分割的一部分。

二年级时，邵城阳开始上吴跃猛老师的音乐课，后来被发现比较适合学习吹管类乐器。由此，他开始学习管子，并且真正地拥有了属于自己的一件乐器。那是用沉得坠手的老红木削成的木管，外观朴素，依靠芦苇哨片发声，声音厚重、悠远。邵城阳认为他对音乐的最早理解，就是来自于那几年的学习。最开始，他对于乐理其实毫无概念，学习乐曲完全是靠记忆，把旋律和节奏背下来。幸而对于音高还比较敏感，背下这些东西在当时没有什么大的困难。

最早的练习是长音和简单的练习曲，而后就渐渐地开始往吹打乐合奏的方向走了。邵城阳记得学到的第一首吹打乐合奏曲是《淘金令》。之所以现在还能回想起来，是因为他在大学民乐团再一次遇见了它的旋律——它被作曲家刘文金先生写进了《我的祖国》中。它的速度对于初学者来讲实在是快了一些，而且还包含一个长达十六拍的长音。可以想象当时它为他带来了多大的挑战。然而他最终还是将它攻克了下来——除了练习，似乎没什么捷径。就这样，他和团员们一点一点地排练了好些吹打乐合奏曲。

排练的细节邵城阳大多都已经记不清楚了，但是他对于指导教师却有很深的印象。学校为他们请来了张大森老师做指挥，而时隔六年之后，已经升入清华大学的邵城阳，在大学民乐团又一次有幸接受张老师指导。现在想来，邵城阳颇有些后悔小学时的不经意：张指挥是民族音乐大师彭修文先生的嫡传弟子，为什么那时没有多向他学习这些东西呢？自己理解的总是比亲历者要差一大截，何况这位亲历者还总是很耐心地向我们这些晚辈解说乐曲的内涵。

吴老师和张指挥的指导帮助他们进步了许多。在高年级时，他们经历的演出活动渐渐多了起来，邵城阳对于乐队的记忆也大都来自于这个时期。他现在依旧记得 2005 年去香港的一次活动——那是他第一次出远门而没有家长跟随，兴奋可想而知。香港的炎热也挡不住他们对于这颗“东方明珠”的种种好奇。对于表演的种种细节，邵城阳已经全无印象，然而在火车上练习的情境却还历历在目：他们就在车厢里奏响自己的乐器，把紫丁香带到移动的车厢里去。那是一种单纯的、没有任何顾虑的兴奋。

然而另一方面，年岁的增长也让邵城阳对于登台有了不同的感受。在民乐团的经历，不仅让他体会到登台表演的感觉，也教会了他欣赏音乐。当时跟着吴老师学了不少管子的独奏曲目。小孩子学东西，到底还是“不求甚解，但求熟背”。现在再回想这些乐曲，才知道音乐真正可以“绕梁三日而不绝”。邵城阳想：也许老师们也并不指望他们当时就能明白，但无论如何，总归能够体会到音乐里面的内涵，也算不辜负老师们的教诲了吧。现在每经历过一场真正投入的演出，他都会产生一种恍如隔世的感觉，似乎总有什么要表达的意犹未尽，却找不到什么恰当的词汇。他想这不全是由于他的语言贫乏。毕竟音乐不是文字，不能用文字来写尽背后的内容，音乐的形状也就是心的形状。有一首合唱曲的歌词写的是：“只要我有一首歌曲，我便可以找到我的方向，继续前行。”邵城阳现在开始体会到这笔精神财富的可贵，而它的起始，就是清华附小的民乐团。

时间过得真的太快了。刚刚参加完一年一度“清华大学、清华附中、清华附小联合音乐会”，邵城阳和清华附小民乐团的前团长到张指挥的化妆室去拜访。张指挥很欣慰地拉起他们两人的手，对前团长说：“你长成大姑娘了。”又对邵城阳说：“你一点儿也没变。”而后他有些感慨地自言自语道：“你们都是大孩子了！我也老了。”

然而邵城阳想，音乐是可以让人永远年轻的，它给人的灵魂以年轻的活力，张指挥可以永远年轻，百岁的清华附小也可以在音乐之中永远年轻。

种子课程——尊重生命和成长的课程

一个孩子，一个世界。赏识学生不是一个口号，而是一种承诺，更是对教育智慧坚韧度的考验。每一个孩子都是天使。每天，教师都要面对一个个鲜活的生命、一个个性格迥异的孩子，要小心呵护每一个孩子的世界。窦校长常说：“生命只有一次，童年不会再来。”这句话所反映的正是清华附小所有教师的教育信念：要爱每一个孩子！把每一个孩子的成长当成教师的最高荣誉！

多年来，清华附小一直秉承“儿童站在学校正中央”的理念，尊重每一个学生的成长。在“1+X 课程”体系中，提出“为每一个儿童设计课程”的构想，试图通过整合式的主题活动课程、菜单式自主化课程及“私人定制”式课程，逐步适应学生的快速成长需要，构建更加适合儿童自由呼吸的学校生态环境。

缘起于那失落的一角

他叫小彭，在教室最后一排的右侧靠墙处坐着。他的课桌上散落着各种各样的书本，文具盒和铅笔在桌子上乱摆一气，凌乱不堪。这个孩子时而东倒西歪地看书，时而蹲下去钻到桌子底下玩……班级里发生的事情好像和他没有任何关系。整堂课，这个小家伙都没有听课，一直在“自娱自乐”。

那一次课后，参与听课的窦桂梅没急着去评课。而是来到了班主任老师面前询问这孩子的情况。老师带着激动与无奈的心情告诉窦校长这个孩子的“病情”：是个有点内向，喜欢独来独往的，总是沉浸在自己世界里的学生，学习和行为习惯不好，言行随便、不听课、打人、脏乱、学习成绩不理想……当时作为副校长的窦桂梅只把注意力停留在课堂教学的内容上，老师说的学生自身的问题她并没有格外关注，心里留下的是对孩子的同情和对老师的理解。

暑假过后，转眼孩子升到了五年级。这天，窦桂梅又来到这个班听数学课。数学老师正讲面积问题，引导学生估算：一个鸟巢的面积大约相当于多少个清华附小操场？其他同学还在演算，坐在角落里的小彭冷不丁冒出一句："50个。"说完，又自顾自地玩起来。但孩子的回答引起了窦校长的关注。尽管不确定答案是否正确，但是窦校长高高举起双手，向小彭竖起了两个大拇指。这一幕恰巧让这个冷不丁抬头的孩子看到了。下课后，窦桂梅先向数学老师求证，得知小彭的答案是正确的后，疾步来到小彭面前，按捺不住心里的激动："小彭，你怎么这么了不起？我刚才也跟着你们进行估算，怎么就没有你那么快，那么准确呢？"小彭那无所谓的表情突然一闪，他回了窦桂梅一句："没什么，本来就是那样的。"他特别"淡定"，似乎没有把校长的夸奖当回事。

这是个契机！窦桂梅把小彭领到办公室，亲手给他写了一份校长奖："小彭，祝贺你在课堂上精彩的表现！当同学们埋头运算的时候，你的回答那样响亮，那样正确，一定是你聪慧的大脑和你的注意听讲结合在一起，创造了美好的那一刻！相信你在其他课堂上也一定会这样精彩！"窦桂梅在奖状的落款处郑重地写上自己的名字，同时还送给他一盒特殊的礼物：画笔和纸。自此，每天窦桂梅在校门口迎接学生的时候，只要见到他，总会响亮地喊着他的名字——小彭！

转眼间，"三八"妇女节到了，学校号召每个学生给自己的母亲写一份奖状，赞美自己的母亲，小彭不仅给自己的妈妈写了一份，还给自己最尊敬的窦校长写了一份。拿到奖状的窦桂梅再次向他竖起了大拇指。受到窦桂梅的感染，老师们也开始行动起来，安排小彭为学校的值周生。课间休息时，总能看到戴着袖标在校园里认真检查班级卫生的小彭！

这一年的"六一"儿童节，老师们将窦桂梅和小彭的故事写成剧本，排成短剧，登上了"六一"演出的舞台，主演当然就是师生二人。小彭上台前，班主任王老师手里真是捏着一把汗，生怕小彭到台上后闹脾气或者一言不发。但令人意想不到的是，小彭完美地展现了真实的自我。

从那以后，小彭走路的样子更加挺拔，脸上的微笑也更灿烂了。小彭在海淀区语文、数学、英语三门学科抽测中都得了"A"！转眼间，小彭毕业了，在他毕业那一年的教师节当天，小彭也回到母校看望老师，他还特意来到窦校长办公室，向窦桂梅恭恭敬敬地鞠了一躬。

让每一粒种子自由呼吸

窦桂梅与小彭的故事，对种子课程的构建和实施产生了深刻的影响。种子的不同，绽放了世间的花的缤纷。每一个孩子都是一个独特世界，如何把这个“理儿”落实在每天的教育行动中，而且持之以恒？种子课程便应运而生了。种子课程的定位就是以满足每一个儿童的学习需要为目标，尊重个体差异为基础的拓展性课程。在种子课程的课程内容与教学的设计中，儿童被看作是学习过程的主体，具有主动性、能动性。

清华附小的老师希望，通过为儿童“私人定制”的种子课程，帮助每个学生最大限度地、科学地对待他的生活环境，自觉促进个人与自我身心的和谐、促进个人与他人关系的和谐、促进个人与自然关系的和谐、促进个人与社会关系的和谐。

每天早晨，窦桂梅都会站在校门口，微笑着竖起大拇指或行鞠躬礼迎接学生。那一刻，所有的疲惫，都因学生带给她“爱的回流”而消散。这个竖起的大拇指是送给清华附小所有孩子的，其中当然也包括那些有点“另类”、有点“特别”的孩子。在窦桂梅的带动下，无论是在活动中还是在平时，老师们也都对那些“特别”的学生给予了许多特别的关注和关爱，让他们也能站在教育教学的正中央。

有个学生叫小维，数学对于她曾经是一个“噩梦”，数学作业本曾错题百出，书写脏乱，成绩也不理想。有一次，她弱弱地问数学老师姜国明：“您说，我是不是永远都学不好数学？”这句话让姜老师陷入了深深的反思中：虽然当下的数学课堂与十几年前相比有了很大的改变，但“课堂学习 + 课后练习巩固”的模式却一直沿用至今。在数年的学习中，小维没有体会到学习带给她的乐趣，加之很少有成功的体验，渐渐地她对自己的学习能力产生了怀疑。如果继续下去，我们的教育只能是一点一点地磨灭她对学习的热情。这将是一件多么可悲的事啊！

姜老师通过了解发现，小维的父母是清华大学的教授，母亲在清华美术学院任职，可能是遗传，也可能是受母亲的熏陶，她特别痴迷涂涂画画。能不能帮助小维将绘画与数学的学习相整合呢？于是，姜老师给小维布置单元梳理小报的系列任务，鼓励她用故事和绘画来呈现单元知识的梳理。于是，在数学课每一单元学习结束后制作的单元梳理小报中，小维开始“画数学”，自创了漫画人物“小毁”，用“小毁”的生活来总结本单元的数学学习。渐渐地，随着学习内容越来越复杂，小维给“小毁”身边增加了兄弟姐妹、舅舅、姑妈等角色，并把故事不断地与生活结合：长方体单元，“小毁”的任务是测算礼物盒要准备多大的包装纸；百分数单元，“小毁”的任务是测算压岁钱每年获得的利息……这些单元总结渐渐形成了系统，最后小维将它整理成了一本数学漫画图集《小毁成长记》，在年级内成为美谈。她从中找到了自信，成绩有了稳步的提升。她对妈妈说：“我用绘画这把钥匙打开了探索数学天地的大门。”

一（7）班有个小朋友小吴，总喜欢在教室里跑圈圈，转得老师和同学都头晕。他说自己很小的时候就开始跑圈圈，有时跑大圈圈，有时跑小圈圈。通过和他对话，老师感到，每个学生的成长都有丰富的背景，这可能成为其成长的障碍，也可能成为其成长的资源。对这些学生，我们不能要求其断臂重生，更不能揠苗助长。那么，怎样才能使这个学生归于正常呢？最终，老师想出了陪他去检查各班卫生的好办法。检查卫生要沿着走廊转很多圈，这样可以有效地释放他的“爱好”。

种子课程的核心在于“立人为本”，它在最低层面上是使儿童认识生命、保护生命，在高级层面上是让他们享受生命、优化生命、激扬生命、完善生命。因此，种子课程是一门人文科学的课程，实施过程中充满人性的关怀、温暖、滋润和感化。

璞玉的成长之路

提起一（1）班的天正，可谓无人不知、无人不晓。通过下面的两张名片，我们一定能描摹出天正同学的形象来。他是如此特别，犹如一块还未发掘的璞玉。天资极可能顺其自然就能成为最耀眼的玉器，可是这块宝玉本身的纹路如何，谁也不知。

名片一：天正，男，清华附小 2014 级 1 班，7.5 岁

1 个月会说拼音 a、o、e；9 个月会说话；1 岁认识 24 个汉字；1.5 岁熟练背诵汉语拼音、英语音标及发音要领，会背九九乘法表，用汉语拼音查字

典；3 岁前学习汉字过目不忘，这时已经可以自如地读报纸，全文背诵三字经，开始跟外教学习英语；3.5 岁学钢琴；5 岁自学韩语歌曲一百只老鼠，并因此自学韩语所有发音和数字；6.5 岁背诵圆周率到 1250 位，还可用英、日、法、韩文熟练背诵圆周率；7 岁上小学，数学可以轻松学习三年级课程，多位数乘除法自己琢磨结果都正确；在网上学会了一些数学算法，不但会算还能够在理解后举例子，比如迭代幂的计算等；会背诵元素周期表；全国音乐基础知识（初级）考试 85 分；上网自学的一些知识不愿意都说出来，总想给大家一些"惊喜"。

名片二：天正，男，清华附小 2014 级 1 班，7.5 岁

情绪控制力较弱，在饥饿情况下更加严重，随着年龄增长在逐步改善。行为控制能力弱，很难在固定地方待 5 分钟。开学时，上课期间会在教室内走动，甚至跑出教室。

一年来，爸爸一直陪伴上学，生活和学习上很依赖爸爸。在学校里，超过半个小时没看见爸爸会哭泣。

有几个好朋友，但不善于与同龄伙伴交往。与人交往时不能看着对方，难以分辨对方的情绪和想法，如课前 3 分钟演讲基本和同学无交流。

在入学前的新生见面会上，天正的不同寻常已经引起了老师们的注意，对老师们的问话不予理睬，只是自顾自地说一些谁也听不懂的话。主管教务的安老师以及经验丰富的一年级老师们和天正爸爸开诚布公地深入谈话。

安老师说道："我们呀，觉得天正是个好苗子，但是他的教育问题不是普通小学能够解决的，他需要专业的支持和辅导。为了对孩子们负责，建议您转入专门学校。"

天正爸爸支支吾吾地说道："我们知道学校很为难，但是我们希望能在清华附小上学。希望天正能在普通学校上学，慢慢融入正常的学校生活。并且，天正爷爷一直在清华工作到退休，我本身也是清华附小毕业的，我们对清华有感情呀！"

爸爸的话砸进每个人的心窝。是呀，孩子不在清华附小上学又会有哪个学校接收呢？没有专业证明，想进入特殊学校谈何容易？那些所谓的"天才

班”层层考试选拔，也不一定适合这个孩子呀！

思虑再三，窦桂梅终于下定决心：“孩子我们是一定要管的。这是个好孩子，不能荒废了，我们尽最大努力帮助他吧！”

对这个孩子的帮助，从暑假里便开始了，一年级老师们纷纷给天正爸爸建言献策：“既然决定到清华附小上学，就要做好上学的准备，每个老师管那么多孩子呢，天正开学后可能很难适应。所以，建议您在假期里帮助天正赶紧养成一些好的生活习惯，比如，在教室里不随意走动、不随意叫嚷……”

经过一个暑假，天正爸爸和班主任朱老师都怀着忐忑的心情迎来了天正的入学。不出所料，天正果然很难适应小学的生活。开学第一周，窦校长到一（1）班听课，就坐在天正边上，可课上到一半，窦校长发个短信的工夫，天正一下不见了。这可把大家吓坏了，听课的老师们赶紧去追，结果在操场的一角发现了孩子。当老师们问：“你为什么不在课堂里听老师讲课呢？”天正答道：“那些数学题，我都会了。”

面对这个有着非凡数学天分的孩子，怎么办？低学段段长、教数学的傅雪松老师主动担当：“让他到我班里游学几天，让我来观察一下，帮着想想办法。还有为了保证孩子的安全，还得请父亲过来陪读。”于是，此后天正的数学课，就在爸爸的陪伴下改在一（8）班上了。观察了几天后，傅老师的确发现天正具备了超越年龄的数学水平。于是，又联系了三年级的数学老师，让爸爸带着天正到三年级的数学课堂上去游学。这样的故事，在天正身上，不胜枚举。

亲爱的天正：

又到周末，每天的生物钟已经让我习惯早起，静听窗外鸟儿的叽喳叫声，此时的天正还在睡觉吧……

教学生涯的最初几年就遇到天正是老师的幸运，这是多少老师终其一生也没有的缘分。缘分总是很奇妙，天正正好比老师的孩子大六岁，两人同一天生日。看着你每日清晨蹦蹦跳跳地走到我身前问好，有时也会拿起粉笔在我身旁转悠，你的快乐与烦恼表现得简单直接，我仿佛就看到自己的孩子一般。

有教无类，因材施教，感谢天正让我对这些古训有了更深刻的理解。我曾在上学期写天正是块不明纹理的璞玉，需要等待时间的力量，然而孩子与璞玉毕竟不同，时间之于璞玉无益亦无损，时间的无意流逝却是一个孩子最大的损失。

于是这一年里，老师和爸爸正试图更多地了解天正，智力上的、性格上的等建立完备的档案。在老师们建议和推荐下，爸爸带着你做智商检测，找到了研究自闭症的老专家，拜访了心理专家。在学校教育里，老师也竭尽所能给你寻找更合适的教学资源。上三年级的数学课，参加三年级的数学考试，图书馆全天候对你开放等。

随着爸爸和老师近一年的努力，你慢慢地能在窗外爸爸关注的目光下坐在教室里上课，能自己独立地参加考试，能和全班同学一起吃加餐，每天早上见到每一位老师能问声早安。你的这些长足进步让老师欣慰，并且有更多期许。

二年级时，已经戴上红领巾的天正能独自和同学们一起学习和生活吗？能和朱老师谈谈心，和同学们说说话吗？甚至能交上几个好朋友吗？期待着等待着！

这是一学年结束，班主任朱老师写给天正的评语。天正才戴上红领巾，正在启程的路上，正走在成为“美玉”的路上。也许会路途坎坷，但是始终心怀希望。

天正的出现，也丰富了老师们对种子课程的理解。“种子”不仅是“后进生”，更是每一个孩子，课程需要为个体“私人定制”。天正只是特别的个例，对待每一个孩子都要相信可能，相信教育的力量，相信他们自身的力量，静待花开！

种子课程是一系列事件

课程的建设离不开强有力的师资团队。2015年，清华附小特别设置的“种子课程研究中心”由心理学、教育学等多领域的专家组和学校内热衷于学生研究的教师组成。目前，机构中有外聘专家两人，校内心理学资深教师、教育学研究生多名。

目前，清华附小种子课程在实施过程中，主要通过以下三种方式进行。

第一，整合式的主题活动课程。主题活动课程是基于在清华附小“1+X课程”体系的品德与社会板块里的六大主题课程提出的。六个主题课程按照不同年龄的学生心理和生理变化、需求面贯穿六个年级，即言行得体、协商互让、诚实守信、自律自强、勇于担当、尊重感恩。每一个主题课程又用三字诀的形式，谱上优美的旋律，形成《三字口诀歌》配合着一以贯之、丰富实效的课程，潜移默化地滋养着每一个学生的心。例如，一年级：

清华人　知礼仪　讲文明　修养好
进校园　衣整洁　红领巾　佩戴好
走路轻　靠右行　坐立时　胸挺好
交谈时　体端庄　目交流　表情好
爱树木　护花草　公共区　秩序好
言语美　仪表优　举止雅　精神好

在六大主题课程的基础上，学校开展了整合式的主题活动课程。一年级开展“入队启程课程”、二年级开展“同伴课程”、三年级开展“我诚信·我自律”课程、四年级开展“十岁天空课程”、五年级开展“天使课程”、六年级开展“毕业修远课程”。每一个活动都可以根据年级学生的需要，以多种方式展开，如“专家请进来”“学生走出去”“大手拉小手”“班际间”“校内外”等。

第二，菜单式自主化课程。自主化课程是以学生的发展需要为中心，基于学生的兴趣爱好为出发点，通过导师制、水木秀场和学生自创课等帮助学生适才扬性，为学生提供菜单，并与学生一同“炒菜”的课程。自主化教育强调尊重人和人的个性，强调个性潜能和优势的发掘、发展，强调让每一个个体找到独特生长的领域。在导师制度下，学生可以根据自己的兴趣爱好，成立自己的小课题研究团队，选择相关领域的导师。学生兴趣盎然，全身心投入，用调查报告、PPT 发言、实践作业等多种方式，汇报自己的学习成果，也积累了解决实际生活问题的经验和能力。在水木秀场，学生可以在这个场域发现自我与展现自我，如车模专家、昆虫爱好者、书法翘楚，甚至家务能手、旅游达人等都能获得分享、展示的机会。每周三中午的“水木秀场、名生讲堂”是属于他们的时间，在这个时间里，学生就是老师。在自创课上，基于学生某一方面的优势，老师使用扬长匹配策略，对学生的长处进行教学设计，使学生的个性特长更加突出，让学生成为课堂的“主人”。

第三，私人定制式“SSAP”课程。“SSAP”即“Seed Student Assistance Program”的缩写，意为种子学生帮助计划，是清华附小的“私人定制”式课程。种子学生辅导对象为一至五年级学生，辅导方式为外部专家参与的案例式研讨。根据最初由班主任填写的种子课程学情分析表，结合学校早前建立的种子学生电子档案，从学习认知、规则意识、家庭支持、情绪控制四个维度对学生进行分类。大致分为两类，一类为帮辅种子学生：以班主任老师的特别关注为主要工作方式，注重在日常教育教学过程中融入特别教育的技能、技巧，不断提高学生的认知水平和规则意识。另一类为专辅种子学生：以校内外专业老师组成的团队干预为主，定期对学生及班主任老师进行专业辅导，有针对性地实施阶段性教育活动，逐步改善学生的情绪控制力和家庭支持等系统。为帮助这些种子学生，清华附小采取了一系列的具体举措：在校内建立资源教室，配备专业资源教师；在资源教室内设立帮助专线，并公布到各位老师；建立种子学生帮助计划专业团队；建立种子班级，进行集中辅导与专业活动策划；制定并完善一对一的辅导制度（包括学生和班主任两个维度）；建立和完善学校的种子学生案例库……

师生彼此抵达

清华附小种子课程设置之初是为了丰富学生个性，发展儿童的多元化潜能，却在无形中收获了另一种境界，那就是促进了教师队伍的专业化发展。与其说种子课程是为学生服务的，不如说种子课程是为全校师生服务的。

种子课程是一个系统工程。在学校管理层面，在每一个管理者的心中都种下了一颗“尊重每一个儿童”的种子；在学校的教育教学一线，更加强调了班主任老师在培育种子学生方面的重要角色和教育使命；在专业教师的培养方面，更是对相关老师提出了新的挑战和机遇，需要教师投入更多的学习时间进行专业方面的学习和提升。清华附小祝军老师说：“随着种子课程研究的深入与探讨，我们越来越感觉到，清华附小的老师们发生着这样的变化：愈发地勉于学习、勤于实践、长于合作、乐于分享。”

每一个孩子都是读不够的风景。随着种子课程研究的深入，清华附小的老师们越来越感觉到，学生们也发生着变化。马迎春、李宁等老师发现：通过种子课程，学生对自我的客观评价更加清晰。种子课程开展的过程中，学生们乐学分享，善于合作，深入研究。在种子课程中，有一部分种子是需要特殊的照料与关爱的。因为每个学生的家庭环境不同，所以，每个学生的性格特点也有很大不同。有一部分学生经常活在自我的世界里，他们或者不喜欢集体活动，或者不乐于与同伴交往，或者干脆把自己深深隐藏起来。针对这部分学生，学校采取了相关老师对口辅导跟踪的方式，定期深入到班级巡视、课后关心、与家长建立适宜的沟通机制，等等，对学生进行全方位的关注和辅导。同时，开设了情绪管理、情商培训等自我成长课程。目前，已经取得了明显的效果。学生的变化还有特别显著的一点就是勇于、善于展示自己的优势。水木秀场已经开展了 71 期，擅长绘画、喜欢书法、钻研昆虫、迷恋中医、享受吟诵等方面的学生脱颖而出，他（她）们在水木秀场的舞台上，不仅仅分享了自己坚持某方面爱好的感受，更是树立了自己的梦想和体验了收获成功的喜悦。

有人说：“课程是一个情境化的社会过程。”亦有人认为“课程是一系列事件”。对于清华附小的老师们来说，种子课程不再是跑道，而已然成为跑的过程本身，他在奔跑的过程中享受着亲近儿童、研究儿童、帮助儿童的喜悦，也收获着超越文本、超越教材、超越教师的欣喜。我们有理由相信，种子课程在清华附小地全面深入和实践，必将给儿童带来另一重教育的春天。

/三/ 水木童心，少年样态

清华附小的学生在学校里呈现怎样的状态？国际著名的课程专家、《理解课程》的作者威廉 · F. 派纳曾用两个关键词来形容，第一个词是 Belonging，学生在校园里有归属感，第二个词是 Power，学生在校园里获得力量。这恰恰诠释了清华附小“儿童站在学校正中央”的育人理念。

在这一理念的指引下，清华附小师生及家长共同确定了清华附小学生在小学阶段应呈现的成长样态：健康、阳光、乐学。

健康，是指身体，身体是立人之根。强调“有趣、出汗、安全、技能”。其一：讲究卫生，养成良好的作息和饮食习惯。其二：热爱体育运动，坚持体育锻炼，熟练掌握一项体育运动技能。其三：积极参加生理知识的学习，学会防病自护，运用这些知识促进自己身体健康发展。为实现曾任清华附小校董的马约翰先生所提出的“为祖国健康工作五十年”号召，打下坚实的身体基础，养成终身锻炼的体育习惯和体育意识。

阳光，是指心理、精神，精神是立人之魂。强调拥有正确的人生观与价值观。其一：热爱生活，自信向上，充盈着积极进取的精气神。其二：友善乐群，学会微笑、感谢与赞美。其三：明辨是非，正气浩然，胸怀责任感与使命感。

乐学，是指学生对待学习投入的境界，是立人之径。其一：学有兴趣，对知识充满好奇，能克服学习中的困难，为追求新知乐此不疲。其二：学有方法，善于积累，会读书、善思考，掌握并灵活应用基本学习方法，养成终身学习的习惯。其三：学有创新、善于观察、勤于动手、敢于质疑、勇于探索。

在清华附小，对何为“优秀”学生，没有统一的标准。一个学生只要能“做最好的自己”，就是一个优秀的学生。在校园里，清华附小的学子健康、阳光、乐学，犹如“水木湛清华”般生机盎然，清芬挺秀。

成长风景激扬“水木生态”

2014 年 9 月 1 日，清华附小开学典礼。早晨 7 点，学生陆续进入校园，洋溢在每一个学生、教师、家长脸上的微笑，互相举起的大拇指，让人感受到这所坐落于清华园里的百年小学的传统积淀与现代活力。

家长们发现，随着孩子慢慢长大，“健康、阳光、乐学”这些在开学典礼时学校阐释过的理念，正在内化为孩子身上令人惊喜的成长，而这些身心变化对孩子未来的影响要远远超过一个好分数。

2014 年 11 月 14 日下午，窦桂梅邀请新东方教育科技集团董事长兼 CEO 俞敏洪走进清华附小，与教师和家长就“父母的规矩与儿童的天性”展开对话。这场与搜狐教育《掷地有声》栏目合作的活动引起了不小的轰动，“父母的心平气和是孩子成长最大的养分”“时间的多少决定孩子对家庭的感觉”，俞敏洪的家庭教育观点一度成为微信圈里转发的热点。

小学教育培养什么样的儿童？窦校长对此的答案是“健康、阳光、乐学”。这个目标其实不算高远，但是在学校教育陷入应试泥潭的当下，却显得尤为

俞敏洪

雷军

于丹

可贵，而大声疾呼把“健康”放在第一位、“让体育成为核心课程”，尤其振聋发聩——健康的身体是一个人的根本，这是显而易见的常识，然而，挤占体育课，课间不允许学生随意跑动、学生体质日渐下降同样也是当下校园里司空见惯的现象。

在清华附小，这个悖论完全不存在。学生在操场上、校园中跑个不停，操场上踢球的学生迅速变换攻防队形，清华附小的体育课程中，篮球、棒球、板球、轮滑……应有尽有，甚至还在校园里设置了供学生攀岩的角落。每班每天都有一节体育课，全校每天都有 30 分钟的健身大课间。

到这里的每一个陌生访客都可以感受到清华附小学生的“阳光”。走在校园中，时不时会有学生主动问好。2014 年 10 月，第四届基础教育发展与改革论坛开展时，学生们向访客介绍他们收集整理的名人资料，个个落落大方，展示完毕，还送给访客每人一张清华附小百年校庆纪念卡，礼貌地给他们敬一个鞠躬礼。

清华附小的校园既是安静的，又是喧闹的。这里每天都有来自全国各地的来访教师、培训教师、媒体记者，但学校的师生们都从容淡定，教室里经常传出琅琅的读书声，课间经常能看到阅读或者弈棋的学生。

不知道这群清华少年在日后经历中学和大学生活之后，会留下何种小学的记忆，也许，他们成才后的鲜花和掌声更多地会属于中学、大学，但是“健康、阳光、乐学”的理念和精神，会永远种在这些清华附小少年的心中。

小学生千里单骑

快乐的暑假到了，五年级的黄翰林同学每年在这个时间都要去山东看望爷爷奶奶，以前每次都是坐高铁或是爸爸开车去，只不过今年假期，班主任老师提出了让同学们参加社会实践活动的创意。小翰林想做些有挑战的事情，于是，便选择了一种很特别的出行方式——父子决定来一场“北京到山东莱州”的骑行挑战。

面对爷爷奶奶的强烈反对，小翰林采取了电话沟通的方式，终于用足够的热情和时间，融化了爷爷奶奶这块“坚冰”。

由于爸爸平时工作很忙，装备清单和注意事项小翰林就只能自己在网上查询。装备采购和调试，小翰林亲自上阵，一天全部搞定。和爸爸签署了正式的《骑行挑战安全协议》，7 天 168 小时，不超过 1800 元的费用由小翰独立计算决定，三张安全黄牌就罚下场。经过精心准备，小翰林的骑行挑战终于成行，面对 600 多公里的路程和未知的困难，小翰林和爸爸一起勇敢地上路了。

一上路，小翰林常叮嘱爸爸，垃圾绝不能随便乱扔、遵守交通规则，看来黄牌的威慑力还是有效果的。一个上午，终于骑出北京城了，看来城里车多还是骑不快。到了晚上，一看里程表，行程已经有 88.8 千米，再往前就要再骑 30 千米，住廊坊了。小翰林拿出手机，订房、导航一阵忙活，既要控制费用，还要确保自行车晚间安全。最终，他选择了一家经济又安全的住所。晚饭搞点烧烤，费用再紧张也要把爸爸的啤酒钱留出来。

第二天早上 5：20，闹钟响起，起床顺利。根据计划，这天要骑到天津津南区，仅上午骑行已经超过 50 千米，完成既定目标，小翰林还不觉得累，看来要把爸爸拖垮了。傍晚进入津南区，全天离 100 千米只差一点点，最后 10 千米小翰林和爸爸互相加油打气。仓促选择的酒店质次价高，看来明天离

开大城市后条件要差一些了，小翰林已有思想准备。

随着 5：20 的闹钟起床，第三天开始了。小翰林发现今天有点吃力了，浑身疼，估计这是比较艰难的一天。果不其然，刚上车就屁股疼。离终点还有 400 多千米啊，小翰林刚骑出市区就开始打退堂鼓了，要请求救援，说什么也不骑了，足足在路边静坐僵持了半个多小时，最后在爸爸的鼓励下还是决定咬牙坚持，继续赶路。路上没有风，没有树荫，只有大大的太阳，两个字：累、热。因为上午静坐耽误的行程只有赶夜路追上，不能睡到田野，小翰林为自己上午的退缩感到懊悔。

第四天是最为关键的一天，体力和精神都已透支殆尽，在海边国道骑行了一上午，烈日炎炎，数次想要宣布失败，呼叫救援。一个卖瓜的老伯知道小翰林是从北京骑行过来，免费送了个大西瓜给小翰林，很多路人都关心和赞扬他，听说是清华附小的学生，更是啧啧称赞。出校门代表的就是学校了，要好好表现，想到这，小翰林精神为之一振，信心大增，谢过路人之后，满怀力量踏上征程。

天快黑了，都说望山跑死马，看到远处城市的灯光，就是骑不到。年度最大的月亮挂上了树梢，小翰林和爸爸也架起了车头灯，好好体验了一把夜行的感觉。

第五天，小翰林决定今天一定要战胜前几天的懦弱。接近中午，已到黄河胜利大桥桥头，看来胜利在望。因为道路维修，好不容易找到一家宾馆，很有家的感觉，赶紧养精蓄锐以便下午过胜利大桥。休息妥当，很快将胜利大桥压在脚下，胜利已经在招手了。看看路线，东营边上住店为好，一番折腾，还是找到了一家很不错的酒店，小翰林已经驾轻就熟了。

第六天，距离终点还有 160 千米，起早还是阴天，天气不热，机会难得，努力一博，为明天的最后冲刺打下好基础。上午一口气骑行 50 千米，快到极限了，还赶上中午的大雨，雨未全停，抓紧时间上路，体会了一把风雨兼程的感觉。大阴天使日骑过百成为现实，小翰林心里特别美。不过路边居然没有酒店，一路打听，来到一处镇上找到 70 元的宾馆，赶紧吃饭休息。

第七天，出发，最后的冲刺。爷爷奶奶家越来越近，小翰林越骑越有劲，一口气骑到了村口。看到爷爷奶奶都在村口等待，小翰林恨不得马上扑到他们的怀中。历时六天半，骑行 607 千米，总费用 1646.5 元，没有超出时间和费用预算，小翰林的骑行挑战成功。

这一路下来，小翰林虽多次萌发想要放弃的念头，但终于咬牙坚持下来，一路上还展现了很高的安全意识和环保意识。全程 190 多个红绿灯，未出现一次违章，还多次提醒爸爸注意交通法规。整个行程小翰林没有乱扔一点垃圾，甚至包括一点点纸屑和一个小小的瓶盖。路人问起，他就骄傲地回答是清华附小的学生。

水木秀场秀自我

教于有声，育于无声，于有声无声之间完成使命，是清华附小教育工作者的智慧追求。窦桂梅主张在组织主题活动时，改变教师包办代替、学生只当配角的传统，让学生站在活动的正中央，成为活动的主角。

为给学生搭建个性化成长的平台，学校经常举办属于学生自己的书画展、数科节、运动会、音乐会等，同时，每周三中午都举办水木秀场活动。水木秀场不拘形式，集体、个人不限，展示内容不限。从舞蹈、声乐、器乐、戏剧、绘画、书法、摄影、旅游、篆刻，到棋类、朗诵、曲艺，等等，学生

想展示什么就展示什么，想怎样展示就怎样展示。

李嘉华是个满世界找虫子的“怪”学生，从小就对昆虫表现出浓厚的兴趣。来到清华附小之后，班主任何老师发现了他对昆虫的狂热。“有一天中午吃饭，我看到家里有两只苍蝇，在我要打苍蝇的时候，儿子却喊爸爸千万不要打，这两个苍蝇一只是爸爸，一只是妈妈，他们两个在说话。孩子的妈妈问他怎么看出来的，孩子认真观察后说左边腿上有毛的是爸爸，没毛的是妈妈，它们两个正在交谈，先不要打扰他们，”嘉华爸爸告诉何老师。“这孩子一天到晚不务正业，只顾抓虫子。他从外面找回的虫卵孵化了，满阳台都飞着蛾子，看得人是又害怕又生气。”嘉华妈妈忧心忡忡。出乎家长的意料，何老师不但没有像家长想象的“批评学生不务正业”，反而说服家长继续支持嘉华的兴趣爱好。

有一次，语文课上，老师讲“春蚕到死丝方尽”，春蚕把所有的丝吐完以后就死了。 嘉华自己养了蚕，经过观察，他发现，蚕最后并没有死，而是变成了飞蛾。于是，他向老师提出了质疑：“老师，春蚕由蚕蛹变成了飞蛾，它的蚕尽了，但是它的生命没有终结。”

对昆虫的研究，激发了嘉华对学习的极大热情。在对大自然的观察中，他发现一种蝴蝶，两个翅膀酷似蛇头，让他惊喜不已。是蝴蝶为了保护自己，模仿了蛇，还是蛇的造型来自蝴蝶？这引起了他的研究兴趣。他感叹：“大自然真是太奇妙了，总是让我有意想不到的发现。”

嘉华研究昆虫的足迹不仅遍布全国各地，还延伸到美国、新加坡、印尼、厄瓜多尔等。在家里，他喂养了几百只昆虫，研究它们的习性，还制作了许多标本。二年级时，在何老师的鼓励下，他将自己写的昆虫日记和有关昆虫的绘画作品编辑成一本书——《昆虫记（第一辑）》，连同昆虫标本一起，在

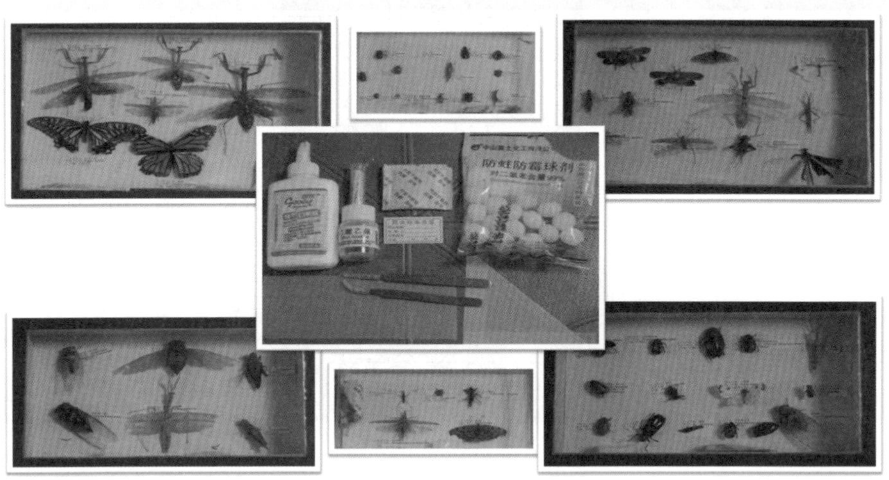

水木秀场进行了展示。他以“我与昆虫”为主题，用流畅、自信的演讲和大家分享他的研究与发现，展示旅行途中罕见的昆虫世界，描述昆虫标本的制作过程，推荐他最喜欢的昆虫书籍。同学都满心佩服地叫他“小达尔文”。诺贝尔奖得主杨振宁到访清华附小的时候，仔细阅读了嘉华的书，大加赞赏，亲笔为嘉华题词“发展自己的兴趣”。杨先生幽默地对孩子们说：“不要成天想着诺贝尔奖，那样会生病的，像李嘉华一样发展兴趣，诺贝尔奖就跟在你的屁股后面来了。”

现在，水木秀场成了孩子们的“圣地”，“达尔文李”“许中医”“张魔术师”“小书法家”“小考古学家”等各种“小达人”不断涌现，孩子们在此秀出了个性，秀出了自信，秀出了成长。他们最终不一定成为科学家、艺术家、考古学家、文学家，但是，他们在对理想的执着、对兴趣的探索以及在全校大胆展示的过程中收获的更有意义：同伴的认可、自信心的锻炼、自我存在

清華大學附屬小學
TSINGHUA UNIVERSITY PRIMARY SCHOOL
水木秀场
說說我的中醫夢想
2014年9月3日 中午12:50-13:20
闻道厅
四年级一班 许馨元
清華大學附屬小學
TSINGHUA UNIVERSITY PRIMARY SCHOOL
2014年4月27日 中午12:50 13:20
水木秀场
魔幻之旅
轰动全城
闻道厅
三年级一班
张紫垣
水木秀场
阳抒诚 岩石展
成立社团
社团活动
水木秀场
缤纷童趣
三年级 季时如 季时羽
兄妹画展
1915－2015
水木秀场
水木秀場
让我们带你进入一个奇妙的拼装世界。。。。。
四(6)班
水木秀场
三六班魔方拼图创新实践课程
小 乐 高 大 世 界
三(7)班 李俊杰
水木秀场
棋
行走于黑白世界中的胜负师
五年级2班 张昆鹏

水木秀场
我们的户外徒步运动
happy children!let's go!
四年级3班 袁悦庭 王奕乔 宁昀潼
时间: 2014年09月24日
中午12:50-13:20
地点:闻道厅
身未动，心已远

清华附小
水木秀场
欢迎同学们都来哦
小荷才露尖尖角
2012级5班张心百合
个人书法绘画作品展

水木秀场
清华附小
欢迎同学们都来哦
一花一叶一诗云
2012级 1班 唐诗云
个人书法绘画作品展

水木秀场
日记画展
清华大学附属小学
TSINGHUA UNIVERSITY PRIMARY SCHOOL

1915－2015
水木秀场

清华附小
水木秀场
欢迎参加朱宁《乐高英雄工厂》展
邀请你一起与恶霸战斗，捍卫和平
未来机器人时代
谁是真正的主人
2012级5班朱宁JEFFREY ZHU
LEGO HEROFACTORY乐高英雄工厂

清华附小
水木秀场
高家齐诗画集
大家好！我是二年级(2)班的高家齐
我出了一本《诗画集》
我觉得
写诗，可以向对方传达感情
画画，可以表现有趣、美好的故事
加油啊！
我非常热爱写诗画画。
嗯！我还在一直坚持呢！！！

清华附小
水木秀场
——一个爱画画的小女生
清华附小二年级2班
聂莳雯绘画作品册
欢迎大家来参观我的画册哦！

清华附小·水木秀场
我的思乐动物世界
二年四班 刘宇轩

水木秀场
少年壮的
奇思妙想
二年级五班 陈子壮

水木秀场
我的心中
每天开出一朵花
艾

水木秀场
我和我追逐的梦
——吴霖云

三年级四班编织小工坊
陈禹睿
董乐水
罗钦辉
闵雨晴
编出智慧 ★ 织出快乐

1915－2015
水木秀场

水木秀場
五年级2班匡敏行
大世界里的小建筑
挑戰 堅持 成就

水木秀场

行走于黑白世界中的胜负师
五年级2班 张昆鹏

带你走进北京的胡同
史家胡同博物馆
清华附小
五（4）班华建宇

水木秀场
一年级七班
用纯真的童心描绘着美丽世界
2014金秋十月

的体验、试错的反省……

50 枚硬币打开世界大门

2015 年寒假，由清华附小 149 名师生组成的艺术团赴美演出，用音乐讲述中国好故事。刚到美国的同学们都喜欢关注周遭的世界，一个大眼睛的小男孩闻桦清却总是关注周围的小店，或者一个人静静地坐着，好像在思考着什么。他常常掉队，还经常请假去买水喝。原来，他在做一件特别的事——寻找 25 美分的硬币。

据了解，他是在一次购物的时候，发现美国的 25 美分的硬币图案很特别，一面的图案是人头肖像，另一面则不同，有的是自由女神像、有的是一棵大树、有的是奔跑的骏马……他每发现一枚新的图案就留下来，开始时是无意地留着，后来开始有意收集。他借买水的机会，购物找零的时候，有意地收集 25 美分的硬币。两天时间，他已经收集了 22 枚。在大巴车上，张团长也留意到这孩子正在开展的“工程”，就和他聊起了硬币里的大学问。这次交流对桦清“工程”地进展起了推动性作用，他问张老师：“为什么有这么多不同图案却相同面值的硬币呢？共多少种呢？又有什么含义呢？”张老师一一作答，同学们都听得饶有兴趣。当桦清听说美国有 50 个州、共有 50 种图案不一样的 25 美分硬币时，他下定决心，要集齐这 50 枚硬币，用 50 枚不一样的硬币纪念此次美国之行，了解美国各州文化。

听说桦清收集硬币的行动后，张老师把自己身上的硬币拿出来，让他挑选，还特意请美国导游帮忙收集。桦清每天数着硬币，他希望时间过得慢点，再慢点，他要完成这个愿望。他拿着地图，对着州名，收集一枚就画一个勾。一枚又一枚地积累，到了回国前的最后一天，他数了数，47 枚，还差 3 枚。

返程的大巴把老师和同学们拉到了肯尼迪机场。来到机场，欢欣雀跃的同学队伍中，唯有一位少年愁眉不展，他就是桦清。这时候，镜睿同学说他有几枚硬币，不知道有没有需要的。桦清又找到了一枚，48 枚，还差 2 枚，这 2 枚是堪萨斯州和亚利桑那州的硬币。这 2 枚硬币怎么找呢？机场售货的小超市还可以再找找看，结果没有找到。一位热心的警察叔叔过来了，他知道了桦清的心愿后，开始帮忙到处寻找这两枚硬币。过了一会儿，他带回了 1 枚亚利桑那州的硬币。这时离登机还差 4 分钟，警察叔叔又去找了，2 分钟后警察叔叔又回来了，额头渗出了汗珠，手心里捏着堪萨斯州的最后这 1 枚硬币。在这么多人的共同努力下，在登机前 2 分钟，50 枚硬币终于收集齐了！桦清和警察叔叔激动地握手、拥抱，匆忙留下了值得纪念的照片后，登机回国了。

此次美国之行，桦清克服了晕车、时差、思乡种种困难，得到了同学、张团长、老师、导游和美国警察叔叔的热心帮助，把不可能变成了现实。孩子们用音乐讲述中国的同时，世界人民也相互张开怀抱彼此拥抱。50 枚硬币是信心、勇气、梦想实现的见证，是打开世界大门的钥匙，更是清华少年坚持不懈的精神和心怀天下的视野。

独立见解扬创新

那是一个周五的下午，王丽星老师的“3C”课堂精彩绽放。

“五年级的学生，这学期刚刚接触‘3C 课程’，他们连什么是答辩都不知道，仅短短几分钟听别人的小课题阐述，作为‘专家团’的他们能提出问题吗？能提出什么样的问题呢？”

“如果学生提不出什么有价值的问题，我们该怎么办？……”

“你只要给学生展示的舞台，学生一定会有别样的精彩。”

尽管老师之间还有着这样那样的争议，但王老师用这样一句话鼓励着老师们要坚定尝试的步伐——看看“3C 课堂”上学生到底会有什么样的“精彩”！

“美丽的校园，棵棵大树伴我成长，它们像我们一样健康、阳光、挺拔而又茁壮，在五年级的 3C 创新实践课里，我们一起研究了它们的‘身高’。”

伴随着高学段主题课程“勇于担当”的三字口诀歌和侃侃而谈的课前“三分钟演讲”，王丽星老师开始了这节有关大树“身高”的调查报告答辩会的课。

同学们以小组为单位，人人都是汇报人，但人人又都是“评审”小专家，王老师耐心地倾听着、观察着……

“请汇报人进行阐述。”

“同学们好，我先代表我们组跟大家汇报我们的研究……”第一组同学开始了自己的汇报环节，“我们组要解决的问题是：大树有多高？这棵树是二年级楼梯前的一棵树，我们组是这样分工的……”

“当时，我们组为什么要选这棵树呢？”组内另一个孩子补充道，“这棵树位于二年级楼前，长得非常挺拔，我们都很喜欢它，我们组采用的测量方法有影子法、拍照比例法……”

“我们测量影子时，用不同方法测量了两次，两次结果又算了个平均数，当作最终影子的长度，然后再求出大树的高度，这棵树的高度是……”

……

带着问题，研究对象清晰明确，分工合理，听着孩子们娓娓道来，王老师频频点头。

“请评委专家提问。”

“为什么一个数据你们要算两次，还要算平均数呢？”

“我来给你们组提个问题。”另外一个小专家说，“你们用照片中人高和树高的倍数关系来计算树的高度，如果拍照时角度不对，那岂不是得出的大树高度就不太准确了？”

小专家们针对性的建议接踵而来：

“调查报告撰写时不要仅仅是研究流程的罗列，段与段之间要有很好的衔接，要有过渡语，要环环相扣。”

“你们小组的调查报告书写潦草，建议你们以后打印调查报告。”

“如果调查报告要打印，那不就变成了家长干的事情了，我们要自己的事情自己做。”

“答辩”还在继续，精彩继续上演：

“我们小组研究完大树的身高后，又提出了新的研究问题，如果是一个高 10 米的灯在晚上照结果会变吗？一年后，两年后，三年后……树的身高会有规律性变化吗？”

“我们小组在这次实践活动中有了这几点收获：第一，学会了团队合作；第二，初步了解了写调查报告的方法和步骤；第三，用数学方法解决了生活中的实际问题，理论和实践相结合；第四，只有到外面做了调查，才可以真正体会到测量大树的方法，而不是坐在教室里套用公式。”

当分享到第四点收获时，下面有学生由衷地说：“这个觉悟好！”望着学生们高高举起的小手，听着他们的发言，一旁观摩的老师不禁震撼了：“提供给学生 3C 的舞台，独立见解、质疑批判、不断探究、敢于创新就会悄然发生……”

“晨鸟儿”风景

每天早上，你会与他们相遇，他们是快乐的“晨鸟儿”班。现在，他们班已经成为清华附小早晨的一道美丽的风景。

“晨鸟儿”班，即二（2）班，班主任李宁老师在同学们刚入学那会儿很头痛：班里总有同学因为体质弱隔三岔五请假。她突然回想到自己小时候爱生病，总请假去看病，二年级时差点就休学了。后来，妈妈每天早起陪她跑步，坚持了三个多月，她就很少生病了。那一刻，她觉得作为老师，她有义务让这个班里的每一个同学都能阳光地走出教室，接触空气，感受运动带来的乐趣！“如果老师每天能够和同学们一起参与体育运动，身体力行，那也是一种带动，说不定同学们的体质就会慢慢变强。”

第一天“晨鸟儿”们的开幕式并不热闹。操场上只有李老师和班里的两个女同学。为了调动更多同学的积极性，李老师在回班之后分享了自己因为体质弱差点休学的故事，也为班里参加运动的同学颁发了健康铜卡。

接下来的几天里，学生的运动热情开始高涨起来，每天到操场上运动的学生越来越多。为了让参与的学生感到运动的快乐，李老师还利用课间和学生一起跳长绳。

就这样，一天、两天……到一年级下半学期，班里几乎全员出动晨练。在这个过程中，班里爱运动的学生不仅生病的次数少了，上课的精神面貌也好了，还通过运动结交了很多朋友，变得更加阳光与开朗了。

但是，这个过程也不是一帆风顺的。班里有个叫明明的小男孩，看到周围的同学都加入到了晨练的队伍，他也很渴望加入，但由于一些原因爸爸妈妈无法将他很早送到学校。很多次，他闷闷不乐地跑到李老师面前，表达他也想参加晨练。

为了帮助明明达成参加晨练的愿望，李老师号召班里的同学出金点子帮忙。最终，让他和妈妈进行起床比赛的小妙招真的帮助了明明。就这样，明明一天比一天来得早，现在他已经成为班里晨练最积极的同学之一。

明明的妈妈发来这样的短信：

明明从小体质就不好，入学时我就担心他这学可怎么上啊？开学那几天似乎都成了神经质，心想以后这小病号拖班级后腿，老师肯定生气了，等等。我对他的要求就是少生点病，开心上学就好。直到参与到“晨鸟儿”的队伍中，一切都改变了。我还记得刚开学时您对我说，以后坚持锻炼，身体会好起来的。我当时觉得心里特别踏实。他现在各方面都进步很大，我的担心早就一扫而光。

现在每一天的晨练中，这个“晨鸟儿”班都有 30 多名同学积极参加。随着学生的积极性越来越高，李老师的头脑中就产生了新的课题：怎样才能让班里的同学锻炼得更加有效，更加丰富多彩呢？

于是，“晨鸟儿”班开展了“我是清华附小健康代言人”活动。琪琪第一个报名：“老师，我可喜欢转呼啦圈了，而且我还可以教同学们一起转呼啦圈。”听了琪琪的想法，李老师立刻建议她组织一个小小的呼啦圈社团。在琪琪小老师的带领下，“晨鸟儿”班由只有一人会转呼啦圈到现在二十多人都会转啦！就是这样，跑步、健步走、跳绳、踢毽子、羽毛球、跳皮筋、编花篮……一个个小社团成立起来，这些运动也深受“晨鸟儿”班同学的喜爱。

阳光社团有“热爱”

新学期伊始，二（3）班的一个小姑娘给大家讲了自己亲身经历的故事。暑假，她和妈妈一起意外地救助了一只受伤的猫头鹰，她们把它带回家里悉心照料，后来猫头鹰康复了，留在了她的家里成了她的小伙伴。有一天，这只猫头鹰不小心误食了塑料袋，她和妈妈一起把猫头鹰送去了医院。在医院里，她看到了宣传资料，了解了猫头鹰是国家二级保护动物，虽然很舍不得，但还是决心把它送到动物保护协会。这是一个很有爱心、非常喜欢小动物的小女孩，她经常收留流浪的小猫、小狗，用自己的压岁钱买口粮给这些小动物，还认真地观察过仓鼠妈妈哺育小宝宝的过程。

她讲的这个故事在同学中引起了很大的反响，很多同学表示自己也想有这样的机会一起关心照顾小动物。爱思考的她就有了创办一个动物社团的想法。当她把这个想法告诉班主任许老师时，许老师特别激动，表示绝对支持，这更坚定了她的信心。于是，班级里的第一个小社团——动物保护协会诞生了，社团成员们还在团长的带领下设计了团徽。看着这群孩子这么有爱心，愿意和小动物成为好朋友，许老师由衷地为他们感到自豪。

当一颗童心告诉你她想做什么，你一定不要拒绝。因为，来自于孩子内心世界的最原生态的东西是最弥足珍贵的。你应该做的就是，赞美他，支持他，努力让他做成。

令许老师没有想到的是，动物保护协会成立以后，其他社团也如雨后春笋般地冒了出来。爱好自然探索的几位同学组成了自然社团，他们会定期轮流给大家介绍自然界的珍奇动物、植物、神奇奥秘的自然现象等知识；喜欢悠悠球的几个同学组成了一个悠悠球社团，在课余时间比拼技艺，教大家玩悠悠球的技巧；喜欢观察蘑菇的几位同学组成了一个蘑菇社团，他们利用课下时间，在校园里、校园外收集蘑菇标本，并买了关于蘑菇的书籍，给大家介绍各种奇特的蘑菇品种；几位喜欢表演的同学组成了丑小鸭话剧团，他们排演的节目十分精彩，公演的时候让观众都大为惊叹。除此之外，还有别出心裁的改错字社团、啄木鸟社团，等等，这些都是学生智慧的结晶，也是他们为之付出心血的宝贝。

现在这个班已经是六年级了，班里几乎每一个学生都有属于自己的小社团，这些社团种类各样，比大学里常见的那些社团显得更轻松、更活泼。

这些社团都是学生根据自己的兴趣爱好自己创办的，别看这些社团规模小，团徽、队歌一个都不少，而这些也都是学生自己设计出来的。

最让老师骄傲的是，他们都是秉承着一颗善良、关爱的心，为了保护自然、保护动物、丰富大家的课余生活而努力着，他们在用心合力办好社团的同时也促使自己进步了。比如，蘑菇社团里的那几个男孩子，几乎全部是班里的淘气包，有时候还会欺负一下女孩子。不过自从他们有了蘑菇社团这个使命后，竟然开始变得沉稳、有责任感了。他们用心地给大家普及蘑菇知识，这股认真劲儿着实让人感动。

把时间还给孩子，孩子就会去思考。把空间还给孩子，孩子就会去创造。把信任、支持、爱给了孩子，孩子就会还你一片阳光。

立人主张照进“童心世界”

“基础教育的使命就是为一个人的一辈子负责、为学生一生的幸福负责，”中国教育学会名誉会长顾明远认为，“基础教育的核心使命是应该打好

‘三个基础’：第一个是打好身心健康的基础；第二个是打好学习的基础；第三个是打好走向社会的基础。其中，第一个使命主要强调学生的身体、心理健康，这是基础之基础；第二个使命主要强调学生的智育，要求基础教育阶段学校重点培养学生良好的学习习惯，使学生掌握科学的学习方法，学会学习；第三个使命主要强调学生的德育、美育等，要求基础教育阶段学校重点培养学生的思想品德，培养合格的‘社会人’，形成正确的评价标准，为走向社会打下基础。”

“为聪慧与高尚的人生奠基。”窦桂梅用这句话诠释了清华附小“立人为本，成志于学”的百年校训的现代使命。

在清华附小，教师潜心挖掘每一个学生的兴趣，每一个学生的梦想都被教师、家长小心呵护。为此，清华附小确定了学生在校六年的成长样态——“健康、阳光、乐学”，并内化为“身心健康、善于学习、审美雅趣、学会改变、天下情怀”五大发展核心素养。

吟诵演绎家国情怀

清华附小将“天下情怀”解读为“家国情怀、国际视野”。家国情怀怎样深入学生内心？四（6）班班主任张文强老师找到了一条最佳途径——吟诵。

吟诵是中国式读书法，清华附小原校董朱自清先生就曾经感慨“五四”以来吟诵被废止是语文教学的大损失。清华附小原校董冯友兰先生也强调传统文化是中国人的根。他认为中国人要有家国情怀，古诗文就是中国人的精神家园。用吟诵这种中国式读书法读中国的古诗文，这不正是培养家国情怀的最好途径吗？

百年厚重的历史，众多先贤的教诲，清华责任的承担，张文强老师决心：继承先贤教诲，重新光大吟诵这种中国传统式读书法，课程引领，整合推进。让儿童浸润在古诗文的吟诵声中，培养家国情怀，塑造完整人格。

在张老师的班级里，早读有吟诵微课堂，午读时间有习字吟诵微课堂，放学后，还有吟诵兴趣班，进行形式多样的吟诵活动。张老师把吟诵与现有的教学内容整合。比如，在学习春天单元的时候吟诵以春天为主题的诗歌；与学生生活整合，在不同的花季开不同的吟诵诗会等。学生就这样吟诵了大

量的古诗文。

吟诵不等于读经，不是死记硬背，而是要寻找吟诵与儿童生命成长的契合点以及与其生活对接的生长点。张文强老师就特别注意以吟诵为切入点，促进学生素养的提高。

2014 年的戏剧节，张老师的班级把北朝民歌《木兰辞》改为古色古香的古装吟诵剧，把木兰替父从军的英姿飒爽表现得诗情画意、淋漓尽致。那么，家国情怀怎样才能不只是口号，不只是吟诵的内容，而是深入学生内心呢？

刚开始张老师只是和学生一起解读剧本，花木兰忠孝仁义，爱家爱国，这就是家国情怀了吧！学生点点头，也说得头头是道。张老师觉得万事大吉了。随着《木兰辞》吟诵剧的排演，张老师发现，家国情怀没有那么简单。

吟诵剧排练开始时，张老师根据每个儿童的特点设置了不同的角色。

班里有几个同学缺少精气神，站没有站的样子，东张西望，目光涣散，这样的学生，必须让他们提起精气神。张老师把他们放到最需要精气神的吟诵组。问题马上就来了，吟诵组的同学纷纷抱怨："我的角色没有意义，不就是个背景嘛！""我不想演了，少一个人也没有关系。"……

张老师始料未及，头都大了。怎么办呢？这哪是具有家国情怀的孩子？看来对剧本理解不够深入。在张老师带领下，全班进一步研讨课文，提出不懂的问题。学生们还真有问题："木兰为什么要参军？""那么多人参军，也不缺少她一个人啊！""面对那么多困难，她怎么不逃跑啊？"张老师把问题抛给了学生，学生议论纷纷，有各种答案，一个学生的答案最让大家信服："假如参军的人都逃跑了，谁来保家卫国呢？"

听到这个预期答案，张老师心里狂喜："有同学说，演戏剧也不少他一个人，他不想演了，看了花木兰的故事，同学们觉得行吗？”同学们立刻七嘴八舌：“这怎么行，都这么想，都不演了，这个戏怎么演啊？班级的荣誉怎么办呀？”

吟诵组的一个学生站起来振振有词地为自己辩护：“我觉得我的角色一点儿都不重要，没什么意思。”另外一个学生立刻站起来反驳：“花木兰当时也只是几万个士兵里的一个，也是配角。木兰甘心做配角，做好自己的角色，最终不也立下赫赫战功吗？”

吟诵组的学生终于信服地点点头。

好景不长，张老师又发现非得他怒目而视的时候，吟诵组学生的目光才炯炯有神，一动不动，否则就是安静地扣手、发呆，比较淘气的就打闹嬉戏。看来道理上明白，不一定就能落实到行动中。

“不能怪学生，他们感觉自己只是不重要的背景，自己是被忽略，不被重视的对象。”张老师反思，“家国情怀在当前阶段就是班级情怀——对班级的归属感。”

培养学生的班级归属感，不能只是和学生说，你要有班级归属感，而是班级的尊重让他有归属感。每次吟诵组排练的时候，别的组的同学各干各的。这就让吟诵组的学生感受不到重视和尊重。于是，张老师给全班上了一节观看礼仪课，尤其是让学生感受到礼仪背后的尊重。

礼仪课后，每次吟诵组排练，小观众都围在旁边，安静地关注着他们，给吟诵组发自内心的掌声和赞美。吟诵组感受到了尊重，顿时感觉有了劲头。

《木兰辞》吟诵剧终于上演，惊艳全场。吟诵组精神抖擞，英姿飒爽，被评为最大的功臣。但张老师最欣慰的还是家国情怀已经深深烙在了每一个学生的心里。

吟诵组里有个男孩，特别好动，几乎没有一刻能够静下来，但是戏剧表演15分钟，他在台上一动不动，就像兵马俑一般。表演结束后，他对张老师说：“我一动没动吧。我每次想动的时候，我就想为了班级荣誉，我一定要坚持下去。”看着他湿漉漉的头发，湿透了的上衣，再想起每一节课的排练，张老师非常感动。

吟诵团还有一个女孩，特别要强，能力也很强，每次活动、每次评选都必须要成为主角，否则就如林黛玉般把眼睛哭成烂桃子。这次张老师故意让她在吟诵组做背景。她刚开始很不乐意，哭哭啼啼，后来她在吟诵组得到归属感后，还告诉张老师："爱班级还表现在不能总是自己一个人占有机会，也要把机会给别的同学。"

张老师特别感动，家国情怀不是一个口号，也不是古人的故事。通过吟诵剧，师生深切感受到："家"里面每个人要参与，每个人都重要，每个人的独特价值都能实现，都能获得尊重。而这正创生了"家国情怀"主题全新的教育意义。

经营一颗"水木童心"

水，"知者乐水"，"知"，智也，孩子，你要充满智慧；木，"木曰曲直"，"曲"，屈也，"直"，伸也，孩子，你要能屈能伸。

这是校刊《水木童心》的寄语。

小明的作文入选了新一期的校刊《水木童心》，这在班里引起了一阵轰动。孩子们三三两两围在一起看着校刊，不时传来啧啧赞叹的声音。倒是乐乐挤在人群中看完，竟然颇为不屑地撇了撇嘴，气呼呼地坐回了座位。

第二天一早刚到学校，等待王老师的是拿着自己新写的作文的乐乐。乐乐有点不好意思地说："老师，您能帮我改改这篇作文吗，我……我也想上校刊……"王老师兴奋地接过来乐乐的作文一看，嘿！还真不错！她一个字一个字地给乐乐批改，不知不觉一节课都过去了。王老师把作文里存在的问题跟乐乐说了，他欢天喜地地拿回去改，中午吃饭之前，自信地挥舞着改好的作文向老师跑过来，王老师拿来一看，"行了，去投稿吧！没问题！"看着乐乐笑得嘴都合不拢，王老师也非常高兴。

新的一期校刊发下来了，王老师第一个拿过来，先看了看目录，却发现没有乐乐的名字，她反复找了几遍，还是没有，心里顿时沉了下来。当王老师告诉乐乐这个消息时，他的脸上没什么表情，也不说话，只是点了点头，默默走回了座位。但王老师不忘鼓励乐乐："没关系，这期不行，咱们争取上下一期，今晚你回去再写一篇新作品好吗？"

第二天，王老师满怀期待地来到班里，等着乐乐交给她新的作品，可是没动静，她想也许是昨天太忙了？再等等。又过了一天，还是没动静，王老师坐不住了，把乐乐叫过来，“新作文写得怎么样了？”王老师试探着问他。“什么新作文？”乐乐一脸的疑惑。这下王老师可有点着急了：“给校刊投稿的啊！”乐乐满不在乎地一挥手：“嗨，我没写，我不投了，反正我写得也不好，再写也选不上。”

王老师心想：“最担心的情况还是发生了。”王老师点点头，让乐乐回去了，但她心里却开始盘算了起来。

那天上课，王老师正好讲到了《落花生》这一课，她在整节课最后又加了一个问题：“大家设想一下，落花生由于前几次自己的花不好看没有人摘，那么如果落花生也有生命，它这时候会想些什么呢？”王老师故意叫乐乐那一组的其他同学回答，而乐乐始终没有举手，他低头看着课文，眼睛一眨一眨。

可能大家猜得到吧，第二天，乐乐把上次投稿失败的作文又改了改交给了王老师，这一次，看着他有点发黑的眼圈，王老师心里有说不出的滋味。王老师对他说：“乐乐，这篇作文已经很成功了，我们先不管它了，春天正好要到了，你不要给自己那么大的压力，出去走一走，放松你的心情，然后把你观察到的写一篇有关春天的文章，好不好？”这一次，乐乐狠狠地点点头，带着思考走开了。

之后几天，王老师看到过乐乐清早独自在校园里行走的身影，看到过乐乐趴在栏杆上观察的情境，看到过乐乐课间奋笔疾书的样子。当王老师最终拿到乐乐写的那篇《我的春天来了》，她咬了咬牙，走向了校刊的编辑部。但当她走到门前的时候，还是停住了，也许她已经帮助乐乐够多了呢？也许这时候的一点点失败，会比满足孩子的愿望给他带来更多的财富呢？也许正是这一次次的锤炼，才能真正为每个孩子塑造一颗颗善于思考、充满智慧、能屈能伸、自强不息的水木童心吧！

于是王老师没有再往前走，而是回去把他的作文批改之后还给他，让他修改之后继续投稿，并在最后为他写上一句话：天行健，君子以自强不息。

王老师知道，未来的一天，乐乐一定会拿着一本校刊向她扑过来，里边有乐乐的名字，有乐乐的作品，也许那个时候的作品的名字已经是《我的秋天来了》，但王老师相信，那将是乐乐丰收的时刻。

二年级的“班官”情怀

为了让孩子能够做事独立，班主任祝老师常常给孩子们空间去实现自我管理的机会，结果却让她怀疑了这种尝试的可行性。

每个孩子都是班里的主人，都想为班里做些事情，这从他们每天的活动中可见一斑。比如，他们喜欢争着为老师擦黑板，为班里的水盆换水，帮老师抱作业，等等。但很多时候班里会出现有的事情争着做，有的事情没人做的情况，怎么办？

如果班里这些事情交给专人负责，效果会不会不错呢？出于这种考虑，祝老师决定给班里找几个负责人，就叫他们“班官”吧！

在确定“班官”之前，首先，要预计班里都什么岗位需要“班官”，选择什么特点的学生来担当此任。

班中第一个“官”是“门官”，这个“门官”适合来校很早，而且对于班中的事务很上心的学生。当找到这个学生的时候，她特别高兴，祝老师将“门官”的任务和职责都跟她交代好了。比如，早晨早到校，去科任教室上课最后一个离班，负责将门锁好，从科任教室回到班中要提前回来把门打开，等等。这样，在接下来的几天里，祝老师发现学生很负责，还将钥匙挂在了脖子上。

接着，班中的各种“官”纷至沓来，“灯官”“水盆官”“空气官”“点心官”……

“灯官”，能够在放学后忽然想起班中的灯没关而回到学校。“点心官”，能够为了给吃小饭桌的孩子分配的点心更加公平、卫生，他从家里拿来筷子，后来又拿来塑料手套来为同学服务，有时等他吃饭的时候，饭菜都有些凉了，可他毫无怨言。同学们对于是否得到平均分配的点心也不介意，只希望“点心官”别让自己吃凉饭。这种方式真是一举两得，让学生学会了换位思考……

在班中各种“官”的工作过程中，有很多成功的例子，但也存在一些问题。比如，“空气官”，主要负责开关班里的空气净化器，偶尔他也会忘记自己的责任，如果这一天恰好赶上雾霾天，“空气官”就会很内疚。这时祝老师没有去批评他，只是提醒他一下，而且还要让他自己去补救自己的过失。“班官们”在这样一次两次的意志强化中更加意识到自己的责任，也就能更好地为班里服务了。

小学的孩子，意志品质发展不完善，特别低学段的学生，没有老师或家长的监督与指导，对于怎么做事情还处于懵懂的状态，但在清华附小教师不断地正面强化之下，孩子们在不断地锤炼自己的意志品质，慢慢学会各负其责，“勇于担当”的意识便在学生的心中慢慢生根发芽了。

小石头也变得柔软了

小石头是何老师班上一位小男生，他真是人如其名，为什么这么说呢？

9 月 1 日，烈日炎炎，何老师第一天进班，看见一个小男生长袖长裤，领子还裹得紧紧的。她走过去轻轻地告诉他 ：“孩子，教室热，你可以把衣服脱下来。”说完何老师就继续去看别的学生了。可当她转了一圈再回头看他时，衣服还是裹得紧紧的，红扑扑的小脸已冒出许多细汗。何老师问他 ：“孩子,你不热吗？”只听他瓮声瓮气地说 :“热,但是,我爸说我这两天有点感冒，不能脱衣服！”猜到了吗？他就是小石头。有时候，他对大人的一句交代执着得就像一颗顽固的小石头。

小石头还爱硬碰硬。每天何老师能接到无数起对他的“投诉”：被小石头打了、被小石头踢了、东西让小石头扔了、小石头生气地在教室里摔东西了……每次何老师问他时，他就这几句话 ：“我生气！”“他惹我！”“我受不了！”

这周五，又到主题阅读课了，内容是神话故事《共工触山》。何老师很担心，这样距离孩子比较遥远的故事，他们能感兴趣吗？解释完课题后，何老师让同学们提问题，放开了提。孩子们问 ：“共工是人吗？”“触山是什么意思？”“为什么要触山？”“怎样触？”“触的结果怎么样？”没想到，只是四个字的题目，小家伙们居然提了这么多好问题！何老师觉得这节课可能有看头！于是，开始和孩子们一起读故事。

故事讲的是很久以前,天上有一个名叫共工的水神。他的性子非常暴烈。有一回，他和火神祝融大打出手，结果打了败仗。小肚鸡肠的他，又羞又恼，一肚子气没处撒，竟一头撞向不周山！这下可闯下大祸，为人类带来无尽的灾害。

课堂中，当学生读到共工打了败仗，气急败坏无处发泄时，何老师让孩子们想象一下 ：共工会是怎样生气的呢？第一个站起来回答问题的就是小石头，只见他小脸涨得通红，拳头握得紧紧的，十分入戏 :他可能气得直跺脚！

他可能气得哇哇叫！他可能气得想拿头撞墙！何老师不由想：阅读还是要以真实的情感体验为基础，不善控制情绪的小石头很能理解共工的心情。

何老师接过话来："普通人可能是撞墙，但共工撞的是什么呀？"孩子们说："不周山！""那不周山可是一根支撑天与地的巨柱呀！共工这一撞，给人们撞来了什么？"孩子们纷纷说道："森林着火，洪水肆虐，人们被烧死、被淹死……"何老师让孩子们看着那色彩鲜艳、对比强烈的画面，让孩子用成语形容，孩子们说道："惨不忍睹、人间惨剧……"

当孩子们说到这里的时候，何老师有意让课堂冷了下来。长达半分钟的安静之后，何老师提了一个问题："这样的惨剧是因为什么发生的？有没有可能被避免？"在孩子们思考的过程中，何老师尤其注意小石头的表情，只见他时而皱眉，时而叹气，时而若有所思。接下来，何老师还是第一个请他来回答。

"这一切，都是因为共工发了脾气。"小石头说。

"看来你读懂了这个故事了，那么，这样的惨剧有没有可能避免呢？"何老师问。

"嗯，有的吧。只要共工不发脾气就好了。"小石头说。

"不发脾气说来容易，做起来是不是容易呢？"何老师追问。

"嗯，不容易，但试试吧。"

此时，何老师心里仿佛也有一块小小的石头轻轻地落入一池碧水中，泛起了圈圈涟漪，她相信，这圈圈涟漪一定也在小石头的心中泛起。

其他孩子继续说完了自己的观点。

何老师小结："这是一个神话故事，在这个故事中，共工是一个神，他性格暴烈，由于不擅长控制自己的愤怒，给人类带来了灭顶之灾。其实，回到我们的现实生活中，我们每一个人都可能面对控制不住自己情绪的状况，我们的怒气虽不至给人类带来灾害，但却会给我们身边的人带来许多不愉快，甚至是伤害。所以学会控制自己的情绪非常重要。"

何老师偷瞄小石头，他听得那么认真。

"可是，何老师，我们生气的时候应该怎么做才能不发脾气呢？"小石头问。

何老师变魔术般地拿出一本书，书名叫作《冷静和平息怒气》。书里对愤怒地描述引起了孩子特别是小石头的共鸣：肌肉紧张、脸涨得通红、心跳加速、感觉自己像要爆炸的气球。小石头就像小鸡啄米般频频点头。书里教给孩子们平息怒气的方法。第一，了解自己的情绪：我现在很生气。第二，告诉自己：我可以冷静下来。第三，冷静下来的方法：默数十个数。画画、读书、唱歌和跑步都有助于平息怒气；向长辈或亲近的人倾诉，或直接告诉使你愤怒的人，与他真诚交流。下课后，何老师郑重地把这本书送给了小石头，对他说："我相信，你一定可以战胜自己有时出现的坏脾气，你一定可以战胜自己的，加油！"

这堂课，是小石头上学以来，听得最认真、发言最积极的一堂课。此后，何老师感觉到一些变化在他的身上悄悄发生。

现在，小石头已经上二年级了，偶尔他还是会执拗地坚持一句话或一件事。但是，他不再动不动就"爆发"了。现在的他越来越彬彬有礼，越来越懂得用语言去沟通、去解决问题。小石头，逐渐变得柔软起来了。

灿烂评价锻造"完整的人"

百年的清华附小将"儿童站在学校正中央"视为自身"学生观"的重要组成部分，如何对不同维度表现突出、进步明显的学生给予正强化，如何发现每一个活泼个体自己的闪光点，成了清华附小的课题。

教育的终极目标是为了培养"完整的人"。清华附小承担着培养学生的重要社会责任，为了完成这样的使命，围绕学生的发展，基于学生成长三大样态和五大核心素养，组织全校教师进行讨论，听取多个专家的意见建议，形成了目前较为完整、多样的发展性学生评价体系。

过程性评价。在学科知识目标体系、学生学习认知目标体系中，形成完整的学生评价体系。各学科建立自己的过程性评价体系，密切关注学生的学习过程，包括按时上课、课堂表现、作业完成、参与讨论、与同学合作等方面的表现。例如，品格与社会围绕公民常识、道德情感、意志品质、公益行动；体育与健康围绕运动技能、体质健康、竞赛成绩、健身活动参与度；语言与人文围绕语言积累、语言理解、语言运用；数学与科技围绕技能掌握、实践应用、创造迁移；艺术与审美围绕艺术欣赏、艺术表现、艺术创作、社团活动参与度等不同维度进行考核。

终结性评价。包括分项测试、期末测评等，以纸笔测试形式为主，其中语文、数学、英语等学科进行分项测试，如语文的百字过关、课外阅读、朗读、作文等；数学进行口算过关、实践与操作等。

综合评价。初步具备“十个一”目标中的前五项基础目标，在此基础上努力实现至少三项特色目标，并对其中某一项或自己独特之处形成爱好，再努力发展成为特长。积极探索综合评价点，如通过一场戏剧演出，考核学生的表演、口才、绘画、音乐等多方面的能力与素养，以此促进学生在小学阶段的全面发展。特别是近两年来，学校还在尝试多种形式的评价改革。

教师为了更好地评价，还不断选择和调整评价载体。例如：

情感态度单。《单元学习情感态度评价单》，采取学生自评、小组互评的方式进行，综合反映在学生单元学习的“乐学单”中，即“预学—共学—延学”三个模块中的态度、习惯及学习质量。

主题护照。“清华附小学生护照”，与清华附小徽章、“校长奖”结合使用，对学生在“勇于担当、言行得体、自律自强、诚实守信、协商互让、尊重感恩”进行重点评价。

综合素质手册。《小学综合评价素质手册》，以学期为节点，将学生在校表现、学业成绩以及其他情况，以定性与定量相结合的方式，综合反馈给学生及家长。

课堂评价。课堂评价是促进学生“乐学”的支撑体系。课堂以动力值、方法值、容量值和意义值四个增值点考量课堂学生学习是否有效。动力值，即学生是否更爱学，包括情感与思维；方法值，即学生是否更会学，包括学习方法和运用方法；容量值，即学生是否学得更多，包括知识的积累及学习内容的丰富和进阶；意义值，即学生是否学得更有价值、更有意义，把诊断重点聚焦课堂。

……

让儿童站在学校正中央，一系列评价举措正是从学生中来、到学生中去，让学生学会学习，学会生活，为“聪慧与高尚的人生”绘好灿烂的底色！

加了“特技”的期末考试

风风火火的一个学期过去了，又到了“让我欢喜让我忧”的期末考试了。期末考试一过，孩子们就能迎来寒假欢喜过新年了。可这简简单单的几张考卷能反映出孩子们这学期的学习成果吗？特别是对于一年级学生，刚刚度过幼小衔接初期，短时间内接受“试卷强力攻击”，孩子们扛得住吗，学习热情会不会被击退？老师们又该怎样通过试卷对孩子们的学习进行过程性的全面客观性评价？看似老生常谈的话题，却也在不知不觉间“陪伴”我们已久……

静悄悄的考场、老师严肃的脸庞、沙沙的铅笔声音，这仿佛已经成为期末考试标准配置，可当你走进清华附小的校园，眼前的一切会让你大吃一惊，进而思考：这是怎么回事？原来可以这样？我怎么就没赶上？让我们来好好看一下这“加了特技”的期末考试到底是怎么一回事。

没有各科的考卷，每个同学从老师手中领取任务卡，自由组合成小组进行通关挑战。细看游戏挑战环节，你会发现看似有趣的环节其实暗藏玄机：“拼音对对碰”“字形小魔术”“乐读天地”“挑战金话筒”分别对应了一年级语文中的拼音、识字、阅读、说话四项基本能力；“丁香花朵朵开”“串珠谁最棒”“成双成对蹦蹦跳”则是对应了一年级数学中的加减法练习、规律认识、实践操作三个主要方面；“TRP 动动动”“英语对对碰”也暗含了一年级英语对同学们听说方面的要求。就这样，在了解到这九个挑战的基本规则后，每个四人小分队便踏上了历经“九九八十一关”“赴西取经”的道路。

没有想象中的慌乱，每个小组似乎都意识到了这是一次需要团结合作共同完成的挑战，大家秩序井然地向着每一个挑战点出发。一（4）班的一个小组有同学需要去洗手间，留下的三位同学并没有着急往挑战点走，每个人都不约而同地选择在原地等待小组成员的回归，或许他们还不懂得什么是团队精神、什么是不抛弃不放弃，但此时此刻的他们体现出的却恰恰是这种考卷考查不出的、难能可贵的精神；在“成双成对蹦蹦跳”中孩子必须两两合作完成挑战，有些小组只有三个人，面临一个同学不能完成的情况，让我们惊讶的是，身边的孩子们自觉伸出了援手。“我可以再来挑战一次，跟你一起完成。”“别着急，我看旁边有个小组也是三个人，我们可以组成一个大组一起完成。”“老师，我们组有三位同学，可以三个人一起完成吗？”……这些有趣的小主意就这样解决了中途出现的各种突发问题，孩子们并没有知难而退，反而积极地想办法解决问题，他们或许还不懂什么是“办法总比困难多”，但清华附小的精神就这样体现在了孩子们阳光的脸上，这种清华精神的传承和人生素养的奠基远比考试得来的优秀更加令人感动；“串珠谁最棒”关卡是个考查动手能力和实践操作能力的综合性项目，考官前面排起了长龙，让我们大吃一惊的是，没有老师组织纪律，每个小组都在安静排队等待，甚至还有聪明的小朋友不时献计献策：“老师，我认为这个环节设计还可以更好一点，如果考官人数多一点，队伍就可以短一点了。”“如果让现在等待的一部分同学先去别的挑战环节，排队的长龙也会短一点了。”“为什么这个关卡等待时间最长呢，可不可以让别的关卡的考官来帮一下忙。”……一个个小想法不仅仅反映出孩子们的乐在其中，更反映出清华附小这片土地孕育出的聪慧，这里的聪慧与高尚从点点滴滴生根发芽！

短短时间里，孩子们就高效迅速地击退“九九八十一关”，取得“真经”，评价单上获得满满的印章：只要你懂规则、会思考，便能完成挑战，获得微笑印章一枚，如果整个挑战过程守秩序，还可获得感谢印章一枚，可别小瞧这枚印章，要知道“微笑、感谢、赞美”可是清华附小倡导的文明礼貌新风尚，全数获得印章的孩子可谓是紧随时尚的小明星，心里的自豪劲别提了！

孩子们挑战得开心，一旁的老师和家长们也深感欣慰，家长？没错！

本次嘉年华的主考官是由家长团组成的，家长志愿者们在一对一考查的环节里也是过了一把老师瘾，零距离了解到孩子们对于学习的热爱和兴趣，“希望老师们下次举办乐学嘉年华的时候，还能让我们家长团来参与，自己没赶上这样的好机会，好庆幸自己的孩子能在这样的一个校园里感受到学习的乐趣，我们算是感受到什么是老师常说的保护孩子的初心，让评价为学习服务了。”

第一届乐学嘉年华就这样落下了帷幕，清华附小的校歌不知何时响起在耳畔“立人为本，成志于学”！是啊，既不应试唯一，又不以素质教育作掩护的无所作为，一年级孩子就这样从以主题活动为主的幼儿园生活，顺利过渡到以学习为主的小学生活，考试不再是以单科知识能力为单一维度，语文、数学、英语的学科素养融入生动、轻松的游戏大情境，知识能力与生活运用相整合，与表达沟通、言行得体等综合素养相整合。

过程自然轻松、保持乐学初心、考出真实自我，这样的乐学嘉年华，这样加了“特技”的考试，你能不喜欢吗？

互评练就“超级演说家”

随着“X”课程的陆续放学，喧嚣的校园归于宁静，这正是老师们备课思考的好时光。桌上的手机欢快地响起，朱丽玲老师拿起手机，原来是班级“冰球小王子”昊鑫妈妈来电。

“您好！昊鑫妈妈。”

“朱老师，打扰您，就要轮到昊鑫演讲了。他在冰球场上很勇敢，可是当众讲话很害羞。这次机会对他来说很重要，希望您能多鼓励他。”电话那端传来昊鑫妈妈忧虑的声音。

“一定会的！我知道昊鑫最爱冰球，您从这个切入口和他一起准备试试。谈论自己最擅长的领域，应该能消除一些他的紧张。”朱老师一边分析一边给出建议。

一周后，小昊鑫开始在班级的小舞台分享他的冰球，即使害羞的眼神始终盯着脚尖，即使演讲主体都是照片展，即使中途因为紧张多次忘词，但当最后联赛奖杯出现在大屏幕时，昊鑫熠熠的眼神和骄傲的神情，还是深深地印刻在老师和同学们的脑海中。

在同学互评环节，同学们提出了讲得再流畅一些、声音再洪亮一些等建议。尽管如此，同学们仍纷纷高举小手，给昊鑫的第一次演讲打出了最高分五分。这些来自伙伴的激励和赞美，大大激发了小昊鑫的信心和勇气。

因为冰球场上的骁勇表现，小昊鑫成为学校的体育小明星。朱老师也在深入思考，如何将他的特长转化为学习的自信心和动力。于是，在学校的协助下，昊鑫申请了一期“我爱冰球”的水木秀场演讲。

演讲当天，昊鑫表面始终轻松。然而，他的午餐从未吃得那样快，居然破天荒地吃完就拿起扫把细致打扫，还时不时瞟向窗外寻找要来送课件的妈妈，显然他还是紧张了，内心忐忑不安。

全校同学代表陆续到达，秀场开始，昊鑫定了定神，胸有成竹地介绍起自己的冰球经历，愉快地互动普及冰球知识，清晰自然地解释冰球赛场视频，谁还能想到他就是数月前始终低头看向鞋尖的紧张小男孩呢？

随着窦桂梅带着一行客人来到闻道厅，昊鑫的水木秀场演讲达到了高潮。演讲结束后，窦桂梅当面聊起了某个寒风凛冽的冬天，小小的他一次又一次小心翼翼地扶起倒下的展板，静静地等待着帮助的老师。原来，球场上的他勇敢顽强，而在生活里热情阳光。在昊鑫的成长路途中，长大仿佛就在这一瞬间。

两个月后，全校同学们再次见到“冰球小王子”却是在学校的水木电视台。此时，校园“超级演说家”模仿秀已经如火如荼地开展了半个学期。

经过数年的课前三分钟锻炼，清华附小已经涌现了一批小演说家，透过电视屏幕，能看到他们自信的眼神、坚定的神情。第一次听到哥哥姐姐们的演讲，昊鑫瞪圆了大眼睛，仿佛突然开窍，原来可以这样讲话，原来演讲是这么回事。

领悟后的昊鑫开始更加刻苦地练习演讲。稿子几经修改，主题几经更换，一年级的小昊鑫一遍遍地背下千余字的演讲稿，从站姿体态到表情动作，从吐字呼吸到语气语调，他努力将每个细节做到极致。

出现在校园水木电视上的昊鑫已然是小演说家的风采，一举一动从容不迫，眼神清澈自信，演讲的内容仍旧是他的冰球、他的兴趣爱好、他的理想、他的坚持。

最终，在全校同学互评的环节中，昊鑫也取得了不错的票数。那个曾经的害羞男孩已不见踪影,少年真的长大。曾经因为冰球耽误太多精力和时间,一度想放弃。何曾想这一次次冰球演讲让昊鑫把冰场上的自信潇洒引导向生活与学习。

评价是给予机会，提供可能；评价是让不同孩子得到不同的发展；评价不是结束，是开始，更是过程……

在语文主题教学的带动下，清华附小的语文学科教学评价是基于核心素养的。强调整合，强调跨学科、综合性的能力评价，也强调在学科知识和能力的基础上，提升链接生活，解决实际问题的能力。

于是，评价在横切面的广度和纵向发展的深度，有了许多开创性的研究与变革。如此认识与思考，体现在语文学科上，与之相对应的评价方式也变革为“内容分类、考核分项”的测验方式。在每学期增加分项过关测试，包含百字、演讲、朗读、背诵、写字、习作、课外阅读等专项能力测评，从“一笔好汉字，一副好口才，一篇好文章”的不同侧面，全面落实学生语文能力的达成，积累“一生有用的知识”。

以“一副好口才”为例，语文课前三分钟演讲也就应运而生，每个学生都在公众讲话的体验中学习演讲。从语文课堂扩展开来，真正做到人人上台，天天演讲；从课堂教学扩展开来，真正提供平台和舞台。最后，在班级和学校层面，由学生互评，在演讲过程中评价，以评价促进演讲的自信和演讲能力的提升。也许，我们可以从“小小演说家”昊鑫的故事中窥其一斑。

梦寐以求的校长奖

六（5）班久久同学捧着校长亲手书写的奖状，站在主席台上，心中无比自豪：我通过自己的努力终于集齐了三枚金奖，得到了梦寐以求的校长奖！

为了对学生在校行为进行有效的评价、激励,清华附小根据“健康、阳光、乐学”三个学生价值取向，分别设立了三个维度的铜奖、银奖、金奖。

健康：清华附小对学生身体层面的培养注重“有趣、出汗、安全、技能”。当学生在体育课、晨练微课堂、健身大课间中积极参与、表现出色，便可以获得健康铜奖一枚。

阳光：这里的“阳光”指心理层面，强调拥有正确的人生观与价值观。

当学生在班级活动、主题课程中展现出清华附小少年言行得体、协商互让、诚实守信、自律自强、勇于担当、尊重感恩的样态时，便可获得阳光铜奖一枚。

乐学：当学生在学习过程中表现出学有兴趣、学有方法、学有创新之时，便可获得乐学铜奖一枚。

授奖主体既包括班主任、任课教师、选修课教师，甚至还包括学校的保安、保洁、送餐人员等后勤工作人员，以保证对学生评价的全面与客观。同时，铜奖、银奖、金奖的兑换是有明确规定的：学生集齐五枚铜奖即可换取相应种类的银奖一枚，集齐三枚银奖即可在每周三中午到图书馆旁的“兑奖专区”，从负责颁发金奖和主题课程徽章的大队委那里换取金奖一枚。每逢周三中午，都是全校同学盼望的时刻，因为这时各年级集齐银奖的同学都会拿着自己的“护照”来到兑奖专区兑换金奖。不仅如此，集齐“健康”“阳光”“乐学”三枚金奖的同学还将获得填写“成长梦想申报单”的机会，他们既可以申报一个在学校内能够实现的“成长梦想”，也可以选择获得一份清华附小最高的荣誉——窦校长亲笔书写的校长奖。

久久还记得那次趣味运动会，王老师告诉他们每完成一个项目应得的分数，就可以得到一个铜奖。铜奖！原本来之不易的铜奖，现在却可以通过运动会如此轻松地得到！久久心里盘算了一下：大操场、小操场所有项目加起来一定有二十个了吧。十五个铜奖换一个金奖，久久暗下决心一定要在这一次运动会上得到金奖。去完大操场又去小操场，虽然没有像其他出色的同学一样，在一个项目上直接抱金奖，但在羡慕之余他总能靠自己的努力在每个项目上争取铜奖。活动结束后，久久数了数护照上的铜奖，共计十六枚健康铜奖、一枚阳光铜奖。周三时，久久去了兑奖区换了一枚大大的健康金奖。在学期刚刚开始没多久就完成了获得校长奖的三分之一“定额”，这枚金奖给了他很大的信心和动力。王老师也经常鼓励他们并根据他们的需要奖励不同的铜奖、银奖，让他们能尽快凑齐三枚金奖，兑换成长梦想。

机会，又一次来了。那一次，班级组织辩论赛，赛制规则规定，最佳辩手可以直接发乐学金奖。班里同学都乐开了花。久久盘算开了，看来这学期就有百分之九十的概率能获得校长奖了。这次辩论赛，同学们每个人都积极思考、争先恐后地发言，真可谓唇枪舌剑。久久当然也不示弱，课前他认真收集素材、精心准备，课上与本方辩友密切配合，向对方辩友展开疾风暴雨般的“攻击”。最后，久久如愿以偿，又是一枚金奖！

阳光金奖，就差这一个了！妈妈作为志愿者去值周，得到一个阳光银奖，久久捐给班里一把扫把，得到一个阳光铜奖……各种银、铜奖源源不断地来到他的成长护照上，就差一个铜奖！终于，久久在一节开放课上达成了目标。

站在主席台上，久久感到无比激动，只有想不到没有做不到，只要为它付出努力，一切事情皆有可能。

主题护照记录成长

翻开六年级学生飞飞的主题护照，只见上面盖满了各种各样的印章。这样的主题护照，清华附小的学生人手一本。

主题护照是以主题为重要载体的综合性评价，也是清华附小的创新评价方式。“主题护照”，与学生徽章、“校长奖”结合使用，对各年级学生进行年度主题评价——

一年级：言行得体；

二年级：协商互让；

三年级：诚实守信；

四年级：自律自强；

五年级：勇于担当；

六年级：尊重感恩。

这是运用主题教学中整合的特点，进行消弭式整合，即每一个年级一个主题，通过一周、一个月、一个学期的各个活动内容的完成，实施过程性评价，每完成一次，加盖一枚印章，标明该任务的完成，最后得到相应主题徽章。每个年级的主题护照评价都极具特色，如三年级的“诚实守信”主题评价，通过以下四个环节完成。

第一，晓之以理：精读“诚实”主题课文《掩耳盗铃》《滥竽充数》；阅读推荐的“诚实”书籍，看电影《木偶奇遇记》；小组演一演电影中的精彩片段，学唱《清华三字口诀歌》；音乐课学唱诚实歌曲《好孩子要诚实》。

第二，动之以情：以诚实为主题创编班级戏剧剧本；排练班级戏剧诚实故事系列活动（读书会、画邮票、做书签、创意手工书等）；和爸爸妈妈说句悄悄话；和朋友说句悄悄话。

第三，导之以行：到社区、社会寻找诚实典型，围绕社会现象组织讨论会，与家长、教师、同伴共同制定一项约定并积极完成。

第四，持之以恒：建立诚信银行，班级内建立诚实银行保险箱，平时学生可以将看到的好人好事或者自己的诚信举动，随时写成小纸条，投入诚信保险箱，期末进行分享。将每个学期末12月和7月的第一周定为实话实说周。师生都要说实话、说真话。光盘行动无监督、完成值日无监督、自觉记事无监督、长跑锻炼无监督……让无监督成为诚实学生的荣誉。

每周兑奖时，不论高年级还是低年级，所有学生脸上都洋溢着幸福，他们拿着贴满铜奖、银奖的护照，从学生志愿者手中领取金奖，常常是兴奋异常，取回贴上金奖的护照时都会激动得又蹦又跳，一整天都非常开心，回到

班级后，也会自豪地把护照展示给周围的同学和老师们看。

成长梦想让我走得更远

对于中、高学段的同学而言，他们不仅关注自己的获奖情况，还在努力思考能在校园实现怎样的“成长梦想”。作为校园的小主人，他们经常用实现“成长梦想”的机会申请组织篮球、足球等比赛，在新的活动中继续锻炼自己、展现自己，并把自己的创造力、进取心进一步淋漓尽致地展现出来。在美丽的清华附小，同学们的兑奖并不是兑换奖品那么简单，而是证明自己、锻炼自己、展现自己。

季时如是四（2）班一名普通的同学，她平时一贯严格要求自己，通过自己一学期的努力，集齐了“健康”“阳光”“乐学”三枚金奖，手里拿着刚从大队委姐姐那里领来的“成长梦想申请单”，她陷入了沉思。该实现什么梦想呢？时如从小就希望成为一名医生，白衣天使的形象也从小扎根在她的心间。于是，她骄傲地在申请单上写出了自己的成长梦想：

我希望在清华附小的医务室做一天的实习医生，帮助罗大夫照顾受伤和需要帮助的同学。

在一周后的升旗仪式上，颁奖老师宣读了时如的成长梦想，教育教学中心的老师们也特意帮助她联系了清华附小医务室的罗大夫。在时如去医务室做志愿者工作期间，她向罗大夫学习包扎伤口，给低血糖的同学倒糖水，还搀扶着崴脚的同学回班……一天的工作让时如感受到了罗大夫平日工作的辛劳和成就，更坚定了她做一名医生的理想。时如回到班级中，对周围的同学们说：“我长大以后一定要做一名医生，医生的工作就是减轻病人的痛苦，太有意义了！”

时如的故事只是清华附小近百名实现了成长梦想同学的故事的缩影。许许多多的清华附小少年都在自己的学习和生活中受到这些奖项的鼓励，他们有的因此爱上了足球，养成了运动的习惯；有的更加善于学习，把自己的学习方法分享给周围更多的同学；还有的因此强化了自己志愿服务的热情，把公益情怀带出校门，带到更远的地方……

第三章

建立学校发展新坐标

马约翰
1882—1966

/一/ 确立办学法典

多年前，著名的社会学家费孝通先生提出了一个命题——“文化自觉”。而诊断学校自身现状，明确“原来在哪里”“现在在哪里”“将来在哪里”，正是清华附小的文化自觉。面对一系列改革和发展的艰巨任务，清华附小应当有自己的坐标。

2011 年,《中华人民共和国国民经济和社会发展第十二个五年规划纲要》出台，明确提出“全面贯彻党的教育方针，保障公民依法享有受教育的权利，办好人民满意的教育。按照优先发展、育人为本、改革创新、促进公平、提高质量的要求，推动教育事业科学发展，提高教育现代化水平。”同年，我国出台了教育界的指南《国家中长期教育发展规划纲要（2010—2020 年）》。教育改革和发展的时代鼓点敲响了。

清华附小以党的教育方针为指南，以《国家中长期教育发展规划纲要（2010—2020 年）》为统领，秉承清华附小优秀文化和价值观，出台了《清华大学附属小学办学行动纲领》(以下简称为《纲领》)，全面建立百年老校发展新坐标，以引导师生员工的行为，寻求其价值观的认同，构建学校提升空间，为学校各方面工作的开展提供指导。

《纲领》确立了主题办学的总思路，秉持“儿童站在学校正中央”的理念，以“为聪慧与高尚的人生奠基”为办学使命，以培养学生“身心健康、善于学习、审美雅趣、学会改变、天下情怀”五大核心素养为总体目标，确定了学生“健康、阳光、乐学”的生命样态和教师“敬业、博爱、儒雅”的职场生命样态，总结“成志教育”办学经验和课程构建模式，成为学校的办学法典，为首都乃至全国基础教育提供借鉴和参考。

“共同理想，各自成长”，为学生和教师聪慧与高尚的完整人生和健全人格奠基，让每一个人都感到自己很重要，都把学校当作精神的家园……正是这样真诚的愿望和强烈的使命感，推动窦桂梅和她的团队不断明晰与检视学校的发展定位与发展方向。纲举目张，由此，清华附小新时期的教育教学改革进入了快车道。

《纲领》诞生记

改革与发展的路途从来就不是平坦的，清华附小究竟“现在在哪里”，又“将去向何方”？

2010 年 11 月，窦桂梅上任后，为清华附小的发展不断思考、追问，将清华附小“育什么人”“怎样育人”两个问题当作自己的课题。于是，她开始进行既动脑又动腿的行动研究。在这过程中，窦桂梅曾到北京市十一学校跟踪学习一个多月；也曾带领教师们寻访了北京六所著名的幼儿园，了解幼儿的学习与生活；带着教师们到北京市十一学校和清华附中听课、参观，并请李希贵、王殿军、张思明等著名校长和专家来校讲座，反复研究国内外有关教育改革的纲领性文件，还就有关问题到一些著名的中小学与校长、教师进行讨论。

这种研究与讨论，让窦桂梅以更高的站位来思考学校的未来发展、思考“育什么人”的问题。同时，窦桂梅也深深地感到，在为学校寻找新的发展坐标时，不仅要“以中国的眼光看世界”，还要学会“以世界的眼光看中国”。这坐标一定是立体地呈现，横向需要知己知彼，兼容并蓄，在学习众多学校之长处的同时，思考自己的位置与特色；纵向看要在清华的百年文化积淀中，守正中传承、传承中创新。最重要的是，在宽广的视角下，使学校的发展与世界教育改革的趋势相吻合，与国家主流价值观的内核相契合，与历经岁月砥砺的清华附小精神相融合。

出身语文学科特级教师的窦桂梅一直在思考着语文的主题教学，出任清华附小校长之后的窦桂梅也在思考着学校的主题办学。主题办学如同主题教学，是要让学校千丝万缕的工作，有一条明确的主线。主题教学有教材文本，有浩瀚经典，可学校办学却在很大的程度上要与人、与事直接面对。窦校长认为要从教师的心灵上做文章，所谓口对心，先从打造清华附小人共同的语言密码开始。于是，在李希贵校长的指点下，她开始着手制定《纲领》。

那段日子，对于窦桂梅来说是难忘的。她满脑子都是“怎么办”——几个声音在打架，多少幅图画从眼前闪过；她一会儿泪流满面，一会儿愁

有教育。信任的前提是教师要真实、坦诚地面对师生关系。亲其师，才会信其道；亲其生，也会信其能。

（3）彼此尊重

师生间应相互尊重、相互理解、相互欣赏。既强调师道尊严，也强调“生道尊严”。教师在处理师生关系时，要做到公正平等，爱而不纵，亲近而不亲密。

（4）彼此热爱

要学会把爱表达出来。师生彼此热爱，既是要求，也是境界。我们强调学生对老师的爱戴，更要求教师无限热爱学生。教师要通过恰当的方式，让每个学生感受到富有教育艺术的严格要求也是一种爱，甚至是一种更深沉的爱。

（5）彼此赢得

教师是师生关系的主导方。要主动承担起应有的责任，懂得健康的师生关系必须靠教师的人格、职业操守与学识来赢得。赢得学生的热爱、信任、尊重，就赢得了为师的尊严及职业认同。

33

第一章 办学理念

第1条 发展愿景

学校的科学发展必须找准定位、突出个性、彰显特色。清华附小办学理念的确定，一是基于教育的终极关怀：让人聪慧，使人高尚。二是基于清华大学的文化背景：水木清华先是皇家园林，后成为世界著名高等学府，培养了大批聪慧且高尚的人才。因庚子赔款而建成的清华大学，时刻铭记中华民族曾经的屈辱历史。“自强不息，厚德载物”的清华校训，正是清华人肩负民族复兴使命的誓言。因此，“选择了清华，就选择了一生的责任”。三是基于学校一贯坚持的“为生命奠基”的办学宗旨。在义务教育法与国家课程纲要及标准指导下，学校以落实并整合国家关于义务教育小学教学内容为手段，以夯实基础、创新教育、捍卫童年为目标，创造性地提出了包括“三个超越”（即学好教材、超越教材，立足课堂、超越课堂，尊重教师、超越教师）和主题教学等系列教育思想。

由此，我们确定附小的办学理念是：为聪慧与高尚的人生奠基。

学校办学理念涉及两个层面：首先指向学生，儿童站在学校正中央。让所有学生在清华文化的润泽下，打下聪

1

眉紧锁，一会儿开怀大笑……经过三个多月的“折腾”，融入了她近30年教龄经验与思考的四万多字初稿终于完成，这便是今天所见到的《纲领》的雏形。

《纲领》包罗万象，涵盖了学校发展的方方面面。窦桂梅把自己主题教学的理念转化为《纲领》式的主题管理，清晰明确。

窦桂梅在写出《纲领》初稿以后，交给中层干部补充修改，后又发给全体教师深入讨论、补充完善。教师们的智慧大大提升了《纲领》的针对性；而教师们也因为自己的意见被采纳、甚至自己的某个用词被采用，而把《纲领》当作了自己的孩子。再后来，又就相关内容征求全校家长和学生的意见。每一年，这一纲领性文件还要提交教代会，在会上经讨论、修改，直至通过。

《纲领》自问世至今已五年，一直处在不断地修改与完善中，已从最初的100条简化为现在的30条。几年来，清华附小就是用这样的“文化密码”，初步实现了全校教职工以及重要的利益相关者的价值认同。

当有人问到什么是学校的追求时，清华附小人一定回答：“我们努力，让学校的每一个角落都能充满向上的精神与教育的智慧；我们努力，让学生的每一个时刻都能享受学习的收获与成长的乐趣；我们努力，让教师的每一天工作都能体会职场的幸福与专业的尊严。”

当有人问到，教师工资不高、又很辛苦、你为什么还要当教师之时，清华附小人一定这样回答：“身为小学教师必须明确，在学生未来对社会的贡献中体现自己的人生价值；在学生今日之爱戴与未来的回忆中，度过富有乐趣的教育人生。”

清华附小教师须铭记“选择了清华，就选择了一生的责任”，践行清华附小教师誓词：“我是清华人，努力用敬业、博爱、儒雅成就每一个学生，把每一个学生的成长当作我们的最高荣誉。”清华附小教师按照《纲领》中教师要求中的“学养深厚”的标准来要求自己：“努力做学科代言人，应使学生因为爱老师，而爱其任教的学科。”以“终身学习”的目标来指引自己：“努力成为通才与专才的结合体。”用“勤奋好学”的信念告诫自己：“生活上可以照顾，工作上不可以照顾，永远将不敬业视为失职。”

《纲领》的形成是一个流动完善的过程，经校代会审定，每年修订，以确保《纲领》理念的先进性与时代性，最新的《纲领》以国家“十三五”规划为指导，根据学校深化素质教育改革的需要研究制定，更加强了清华附小与清华大学的联系，又融入了“1+X 课程”体系、学段管理等一系列的变革。《纲领》在清华附小的历史长河中，慢慢被打磨、被雕琢，最后沉淀下来的，一定是清华附小人醇厚的文化记忆和“敢为天下先”的探索精神。

“办学使命”的由来

1997 年的窦桂梅，正对“让课堂鲜活、有活力”孜孜以求。那时，基础教育的大环境下特别注重知识和技能，强调训练，而对人生命的完整性有所忽略。这一年,叶澜教授在《教育研究》上发表了《让课堂焕发生命的活力》一文，认为“课堂教学应被看作是师生人生中一段重要的生命经历，是他们生命的、有意义的重要构成”。叶教授用诗一般的语言表达自己的意向：“我们把教学改革的实践目标定在探索、创造充满生命活力的课堂教学，因为，只有在这样的课堂上，师生才是全身心投入，他们不只是在教和学，他们还在感受课堂中生命的涌动和成长；只有在这样的课堂上，学生才能获得多方面的满足和发展，教师的劳动才会闪现出创造的光辉和人性的魅力；也只有这样的课堂才不只是与科学，而且是与哲学、艺术相关，才会体现出育人的本质和实现育人的功能。”

窦桂梅读了这篇文章，十分激动，马上呼应作文《为生命奠基》，强调小学语文教学要为儿童打下学习的底子和精神的底子。直到后来，在人民大会堂做报告,窦桂梅一直都在用自己的教学实践诠释“为生命奠基”的意义。

来到清华附小之后，窦桂梅将自己的教学经验和理念，转化为学校的办学理念：为生命奠基，努力实现“三个超越”。2010 年，窦桂梅成为清华附小校长后，开始了更加深入的思考：为生命奠基，这个生命的内核到底是什么？学习的底子打好了，最后通过学习、通过教育让人变得越来越聪明，富有智慧，这是教育的意义和教育的手段，那么，打好精神的底子，这个精神到底是什么？窦桂梅苦苦地思索着。

机缘巧合的是，窦桂梅从当时的海淀区教委张凤华处长的发言中得到了启发。张凤华引用了一个美国教育者的话：“其实教育的目的无外乎让人更聪明,让人走向更高贵、高尚。”窦桂梅一下子就链接到自己一直思考的问题上，当时就拿起笔来写道：“为生命奠基”，实际上就是为儿童走向聪慧、高尚的未来打底。就这样，清华附小的办学使命优化成“为聪慧与高尚的人生奠基”。

学生样态有底色

“聪慧”和“高尚”这两个词很大、很高远，是一个人修炼的终极目标。窦桂梅觉得，人的一生应当朝向太阳、永远走在路上。但是，每个人“走路”的不同阶段，应该用不同的词语描述这个阶段的路标。该用什么样的词语形容小学生六年成长的样态呢？

窦桂梅和教师们继续思考、探讨。小学生的“样态”一定要让学生能懂，让家长能看得见、摸得着、做得到。为此，学校进行了大范围的家长和学生调研，反馈回来的意见当中：乐学、立志、责任、担当、健康、阳光、勤奋、求实、创新、儒雅等，一个个饱含家长期待、学生期冀的词语跃然纸上。窦桂梅进而将这些关键词提炼出来，再次书面向学生、家长、教师征集，采用“加减法”，遴选和补充自己认为合适的语词，来描述学生应呈现的“样态”。做完“加减法”后，窦桂梅发现有些词语在征集卷上出现的频率特别高，如健康、责任、乐学、阳光、创造……

窦桂梅再次邀请校级家委会的所有家长齐聚清华附小会议室，探讨清华附小学生的生命“样态”，家长你一言我一语，对这些遴选出来的词反复斟酌。

“窦校长，我觉得孩子聪不聪明，将来是不是有大出息，我不在意，我只希望我的孩子平平安安，健健康康。”

窦桂梅笑道：“是呀，我们学校的办学使命是为聪慧与高尚的人生奠基，可没有强健的身体，那都是空话。”

“窦校长，我们都是理工科出身，说实话清华的培养机制让人学得很辛苦，我总是希望我们的孩子，有孩子的样子，让他开心快乐。”

“嗯，我们的教育不就是要让孩子积极地面对以后的人生，微笑、赞美、阳光吗！”

会议持续到很晚，家长最关心的学校培养学生的目标，最终由家委会成员举手表决，正式确定为“健康、阳光、乐学”。如果说“阳光”往“高尚”走、“乐学”往“聪慧”走的话，那么“健康”则是实现“聪慧”“高尚”的前提。“健康、阳光、乐学”三个简简单单的词语，貌似平常，但却容纳了清华附小师生、家长最深的期待，完美地呈现出作为小学生应有的成长样态。

学生的生命“样态”确定了，可以说是对于学生外显样态的描述，但是学生内在的素养，到底是什么呢？窦桂梅和教师们通过反复琢磨，把研究的焦点落在了核心素养上。然而，清华附小的学生应当具备哪些核心素养呢？教师们达成了这样几个共识：第一，要吻合学校的办学理念和学生成长外显的“样态”；第二，要有学校文化和清华精神的传承；第三，尽可能把世界各国关于核心素养研究的最好成果也纳入进来。就这样，清华附小围绕国家的德智体美劳五大教育方针，琢磨来琢磨去，又反复进行专家论证，去粗取精，将清华附小学生发展的核心素养优化为五条，即“身心健康、善于学习、审美雅趣、学会改变、天下情怀”。

胡兰老师还记得确定“天下情怀”这一核心素养时，大家“打架”的场景。刚开始时，教师们基于清华附小百年的历史传承，从爱国主义的精神层面，定下了核心素养之一为“家国情怀”。后来在一次会议上，大家觉得对于今天的世界而言，仅有家国这个维度还不够，清华附小的学生应该立身家国，放眼世界。正巧，一位专家提出了“天下情怀”这个词语。会场上立刻就分成了两派，有一派坚持“家国情怀”特别好，另一派觉得“天下情怀”特别好。“当时，我是支持‘家国派’的，我说，‘天下情怀’感觉像武打小说似的，雄霸天下，不像一个学校培养人的目标，”胡老师笑言，“后来，《人民教育》副总编赖配根先生批评我，说我没有了解‘天下’对于中国知识分子意味着什么。他举了几个例子，如《礼记》中的‘大道之行也，天下为公’，顾炎武的‘天下兴亡，匹夫有责’，范仲淹的‘先天下之忧而忧，后天下之乐而乐’……表明在中国的历史文化传统当中，‘天下’不是一个贬义词，更不是体现霸权主义或者帝国主义的词语，天下是一个有着深深的人文情怀的词。当时，成尚荣老师也说‘天下情怀’可以把家国情怀和国际视野非常好地融合在一起。”胡老师被说服了，从“家国派”变成了“天下派”，在之后的教师大会上，还不断地向大家解说在中国历史上什么叫天下、什么叫家国：“一个人确实是不能只考虑家国，还要考虑天下。我们要立足家国，但不能说只是保护自己国家的利益，比如，今天的中国处于亚洲领袖的地位，我们要发挥更多的作用，带动周边国家，甚至是领航世界。所以，‘天下情怀’的渗透，对于我们学校培养学生来讲，是有重大意义的。”

《纲领》宝书显神威

“滴”的一声，一位老师拿到抢答权：“家长是学校的活广告。”

“对不起，答案不正确。”

会场轰动了起来：“咋不对了？”

“谁来回答？”

“应该是家长口碑是学校的活广告。”

“答对了！”老师们恍然大悟。

这是在2012年暑假，清华附小组织教师进行《纲领》知识竞赛的活动场景。老师们争先恐后，抢答铃声此起彼伏，场上热烈气氛丝毫不逊色于学生竞赛活动。

有人说，学校要发展，得有一位好校长，还要有一群认同校长理念的老师。《纲领》问世以后，是怎么落实的呢？窦桂梅一直都明确地认为，《纲领》不是校长一个人对大家的约束，而一定是大家共同的文化认同。所以，为了避免主题先行，先入为主，在四万字的《纲领》定稿后，窦桂梅决定先不解读，只把小小的《纲领》手册发到每一位老师的手里，大家先根据自己的经验进行个性化理解记忆。

然后就是，考试！那是在开学的前一天，考查内容就是《纲领》原文——“我们的发展愿景是什么、什么是学生的三个价值取向”……当时学校正处在抗震加固的非常时期，就在临时校舍——清华学堂的楼梯上，清华附小老师借助考试，让《纲领》中的话语慢慢地深入大脑皮层。

为了把《纲领》与工作、生活链接，能够用《纲领》解决问题，在闭卷考试后又进行了《纲领》内容的抢答竞赛活动。

所有这些环节都是在为深入理解热身，当这一系列的举措结束后，窦校长为大家深入解读。这次解读采取的方式和清华附小学生学习方式一致，即“预学、共学、延学”。大家念一段，窦校长用工作和生活中的案例讲一段，一个章节一个章节地理解、提升。

开展各种关于《纲领》活动的目的，主要就是让老师们在学习过程中体会、内化《纲领》里的教育思想，使学校管理理念上下通畅，执行得力，从而实现教师与学校共发展。

在《纲领》学习过程中，也出现了不同的声音。但是，清华附小副校长、昌平分校执行校长刘建伟认为这十分正常："就好像有的云彩不愿意动，但是其他的云彩都在动，就会把这片云彩也推动了。"是的，新事物的开展一开始都会遇到阻力，但随着时间的推进，阻力终会消融在滚滚前行的态势中。现在的清华附小，校园里角角落落都有《纲领》里的句子，楼梯台阶、愿景墙、学生誓词墙……不管是部门会议，学段会议还是核心校务会，都将《纲领》的学习作为会议的第一部分，这个传统也一直延续到了分校。《纲领》里的"名言"，如"选择了清华，就选择了一生的责任""做不漏气的发动机""办法总比困难多"成了教师们的口头禅与顺口溜。《纲领》真正成为清华附小师生、学校生命样态的凝聚。

一本薄薄的小册子，明确了清华附小前进的方向，不论是自上而下还是自下而上，清华附小终于找到了属于大家的语言密码，有形的小册子化为大家共同遵守的精神契约。

人人是课程、处处皆课程、时时有课程

在《纲领》修订到第四次时，郭启蒙老师来到清华附小实习，有幸在祝军老师的二（3）班，跟随她学习。

那是一个闷热的夏天，清华校园里有浓荫，也有知了没完没了地叫。学校三个学段联合检查班级文化布置和走廊文化布置。说实话，郭老师当时连什么叫文化布置都不了解，然后就见到二（3）班的副班主任王老师，正戴着报纸折成的粉刷匠帽子，刷启程楼二楼的一个展板。

二年级组长风风火火地闯进二（3）班，和祝老师展开大篇幅的商议。郭老师偷偷用眼神打量起这个班级，真满啊，哪儿都有东西。桌椅按照小组合作的方式摆放，角落里是教师的办公桌椅，这些就已经把不大的教室挤得满满当当。但是在黑板下，还是开辟了一个图书区。让郭老师意外的是，这个班级的墙壁上，差不多 1.2 米的高度，贴了一圈动物画报，让整个班级温馨了。更让郭老师意外的还有天花板上，不知是谁画了四幅巨型简笔画，细看才发现原来是四个星座，竟然还有过年的小彩灯点缀其中。

这时，刚刷完墙的王老师手里拎着几个刚刷成不同颜色的地球仪进班了，他请郭老师帮他把桌子摞起来后，踩着桌子上到"高空"，把地球仪挂在天花板上，原来地球仪变成了九大行星，王老师特得意地告诉屋里所有人："这是

我打造的星空，孩子肯定喜欢！”原来二（3）班打造的是科学特色班级。

教室漂不漂亮？漂亮！老师辛不辛苦？太辛苦了！“为了追求美观，老师这么辛苦，值得吗？而且班级变成这个样子，也不素雅啊。”郭老师还记得自己这么问的时候，祝老师有一些惊讶。“校长带我们去新加坡、美国参观的时候，他们的教室都是这样。班级要悬挂学生的作品，学生站在学校的正中央。班级要花花绿绿，这个年龄段的孩子喜欢，一定不能把老师的喜好强加在学生身上。处处皆课程，班级文化也是课程，不仅是装饰。”

郭老师当时似懂非懂地点点头，直到后来班里举办动物知识大问答，题目就出在这一圈墙上贴的动物画报中，孩子们不知什么时候就把这些知识记住了。郭老师终于亲身体会到什么叫“润物细无声”的教育资源的开发了。

这是郭老师在清华附小真正的开始。回想起来，从这天开始，郭老师就懵懵懂懂地接受了这里的文化。后来在祝老师和年级组长李春虹老师商议之后，整个启程楼的老师在大夏天里“跑”起来了，郭老师负责打印、裁剪全年级统一规划的后黑板上的艺术字。当时，她还学会了一个技能，把艺术字在文本文档里用虚框圈起，根据虚框剪下来，既看不见框，也不会剪得歪歪扭扭，装饰在后黑板上十分美观。

那个八月份和随后的整个学期，班级文化在陆陆续续根据课程发生改变，郭老师见到的所有老师都用行动教会她《纲领》里的一句话：“教师应当具有人人是课程、处处皆课程、时时有课程的课程资源意识。”郭老师现在也有了自己的班级，打造一个让学生喜欢的班级，是郭老师的乐趣和幸福。

关键细节比同类校好 1%

首届基础教育国家级教学成果一等奖——新中国成立以来基础教育领域工作者取得过的最高荣誉，花落清华附小。在强校如云的中关村地区，清华附小是如何脱颖而出的？在中国教育改革示范先锋地带的北京市海淀区，清华附小是如何独占鳌头的？这一切都要从清华附小一贯坚持的一个理念说起，那就是“关键细节比同类校好 1%”。

众所周知，北京市海淀区的中关村学区是名校扎堆的地方，这里的学校要么是历史积淀深厚的百年老校，要么是改革开放以来崛起的时代骄子，都在各自的领域取得了相当的成就。清华附小作为一所具有百年历史的老校、名校，面对这样的大环境，窦桂梅在上任之初，审时度势，提出了“关键细节比同类校好 1%”的建校方针，并将其写入《纲领》。后来，她才说，提出这个方针一方面是因为周边兄弟学校给的压力太大，更重要的是新时代的教育需要我们改变！看着清华附小走进来的一批批学子们，看着中国改革开放进行得如火如荼，看着世界发展的大趋势，清华附小的改革势在必行！

“关键细节比同类校好 1%”，说起来容易，做起来难。1%，在前人和兄弟学校这么高的成就上有这样的进步，谈何容易！

就拿一个小小的晨练来说，每天早上窦桂梅都是前几名到学校的，每次她都会驻足操场，看着孩子们伴着清晨的霞光锻炼身体。她说，祖国的未来和初升的旭日交相辉映，总能让她保持对教育事业的激情。一直以来，晨练都是孩子们自行组织的，早到的孩子们自己组织，学校既不鼓励也不干涉，晨练时有时无，既不系统，也不能激发起孩子们热爱运动的热情。看着这样的情形，窦桂梅立即和学校体育教师团队联系，研讨如何保证孩子们早晨的锻炼时间和效果。

不久，“晨练微课程”出炉了！一批批新鲜有趣的体育活动出现了，学校的体育场进行了有序的规划和安排，学校的器材室也全面向同学们开放，同时，为了孩子们晨练安全，操场里面的每个角落都出现了体育老师的身影。每到 7 点，值班的体育老师会准时播放快乐动感的音乐，老师们分别到各自的场地值守。一开始，老师们主要照顾孩子们的运动安全，教孩子们一些运动安全的常识，逐渐地，老师开始向孩子们示范一些运动的标准动作。而今，晨练时，已经分不清哪些是体育老师，哪些是孩子们了，大家都投入到如火如荼的晨练中去了。体育组的任海江老师说：“虽然我们牺牲了一些自己的课余时间，可是这些都太值得了，要知道真正的体育教育不是单纯地教学生体育技能，而是引导学生热爱体育，热爱运动。”正是这 1% 的进步，换来的是清华附小孩子们身体素质的全面提升，从那以后，无论是每年全区的例行体检，还是参加各种体育项目竞赛，清华附小孩子们的身体素质总是让人惊艳，孩子们身上的健康、阳光气质更是让人陶醉。

窦桂梅不仅早晨来得早，周末也喜欢在校园里面转一转。一个秋日的周六下午，窦桂梅来到学校的丁香书院，看着飒飒秋风吹落的树叶映衬着夕阳，她想起了小时候没有书读，到处借书看的日子。而今时代不同了，清华附小建起了自己的图书馆，图书馆里面的藏书琳琅满目，应有尽有，有好多孩子们爱看的图书。可是，现在图书馆只能让同学们周一到周五空余的时间借阅，利用效率很有限。周末孩子们放假了，却有大量的时间可以阅读。虽然学校周边有大量可以读书的地方，但是都不如清华附小的图书馆理解孩子的阅读趣味。一个计划从窦桂梅脑海浮现："改变，从阅读经典开始。"

窦桂梅立即和班主任团队商量，周末亲子阅读课程在短短的一星期后正式开始了。亲子阅读采取自愿报名的形式，引入家长志愿者，充分发挥家长们的力量，让家长和孩子真正成为阅读的主人。每到周六、周日，全校各个班级便早早排好了顺序，充分利用图书馆的每一个角落。首先是爸爸妈妈讲故事，看着爸爸妈妈在台上侃侃而谈，孩子们的阅读劲头更足了，此所谓"有其父（母）必有其子"！然后，进入图书馆里静静地阅读，爸爸妈妈搂着自己的孩子静静地阅读一本又一本的经典，阅读让每分每秒都充满爱。到今天，已经数不清活动到底开展了多少期，只是耳边时常听见家长说："孩子开始真正地爱上了读书。"值班的王艳老师也表示："学校的改变虽然只有 1%，可是给孩子们带来的影响却可能是终身的，是 100% 的，我想我们的工作是值得的！"

就这样，敬业的窦桂梅带领着她的团队，不断地 1%、1% 地改变着清华附小的一切，正是这些敏感而艰辛的改变和努力，最终造就了今天卓越的清华附小教师团队，为今日的清华附小建立了新的发展坐标，铸就了新的辉煌，"让学校的每一个角落都能充满向上的精神与教育的智慧"！

《纲领》50 金句

1. 办学使命：为聪慧与高尚的人生奠基。

2. 校训：立人为本，成志于学。

3. 学校发展愿景：

我们努力，让学校的每一个角落都能充满向上的精神与教育的智慧；

我们努力，让学生的每一个时刻都能享受学习的收获与成长的乐趣；

我们努力，让教师的每一天工作都能体会职场的幸福与专业的尊严。

4. 清华附小学生发展的"五大核心素养"，即"身心健康""善于学习""审美雅趣”“学会改变”“天下情怀”。

5. 学校教育的哲学表达：围绕校训，清华附小的办学使命及愿景最终指向“成志教育”。

6. 教育观念：儿童站在学校正中央。

7. 学生样态：健康、阳光、乐学。“健康”是指身体，身体是立人之根；“阳光”，是指心理、精神，精神是立人之魂；“乐学”是指学生对待学习投入的境界，是立人之径。

8. 学校希望每个教师都能做一个因品德、知识和才能而受聘，并全身心投入事业且深受学生爱戴的人；一个不断获得知识与社会经验的人；一个能够完成多项令人振奋任务的人；一个富于创造精神的人；一个随时都从经验和教训中学习的人；一个从人品到才干都受到尊敬的人。

9. 教师样态：敬业、博爱、儒雅。

10. 创造适合学生发展的教育，以让每一个学生都得到最优发展为出发点和落脚点，改革学校的管理机构，改革学校教育、教学、后勤服务机制，确保教育工作有效进行。

11. 课程是学校最重要的产品。课程是教育教学的载体，课程内容是学生发展的核心供给力。

12. “十个一”的课程目标是：

基础目标：一流好品格；一身好体魄；一生好习惯；一个好兴趣；一种好思维……

特色目标：一手好汉字；一副好口才；一篇好文章；一项好才艺；一门好外语……

13. 教师应当具有人人是课程、处处皆课程、时时有课程的课程资源意识。

14. 无论是渗透式整合，融合式整合，还是消弭式整合，都是基于意义的建构，并实现更高层次的意义创生的过程。主题教学的整合思想是撬动课程改革的重要杠杆，最终目的是为了提高学生综合素养，培养完整的人。

15. 探讨如何为学生提供有品质的课程内容，做好细心“择菜”、用心“炒菜”，让学生开心“吃菜”这三件事。

16. 课堂改变，学校才会改变；课堂优质，学生才会卓越；课堂创新，学生才会创造；课堂进步，教师才会成长。

17. 既不应试唯一，也不以素质教育做掩护无所作为，而是实现优异成绩和卓越素养的统一，契合清华附小与祖国命运血脉相连的百年历史，符合清华人“选择了清华，就选择了一生的责任”的使命 。

18. 学校以兴趣值、方法值、容量值和意义值四个增值点考量课堂学习是否有效。

19. 选择当教师，就是选择不断修炼的过程，要懂得教师虽然不是待遇最高的职业，但永远是最高尚、最令人尊敬的职业。选择做小学教师，还要懂得在学生未来对社会的贡献中，体现自己的人生价值；在学生今日的爱戴与未来的回忆中，度过富有乐趣与成就的教育人生。

20. 选择当清华附小的教师，就是选择了更高的人生修炼境界，要铭记并践行《清华附小教师誓词》：“我是清华人，努力用敬业、博爱、儒雅成就每一个学生，把每一个学生的成长当作我们的最高荣誉！”

21. “底线＋榜样”是学校教师评价的基本方法。在榜样评价中，体现教师奖励机制，通过公正、公平而又具有人文关怀的评价，让“雷锋、焦裕禄、袁隆平”们得到应有的肯定与尊重。从“底线”标准上，每个教职工不仅达到基本要求，更要向榜样看齐甚至超越榜样成为师生的审美对象。

22. 一个好教师就是一种好教育。教育立人、教书育人是教师的天职。

23. 教师必须读懂学生，遵循学生“五性”，即学生的成长性、完整性、多元性、情感性、独立性，以此为依据开展教育教学工作。

24. 把微笑、感谢与赞美当作职业的本能，深知生活上可以照顾，工作上不能照顾。

25. 追求卓越、摒弃平庸、杜绝低劣，在工作中主动探索，在主动探索中积极工作。

26. 把课上好，是教师最崇高的师德。学校可以包容教师的能力有限，但决不允许不学无术、不思进取，绝不容忍对课堂的轻慢、对学生的应付态度。

27. 教学要努力实现“三个超越”：基于教材，超越教材；立足课堂，超越课堂；尊重教师，超越教师。

28. 每位教师都努力做学科代言人，应使学生因为爱老师而爱其任教的学科。

29. 通过“1+X课程”整合，教师要努力成为“通才”与“专才”的结合体，努力成为“综合型教师”。

30. 班主任是学生、家长眼中的学校，有时甚至是学校的全部！

31. 足球是教材，身体是教育，为祖国健康工作五十年。

32. 要尊重个体、呵护个性，相信每一朵儿童之花都会绽放，只是花期各有不同。

33. 激发家长潜在的教育能量，让家长的力量成为班级建设的“千军万马”。

34. 我们追求的师生关系境界是“五个彼此”，即彼此真诚，彼此信任，彼此尊重，彼此热爱，彼此赢得。

35. 一个人可以走得很快，一群人才能走得更远。认同百年清华附小文化，享受每一天的学习与工作！

36. 教育科研是学校发展、教师成长的不竭动力。

37. 读书是我们生活的必需。不仅要继承，更要站在巨人的肩膀上超越和创新。

38. 要建立学习型、研究型团队，让学习、研究成为一种生存状态，一种工作方式，一种职业习惯。

39. 从自己的教育教学实际出发，从自己的“痛”处，从自己的“困惑”点，或从学生最不满意的地方，寻找问题，再提炼、转化为自己研究的课题。

40. “一名党员，就是一面旗帜。”党团人员要用人格魅力感染人，用奉献与优秀引领人，真正发挥党团组织的先锋模范作用。

41. 管理者永远不要问，我能得到什么，而要不断问，我能为每个教职工做什么。

42. 简单是做人和做事的最佳原则。清华附小是广大教职工的精神家园，我们是一家人，人人简单，家风“纯粹”，同心协力把学校事情做好。

43. 学校里每个人都要做“永不漏气的发动机”。

44. 哪个层级获得的信息最充分，就在哪个层级做出决策，或者就由哪个层级的人员参与决策。

45. 学校会帮助想干事、能干事的人干成事、干好事。

46. 要有“钩子”精神，把各地优质学校的课改经验、新鲜思想，甚至不同行业的创新成果“钩”过来，用“锤子”砸下去，并用“钉子”精神钻研到底。

47. 心怀感恩，常知愧疚，卓越攀行。心存正念，遇事正思维，传递正能量。

48. 教师的业绩，主要表现为教育教学成果和学术影响，而这些都必须体现在学生的成长上。通过评价，鞭策那些“穿着闪亮鞋子，却怎么也走不快”的人，进而杜绝团队里有“多余的人”。

49. 清华附小人要养成勤俭节约的习惯。把更多的资源，放在离学生最近的地方。

50. 要建立“首遇责任制”。要把安全工作当成学校每一天常规管理的第一要务。确保在安全工作上万无一失。

/二/ 管理整合

百年的清华附小，“1+X 课程”体系正在构建与实施，这对学校管理方式、组织结构等提出了新的挑战，大事、要事，事事千头万绪。怎样能像主题教学一样，有个抓手，特别是当学校里的每一个部门、每一位教师都想做事的时候，怎样能“增效”而不“增负”？学校的领导者如何提升领导力，把握学校使命，引领教师围绕课程的变革而展开学校组织管理的变革呢？

窦桂梅是这么说的：“我教了 30 多年书，这期间，我有一个很大的困惑，就是我头上有特别多的领导，教学组长、教务处主任、教学主任、德育主任、教学校长、德育校长、科研校长、总校长……上面千根线，下面都穿在我这班主任一个针眼上。另一方面，我所认同的教育观是着眼于儿童的完整发展，但过去的学校，德育归德育，教学归教学，没有一个系统联系。2010 年，我做校长之后，就在思考育什么人的问题。《国家中长期教育改革和发展规划纲要（2010 —2020）》倡导‘建设现代学校制度’，并提出了‘完善治理结构’的要求，这也要求我们探索现代学校治理的机制。”

的确，一所学校能否发展得好，能否将优秀的教育理念贯彻执行，管理结构、管理方式起到了非常重要，甚至是决定性的作用。我们知道，钻石和石墨组成成分一样，但一个极软，一个至刚，为什么？究其原因是自身组织结构不同。结构决定品质！合理的组织结构决定管理的质量！怎么做？管理改革的出路在哪里？突破口还是“整合”！

我们的管理“扁平”了

2011 年前的清华附小，和全中国大多数中小学类似，自校长以下，设德育处、大队部、教务处、教科室、总务处、人事处、校办……每个部门都有自己的职责，所有的职责最终都要落到教师身上。

如果把学校管理比作一个圆，校长是圆心，而各部门的管理者就是半径的另一端，对于这种半径式管理模式，曾经不止一位教师反映：头上“婆婆”太多了！经常同时有好几件任务下派到教师头上。而校长则需要对每个部门管理者均匀用力，否则管理会出现纰漏，耗散了校长本应投入到思考学校发展战略、教育教学改革中的精力。怎么办呢？

学校认真听取一线教师们的心声后，先将德育处、大队部整合为“学生中心”，教务处、教科室整合为“教师中心”，总务处、人事处、校办整合为“服务中心”，进行“矩阵式”管理。在实际的工作中，初见成效。

但根据一线教师的反馈，学校发现教师中心与学生中心还是在两套话语系通过中各自为政。为此，2013 年学校将课程与教育教学这两个重点部门进一步合并，形成“教育教学研究中心”。同时，鉴于学校课程改革的需要，成立“1+X 课程研究中心”专职进行课程研发，服务学校科学决策。在所有部门命名中加入“研究”二字，将校长室改为“学校研究中心”，“服务中心”改为“综合服务研究中心”，意在强调各个部门的主要职责不是“做事”，而是“谋事”。

但新情况又出现了，工作中教师们又感到：课程研究与教育教学不能分家。分头做事，常常使教师无所适从。整合，必须更进一步。工作由两条线拧成了一股绳，课程、教育教学合为一体制订计划、开展工作，整体性增强，要事更加分明。各项工作能够根据轻重缓急、要事第一的原则有序安排。两个部门的人员因为相互沟通交流，视角拓宽，思维立体，不局限在部门的小局面里。同时，随着课程改革的深入，对于特殊儿童的教育愈加凸显其重要

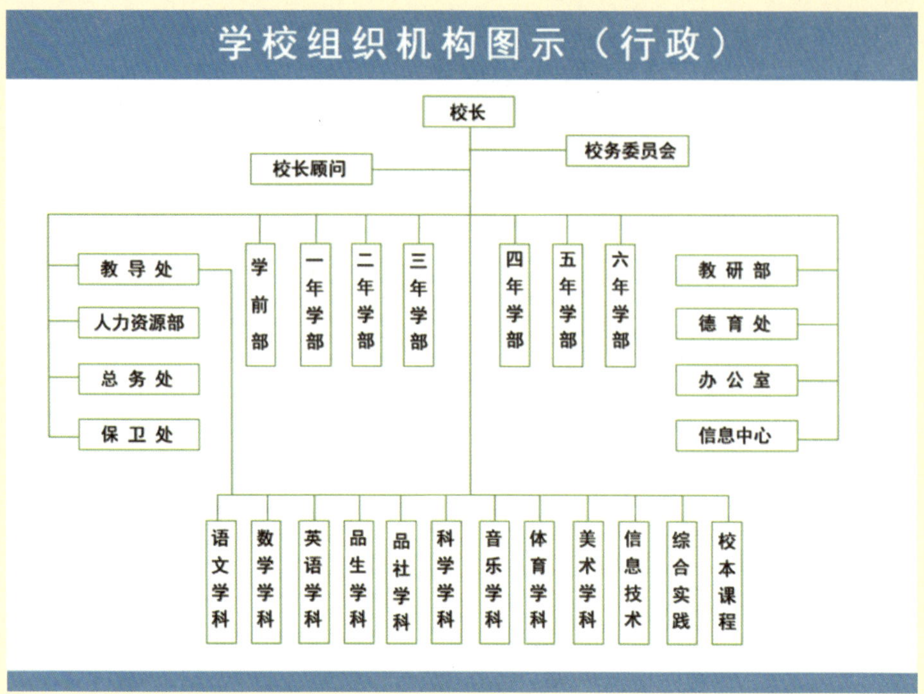

2011 年以前清华附小的组织结构图

性，为此，学校还成立了“学生素养发展研究中心”专职进行学生素养研究、儿童特需课程开发等工作；随着大数据时代的到来及学校各个分校的发展，成立“数字化与质量检测研究中心”专职进行人力资源管理、分校管理以及数字化建设。

学校机构合并精简之后，各个年级及学科组也面临“结构化”。原有的六个年级，整合为“低”“中”“高”三个段部。各学段自主安排作息时间、课时、人员、教学内容、教学组织形式，形成独立小整体。课程与教学研究中心和学生素养发展研究中心提供指导与督导。学段负责人“段长”如同小校长，全权负责所辖段的教育教学及科研质量。原有的体育、美术、音乐、英语等教研组以学科为单位、封闭办公的形式被打破，同一学段所有任课教师坐在一起办公。于是，班主任和任课教师间，不同学科的教师之间，有了更多相互学习和交流的机会。学段管理制，使工作不再是从上而下的指挥，而是自上而下和自下而上的结合，有益于发挥每一个人的潜能。

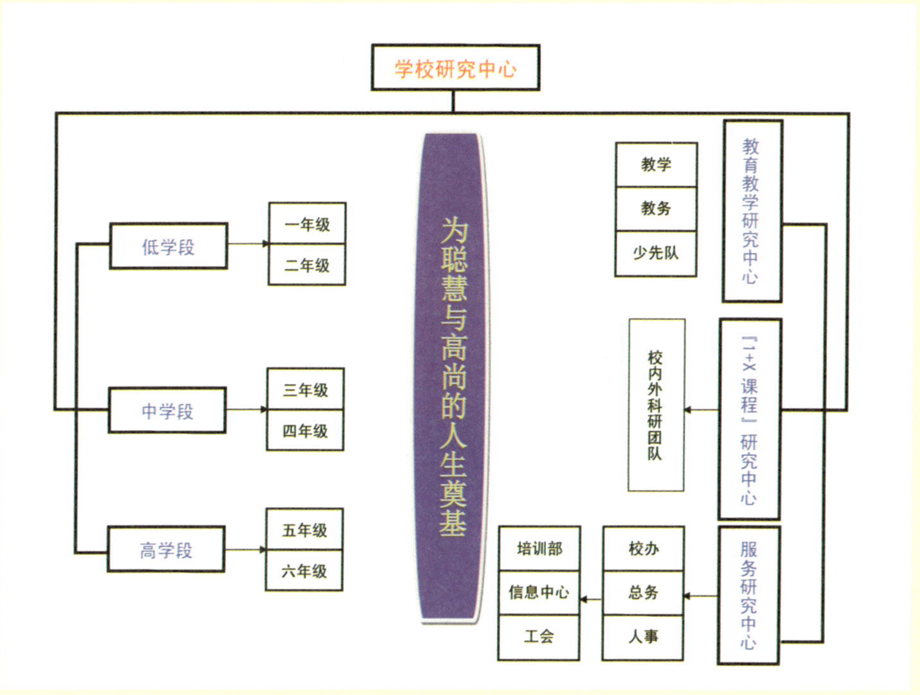

2013年清华附小的组织机构图

学校的组织机构梳理清晰之后，各部门的核心工作问题又摆上了桌面。怎样让一个个想做事的团队，能够围绕共同的目标，认认真真地做好学校的“大事”，形成合力？“课程”便成了共同的言语密码。

除整体规划学校课程结构与课程设置之外，课程与教学研究中心研究的重点，不再是围绕师生成长搞活动，而是围绕学生，将原有的、独立的活动，系统设计成系列课程；围绕教师，不再是只想着提高教育教学的能力，而是提高其作为学校课程改革参与者的课程研发、课程设计、课程实施的能力。学段管理当中，上下一致，更关注的是为本学段的学生提供适合本学段特色的课程。

几年下来，清华附小的管理模式越来越简洁了，清华附小人因为管理改革而更加融洽，氛围更加和谐，工作更加高效，谁能说这不是对学生别样的教育呢！

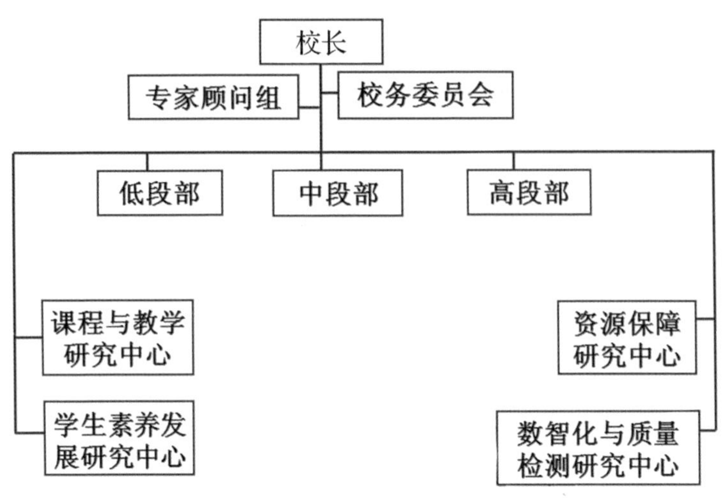

2015 年清华附小的组织机构图

课程研究中心启航

课程是学校的重要产品，课程架构是学校核心工作。课程架构工作应该统一部署、协调推进。为推进这项工作，学校着手建造有学术品质的大脑——“1+X 课程研究中心”。窦桂梅从战略的层面参与“1+X 课程研究中心”的各项工作，宏观把握研究方向并关注各项工作进展，期待“1+X 课程研究中心”能够关注学校的课程战略，完成学校课程整合的系统工程。经过长达两年的酝酿与规划，2013 年 8 月 29 日，清华附小“1+X 课程研究中心”成立了。

“小马扎”的陪伴

说是学校三大中心之一，相比另外两个中心，刚成立时，课程研究中心人员单薄得很，从领导到研究员一共只有四人——胡兰、易博、林长山、聂焱，与其他中心人员的个位数都比不了。四人拥挤在一个不足 10 平方米的小屋，屋内仅有一台公用电脑，不用还好，一开机，四张桌子一起跟着震动。狭小的环境内，坐下以后过道便被占满。就在这样的办公条件下，一进门左手边有一个小小的马扎，虽然占地方，每每路过要抬起脚跨过去，但谁都不舍得拿走，因为“小马扎”的背后有一段陪伴的故事……

课程研究中心诞生第一天，四个人刚搬过来，一阵爽朗的笑声就从门外传来，大家知道是窦校长来了。“搬得咋样，还缺什么？学校一定全力支持你们中心！”一个穿着一身运动衣，脚穿运动鞋，头发有点松散，脸上还带灰的中年女子风风火火地就进来了。这哪还有那个在台上讲话风采卓越的校长的样子。“你们这缺花，等着我去给你们搬几盆！”众人还没反应过来，窦桂梅已经冲出去搬花了。不多时，窦校长左右开弓，抱着两盆花进来了。“校长，您肯定跟着搬半天了吧，快坐着歇会儿吧！”课程研究中心负责人胡兰实在不忍心校长这么辛苦，张口说道。“你们累，我张张嘴、动动手，劳心费力的都是你们，都坐下，聊会儿。胡兰，你们这四人叫作四梁八柱，你们就是学校大脑，学校决策事情可都看你们了……”窦桂梅这一站就是一个多小时，从中心定位到长期规划，从宏观目标到近期聚焦，好多事，现场就开始办公。由于是新成立的中心，开始的一个多月里，窦桂梅来中心特别频繁，空间有限，每次都是站着与大家对话。

2013 年 9 月 30 日，“窦桂梅主题教学实践研讨会”会前，“小林，校长刚才对咱们中心的会议规划还有几点建议，她一会儿下来和咱们对接，你再稍微修改下！易博，一会校长来，你去找个凳子来吧，总叫校长站着也不是事！”细心的胡老师，有条不紊地安排好工作。不多一会儿易老师不知道从什么地方找来了一个大转椅，正好塞进办公室唯一的过道。刚一摆好，窦桂梅就进来了。“窦校，易博刚给您也找了一把椅子，您来我们办公室终于有座了。您看看行不？”几位老师都以为窦校长会很开心地坐下。“你们已经够忙了，精力应该集中在学校课程建设上，我坐着站着又能怎样？再说这儿摆一大转椅，里出外进都不方便，大家的工作效率都受到影响。”说话间，窦桂梅就把大转椅给搬走了。办公室内的气氛一下子变得凝重了，大家都沉默了下来。不一会儿，又是一阵爽朗的笑声打破了这分凝重：“你们看我找了个什么？就这个正好。”大家闻声望去，原来是一个小马扎。没等众人反应过来，窦桂梅就坐在了门边上的角落里，跟小学生一样抬着头说话：“这多好，我来了打开就能坐，我走了就能收起来不挡路，我在你们课程研究中心也有自己的办公位了。”那一天课程研究中心的几位老师针对会议的各个细节和窦桂梅一一商定到很晚。而她，著名特级教师窦校长却始终坐在小马扎上没离开一次。

窦桂梅就那么自然地坐在小马扎上带领课程研究中心这个团队一起商讨并承办了国际儿童阅读论坛、课程成果推广会等大型会议，申报了国家教育成果一等奖、北京市各项教育科研成果。课程研究中心红红火火地发展起来了，引进了两位特级教师，招募了十几位干事，规模很快扩大了，也搬到了更大的办公室，更承接了多项新的学校使命，但“小马扎”一直是课程研究中心办公室内不可或缺的一项固定资产、精神资产。因为有“小马扎”的陪伴，课程研究中心从无到有，从小到大，也带着清华附小更多的辉煌与期待从过去走向未来。

做“接地气”的“高大上”

清华附小把“1+X课程研究中心”定位为学校的大脑，负责起草学校的教育改革与发展规划纲要，做好课程的规划、引领，指导课程研究工作。有很多工作是前瞻性、前沿性、开拓性的。因而，往往看起来与实实在在的一线教育教学工作没有直接的联系。虽然，“1+X课程研究中心”被评为学校的优秀团队，但其工作往往不被一些老师理解，甚至有老师怀疑其存在的价值与意义。这种议论在“坊间”时有流传，而集中地爆发恰恰是在学校的中层以上核心成员会议上。

那是开学前的学期工作计划交流会上。教育教学研究中心、综合服务研究中心、CBD分校、昌平分校的工作计划都得到大家的肯定，被认为是新定位、新常态、新整合、新气象，只提出了少许补充性的意见和建议。轮到新引进特级教师汤卫红代表“1+X课程研究中心”发言了，他心想：我们的计划才是最“高大上”的，只有我们的前瞻性的探索与引领才能把学校的教育改革推向新的高度，让清华附小的新百年绽放新的光彩！于是，他侃侃而谈，从足球课程、戏剧课程、雾霾天气课程、特需课程等“X”课程的规划与建设到《“X”课程纲要》《清华附小学习方式手册》，再到课程研究中心成员率先垂范的前沿探索课；从书香阅读系列活动的策划到第二届国际儿童阅读论坛的创新；从毕业年级学生走班制的设想到国际视野简报、每月大数据调查为课程决策提供依据，再到课堂评价“四值”的新定位、教师学术积分评价激励；从主题教学的深入研究到未来五年科研新方向……他仿佛听到了大家的啧啧称赞。

事情并未像汤老师想象的那样发展。他话音刚落，低学段段长就直截了当地开炮："我觉得你们'1+X 课程研究中心'研究的都是飘在空中的云，不能对一线的教育教学产生直接的作用，不接地气啊！我们希望你们的研究与指导能更多地满足一线教师的需求，能帮助我们解决实际问题。"高学段段长接过话茬："汤老师，我看也是。你们就像个专家，高高在上啊！我们毕业年级学生成长中的焦虑与困境已经成为一线教师亟待解决的问题。我们德育中需要解决的很多问题教师们都有些茫然。我们的毕业课程教师都在热火朝天地研讨，我们很想听听你们的意见，希望你们能给我们带来实实在在的帮助啊！"中学段段长也说："'十岁的天空'是我们本学期的一项重要成长课程，教师们很困惑，不知如何设计与实施。很多年轻教师很想做科研，可不知从何下手，如何真正让教学成为研究，如何在课堂中做行动研究，年轻人需要帮助啊！"CBD 分校校长说："我们没有专门的'1+X 课程研究中心'似乎也是好事，我们教育教学研究中心就将课程、科研都整合了。所以，我们的管理、研究人员很多都在一线，都是教师摸爬滚打在一起。他们深知一线教师的困惑和需求，我们研究的问题可能不一定'高大上'，但一定是实实在在地行动研究，解决实际问题。不过，话说回来。我们的教育改革与课程发展规划很多依赖于本部的'1+X 课程研究中心'的探索与思考。所以，'1+X 课程研究中心'对引领学校改革与发展，让学校能够引领全国课程改革，铸就学校的品牌形象还是功不可没的，但'接地气'的事还真得考虑。不然，很难有效地提升教师的专业成长，切实将研究成果转化为生产力。"窦桂梅语重心长地说："'1+X 课程研究中心'需要高站位的思考，要有国际视野，要做到中西合璧，应该成为学校的超强大脑，思考未来五年、十年学校的课程改革与未来发展。但是，必须两条腿走路，要解决一线教师面临的问题，这些问题就是课题。将未来发展与现实问题联系起来思考，才能既'高大上'又'接地气'。要想办法引领教师既要有低头奋斗的智慧，又要有抬头看天的情怀。"

会后，"1+X 课程研究中心"成员进行了认真的反思，并在工作"接地气"上进行了头脑风暴。中心负责人胡兰老师说："我们的研究和工作要走出象牙塔，让教师理解、接纳并认同。我们要把全体教师会变成一次激荡智慧的学习。每次会上，我们中心要发出我们的声音。我们每次会安排两位教师分别做国际视野简报和数据调查微研究的汇报，给教师们介绍他者成功的课堂变革实操秀和基于清华附小的微调查，为教师切实改进教育教学提供依据，且必须安排互动的环节，把研究变成一种深度学习。”汤卫红老师说：“我们各项课题的研究必须发展‘下线’，让更多的一线教师进行‘卷入式’的研究，定期汇报研究的进展和问题，集体进行会诊并提出建设性意见，把研究的成果定期向教师发布。”易博老师说：“毕业课程，我们要深度参与。我们可以召开扩大会，邀请高学段的老师专门研讨毕业课程，形成科学的课程体系、课程目标和内容框架，中心成员应率先走进毕业班课堂，实施毕业课程。”林长山老师说：“我们的探索研究课要定期开展，中心成员先上，邀请专家参加，对全体教师开放，提供靶子，供大家批判。为探索‘1+X 课程’的多种可能性，我们应该第一个吃螃蟹！”……

开学后，中心成员的开拓型研究课在各学段如火如荼地展开，引发了教师们对“1+X 课程”新整合、新常态的新思考，激发了老师课程研究的新探索……一切最“高大上”的研究都在“接地气”的工作中向前推进着。

“抄袭”倒逼改革

“1+X 课程”不断成长完善，也得到各级专家领导的高度肯定，慕名前往清华附小的校长、教师络绎不绝。窦桂梅作为特邀专家到全国各地参加各种评审，经常会遇到这样的研究：“1+X+Y 课程体系”“1+X 主题阅读教学”等。

面对这样的情况，学校里出现了很多声音，有的教师说：“太可恶了，这明明就是抄袭，我们应该追究他们的责任。”有的中层领导建议，“1+X 课程”要申报专利，我们要保护自己的知识产权。

面对这样的声音，窦桂梅却说：“教育没有专利，需要普惠众生。教育改革的路是一条辛苦的长途跋涉之路。在这路上前行，我们需要同伴，需要互相鼓励、彼此借鉴。我们的探索研究被其他学校借鉴、吸收，这是对我们工作的认可。其他学校取得的成果让我们倍感欣慰，也倒逼着我们快速推进我们的研究。这种认可有利于增强我们的自信心，这种倒逼会让我们跑得更快。”

段长是个什么官

自 2011 年起，其他小学中常见的教学副校长、德育副校长设置在清华附小不见了踪影，而出现了“段长”这个新鲜角色。这是个什么角色？

“段长不是一个官儿。”曾在清华附小 CBD 分校担任执行校长的傅雪松，如今是清华附小本部低学段的段长，主要负责一、二年级的管理，她一语道出了清华附小段长的定位，“段长，可不是整合两个年级的年级组长这么简单，‘小校长’是学校为段长的定位。”

在傅老师眼中，段长的设置起到了校级干部下沉的作用，段长都很“接地气”。她充满自豪地说：“我们既是段长，又是一线教师，因此我们最知道一线教师的喜怒哀乐，也体会得到一线教师的困惑。”

“与过去职能部门多、每个职能部门都能给年级‘派活’不同，段长这个角色的出现可以起到一个协调与整合的作用，”傅老师深有感触地说，“这

2014 — 2015 学年度清华附小（本部、分校）岗位意向申报表　姓名________

“选择了清华就选择了一生的责任”，选择就意味着舍得时间、全身心投入、追求卓越，在岗位意向申请中，我按“1+X”的聘任原则，认真做出如下选择：

学段发展研究

段长相当于小校长，是本学段教育教学质量及学生安全的第一责任人，努力做到“正、勤、细、廉”，一门心思、竭尽全力地为师生服务。潜下心来教书、静下心来育人，做一个勤于向课堂学习，在课堂中实践，同时有能力指导课堂的管理者。

低学段	中学段	高学段
应聘段长：□ ____	应聘段长：□ ____	应聘段长：□ ____

任课教师：把课上好，是我们最崇高的师德。

	“1+X”式选择授课学科 “1”	“X”	教研员 课程	学科	德育
二年级					
三年级					
四年级					
五年级					
六年级					
幼小衔接班	（学科）				

班主任：□

副班主任：□

班主任是学生、家长眼中的学校，有时甚至是学校的全部！

学校发展研究

应聘副校长：□____　应聘校长助理：□____

教育教学研究中心	“1+X 课程”研究中心	综合服务研究中心	数字化及质量监测研究中心
应聘负责人：□ ____	应聘负责人：□ ____	应聘负责人：□ ____	应聘负责人：□ ____

校级部门负责人：有大局、有奉献、有思想、有能力、有宽容

教学：□ 教务：□ 德育：□ 少先队：□ 艺、科、体：□ 图书馆：□ 其他：□____	课程研发：□ 项目研究：□ 课题管理：□ 其他：□____	校办：□ 总务：□ 工会：□ 其他：□____	人力：□ 数字化、信息：□ 学生监测：□ 部门评价：□ 分校考核：□ 其他：□____

分校发展研究

朝阳 CBD	昌平	石景山（金二小）	其他
管理：□	管理：□	管理：□	管理：□
教学：□	教学：□	教学：□	教学：□

是否服从学校安排（必选）　是□　否□

我还能担当________岗位，在“百年校庆”项目中，我能做________。

关于本次双聘，我还有如下建议：

备注：

1. 关于岗位的说明：
   - 副校长：分管学校某个方面的工作（1～2 人，允许由段长或中心负责人兼任）；
   - 校长助理：全面协调学校教学及管理工作；为学校未来发展储备人才；（1～2 人，允许由段长或中心负责人兼任）；
2. 关于轮岗、换岗制度的说明：
   - 因学校需要，在附小各分校之间定期轮岗，通过教师合理有序流动来实现学校的均衡发展；
   - 根据《纲领》要求，职能部门负责人无特殊情况每三年进行新一轮聘任，尤其非学术岗位担任两届后，要实行换岗制；
3. 关于填表的说明：
   - 段长、副校长、校长助理及中心负责人可以自荐（在□处打“√”），也可以推荐适合相应岗位的其他人（在“____”上写名字）；
   - 本“申报表”以自荐为主，也允许推荐其他人。请您自主选择在相应□处打“√”，若选择其他岗位，可以在空格处写上拟申请岗位。

____年___月___日

我还能担当 学段管理 岗位，在“百年校庆”项目中，我能做 协助策划活动、[illegible]

关于本次双聘，我还有如下建议：

经过认真考虑，我希望应聘段长，因为 1.学校现在大环境好，适合有上进心的人全力发展 2.自身从年龄、经验上[illegible]

缺点：管理经验不足。 无论学校安排我在什么岗位，我都会认真对待，全力以赴。

备注：

1. 关于岗位的说明：
   - 副校长：分管学校某个方面的工作（1～2 人，允许由段长或中心负责人兼任）；
   - 校长助理：全面协调学校教学及管理工作；为学校未来发展储备人才；（1～2 人，允许由段长或中心负责人兼任）；
2. 关于轮岗、换岗制度的说明：
   - 因学校需要，在附小各分校之间定期轮岗，通过教师合理有序流动来实现学校的均衡发展；
   - 根据《纲领》要求，职能部门负责人无特殊情况每三年进行新一轮聘任，尤其非学术岗位担任两届后，要实行换岗制；
3. 关于填表的说明：
   - 段长、副校长、校长助理及中心负责人可以自荐（在□处打“✓”），也可以推荐适合相应岗位的其他人（在“____”上写名字）；
   - 本“申报表”以自荐为主，也允许推荐其他人。请您自主选择在相应□处打“✓”，若选择其他岗位，可以在空格处写上拟申请岗位。

2014 年 6 月 6 日

个活动适不适合本学段的需要，最近的活动是不是太多，是不是和考试冲突了，一线教师是不是能适应得了……都需要段长去整合。”

在清华附小，段长要全权负责该学段的教育教学、科研及质量；本学段聘任哪些教职工，由段长说了算；本学段教师的考核，段长具有相当大的话语权；本学段教职工的级别薪酬，段长的意见也是举足轻重的。此外，段长还可以决定本学段预算内经费的使用。从某种意义上讲，段长集合了年级组长、德育副校长、教学副校长以及人力部的部分职责，同时还拥有一定的“财权”。但段长并不是高高在上的管理者，他们还是本学段内的任课教师，有的段长还要兼任学校某个职能部门的管理职责。虽说段长在学校绝对是“关键重点”岗位，但高学段段长张华毓老师说：“我自己从没把段长当成一个‘官’，而是协调关系、承担责任，与大家并肩战斗的一员，是一个整合型领导者。”

中学段段长王玲湘老师更是精准地道出了清华附小扁平式管理模式的真谛：“清华附小副校级干部任‘段长’、兼任学校职能‘中心’负责人的管理模式，正是清华附小扁平化管理得以实现的重要手段。如此设置可以使各个部门之间实现有效地联系，去除由于结构复杂而带来的信息传递的障碍，有利于学校理念‘直达’教育教学一线！”

从百年前的校董事会制度，到今天的“段长负责制”，清华附小的管理模式由半径式、矩阵式走到了今天的管理层级尽量少、有效信息传递衰减尽量少的扁平式管理。清华附小进行的管理改革探索的脚步一直没有停下来，诚如窦校长所说的，用的是一种是倒逼机制。用课程整合来带动学校的变革，首先进行的是“1+X 课程”改革。在这种改革下，清华附小特别强调整合——学科内整合、学科间整合、课内外结合，能跨学科教学的一专多能的教师就更符合当下的需求。学科进行了整合，管理也就跟着整合。学校领导既管一个中心，又负责一个学段，还要兼顾某个教学或德育的领域。经过这些改革，教师头上就只有一个领导，就是段长。再加上学校一切都倾向一线，就达到了清华附小让儿童站在学校正中央的理念。

普通教师变身“影子校长”

除了“段长”“中心负责人”等新鲜角色地出现，还出现了神秘的“影子校长”，在校务会上串联主持整场会议，并不时就一些决策发表意见。

“影子校长”又是个什么角色呢？普通教师变身管理者,体验学校管理、决策。科学老师李强,曾在 2013 年担任了为期一个月的“影子校长”。当月，适逢几个大型会议及一个国际性论坛在校内召开，他白天要带班、上课，还要抽空到全校各个年级和班级巡视；下了班，他除了要组织 DI 社团等学生活动，还要参与会场安排、灯光调试、资料分类以及课件准备与测试等烦琐的会议筹备工作。

“从旁观者到组织者，站位不同，视角就会不同,”李老师说。当“影子校长”这一个月,他学会了换位思考,体会到了作为一名管理者的各种考虑。再次回到课堂，李强能够更深入地体会学校的办学理念。

“影子校长”让普通教师成为管理者，让每一位教师都成为学校的发动机，激发了普通教师的主动性、自觉性、创造性。如果说，设置“段长”是期望把中层干部放下去，那么设置“影子校长”的目的就是把年轻教师提上来。自 2013 年开始，清华附小尝试鼓励一线年轻教师担任“影子校长”。在轮岗的一个月中，行使相当于校长或副校长的管理职责，学做管理者。每月的“影子校长”，由一位学校中层与一位一线教师组成。一线教师年龄须在 35 岁以下，有时会选择学校评选出的“卓越教师”，有时会挑选没什么经验但却很有想法的教师，甚至还会选择刚刚入职的新教师。

职场新人焦石老师就曾经有过这样一个月的“影子校长”经历。

2014 年 10 月，焦石老师作为一名青年教师，开启了为期一个月的“影子校长”岗位之旅。刚开始接到任务，焦老师甚至有些不知所措。

“‘影子校长’？这么高大上的工作！我能做吗？怎样做？”

起初，焦老师拜访了几位曾担任过“影子校长”的前辈们，向前辈们请教了一手的经验，了解清楚“影子校长”的职责与主要工作内容。之后，焦老师开始请教自己的搭档——曾经担任过“影子校长”的梁营章老师。梁老师可真是经验丰富，首先给他分享了过去的经验，然后设计了两位“影子校长”的月计划与工作重点。就这样，焦老师跟随梁老师开启了“影子校长”的工作旅程。

头天晚上，他列出了详细的工作清单，10 月份影子校长主要工作为：协助窦校长完成一定的学校工作，协助百年校庆主管张华毓老师完成 2014 年 10 月份的校友会筹备工作，主持校务会。

第一天晚上，焦石老师开始写工作日志。无论工作多忙，他都坚持记录下这一天发生的事情。每天晚上放学后，他与搭档梁老师一道去巡楼，检查教室里的电器是否关闭，同时与在教室、办公室加班的教师交流。

有一次查完楼，远望修远楼仍有灯光，于是他便走近，推门望去，原来在教室深处“藏着”一个“黑衣人”，那是年轻的许长亮老师，他正在那里专心备课呢。刚好最近上课有一些问题想请教，于是焦老师轻轻走近，与许长亮老师聊起来。

通过交流，他从许老师那里学到了班级管理的有效方法，通过全班参与制定民主的契约，约束违纪同学，保护大部分同学。第二天，焦老师便在班级进行了尝试，修订了班规，收到了不错的效果。

在此期间，他还参与了清华附小校友会的筹备工作，他深深地被张华毓老师的工作精神所打动，每一个细节都是如此细心、精致。在校友会筹备中，他不仅开阔了视野，对清华附小校史有了更深刻的了解，而且还学会从大局去思考学校的事情。

同样是年轻人，王婧老师的“影子校长”经历又有哪些不一样的体验呢？

“在当‘影子校长’期间，可以说读到的是精华浓缩版，学到的是另一个层面的知识，我更深刻地体会到‘选择清华，就选择了一生的责任’！”王老师如是说。

当学生对地上的废纸视而不见时，对于学生漠视甚至是辩解的态度，教师应该抓住怎样的教育契机？“这可能是作为一个教师应该思考的内容。”王老师说，“但是当了‘影子校长’以后，我想到的是除了抓住教育契机以外，学校层面应该进行怎样的政策引导；德育方面应该开展怎样的活动和奖惩措施；是否可以把这种行为背后反映出来的社会责任意识的培养潜移默化地与课堂内容相融合。”这些思考的背后无疑是清华附小“为聪慧与高尚的人生奠基”的办学使命对一个年轻教师的内化和迁移。

“一个人到底能做多少事情？”王老师很早就在思考这个问题了。在清华附小不难发现，学校的领导班子每个人都是身兼数职，更让她惊讶的是每位老师都是任课教师。他们行政和教学两手抓，两手都不误，而且还在学科方面起着引领作用。在探寻答案的过程中，“影子校长”体验期间，一个关键词“整合”让她茅塞顿开！整合是契合时代发展的一种工作和学习方式，尤其是对年轻教师来说，“整合”应该成为高效工作的首要路径。清华附小的课堂是整合的课堂，清华附小的教师是整合的教师，所以清华附小“1+X 课程”体系下培养的人才是 21 世纪的复合型人才。

“整合”是王老师正在努力的工作状态，它也正成为王老师生活的样态。

做一个月的“影子校长”，王老师深感成长和收获真得太多太快了：“我学会了用不同的视野看待人和事。在老师们的帮助下，我走出了工作之初的迷茫，开始掌握前进的航向。清华附小给予了像我这样的年轻人太多的关爱和鼓励，在以后的工作和生活中，我不仅仅会用年轻人的热情感染周围的人，更铭记着作为清华附小人的责任感和使命感，帮助身边的人！”

“影子校长”是一个特别有意义的职位，这是一种轮岗制度，折射了清华附小学校管理中的民主理念及学校对新制度的大胆尝试。同时，这给广大教师，尤其是年轻教师提供了体验管理与锻炼的平台。“影子校长”之旅给教师们带来了教师生涯的宝贵经历，提升了他们对学校管理体制与教育政策的理解，从深层次影响了他们的教育教学乃至生活态度。

清华附小管理改革的脚步永远不会停下，反复探索、追寻教育理想和促进教育现代化的脚步更不会停下！

/ 三 / 发展性评价

清华附小是一所有角落、有故事、有意思，令人难忘的小学，选择在这里当老师，就是选择不断修炼的过程。传统的奖惩性教师评价，往往重结果轻过程，难以调动绝大多数老师“修炼”的积极性。在这样一所百年老校里，什么样的教师评价既温和又有鞭策力，进而促进评价主体由内而外的认可、持续反思和主动谋求提升呢？

为实现“为聪慧与高尚的人生奠基”的办学使命、落实“儿童站在学校正中央”的办学理念，清华附小在《纲领》中确定教师的职场生命“样态”为：敬业、博爱、儒雅，要求全体教师立足课堂，把上好课作为自己崇高师德的表现之一，努力用自己的行动践行社会主义核心价值观，用自己的学识、阅历、经验点燃学生对真善美的向往，把每一个学生的成长当作自己的最高荣誉。

从2010年起，清华附小进行“1+X课程”改革，“课程构建、改造课堂、解放学生”的改革不断深化、细化，对清华附小教师赋予更高的要求、更多的期待、更大的职责。教师是课程实施、建设的主体，也是影响课程实施的众多因素中具有决定性的因素。教师评价公正、适当与否，不但影响教师参与课程改革的热情，而且与教师工作成效和专业发展紧密相关。基于“1+X课程”改革，清华附小构建了一种全面可行的“本校”教师评价体系——发展性教师评价。

这一体系遵循最近评价、全方位评价、发展性评价三项原则，建立了要点为重、结果导向、“底线＋榜样”、赞美为上、立足团队、奖惩分明、学生与家长参与七项教师发展性评价机制，陆续修订、完善和出台了一系列相关教师评价制度。清华附小努力寻找制度管理和人文关怀的契合点，将制度之剑放入人文关怀之水中淬火，进而使制度刚性内化为意识柔性。

清华附小发展性教师评价制度

序号	名称	通过（含修订）时间
1	《清华附小教师业绩评价》	2010年9月通过
2	《清华附小教师岗位双向选择制度》	2012年5月通过
3	《清华附小教师职务任职资格补充条件》	2014年9月修订
4	《清华附小教师合同到期续聘、解聘制度》	2010年4月通过
5	《清华附小教师职称晋升推荐办法》	2011年3月通过
6	《清华附小教职工功勋积分记功办法》	2011年3月通过
7	《清华附小教职工学术积分记功办法》	2011年3月通过
8	《清华附小教师学历学位进修制度》	2011年7月通过
9	《清华附小教师服饰公约》	2013年2月通过
10	《清华附小中层职责要求及评聘办法 》	2013年6月修订

11	《清华附小教师职级聘任、奖励和管理办法》	2013 年 6 月通过
12	《清华附小教辅人员职级聘任、奖励和管理办法》	2013 年 6 月通过
13	《清华附小班级建设评价方案》	2010 年 11 月通过
14	《清华附小教师职业道德规范》	2014 年 6 月通过

三大原则促发展

清华附小历来重视教师的可持续发展，愿意为有专业追求的教师提供跨越式发展平台。基于“1+X 课程”改革，清华附小构建的“本校”教师评价体系，把评价看成是教师展示才华、追求卓越、完善自我、不断发展的过程，发挥出展示、改进、激励的功能。

无论是“每月一星”“和老师说句悄悄话”，还是年度“感动清华附小的十大人物”的评选，无不体现出清华附小的最近评价原则、全方位评价原则、发展性原则。

最近评价原则

最近评价原则有三层含义。

其一，教师工作、业绩评价的及时性与常态化，形成月评，如“清华附小月度人物”“金点子奖”等，期评，如“说句悄悄话”活动（同事间、师生间），年终评，如“感动清华附小十大卓越教师”。

其二，距离评价主体最近的教师和学生参与评价，不进行越级评价，如果“我”是一名任课教师，参与评价“我”的人员有“我”的学生、“我”的学生家长、“我”的同组教师，校长不参与任课教师评价；如果“我”是一名“双肩挑”的教师，既是中层管理者又是任课教师，参与评价“我”的人员有“我”的学生、“我”的学生家长、“我”的本部门教师及“我”的上级领导。

其三，评价内容与评价主体最贴近，如评价任课教师侧重在“师德高、教艺精、底蕴厚、发展快”等方面，而评价教学、管理“双肩挑”的教师则不但关注“师德高、教艺精、底蕴厚、发展快”，还要关注“正、勤、坦、廉”等管理者素养及对教师队伍的引领和带动等方面。

全方位评价原则

全方位评价原则亦有三层含义。

其一，面向全体教师，人人有评价的权利和接受评价的义务，不针对特定对象如少数优秀教师或少数不称职教师，就是说，在清华附小，从校长、所有中层管理者、任课教师、综合服务人员包括保安与保洁在内的全体教职工都要接受相应范围的评价，区别在于，每个人接受评价范围不同，以校长为例，需要接受三层次评价考核，除接受清华附小管理团及全体教师对其的评价外，还需接受清华大学的干部评价。

其二，没有离开教育的教学，也没有离开教学的教育，因此，全方位评价原则是指用动态的、发展的眼光，对全体教师从教学工作到教育工作的全过程的各个环节进行系统的、长期的、反复的评价。

其三，全方位评价原则要对教师的工作、职责、业绩、效果，进行全方位立体的评价，力求客观、公正、科学地反映教师的发展水平，为其后续发展提供助力。

发展性评价原则

清华附小的教师发展性评价，不是仅仅作为续聘、解聘、评优评先等奖惩方面的依据，而要将评价立足点放在促使教师反思，促进教师成长上，确立“以人为本”的价值观，强调外在奖惩和内在发展的统一，使教师评价既符合社会发展的需要，也能满足教师个体发展的需求。在教师评价取向上，基于发展，总结过去、立足现在、面向未来；在教师评价内容上，不仅关注教师教学成绩，而且关注教师育人、科研、合作的绩效；在教师评价方式与方法上，整合过程性与终结性评价，将他人评价和自我评价有机结合起来，将纵向比较与横向比较结合起来等，以评促反思，以评促发展，最终转化成生产力，将实效作用在学生身上，为学生“聪慧与高尚的人生”奠基。

“每月一星”的自豪

“底线＋榜样”是清华附小“1+X课程”教师评价的基本模式。在榜样评价中，体现教师奖励机制，通过正确而具有人文关怀的评价，让“雷锋”“焦裕禄”“袁隆平”们得到应有的肯定与尊重。从“底线”标准看，允许暂时落后，强力鼓励先进，要求底线教师向榜样看齐。

在清华附小，每个月都会评出“每月一星”“金点子奖”。当获奖教师的海报粘贴在清华附小的角角落落时，学生们驻足细看，啧啧称赞，尤其是找到了曾经教过自己的老师，哪怕仅仅是看到自己熟悉或认识的老师上榜，自豪之情也溢于言表。

洋洋在作文中对上榜的陈老师说：

“您敬业，每逢我们学习上有困惑时，总是悉心关注，课下单独辅导，放学还要再次询问；您博爱，您把六（6）班当成了自己的家，把我们每个人像孩子一样装在自己心里；您儒雅，脸上总是充满笑容，对我们永远有耐心！”

小奕在作文中对上榜的刘老师说：

刘老师，在学校数科节上，您带领我们开展的“数科猜谜、环保时装秀、发现探索九连环”等一系列活动，我们都很喜欢，因为您，我们都喜欢上数学课，课上您鼓励我们自己探索发现、互相点拨质疑，就这样一个个数学之谜被我们攻克了。课下，您对我们关怀备至，您是我们成长的好伙伴。

小可、然然同学在作文中对上榜的焦老师说：

您一有时间就与大家分享好书。您会购买新出版的好书拿到学校与我们一起阅读，我们班是年级中书最多的一个班。您还经常在微信上分享新书介绍，还教大家一些阅读方法。阅读课与午休时间我们会在您的带领下阅读各种风格的书，做批注、写评论、做书签、画插图……您用各种方式让我们爱上阅读。这就是让我们爱上阅读的焦老师。

自从焦老师当上我们班的班主任，她经常给我们推荐书籍。有一次她讲了《兔子的十二个大麻烦》，在投影上，她一页一页展示给我们看，她语言幽默，让每个人脑海中浮现出精彩的画面。就这样，焦老师经常带领我们阅读，让我们全班同学爱上了阅读。走进我们班的教室，你会看到同学们手不释卷，沉浸在阅读的快乐中。

如今，能够被评为“每月一星”，已经成为清华附小教师非常自豪的事情。曾经当选“每月一星”的陈慧娟老师是如此反思自己成长、感恩学校和感谢自己的师傅叶红的：

被评为“每月一星”诚然是很高兴的事，但此时此刻，我更要把这份荣誉与我的师傅叶红老师分享。成为师徒的两年多中，我获得了很多的收获，有教学上的进步，也有教育上的成长，还有做人方面的启示。

……

记得，刚拜师时，我还在教第一拨一年级，对于孩子的情况不是很了解，对于个别生也是没有什么办法。那时班中各种各样的小问题，我都认为是大问题，并且不知道要如何去解决，我便不断去“打扰”师傅。上班的时间没机会找师傅，就下班去师傅的办公室找师傅探讨。很多问题就这样解决了。

有一段时间，师傅的嗓子出现了问题，说话很困难，但当我有疑问去向她请教时，她依然用沙哑的嗓音认真地回答我。我真为有这样的师傅感到骄傲。这些事情我们都是看在眼里，记在心中。我想我也应该像师傅那样刻苦努力，使自己的教学水平能够再上一个新台阶，能够真正成为别人的榜样。

心存感恩，常知愧疚，卓越攀行，当一个评价措施能够引发教师发自内心的反思与感恩，这种评价无疑是成功的。陈老师回忆师傅的点点滴滴，又何尝不是从一个侧面对师傅的肯定与评价呢？

让每位教师都有获得赞美的机会

事情如何发生很重要，更重要的是我们的反应。心存正念，遇事正思维，传递正能量，清华附小创造各种机会，运用多种方式，将正式表扬与非正式表扬相结合，发现并鼓励每个人的优点与亮点；在学校集会、主题活动、生日快报等公共场合，宣传优秀教师的教育故事、工作细节、独特方法等，为全体教师树立学习楷模，努力做到恰如其分地表扬和批评；举办“感动清华附小的年度人物”“月度人物”“金点子奖”等多种评选活动，让每一位对清华附小有贡献的教师都有获得赞美的机会。

在“感动清华附小的年度人物”中，英语组张老师眼中的“马大姐”马艳红老师是怎样的呢——

初来清华附小，首先来听我上课的是马大姐，神情那样温柔自信。言语中流露着严谨、认真。接下来，我们开始了清华附小英语一条龙的新课程改革，我们之间的接触更加频繁紧密，一次次地磨课，一次次地讨论，我们又共同经历了无数个不眠之夜，为如何上好一堂课，为对学生的管理，为组内如何更有力地发展出谋划策。风里来雨里去，我们就这样走过了十三年。

在这十三年中，组内老师从一个个如花似玉的少女，到为人妻为人母。这样的过程中我们都会感受和接收到马大姐对我们的祝福与帮助。还记得我和组内一位老师同时生孩子，在孩子没有出生时就会常常得到马大姐的照顾，在孩子出生后的几年中，只要是孩子的生日或者是“六一”，我们自己还没有想到的情况下，马大姐总会笑眯眯地将自己准备好的礼物送到我们手中。我一直珍藏着她送给我儿子的那套浅绿色小棉衣，那是她传递给我的细心与爱心。

我们是同龄人，有着同龄人都有的梦想与憧憬，我们担负着自己家庭的责任与使命，无论是丈夫还是公婆，我们都是那么尽心尽力地照顾着彼此。马大姐的坚强我们看在眼里，佩服在心里，不在一个办公室的老师，也许不知道我们的马大姐在家里可是一个宝贝，是在自己哥哥姐姐呵护下长大的，在自己家里几乎没有什么事情能够让她去操心。相反，在组里大大小小的事她都要默默地提前去想、去做，从不抱怨。在我的印象里，她很少请假，在学校和家里的事情发生冲突的情况下，她总会以学校利益为主。记得有一段时间，她丈夫身体不太好，我们也不知道，她也没有在组里提过，一直过了好几天，我们发现她似乎有些疲惫，大家这才问她，她也只是轻描淡写地说了一下。一直过了很久以后，她才说，那段时间她真的很累，忙完了白天的课，晚上整夜照顾丈夫。大家都觉得她很了不起，一个完全在亲人呵护下长大的娇娇女，竟然能这样坚强地撑起自己的家并出色地完成工作。

我们的马大姐，在组里是最好学的一位。记得有一年暑假，她自费去美国学习语言两个多月，让大家更是佩服她。每年寒暑假结束回到学校，她都会向别人介绍自己在假期里读过的书，并且热心地和大家分享这些新书。在自己的专业知识方面，她一直坚持不懈地学习，每一次假期都是她充电的好

5月 金点子奖
心存正念，遇事正思维，传递正能量
12月 金点子奖
心存正念，遇事正思维，传递正能量
3月 金点子奖
心存正念，遇事正思维，传递正能量
用数学的眼睛敏锐地捕捉教育的细节，扑克牌上注入清华附小“三字诀”，玩数学游戏的同时，使三字诀深入孩子们心中。
——李丽娜老师
努力抓住每一个教育的契机，寻找师生沟通，生生沟通，家校沟通的平台，建议设立“沟通日”。
——李秀玲老师
努力为电脑们体检，使其健康工作若干年，争取到的杀毒软件由0套一直到120套。
——吕学敏老师
2014年度感动附小十大教师
白杰老师
甘于奉献 童心满满
他有趣的教学方法使同学们感受到了足球运动的快乐。他让孩子们体会到了什么是勇敢、坚强、专注、担当、奉献的精神。他经常利用周末休息时间带领孩子们进行校际赛，孩子们亲切地叫他“白教练”，这，就是白杰老师！
2014年度感动附小十大教师
沈美老师
善于学习 勤思务实
她是整合包班的先行者、她是各类教育教学比赛中的优胜者、她还是团队里积极出谋划策的担当者。她用热忱的爱陪伴每一位学生的健康成长，她以审美的眼光帮助每一位学生畅游在自由、快乐的海洋。这，就是沈美老师！
2014年度感动附小十大教师
薛晨老师
才思敏捷 埋头苦干
三尺男儿情系附小，一颗丹心志在教坛。他勤于钻研教学，用绘本《极地特快》让学生“相信美好”。他潜心思考班级建设，乐于奉献，积极阳光！这位年轻的辅导员永远用身上的正能量带动身边的学生健康成长，这，就是用青春书写“担当”的薛晨！
-2013年-
11月
每月一星
充满着无尽的活力和激情的韩冬老师
我心中的最美老师
颁奖词
平凡之中见真情
-2013年-
9月
每月一星
尽职尽责，朴实爽朗的司机赵辉
我心中的最美老师
颁奖词
平凡之中见真情
-2013年-
3月
每月一星
乐于奉献，将心注入的杨钧老师
我心中的最美老师
颁奖词
平凡之中见真情

清华大学附属小学 TSINGHUA UNIVERSITY PRIMARY SCHOOL

2015年6月

27

星期六

2015年第36期

百年的附小 大家的附小

聚焦盛婕

盛婕，猜猜我有多爱你！

盛婕，从事教育教学工作13年，一直担任语文老师兼班主任工作。所带班级积极阳光、向上向善，凝聚力强。贴近学生的内心，尊重和欣赏每一位学生，有独特的教师魅力和修养。既关心爱护学生，又爱而有度爱而得法，力求用良好的班风和学风引导人、陶冶人、教化人，班级的学生有较好的学习品质和学习习惯。在教学上，有良好的基本功，工作一丝不苟，踏实认真，谦虚好学，具有钻研精神，有较强的业务水平。具有团队精神，乐于与人沟通和合作。在教学中有自己独到的见解和想法，并力求体现到课堂中，不断实践和创新。得益于将一个班级从一年级送到毕业的经历，从中积累了宝贵的教育教学经验，所带班级荣获过“北京市优秀班集体”称号，被评为了海淀区“优秀辅导员”。曾在全国、北京市、海淀区等不同等级的录像课和现场课比赛中，分别荣获一、二等奖，撰写的论文也曾获得国家、北京市等不同级别的奖项，曾获得海淀区骨干教师、海淀区青年先进工作者、中心学科带头人等称号，参与过学校乐学指南、乐学手册的编写。指导学生在北京市、海淀区的“春蕾杯”作文大赛和书法比赛中获奖。

希望自己加倍努力，不断丰富自己的学识，在工作中不断思考、不断创新，进一步形成自己的风格，具有独特的语言、独特的教学方法，教有特色，进一步提升自己，让学生更受益。

同事眼中的盛婕老师

我们都看到盛婕老师用自己的热情、活力与美丽融入了清华附小，在她的身上，我深刻感受到作为一名班主任教师的爱心、细心与恒心。盛婕老师正努力使自己成为“一个因知识和才能而受聘，并全力投入事业的人，一个不断获得知识与社会经验的人，一个能完成相当多令人振奋任务的人，一个富有真正创造精神的人，一个随时准备从经验和教训中学习的人，一个从人品到职业都受到尊敬的人。”我将与她以此共勉。

——唐小莉

校长寄语：

在日常的班级管理中，我们看到了一个循循善诱、育人有方的盛婕；在与同事的交往中，我们看到了一个举止文雅，沟通得体的盛婕。在你生日到来之际，祝你生日快乐，身体健康！

——窦桂梅

学生眼中的盛婕老师

我们的盛老师有一双大大的眼睛，亮晶晶的；我们的盛老师有一张会表达的嘴，口吐莲花；我们的盛老师有一头美丽的短发，乌黑油亮。她是我们眼中最美的老师，也是我们心中最温柔的老师！

我最喜欢上她的语文课，她让那些主人公从书中走出来，她让那些枯燥的汉字变得生动起来。当我们学习上有不懂的地方，她会耐心地指导我们；当我们写字不规范时，她会严格要求我们；当我们生活上需要帮助时，她像妈妈一样关心我们。

我们的盛老师快要当妈妈了，我祝愿她有一个健康漂亮的宝宝，成为一个开心快乐的妈妈！

——二(7)徐子博

百年清华附小的中国意义

1. 价值观引领 2. 课程引领 3. 公益服务引领。

清华附小以“为聪慧与高尚的人生奠基”为办学使命，培养具有“家国情怀，完整人格”的清华少年。

认同百年文化，享受每一天学习和工作！

时间。她常常感叹，学习就是精神食粮地给予。她常常羡慕那些有学习机会的青年教师，每一次区里、市里组织的学习机会她都会很认真地对待，而且每次学习时都会很仔细地记录着，时常还会和大家讨论。组里常常会接到给新教师当师傅的任务，马大姐从来都会主动承担。无论是接待实习生，还是新教师的上岗培训，她都会精心准备每一堂课，而且会把对教育教学工作的热爱、对学生的喜爱之情传递给新教师。许多教师都会从她的身上学到很多，如对于课程的把握、对于学生的管理等。凡是和她接触过的老师都能感受到她的认真、执着。

一个这样朴实，一个无论大小事都那么严谨的老师，天天在我们的身边。我们的大家庭里离不开这样愿意默默无闻、无怨无悔奉献的教育者，离不开在朴实中追求着自己教育梦想的人。我们感动着她这十几年来为大家、为学生的付出，在此我想对我们英语组里的好大姐——马艳红说声："谢谢！"

窦桂梅为"感动清华附小的年度人物"马艳红老师郑重写下感言：

她用实际行动诠释着清华附小教师"敬业、博爱、儒雅"的价值取向。朴实无华、敬业奉献、默默付出、不求回报，这些都远不够描述马艳红老师做出的努力。认真对待工作，主动承担责任，马老师用行动书写着责任，用正能量感染着身边的每一个人。

在清华附小，像马老师这样用自己的行动感染身边老师的例子，不胜枚举。当一所学校有了一支这样的团队，一定攻无不克、战无不胜。

清华附小不断将这些激励教师成长的方式进行改造、创新，并逐步制度化。比如，对卓越班集体采用"1+X 免检制"。1：自动认定上学期的卓越班集体为免检班级；X：其他班级也可以自主申报。如果成为免检班级，可以免听课堂、自愿参会、自主发展；学校将组织第三方对其进行督导评价。卓越班集体的评选，参考了学生的学业、班级的流动红旗、学期内戏剧展演、马约翰运动会、体育通关等成绩对班级进行的综合评价，免检每学期一认定。再如，影子校长进阶制。学校每个月都会在入职 3 年内的年轻教师中选择一位做影子校长，参加和参与学校的核心校务会，沟通、协调学校各部门工作，跟进及汇总各部门工作进度和成果；参与学校相关文件的起草和修订。为学校未来干部梯队培养和储备人才。在这样理念的引导下，老师们心往一处想、话往一处说、劲往一处使，使学校各项工作、各个部门充满正能量。

和老师说句悄悄话

清华附小的教师评价，一贯重视落实教师评价的榜样作用，宣传优秀教师的教育故事、工作细节、独特方法，为全体教师树立学习楷模，更成为学校未来发展的导向以及重大决策论证与实施的依据。

学校每年大体按照这样的步骤进行。第一，被评价人结合“个人评价表”进行书面总结，主要总结自己完成工作的情况、取得哪些进步和成绩，反思自己在工作中的不足以及下学年努力的方向。第二，结合教师个人述职，在网上进行教师间互评，进行“背靠背”打分。第三，“和老师说句悄悄话”，学生、家长网上评价打分。第四，将综合评价结果以诊断的形式反馈给教师个人，看到差距，寻找问题，明确的努力方向，为教师发展提供依据。

学校评价不仅停留在教师之间、管理者与被管理者之间，更要充分体现学生立场。清华附小充分发挥“少代会”的作用，以评课、问卷、采访等多种形式，对学校管理者、教师以及教育教学、社团活动等方面进行评价。

家长口碑是学校的活广告。家长在学校办学过程中有着特殊的地位与作用。他们是学校教育教学工作的参与者、合作者、评价者，是学校声誉的传播者，学校发展的贡献者。每年清华附小的家长都会网上参与对教师的评价；校级、班级家长委员会要参与学校重大决策。清华附小充分调动家长智慧，让教师、学生、家长的脉搏一起跳动。

一位刚工作半年的张老师说：“作为一名刚刚入职的青年教师，把日常工作做实、做细是最基本的，此外，必须学会充分、高效地利用自己的课余时间，在专业知识方面多积累、在课堂教学方面多探索、在班级管理方面多请教……这所有的一切，都需要用心，‘用心’二字说起来简单，但真的能做到则需要不断地学习和努力。”

于是清华附小就诞生出“用‘平凡’跳‘精彩’人生舞步的杨钧老师”“微笑天使尹红丹老师”“富有合作精神的应云老师”等一批平凡而优秀的教师。

正如屈海曼老师在清华附小青年教师演讲比赛中所说："一沓《纲领》不如一个行动。一个真正负责任的人，就要精心细致地把责任落实到平常工作的点点滴滴中，以锲而不舍的精神、坚持到底的信念、脚踏实地的务实态度，自动自发地把事情做好、做到位。责任意识、责任能力，离开了责任行为都是无法体现的。我顿悟了，'责任就是机会'，甚至'责任等于机会'。事情越多，表明你越重要；困难越多，越能证明你的能力。守住责任，就守住了人生的精彩。"

在年度"和老师说句悄悄话"活动中，每位教师将接受自己所教学生和家长的问卷打分，每题是 10 分，题目表述全是正向型的，每个问题分"符合、比较符合、不符合"三个等次：

1. 您的课堂准备充分，总给我们带来丰富、多样的收获。

2. 您的课堂，我们用手势表达"我有问题、请关注我、赞美同学"，我能看到您的笑脸，鼓励的大拇指，能听到对我的赞美。

3. 您能公正地指出我的不足，有时候也能严格地批评和教育我，并耐心地帮助我改正。

4. 您平等地对待我们，只要有时间就会跟我们在一起，公平地处理问题，耐心、主动和我们沟通交流，让我们不断进步。

5. 您在课堂上根据我们的学习情况展开教学，鼓励我们进行小组合作学习。

6. 您鼓励我们提出问题，课堂上我有机会表达自己的想法，提高了我解决问题的能力。

7. （语数英老师）您批改我们的作业及时、细致、认真，并对我们的学习进行指导。（科任老师）在您的悉心指导下，我的唱歌、绘画、运动等技能得到了提高。

8. 您平常按照课表准时上课、下课，专时专用。

9. 无论课上还是课下，我能从您那里学到做事的方法和做人的道理。

10. 您布置的作业及其他任务适量，方式灵活多样，我很喜欢。

每次进行评价活动，全校学生家长的参与度超过 95%，学生和家长打分之余，还给自己的老师留下了类似这样的悄悄话：

我很喜欢您，我们全家都很喜欢您！因为，您是我们做人的榜样。能与您在一起，这本身就是难得的学习机会。我真幸运！

老师，谢谢您！一年级上课的时候我回答问题还不是那么积极，现在我能主动举手抢着回答问题了，感谢您对我的教导。每次我的摘抄作业，您经常给我盖 3 个章，有时还是 4 个，这激励了我更加认真地完成摘抄作业。通过摘抄，我读了很多课外书，学到了好多有用的词语和佳句，受益匪浅。

老师，您的课非常风趣幽默，让我感到了数学的魅力。我觉得数学是您手上的一块橡皮泥，可以千变万化。我喜欢数学，也非常非常喜欢您。

老师，天气好时您带着我们在球场上踢球，在雾霾天气您带着我们在教室里学习足球基本理论知识。让我这个从没接触过足球的女生，也渐渐喜欢上了它。谢谢您，老师，您辛苦了。

……

在清华附小本部一百多位教师中，白杰只是清华附小一位最普通的体育教师，他用自己的实际行动诠释着清华附小对教师要求中的“敬业、博爱、儒雅”。2014 年度，他被学生家长、同事评为“感动清华附小的十大教师”。同学段的老师说：“白杰自从来到清华附小这个大家庭，勤勤恳恳，效果显著，这从学生们几百条如潮的好评中就可以看出。家长们对他充分地认可，孩子这么喜欢白老师，清华附小能在这么短的时间内足球项目获得这么多成绩，白杰功不可没。”

清华附小的教师评价，把学校、教师、学生视为不可或缺的有机整体，充分重视每个教师的因素，把每位教师看作有着强烈进取心的、独一无二的个体，充分激发每个人的内在驱动力，发现、发展和成就每个教师的成长。通过评价，学校促使每位教师努力追求高尚的师德修养、精深的专业水平、突出的研究能力、丰硕的研究成果、显著的示范作用，从而成为清华附小不可或缺的一员。

学术积分让清华附小人有尊严地成长

2013 年 10 月，清华附小 22 位教师被聘为东北师范大学兼职硕士生导师，是什么让清华附小教师有了这样快的成长？

2011 年起，清华附小进行“1+X 课程”改革，将课程视作学校最重要的产品，随着“1+X 课程”改革的逐渐深化、细化，教师们普遍感到自己的教学思想急需改变。教师表现出了从未有过的精神风貌，他们组成青年共同体、专题课程研发小组，深入探讨怎样设定课程目标、安排课程计划、开展课程实施、整合课程资源、做好课程评价。教师走出了原来左手教材、右手教参、学科本位、各自为战的工作方式，借助跨班级、跨学科、跨年级，以整合为目的的团队力量开展工作。不仅完成由“教书匠”到“课程设计者”的转变，还形成了忘我投入状态，学校的研究、学习风气蔚然形成。

为客观评价教职工的业务素养和学术能力，记录教师学术成长历程，推动教师专业成长进程，激励广大教职工积极开展教育科研工作，充分发挥教职工研究的主动性和创造性，清华附小适时出台的《清华附小教职工学术积分记功办法》恰似一阵春风，吹进了教师心里，温暖着每个人。这是学校教职工评价体系中重要的组成部分，是促进教师自我反思、内化成长的一项深得民意的举措。

每学期末学校设立学术积分工作小组，根据学术积分办法，结合教职工和各部门对所获成果和工作相关情况的备案，对教职工学术素养积分进行统计。积分每学期统计一次。根据学术素养积分办法对教师学术素养进行量化统计，每一年针对该年获得的积分情况对教职工进行激励。积分超过一定分值授予金奖、银奖、铜奖。

几年来，几十位教师被授予学术金奖、银奖、铜奖，回顾一位获学术铜奖的年轻教师李春虹三年前的个人职业规划，或许能感受到《清华附小教职工学术积分记功办法》对教师专业成长的激励作用。

清华附小教职工学术积分办法

（2015 年 5 月修订稿）

<table>
<tr><th>一级指标</th><th>二级指标</th><th>三级指标</th><th colspan="2">赋　分</th><th>备　注</th></tr>
<tr><td rowspan="3">课题研究</td><td rowspan="3">主持课题研究</td><td>国家级</td><td>通过鉴定验收</td><td>30</td><td rowspan="3">1．课题以学校批准备案的为准，每个人主持的各级课题原则上不允许超过 2 个
2．课题参与者由主持人赋分，最高不超过 10 分</td></tr>
<tr><td>市级</td><td>通过鉴定验收</td><td>25</td></tr>
<tr><td>区级</td><td>通过鉴定验收</td><td>20</td></tr>
<tr><td rowspan="8">校内学术奖励</td><td>校内课题</td><td colspan="2">通过鉴定验收</td><td>≤20 分</td><td rowspan="8">1. 校内课题，以学校批准备案的为准，课题组整体赋分后，课题负责人和课题组成员根据贡献大小从中获得相应积分
2. 校内项目，主要赋予主动承担校内项目的项目负责人及项目核心成员
3. 校内论坛，主要赋予学校教育教学年会、班主任例会等论坛上的主发言人
4. 学业质量，主要赋予语文、数学、外语三门学科中，学业质量优异的任课教师
5. 校内征稿，主要赋予除校刊编辑以外，在为校刊供稿的老师，以及在学校重要的征稿过程中主动提供优质稿件的老师
6. 扶贫辐射，主要赋予主动承担扶贫辐射工作、有突出贡献的教师</td></tr>
<tr><td>校内项目</td><td colspan="2">校务会赋分</td><td>≤20</td></tr>
<tr><td>校内论坛</td><td colspan="2">校务会赋分</td><td>≤5</td></tr>
<tr><td rowspan="2">学业质量</td><td>单项素养</td><td rowspan="2">校务会赋分</td><td rowspan="2"><20 分</td></tr>
<tr><td>进步显著</td></tr>
<tr><td rowspan="2">校内征稿</td><td>个人供稿</td><td rowspan="2">校务会赋分</td><td rowspan="2">3 分</td></tr>
<tr><td>发动学生供稿</td></tr>
<tr><td>扶贫辐射</td><td colspan="2">校务会赋分</td><td>≤5 分</td></tr>
<tr><td rowspan="3">典型经验推广</td><td colspan="3">国家级、市级</td><td>20</td><td rowspan="3">1．教育教学中心、“1+X 课程”中心、人力部组织校内教研专家组认定
2．典型经验不包括项目研究成果推广</td></tr>
<tr><td colspan="3">区级</td><td>15</td></tr>
<tr><td colspan="3">校级</td><td>10</td></tr>
<tr><td rowspan="10">学术论著</td><td rowspan="2">著述</td><td>专著</td><td>公开出版</td><td>20</td><td rowspan="10">1．论文获奖指经过各级教科研机构和各级教育教学专业委员会评审获奖的论文。特指中央教科所组织、北京市教委发文由市教育科学研究院基础教育研究中心组织的教育教学论文评比活动。中国教育学会、北京市教育学会及其下设的各学科专业委员会组织的教学论文评比活动，获奖级别由学校教育教学中心负责确认
2．杂志社、民间团体组织的征文活动不计入
3．论文如果是 2 个以上作者，则共享该项得分，以第一作者为主，占三分之二
4．著述不含教辅和论文集，该项如有不确定由学校教育教学中心认定
5．教师编著并正式使用两轮的校本教材等（不包括习题集），视同公开出版，该项由教育教学中心、“1+X 课程”中心、人力部共同认定
6．合著定义为超过全书字数 1/3 可视为合著。非合著即承担一本书的部分章节的撰写工作按“论文获国家级一等奖”赋 5 分
7．论文获奖含课件和教学设计评比
8．不同论著可累计积分
9．论文获奖每学年取获奖等级最高的三篇计</td></tr>
<tr><td>合著</td><td>公开出版</td><td>10</td></tr>
<tr><td rowspan="5">论文获奖</td><td colspan="2">国家级一等奖</td><td>5</td></tr>
<tr><td colspan="2">国家级二等、市级一等</td><td>4</td></tr>
<tr><td colspan="2">国家级三等、市级二等、区级一等</td><td>3</td></tr>
<tr><td colspan="2">市级三等、区级二等、校级一等</td><td>2</td></tr>
<tr><td colspan="2">区级三等、校级二等或三等</td><td>1</td></tr>
<tr><td rowspan="3">论文公开发表</td><td rowspan="3">省级以上学术期刊</td><td>一篇</td><td>5</td></tr>
<tr><td>二篇</td><td>10</td></tr>
<tr><td>三篇及以上</td><td>15</td></tr>
</table>

我的三年个人职业规划（节选）

工作时间	目　标	措　施
第2年	1. 由新手型教师转向合格教师，讲课顺利过关 2. 选择一个课题点，完善自己的教学 （1）在学习方式转变的课堂教学中，如何设计有层次的核心问题 （2）如何使教学语言简洁 3. 教学中初步形成自己的特色 4. 争取成为学区骨干教师	1. 多听年级组老师讲课，借鉴老师们的宝贵经验，至少每周听1节课，认真写听课笔记 2. 每周邀请校长、主任、教研员或年级组老师听1节课，探讨教学设计是否合理，认真写教学反思，以改进教学 3. 平时多阅读，针对“教学中如何设计有层次的提问”阅读相关书籍、期刊，总结自己的教学经验，写反思、论文（至少要每学期完成2篇论文），以逐渐形成自己的教学风格 4. 至少上2节公开课（校级或学区级），1节班队会展示课。汇报展示自己的学习、研究成果 5. 争取每周都能参加区里的语文教研活动，抓住机会积极承担研究课 6. 保证每学期至少上交学校2篇论文
第3年	1. 由合格教师向成熟教师转变 2. 围绕“学习方式改变”选择课题切入点，如“怎样提高教师评价语言的有效性”，展开研究 3. 形成自己鲜明的教学特色 4. 期待成为学区学科带头人	1. 多听课，不仅局限于本年级、本学校教师，而且去听一些外校优秀教师的课，听后及时写总结。保证每学期的听课不少于25节 2. 多阅读相关书籍，有意识地设计自己的评价语言，在教学中关注自己教学评价语言使用是否合理，及时调整，最后要完成研究报告或论文 3. 根据自己所教学段学生的年龄特点以及语文学科的学科特点，选择合适的切入点，进行研究，如低年级抓识字教学，围绕“怎样培养学生自主识字的能力”展开研究，写研究报告。 4. 积极参加学校、学区或区里组织的教学竞赛，不断提高自己的教学水平 5. 广泛地读书，拓宽自己的视野，也提高自身的文学素养 6. 每学期至少上交2篇论文或者研究报告

第 4 年	1. 由成熟教师向骨干教师转变 2. 努力成为海淀区骨干或是学科带头人 3. 继续巩固自己的教学特色	1. 独立承担学校、学区或区里的相关课题 2. 每学期至少 2 次承担学校、学区或区里的展示课；积极参加学区、区里的赛课 3. 多读书，围绕着学生“学习方式转变”选择切入点，进行课题研究，写研究报告

传统的教师评价，即奖惩性教师评价，其功能主要是排除不胜任的教师和对胜任的教师进行奖励，其结果常常用于决定教师的留任、晋升与奖惩等，并不能充分发挥教师的主动性和创造性。而今，当清华附小这种富含激励意义的发展性评价，使教师焕发出“心存感恩、常知愧疚、卓越攀行”的主人翁精神时，谁能说这种评价不成功呢？

第四章

共筑大清华文化

清华大学因其地位特殊，而对社会进步、民族振兴承担有更多的责任。清华大学第二任校长周诒春1913年上任后，创办了贫民子弟学校——成府小学，并在这所学校开设了语文、算术、地理、历史、音乐、体育以及木工课（以为学生将来谋生之用）。他特别强调，清华学生一定要有社会服务意识与“家国情怀”。

的确，选择了清华，就选择了担当。作为校长，窦桂梅始终有一种特殊的情怀：清华附小除了要做好自己的事情外，还必须承继清华的光荣传统，让公益精神薪火相传。

2011年，清华附小人将“社会公益事业”正式写入《纲领》，自此将服务社区、引领带动、公益合作当作学校的社会责任，从社区到海淀区、北京市乃至全国，展开了广泛而深入的公益服务，传播优质教育资源，引领全国基础教育共同发展，向世界发出中国的声音。

百年励精图治，清华附小将以更宽广的胸怀、更开阔的视野走向更加美好的未来，不断诠释与丰富百年清华附小“成志教育”的中国意义。这是清华附小团队的神圣使命！

/ 一 / 打造家校教育共同体

在清华附小发展的进程中，有一支坚定的家长队伍始终与学校教师一起探索前行。让家长的力量成为班级建设的“千军万马”不仅仅是清华附小《纲领》中的话语，事实上清华附小也一直通过家长开放日、家长学校等途径，与家长们共同学习和成长。

在窦桂梅眼中，家长和学校不是甲乙方的关系，而是去共同丰富学校的课程内容——把世界带进教室的关系。清华附小“1+X课程”中的“X”就是可能性、个性、选择性，为此要把所有的家长都当成清华附小必要的课程

资源。家长和学校还是教育同路人的关系，学校向家长敞开大门，教师每天对班级状况进行现场直播,家长通过微信及时沟通与反馈。清华附小人知道，教育的事，家长们都有共同参与的愿望与责任。

清华附小成立了校级家委会和班级家委会。家委会不仅担任校内各个岗位的义工，还要为学校和班级的建设出谋划策，甚至对于学校的一些重大决策提出建设性意见。

在家校教育共同体的影响下，越来越多的家长满怀喜悦地走进学校、走进课堂，不仅自己学习育儿知识，也把自己的课程资源或者专业优势带到了课堂里。他们就像一颗颗饱满的种子，成长自己也激励他人。在百年清华附小的卓越攀行之旅上，清华附小的家长们正用实际行动将这一代家长的公益心和奉献精神谱写在清华附小百年的历史画册中。

家长陪着看世界

今天的教育似乎有了些许返璞的倾向，每一个人都可以成为一名教育者，一个站在讲台上授课的人。因为，我们都能以己所知，去给予我们的孩子那充满未知与可能性的明天。

清华附小的王秀平老师一直认为，教育的力量可以跨越校园的围墙，像一股股温暖的洪流，奔涌到清华附小的课堂里。

故事源于四年级上学期的期末家长会上，轮到小菡的爸爸发言，他发自肺腑地“感谢”王老师让他在家里的地位发生了翻天覆地的改变。因为在科技节上，他有机会来到四（5）班的课堂，给全班同学带来了一节航天课。而就是这节受到了全班同学热烈欢迎的课，使得小菡对曾经在家里“地位最低”的爸爸的态度彻底改变，变成了无比崇拜爸爸的小粉丝！

“看来家长进课堂，着实有利于提升家庭地位啊！”小菡爸爸不失幽默地说起来，引得全班家长和王老师频频点头。

会后，王老师和家委会的几位家长商议，大家一致认同，要梳理来自社会各领域精英家长的力量！在家委会主席的热情张罗下，工作紧锣密鼓开展起来：按照兴趣小组的形式，每个兴趣小组由一位家长牵头，紧密团结其他相关领域的家长。就这样，航天小组成立了，油画小组成立了，医学小组成立了……

时间来到四年级下学期，清华附小四年级的班主任们给即将十岁的孩子们设置了“十岁的天空”系列课程的准备工作。在十岁，孩子们开始对自己要成为什么样子的人有了第一次真正意义上的思考，而在四（5）班，这些来自各个领域的爸爸妈妈们将和十岁的孩子们一起去探索大千世界，给每一个孩子提供成长的资源，创造激发每一个小宇宙的可能性。

3 月 9 日，王老师把下一次“十岁的天空——爸妈陪你看世界”的备课任务交给了小兰妈妈，小兰妈妈一跺脚就接下了任务。作为一名新闻媒体行业的职业女性，她却并不打算给孩子们讲新闻媒体的知识，而打算挑战自己，给孩子们讲讲自己业余时间最喜欢做的一件事——画油画！可从来没上过讲台的小兰妈妈面对四年级的小学生们犯了怵，就发了这样一条微信在朋友圈里：

家长进课堂，我一跺脚就领了任务了……打算给小学四年级的女儿和同学们分享油画欣赏有关的内容，对于油画，我是初学，仅仅是业余爱好，倒是看了点书，但还没来得及总结呢……任务艰巨，求助万能的朋友圈，小伙伴们有什么好的建议吗？孩子们对什么有兴趣？讲点啥呢？求指点！

王老师看到了小兰妈妈的朋友圈求助，立刻支招，回复道：

特别建议您能和小兰一起来给孩子们共上一堂课，她可以做您的助教、模特……您可能对孩子的兴趣点抓不着，完全没关系，咱们可以提前到班级里做一个前测，调查收集孩子们的关注点与兴趣点，课中可以设计活泼有趣的互动，课后还可以有小作业。另外，咱们班最近正在搞百诗百画迎百年活动，更欢迎您在诗配画方面指导帮助孩子们。

同班的小徐妈妈看到朋友圈求助也立刻支招：

亲，你可以按题材，世界名画中也有不少专门画孩子的，惟妙惟肖，非常可爱！

就这样，小兰妈妈的备课稿越来越顺利地进行着。

3月12日，离正式上课还有8天，王老师又来了一条信息：

136xxxxxxx，这是咱们美术张老师的电话，对于四年级孩子的美术学习情况以及他们有什么兴趣点和其他问题您都可以咨询张老师，我已经跟她说好。另外，最好能现场让孩子们动笔画画，不方便的话，作为美术鉴赏课程也可以给孩子们打印一些经典美术作品的小卡片让孩子们拿在手里欣赏交流，辛苦您了！

这下小兰妈妈心里真的吃了颗定心丸，渐渐有了谱。

3月20日，周五下午，小兰妈妈带着十几幅名画复制品和历时半个月、制作精美的PPT课件，来到了四（5）班的教室，就这样，一堂别具趣味的油画课开始了。

从文艺复兴到印象派，从现代结构主义到波普艺术，虽然有些内容比较深刻又理性，但孩子们听得津津有味、兴致盎然……下课前，小兰妈妈送给了孩子们最后一句话：“勇敢地拿起画笔吧！”孩子们，更是激动不已，小博激动地现场作画送给小兰妈妈，小坤饶有兴趣特别想去画室一探究竟！

而小兰妈妈则带着满满的收获回家了,写下了这样一条微信又发到朋友圈：

第一次走进孩子的课堂，孩子们听得很认真，互动特别踊跃，原定一个小时的油画欣赏分享课讲了将近两个小时，孩子们竟然还没听够，可是礼物都发完了，我还是赶紧撤……哈哈，今天的收获是发现自己有讲课的天分，还有收获了孩子们满满的爱。

像这样的故事还有好多好多，十岁的天空里，爸爸妈妈们为孩子们还带来了“南极，并不遥远”“挑战吉尼斯”“房地产中的数学”“计算机是怎么工作的”……各个领域的爸爸妈妈们纷纷大显身手，把自己正在探求的世界一角展现给孩子们，为十岁的他们，在这个刚刚开始对自己要成为什么样子的人有了第一次真正思考的年纪，提供无限的可能，点燃心中的光！

读书是甜的

3 月 7 日是个周末，清华附小昌平学校的小同学们却早早起来，纷纷和家长赶往学校，参加一场读书会。

新学期的第一个周末，为了这个崭新的开始，一（3）班的家长们组织了一场名为“我读故我在”的亲子阅读沙龙。这天上午，家长们相聚一起，就如何培养孩子良好的阅读习惯展开探讨，同时，也对于如何从小树立孩子正确的观念进行了分享。家长沙龙热热闹闹，孩子们也没闲着。丁香书院敞开大门，坐满了读书的孩子，有的静静品读，有的三五成群结成小组分享，沙发上、角落里，读书的孩子好美啊。

为什么周末开放校园，请家长和学生进行亲子读书活动呢？

春天到了，新学期，新常态，新气象。华伟老师率先搞起了周末阅读。她带着班级和家长进行亲子阅读，进行家长读书培训，家长和学生十分积极，交口称赞华老师肯付出、敢担当。

华老师说，我们昌平分校地处城乡接合部，读书的底蕴薄，要带动家庭读起来，让书香遍布校园，遍布家庭。

华老师谈道，在学校建设书香校园，提出学生核心素养的教育背景下，学校利用优质教育资源广泛辐射，进驻昌平，压力蛮大。后经细想，唯有读书能够改变童年，润泽童年，读书会成为清华附小昌平书香校园里最亮丽的一道风景，从而全面改善班级的学习风气，更会改变一个地区的气质。

为了鼓励亲子读书持续进行，她在班级微信圈中，建立了读书录音机制。每天同学们一回家就开始读书，读书了就录下来，发到班级微信圈中，她每天晚上一一听来，每天光这项工作就几乎占用一个晚上。同学们读书热情一下子高涨起来，都盼着华老师的点评。录音资料发上去后，同学之间也可以倾听、检查、学习，家长也可以发现每一个孩子的优点，取长补短。微信平台不光用来发通知、留任务，更成了一年级小朋友学习的平台。听着一个个稚嫩的童音朗诵的一篇篇美文，无异于天籁之音，华老师徜徉其中。

像华老师这样有想法、有做法，倡导亲子阅读润泽童年的教师还有很多，他们有一个梦想，把清华附小本部设立的家校学习共同体传递到每一个角落，把清华人的责任与担当传播开来、传承下去。

清华附小 CBD 分校的“书香氧吧”也给家长提供了与孩子共同阅读的平台。作为家长，果果妈妈有幸参与了一次读书交流活动。这个活动意义非凡，作为故事妈妈，果果妈妈体会了当老师的幸福，同时感受到了阅读的乐趣。她甚至认为“书香氧吧”对于家长是个非常有意义、有价值的尝试。

这是一种全新的体验，让家长们走入了一个全新的世界，一个孩子们的世界。在“书香氧吧”中，从提问—思考—讨论—倾听—再思考—再讨论—推理几个环节来引导学生，看到学生积极踊跃地配合，窥探到他们求知的眼睛，果果妈妈知道她的故事在吸引着孩子们，这给了她无限的勇气与自信。她觉得这个活动不仅使孩子乐于阅读，也让家长品尝了读书的快乐，学会了教孩子阅读的方式。

通过这种亲子互动阅读，果果妈妈总结出了七大好处：

1. 激发孩子的读书兴趣；

2. 增加孩子表达自己观点的勇气、提高孩子相互合作的能力；

3. 培养孩子对一本书、一个故事提出问题、解决问题的能力；

4. 培养了孩子的听、说技能，激发孩子有创造力的思考；

5. 增强了孩子的好奇心、自信心和想象力；

6. 增进了孩子们与同班同学家长的感情联络；

7. 家长通过这种方式进入课堂并充当教师这一角色，在激动、欣喜的同时，充分体会到了教师工作的辛苦与伟大付出，并在家庭教育之路上获得成长。

学校一直倡导“读书是甜的”。果果以前只喜欢看动画片、电视剧，书本对她来说就像一颗药丸，敬而远之。当果果妈妈把她带到“书香氧吧”之后，她慢慢不再抵触，知道主动拿一些喜欢的书看。听说妈妈要当故事妈妈，给所有小朋友讲故事的时候，果果比妈妈还紧张，积极地帮妈妈选择书籍，她说要选大家都喜欢看的、有意思的才能吸引同学。从选故事、做 PPT 到设计讲授、提问、互动环节，她都一直参与其中，是妈妈的助手，更是妈妈的参谋。果果妈妈突然之间觉得孩子变得不一样了，原来她对阅读的理解比自己想象中更加深刻，而且识字量也大增，果果妈妈重新认识了女儿，也开始重新审视自己的家庭教育方式。

读书有助于孩子形成良好的品格和健全的人格，从小培养孩子爱读书、读好书的习惯，将使孩子受益终身。现在，果果每周六都来“书香氧吧”听故事、读书，足见读书对于她是种享受。而果果妈妈也从孩子和自己身上真切感受到了成长，体验到了别样的甜。

遇见柔暖女强人

由于家校工作的因缘，小西妈妈走进校园的机会很多，自然也会有机会走近窦桂梅。开会、座谈、交流、沟通……接触越多越发现，在慈与爱之下，“女神”校长窦桂梅还有鲜为人知的另一面。

校长真的不是神。貌似刀枪不入、无坚不摧的女强人，更有太多的柔暖。2013 年那次家委会上，小西妈妈代表家长们分享了家校合作的故事，感恩教师用心、用情的付出，她第一次看到窦桂梅一边记着笔记一边擦着眼泪。会后窦桂梅说：“我们的老师太不容易了！我太心疼他们了！有你们家长如此体恤我们的老师，我真的特别感动！”

2014 年 1 月，几位家委会成员与窦桂梅一起担任教师合唱比赛的评委。比赛刚结束，窦桂梅赶紧跑过来对小西妈妈说：“低学段老师对成绩有些失望，小心灵受伤害了，你作为低学段家长赶紧过去安慰下！”这着实让小西妈妈心里涌起一股小震撼，怎么有点“咬哪个手指都疼”的感觉！

除了对教师的关爱，对家长的共情，小西妈妈感受最深的还是窦桂梅视孩子如珍宝的教育情结。无论何时何地，窦桂梅都愿意不厌其烦地和你说孩子的成长。一次因为孩子间的冲突，一位家长冲闯孩子的班级。在请她冷静下来，再到会议室后，小西妈妈再一次看到校长泪花盈盈，窦桂梅说：“孩子最终是走向社会的，孩子最终要成为他们自己。我们一定要把教育这个词放到心里，教育不是灌输知识，是学校和父母一起努力的过程，我们要一起配合达成默契和了解。当我们把心态转过来的时候，我们的心情和教育的效果就会更好。我听爸爸说要多陪陪孩子，特别高兴。我们一起来面对，一起把孩子带好，您看好不好？拜托了！”

“拜托了！”家长们常常听到窦桂梅这掏心窝子的呼唤。

2014 年初，由于新政策的出台，关于学生放学后的看护问题，一度让窦桂梅伤透脑筋。为此，她先后不下十次召集学校负责老师和家委会成员研究解决方案。

一次小西妈妈和几位家委会成员应约到校长办公室研究方案，从未见过窦桂梅如此疲惫，她真是强抖精神坐下与大家细细分析化解。说到家长们忙工作、忙带孩子，又见窦桂梅眼窝湿润，彼情彼景大家知道是家长们的辛苦触痛了校长内心的柔软。于是就有了窦桂梅那句掷地有声的话："这件事我们一定要担起来！不然放学后孩子去哪里？到爸爸妈妈办公室？这些爸爸妈妈可是我们社会的精英，他们的工作说不定就在造就着我们民族的未来。到社会上的学科班？是不是剥夺了孩子们太多的天性和乐趣？到大街上玩耍？孩子们的安全是不是有了太多的不确定性？"

经过对四五套方案的反复研究论证，最终窦桂梅毅然决然地拍板：设置丰富多彩的精品课程，由学生自由选择，由学校安排教师在放学后额外加班任课。

这一举措真是解决了家长们的后顾之忧！记得在校级家委会会议上公布这个决定时，心急如焚的家长们如释重负，连连喝彩。

孩子入校三年来，小西妈妈看到这是窦桂梅在重大问题上的一贯风格：儿童站在学校正中央。为了学生的健康，改革课程结构，加大体育运动课时，率先发起校园足球课，足球课程的创造和引领已经走出国门并受到国家教育部的高度肯定。为了加强家校沟通，让家长更好地陪伴孩子成长，向家长们开放校园，张开双臂呼唤和拥抱家长们走进校园、走近教育，为此专门邀请家委会成员参与智能校园管理平台项目的研究和审核……

这柔暖的女强人，强的其实是一种胸怀、一种果敢、一种担当！

就在前两天，窦桂梅还在微信里与家长们分享："学校教育不完美，但尽力让学生通过一些仪式，如微笑、鞠躬礼、大拇指这三张名片，以及各个年级的言行得体、协商互让、诚实守信、自律自强、勇于担当、尊重感恩的养成教育，建立规则。这些公共道德素养对未来走向社会何其重要！"

是的，教育是人生修为的道场。这修为就在起心动念刹那间，做最好的自己并以最好的自己培养最好的孩子。

收获自我生命的洗礼

作为知名律师的学生家长于爸爸说："与窦校长相处，很少听到她讲生涩的教育理念，更多是听她讲述孩子们的故事。"无论是鼓励孩子到全世界捉虫子，还是在联合国总部演出时想尽办法帮孩子换取全套 50 枚 25 美分硬币，抑或是在阿根廷与孩子们一起同国际球星踢足球，我们看到的是一件实事一件实事地做着、成就着。于是，清华附小的教育理念就在不知不觉、润物无声的状态下浸润着角角落落。或许这时你才发现，这发生着的、成就着的现实竟然如此与众不同！

窦桂梅说，家校从来不是割裂的，家校是教育的共同体。如何培养孩子具有中国灵魂、国际视野，如何造就家国情怀、完整人格，这是家长和学校共同面临的课题。

清华附小是开放的，窦桂梅在每次家委会会议上都热诚呼唤家长们带着家人的心态走进学校，在送餐、校服、安全事务上都要请家长们亲身体验、考察、招标，很多事情由家长们做主决定。

不仅请进来，还要走出去。2013 年，窦校长专门邀请了台湾北小校长和家长委员会来清华附小交流。随后组织清华附小的教师和自己的家委会代表去台湾考察。于爸爸有幸成为此行的一员，深入台湾多所小学进行了实地访谈研究，带回了宝岛台湾非常珍贵的家校合体理念和经验！

由于职业和专业的原因，于爸爸和窦桂梅经常就法律方面的问题进行探讨和交流。令于爸爸钦佩的是，窦桂梅有着非常强烈的法律意识和依法治校的理念。2013 年 10 月的一天，于爸爸制作了一份《关于特殊事项管理的参考意见》发给窦桂梅，窦桂梅非常诚恳地给他发来一个短信："您好，于老

师！读了您的来信，深感您工作的严谨！有你们，我们的工作可能更加理性，处理问题的时候，也有依据。很多时候，爱心和激情，还需要更多的理性与科学方法来调整！我将深入细读您的文本，明天我们会再探讨。再谢！”窦桂梅的这份感谢让于爸爸体悟到职业延展到教育的幸福，也深深为校长字里行间的敬业所触动。

在清华附小，窦桂梅要求日常管理要时时注意法律风险防控，小到通知，大到合同，都要经过法律审核。不仅如此，离不开教育的窦桂梅一度和于爸爸说起，要给孩子们讲一讲法律，让孩子们从小树立法律意识，懂得责任和担当。于是，就有了六年级毕业班法律课程的诞生，于爸爸登上梦寐以求的清华附小讲台，深感荣幸！

其实，荣幸的不仅仅是于爸爸自己，他的女儿更加荣幸。一直以来，爸爸在学校的每一个身影和动作，女儿都引以为豪。有一次她说：“爸爸你要多到学校来，老师们都很辛苦，你来就可以帮帮他们。”于爸爸能看到每次到学校时孩子眼里的那份共情，他知道在女儿眼里，他和老师们是一个整体。正如窦桂梅说：“于爸爸家的女儿那么柔软和阳光，与爸爸的热心真诚是分不开的。柔软的才是温暖的，而温暖的才是有生命的。教育就是要孩子成为孩子，而不是机器。”

“一个好学校＝一个好校长＋一批好老师＋一批好家长”，对此，于爸爸是有着深深的体悟和认同的。

毫无疑问，选择一所好学校是所有家长共同的目标。但什么是好学校？你不走进她的春夏与秋冬、感受她的喜怒与哀乐、亲近她的饱满与不足，你不摘下有色眼镜靠近一米距离去体悟，你真的就无从说起。

遇见窦桂梅，结缘清华附小，在陪伴孩子成长的这三年，于爸爸作为一名家长所亲见、所经历的每一个瞬间都是如此的记忆犹新。这里不仅有教师的敬业、博爱、儒雅，有孩子们的健康、阳光、乐学，更重要的是自己的生命也经历着这个教育生态带来的震撼与洗礼，收获着自我的成长。

/二/ 推进北京教育新地图

自从到了清华附小，窦桂梅就和海淀教育有了渊源。2002 年 10 月，窦桂梅给海淀的老师们讲她的成长之路和专业追求，同时上了一堂示范课。激情与思想的交融，打动了海淀区中心学区领导，学区出了红头文件，号召向窦桂梅学习。张凤华当时在海淀教委任小学教育科科长，参加会议时就非常激动，她拉着窦桂梅的手说："其实我早就认识你了，在 2001 年的人民大会堂，你发言的时候我就想，我们海淀区就应该有这样的老师，结果你就来了。"2004 年，海淀教委主持开展了窦桂梅专业思想成长研讨会，全北京市来了 1300 余名骨干教师、各学校的教学副校长。窦桂梅现场讲了一堂示范课"再见了亲人"，并做了题为"我想做一个有专业尊严的教师"的专题报告，反响非常强烈。她的教育方法、观点和公开课，开始引领着海淀语文教学的发展。从此，窦桂梅挑上重担，成为海淀中心城区课程改革的副组长，参加西苑学区的教学比赛、评比，引领老师做"五个一"工程的读书备课，并先后成立了"窦桂梅名师工作室"和"名校长工作室",其教育理念、课程理念、办学理念对海淀教育产生了很大影响。清华附小成为海淀课程改革的先进单位，清华附小校园的生态文化、学校队伍的建设机制、创新特点可圈可点，成了教育界领导、老师、校长到海淀学习交流参观必到的学校。

2012 年 9 月 5 日，《国务院关于深入推进义务教育均衡发展的意见》出台。意见要求，扩大优质教育资源覆盖面，发挥优质学校的辐射带动作用，鼓励建立学校联盟，探索集团化办学，提倡对口帮扶，实施学区化管理，整体提升学校办学水平。清华附小作为基础教育的高地，通过承办新建教育配套设施、多址办学、与薄弱校联盟结对等方式扩大优质资源，为北京教育新地图添上了厚实的版块。

2011 年 3 月 23 日，清华大学附属小学商务中心区实验小学创建；2015 年 4 月 9 日，清华大学附属小学商务中心区实验小学整合朝阳区光华路小学和永安里小学，进一步推动朝阳教育优质均衡发展。

2014 年 7 月 18 日，清华大学附属小学昌平学校创建，推进昌平教育优质均衡发展。

附小优质资源辐射喝彩！
2014~2015学年度第
学期开学典礼

清華附小
清华大学附属小学昌平学校交接仪式

合作办学
签约仪式
清华大学
附属小学

2014年2月20日，清华附小与石景山区教委签订合作协议，开展提升石景山全区小学教育教学质量和培养高素质教师队伍地深度合作。同时，石景山区金顶街第二小学成了清华大学附属小学协作校。

……

心灵，在CBD交汇

清华大学附属小学商务中心区实验小学是朝阳区教育委员会与清华附小联合办学的一所全日制小学，学校地处繁华、现代气息浓厚的CBD（Central Business District，中央商务区，简称CBD）商区，规模为24个教学班。由清华附小校长窦桂梅担任法人代表兼校长。建校以来，清华附小输出先进的办学理念、派出优秀的管理团队和中青年骨干教师，特别是把沉淀积累近百年的精神文化气质渗透在新办学校的血脉之中，既有清华附小校训的“立人为本，成志于学”的求学报国精神，又有清华附小商务中心区实验小学的“致恒通惠”的智慧与德行。

梦，从这里起航

为了响应国家提出优质教育资源辐射，实现教育质量均衡发展的号召，2011年3月，应上级要求，清华附小将与北京市朝阳区教委联合办学，创办朝阳分校，并要求当年5月招生，9月准时开学。

任务重大，时间紧迫。当务之急，是要选派出合适的执行副校长，赴朝阳区“开疆扩土”。要派谁去呢？大家都知道，创办分校是一件极富挑战性的系统工程，需要一位经验丰富、敢担当、肯付出的领导主持工作。于是，窦校长组织召开中层会议，就朝阳分校执行副校长的人选进行公开投票，当时17位中层领导参加了会议。经过投票，17人全部推举当时主管学校教学管理工作的傅雪松老师赴朝阳任执行副校长。傅雪松老师回忆道：“看到投票结果后，我还是很高兴的，也特别感谢这么多位同事对我工作的信任。负责一所学校的管理工作，对我自己来说将是一次很好的成长机会。”于是，当时已经43岁的傅老师走马上任了。

2011年3月22日，北京朝阳区教育委员会与清华附小举行了合作办学协议签字仪式，清华附小商务中心区实验小学就此建立。清华大学常务副校长陈吉宁出席并讲话。清华附小窦桂梅校长和朝阳区教委孙其军主任分别代表合作双方签署了具有历史意义的合作办学协议。能够亲眼见证签约仪式，让傅雪松老师感到特别激动——这是百年清华附小，历史上的第一所分校，附小人强国强校的梦要在这里实现。

理想很丰满，但现实却不容乐观。当时CBD分校的一期建筑尚未完工，二期建筑刚刚动工，校园里黄土朝天，到处都是建筑垃圾，尤其是刚建成的教学楼一层，垃圾遍布，蚊蝇满天。“当时已经是2011年的5月底了，我们不仅要‘拓荒’，还要马上开始一年级的招生，新教师的招聘工作……”傅雪松老师说，“当时最大的困难是没有钱，刚刚建校还没有一分钱的办学经费，我们连一把扫帚、一个簸箕，都没得买。”没有办法，只能从清华附小本部搬办公设备。当时清华附小总务的姜武老师开车送去了办公桌椅、办公电脑、饮水机……傅老师买了一部小灵通，收拾出一间屋子做办公室，就这样，CBD分校开张了，开始“大张旗鼓”地启动了招生和招聘教师的工作，同时，不断联系朝阳教委的基建、设备、信息部门，协调新校舍教学所需的桌椅、电教设备等。

不久，教委提供的教学设备进校园了，但“有了家，就得有人看家”，谁来看家呢？没有钱，就请不来保安；没有保安，这些教学设备怎么办。想来想去，找到了清华附小本部的保洁大姐屈炳红。屈大姐在清华附小工作十来年，对清华附小特别有感情，当听说此事后，她特别乐意去分校看家。但考虑到屈大姐孩子正在上学，傅老师于心不忍，屈大姐说：“没事，马上就要放暑假了，等放了暑假，我可以把孩子送回老家。我让我爱人搬来，和我一起住，要不然我还害怕呢。”就这样，屈大姐和她的爱人住到了CBD分校的传达室。

当时的传达室，极其简陋，四面漏风，里面就有一张床和一张桌子，没有空调、没有电视。屈大姐和她爱人这一住，就是 3 个月。

为了顺利完成 CBD 分校的招生工作，以及保障分校教学质量，清华附小本部派出了赵青、李军、王洁、昝玉静等十来位教学经验丰富的教师，去分校开展工作。2011 年 6 月初，CBD 分校的招生工作顺利地完成了。为了方便以后的教学工作，傅老师把新生家长请到了分校，组织大家参观校园，介绍清华附小的办学理念。

在接下来的整个暑假里，CBD 分校团队基本上都没有休息。只能用一个字来形容他们的假期感受，那就是“热”。因为 CBD 分校没有钱，整个学校没有一台空调，甚至连电风扇都没有。就连吃午饭，都是老师们互相垫钱买盒饭吃。但是，从设备安装，到桌椅调试，到班级布置，这十来位教师真是干得热火朝天。

暑假里的一天晚上 11 点左右，青年教师昝玉静难为情地给傅老师打去电话：她们住的地方太热了，蚊子实在太多了，能不能去外面找个便宜的宾馆住？原来，CBD 分校当时还没有教师宿舍，前去“拓荒”的老师们，晚上只能在教室里把几张课桌对在一起，搭上凉席就成了床。朝南的教室，经过白天一天的熏烤，晚上当然热得令人无法入睡。傅老师听到这句话，当时眼泪就下来了，这些 80 后、90 后在家都是娇生惯养的独生子女，像这样白天干活，晚上将就，是多么难为她们呀！傅老师马上同意了，并用自己的钱给老师们报销住宿的费用。

2011 年 9 月 1 日，CBD 分校如期开学了，共开设一年级 4 个班，首批学生共 123 人，全部来自于 CBD 区域。当时除各班教室及办公室外，只有一间美术教室和科学教室，共配备教师 20 名，其中包括 1 名全职的英国籍年轻女外教，以保障学生的双语教学。当时 CBD 分校的操场还没有建成，为了给新一年级的孩子办一场印象深刻的小学入学典礼，傅老师团队就把教学楼前的空地上铺上红毯，从清华附小本部找来了一位五年级的学生担任开学典礼主持人。他们还请来了当时的清华大学书记陈景阳和朝阳教委主任孙其军来共同见证这一历史时刻。

从那以后，CBD 分校的办学逐步走上了正轨，并慢慢发展成为朝阳区他办校中的排头兵。

国际化＋个性化＝现代化

经过创业者们的不断努力，清华附小 CBD 校区硬件建设堪与国际接轨。当我们看到 CBD 校园的时候，感觉那么现代，各种设计都呈现出一种国际化的味道。

CBD 分校成立后，如何让它有特色和内涵？清华附小给出了这个校区的战略定位，它既是清华附小百年办学思想的传承，又是与 CBD 当地环境的一次融合。窦桂梅说 :“在一个国际化外显的环境里面，我们要建一所不仅国际化还要个性化的现代化学校。”

CBD国际化的一个显著特点就是，这个区域里面外籍孩子多、海归子女多。这决定了CBD分校文化的国际化。窦桂梅认为，国际化视野不是国别视野,而应是多国多元文化的理解。为了让孩子们理解世界国际化的多元性，在清华附小包括CBD分校，一个班就代表一个国家的足球队，“逼着”这个班级来认识不同国家的文化。

除了文化的国际化，课程设置的国际化也是CBD分校的特色。课程设置的国际化包括，一是开设中文、英语、西班牙语等多元化语言课程，二是新增一些与国际接轨的课程内容。这在CBD分校有两门经典的课程，一个是种植，一个是烘焙。南瓜、冬瓜和黄瓜三种瓜怎么分辨？为什么叫黄瓜？为什么叫冬瓜？问现在的孩子，很难准确回答。学校怎么切入这个课程？于是，在CBD这个高楼遍布的地方，学校在教学楼墙角下做了15个大槽子，让孩子们种上瓜果，到秋天就举行成果大赛，并要求他们把自己的瓜果用起来。南瓜把瓤抠出来，第二年再把籽种上，果实则用于“万圣节”做灯笼，用完后还可以做烘焙。冬瓜干什么？摘完之后全部送到食堂，让孩子们吃一周的冬瓜汤和炒冬瓜。这个过程就体现了西方应用课程的理念。小朋友爱吃蛋糕、面包、饼干，到底它们是怎么制作的？CBD分校就有了这样一个烘焙课程。当时，有人说建烘焙房占地还得买机器，花费很大。窦桂梅却认为，孩子若在这方面兴趣浓厚，我们帮助他们发展兴趣，没准就有人成了万里挑一的面包师，最后走向世界呢！技能是一个人的本领。这些强调劳动和动手能力的应用课程，实际上就是促进个体素质发展的拓展性课程。这恰恰是与国际接轨的价值观在清华附小CBD分校课程设置上的具体体现。

“当然，国际化不是说全盘西化。”窦桂梅说，“民族化同样是我们十分注重的。在CBD分校，我们的武术是一绝，民乐是一绝，民歌更是一绝。国际演出的全是中国的文化。”清华附小希望通过CBD这个国际化区域，实现中国文化的国际表达。为此，CBD分校建校第二年，CBD分校的8个班便有2位外教老师，这些老师是和中国老师、学生生活在一起的。孩子们除了游学香港、台湾之外，还远赴国外，如加拿大、美国、澳大利亚等，用看得见或者听得着的诗词吟诵、民歌、乐器、书法、武术等，形象生动地传播中国文化，表达中国人的自信。

三张名片，歌声传递

微笑、感谢和赞美是清华附小的三张名片，一直渗透在清华附小养成教育的点点滴滴之中。这个学期，清华附小百年校庆进入了最后的倒计时，清华附小 CBD 分校的教师们惊喜地发现，无论教师还是学生的身上，都体现出了更清新、更阳光的气象：大家的脸上总洋溢着甜美的微笑；不管上课还是课间，师生之间总是相互鞠躬问好；课堂上，老师会为孩子们的回答竖起赞美的大拇指，学生也会为身边的小榜样竖起大拇指，表达自己的赞许……每时每刻、一点一滴，大家都在努力践行着三张名片，用微笑、鞠躬礼、大拇指这三个简单的动作，表达真诚与友善、尊重和感谢、赞美和信任。

作为音乐老师的邓曹爽，看到这些不禁想，除了用自己的言语和行动，

我还可以用什么样的方式去帮助学生将微笑、感谢和赞美这三张名片不断内化呢？于是，邓老师脑海中本能地浮现出了一个念头——我要编创一首朗朗上口的歌，让学生喜欢的同时，还能让他们把三张名片铭记在心！有了这个念头，邓老师便开始了《三张名片歌》的创编。要想尽快让孩子们听到、学会这首歌，最便捷的方式就是利用他们熟悉的歌曲改编歌词。反复思量后，她选取了教材中的歌曲《清晨》的旋律去填词，这首歌曲的旋律活泼跳跃，正好可以表现清华附小少年的健康、阳光和乐学。歌词填好后，经过张维华老师的润色和修改，很快定稿了。

接下来便是歌曲的录制了。10 月 15 日一大早，邓老师带着合唱校队的六个同学进棚录制《三张名片歌》，小同学们好像知道自己身上担负着极其重要的任务，一个个出色地完成了自己的演唱。

这首由教师自己填词、学生自己录音的《三张名片歌》深受全校学生的喜爱，很快就成了 CBD 分校的流行歌曲。清晨，教师和同学们伴着广播里准时响起的《三张名片歌》踏进校园，开始一天的工作和学习；每周一的升旗仪式上，大家都要骄傲地齐唱这首歌；操场上也总是能听到这首歌曲，伴着孩子们愉快地锻炼、玩耍；形体课上，张忱老师结合微笑、鞠躬礼和大拇指编创了优美的动作，带着大家一起舞蹈……

最值得高兴的是，11 月 23 日，合校队参加首都学生演出季系列活动，在中山音乐堂举办了自己的专场音乐会。音乐会中，二（1）班的武秋彤独唱的《三张名片歌》响彻了中山音乐堂，她用自己的歌声和精神面貌将清华附小“微笑、感谢、赞美”这三张名片传递给了在场的每一位观众。

爱心志愿岗，让关爱薪火相传

早上，精神抖擞的四位家长佩戴着丁香袖章，引导每一辆送孩子的汽车依次停靠入位。坐在车里的你，每天可以看到不同的人面带笑容拉开你座驾的门，亲切地问上一句“早上好！”，然后搀扶着你的孩子下车，迈向崭新的、充满期待的一天。而你一脚油门轰然离开时，忙碌的一天是从好心情开始的。即便是在雾霾深重的日子里，从志愿者那厚厚的口罩下依然可以感受到他们发自内心的友善和热情。而接受他人服务的每一位家长，内心是温暖的，也是坦然的，因为也许就是明天，将是由你为别人拉开车门，向别人挥手道别。我们或许无法改变那糟糕的空气，但能够改变人与人之间本不应该有的隔阂和鸿沟，这足以令人欣慰。

这是宸宸爸爸发在朋友圈的一篇即兴感言。

随着每天早晚接送孩子的车流高峰陡然到来，CBD 周边地区的交通压力迅速增大，校门口还经常出现接送孩子的车辆抢行、占道，等待孩子的家长无序聚集造成路面拥堵和通行困难。学校为此组织了大量的教师队伍在早晚维持交通秩序，这既影响了学校正常的教学安排，又加大了老师们的工作强度。这学期开学之前，学校家委会及时与学校沟通，依靠全体家长的力量建立起了“爱心志愿岗”，替老师分担工作压力的同时，也让每一位家长都从交通参与者变成了交通秩序的维护者。它的应运而生，或许不是全国第一，至少在“车倍儿堵”的 CBD 商区，绝对是史无前例了。

经过了短短一周时间的准备，来自四（1）班的第一批家长志愿者伴随着新学期的第一缕朝阳伫立在了校门口。从此以后，家长爱心志愿岗每周轮换一次，每一个班的家长都有机会亲身体验为他人服务和奉献而产生的快乐与满足感。

其实，崭新的变化又何止在车辆停靠一点上，“爱心志愿岗”让每一个班级内部再次凝聚起来，让班与班之间的爱心流转。无论是凄风冷雨的清晨，还是暮霭深沉的傍晚，有“丁香袖章”的地方，就有凛凛新风。而每一个忙碌的值日周结束，信箱中总有班级家委会洋洋洒洒的工作总结，那是思想的金句，是智慧的凝集。

家长如果直线停车容易造成前车压后车现象，建议家长停车的时候斜着停，就是快停车的时候向左打一把轮，使车斜向道路一侧，这样出车的时候很容易，不会轻易被前车压住，可以做到更快速地进出。

“志愿者的微笑是北京最好的名片。”这句北京奥运会的宣传口号用在我们班的值周中是那么恰如其分！每天早上，我们用笑脸迎接孩子，让家长们放心而去，用笑容传递温暖；每天晚上，我们在网格线上维持接孩子的秩序，示意大家给孩子们更多有序的空间。当风雨和雾霾伴随我们执勤的时候，更多的家长也回馈给我们更多真诚的微笑、感谢和赞美，让我们体会到“赠人玫瑰，手留余香”的快乐！

……

清华附小 CBD 分校的每一个孩子，都能背诵社会主义核心价值观的二十四个“金光大字”，而他们的父母，也在用“身教”告诉着孩子们，什么叫作文明、什么叫作和谐、什么叫作友善。这一日日的“润物细无声”，将在那一颗颗幼小的心田上浇灌出怎样的善良之花？

当我们感叹社会的冷漠，生活际遇的不平，人与人的冷漠疏离时，在这个灰黄色的小楼前每天上演的，却是一幕幕人与人之间用心扶助、相互给予、平等互爱、真诚奉献的活报剧。家长们用付出赢得付出，用贡献赢得馈赠，这是心意的交换，这是情感的流淌，更是让关爱薪火相传。

昌平，那一道紫色“长城”

清华大学附属小学昌平学校，是清华附小走出清华园，于2014年与昌平区教委合办的一所九年一贯制义务教育学校，学校建制36个班，同时还附设一所幼儿园。学校地处朝阳、海淀、昌平三区交界处，坐落于美丽的清河河畔，毗邻风景秀美的奥林匹克森林公园，由清华附小校长窦桂梅担任校长，委派刘建伟老师任法人及执行校长。建校以来，清华附小输出先进的办学理念、派出优秀的管理团队和中青年骨干教师，让本部的理念在昌平这块沃土上生根。未来学校将结合昌平区自身特点，从幼儿园到初中，完整落实衔接教育。

“拓荒”

七月的北京，骄阳似火，再加上连日来多晴少雨，太阳的暴晒让花草树木都一片沉寂！刚刚在本部开完会，舒立老师一行16人乘着校车奔赴那个早就耳闻却不曾目睹的清华附小昌平学校。刚下车，只见眼前呈现的是一栋四层高的四“白”落地的灰色建筑，空空如也！四周摆放着建筑垃圾，墙壁上布满了灰尘……还有些建筑工人正在施工。这就是传说中的昌平学校？老师们感到仿佛有一桶凉水一下从头顶直泼下来。

执行校长刘建伟带着大家一边参观，一边讲解学校的规划，她提的最多的一个词语就是“拓荒”。舒老师一边走心里一边在想：九月份就开学了，我们就这点人，能来得及吗？和大家一起的还有一个已经退休的60多岁的姜武老师。姜老师脸上灿烂的笑容，让舒老师有了些许信心。

一所学校，校园的文化建设是关键。为了能把校园打造成一所“生活乐园、人文家园、学习田园”，所有老师齐上阵！

凹凸不平的操场需要铺平，办公的桌椅需要购置、安装……团队一起，不论男女老幼齐上阵，人常说“打虎亲兄弟，上阵父子兵”，刘校长七八岁的儿子也当上了“童工”；甚至有些老师还从家里请来帮手，全家上阵，现在回想起来那时的情境真是辛苦并快乐着！

走进校园，左手边是一道长 109 米，高 2.2 米的灰色水泥墙。这堵墙把还在施工的小学部和幼儿园部分隔开。刘校长说：“这堵墙等施工完毕是要推倒的，这里将来会建一个绿荫长廊，学生可以在这里看书、休息、活动。”可眼下这面灰色的墙空空地摆在这里总是不雅！还有一个多月就要开学了，无论如何要赶在开学前，用最短的时间、最节约的办法让这堵墙发挥它的作用，让它既具有教育性，又不失美观，还要跟学校的办学理念相吻合，这可真是一个难题！怎么办？

“手绘！”刘校长坚定地说。

为了打造这面校园文化墙，舒老师从本部请来了美术王志兴老师、张婷婷老师，书法贺军峰老师，甚至连已退休的秦明智老师也前来帮忙。大家一起想创意、出点子、定方案……有的老师说可以画一些学生运动的场景，因为旁边就是操场；有的老师说画一颗种子逐渐成长为一棵大树，预示着学生的健康成长；还有老师说画清华附小本部校园里的十二景观，让这样一个新生的学校有清华的烙印……

是的，清华附小昌平学校作为清华附小的分校，与朝阳 CBD 分校一样，肩负着传承和发扬清华附小百年文化及办学理念的使命和重任，为了能让昌平地区不论是家长、学生还是其他姊妹学校更加清楚、直观地了解和认同清华附小的百年文化，眼前的这面墙是一个很好的展示窗口。

集思广益，方案终于确定了！整个墙面以紫色渐变为背景色，因为，紫色是清华的校色，紫色是由红、蓝两色混合而成，画面要以“健康、阳光、乐学”为主题，结合真实的清华附小学生样态来呈现学校的办学理念，整个墙面用丁香花瓣进行装饰，因为，丁香花是清华附小的校花，一朵绽放的丁香花就是一个积极向上的清华附小少年！

方向对了就成功了一大半！于是几个美术老师开始分工行动。王老师负

责“健康”部分，舒老师负责“阳光”部分，张老师负责“乐学”部分，贺老师和秦老师负责书写。

中午，火辣辣的太阳晒在新铺的操场上，整个校园里弥漫着操场上塑胶的味道，几个老师却是乐在其中，王老师在画得兴起的时候还脱掉了鞋子，光脚站在砖头上，白发的姜武老师怕大家晒着，亲手用硬纸壳给每位老师做了自制的草帽。经过近一星期的努力，墙面终于画完了！可还缺最后一道工序,那就是学生亲手绘制丁香花瓣。可是还没有开学怎么才能集齐这些学生?刘校长提议在开学典礼当天让学生集体画丁香花瓣，一定要让学生亲手来画，并由家长在上面签字写下他们对这些小丁香寄予的祝福与希望。

就这样，在开学典礼当天，这所由学生、教师、家长一起筑起的百米“紫色长城”终于完成了！

这面墙是清华附小教师、学生和家长一起绘成的“紫色长城”，与七彩的“彩虹操场”相映成趣,已经成了清华附小昌平学校校园文化的标志之一。墙面上每一个丁香花瓣就代表着清华附小昌平学校的一个学生；“健康、阳光、乐学”在告诉我们每一个孩子在这所校园里的生活、学习以及成长的样态，这也是清华附小的育人目标。墙面上的图案都是依据学校本部学生学习生活的真实场景绘制而成，如各种体育运动，篮球、足球、跳绳等；如鞠躬礼、升旗仪式等；如读书、写字、水木秀场的才艺展示等。可以说每一幅场景都在践行让“儿童站在学校正中央”的办学理念。

尽管这道“紫色长城”可能在两年、三年或者若干年之后被推倒，然而它所承载的让“儿童站在学校正中央”的理念和“自强不息，厚德载物”的清华魂，却在清华附小昌平学校的师生和家长心中凝固成一道紫色的精神“长城”。

在这道精神“长城”上，清华附小昌平学校的“1+X课程”数科实践基地一点点地打造起来了；周末阅读与习惯培养亲子沙龙在昌平红火起来了；升旗仪式的时候，社区里路过的家长，由之前的漠然变成现在面向国旗自动肃立了；百善、崔村、小汤山、兴寿、东小口等地的兄弟学校校长，带着他们的干部和教师代表，纷纷来到昌平学校参观校园文化建设，进入课堂听课，进行深入教学对话。短短一年时间里，清华附小昌平学校的英语剧《夏洛的网》获得昌平区英语戏剧表演特等奖，黄靖博老师获得昌平区教师古诗文解析诵读大赛特等奖……

在这道精神“长城”上，孩子们如阳光下的枝条般快乐地伸展着……

小V的故事

2014年9月1日，秋高气爽，天性活泼、个性十足的小V和他的同伴们背着新买的小书包，穿着学校新发的校服，在妈妈的千叮万嘱下走进了这所“家门口的百年名校”——清华大学附属小学昌平学校，开启了小学六年的生活。

每天早晨7：30，小V伴随着刘校长亲切的问候和优雅的鞠躬礼走近美丽的校园，又伴随着同伴间的声声问候开始了一天丰富多彩的学习生活。

7：35晨练时间开始。小V是个不爱运动的微胖小男生。他在体育老师的指导下、同伴的鼓励下练习跳绳，从一个到两个，从十个到二十个……坚持，再坚持。7：45国歌响起，国旗升起，小V面向国旗站好，庄严地高唱国歌。7：50晨读时间，他在班主任老师的帮助下和同学们一起朗诵古诗或复习英语。8：00学校的五大领域课程正式启动：生活化的品格与社会、童话般的语言与人文、魔幻般的数学与科技、超越时空的艺术与审美和有趣出汗的体育与健康，这些经过老师精心创设后的整合课程带给小V无限的好奇，激活了他的天赋，小V就像一名刚刚出生的婴儿快乐地吸吮知识的营养。

小V，这个就像一张白纸的孩子每天都在用自己独特的方式，细细观察、体验、感悟着神奇的学校生活。慢慢地，他喜欢上了学习，上课开始举手发言、努力参与小组合作、认真完成课堂练习，得到了各科老师的表扬。小V还喜欢上了自己的班级教室，宽敞漂亮，主题鲜明。学习区的学生座位是以小组合作方式摆放的，活动区的书柜里摆满了各种新奇好玩的图画书，微缩版的高尔夫球道，时常让自己和同伴们比赛一把，学累了、玩累了还可以去沙发区休息一下。最令他骄傲的是，自己的作品只要认真完成，都能被老师贴在教室的主题墙上展示。小V忽然感到这里怎么和妈妈常说的她小时候的学校不一样呢?

第一周过去了，小V很开心。

第二周，"X"选修课开始。小V更加忙碌，周一看图写话、周二书香托管、周三英语阅读、周四书画同源、周五数学天地。在这里小V结识了来自全年级的小伙伴，享受到更多老师给予自己学业上的帮助。

第三周，周一下午，小V结束了"X"选修课，没有像往常那样直接回家，而是留在图书馆里看书，看累了，就去操场上踢一会儿球，班主任张老师是个非常细致的老师，她第一时间发现了操场上踢球的小V，马上和他的妈妈电话联系，可是妈妈说自己在加班，让孩子在学校多玩一会儿。周二、周三还是这样。于是张老师有些担心，小V家里是不是有什么事情，她关心地问孩子："小V，同学们都放学了，你怎么还不回家呢？"小V有些紧张，他看着老师说："张老师，我喜欢学校，学校比家好。"小V出其不意的回答感动了张老师，她越发喜爱这个小男生，每天放学后，张老师都陪小V读读书，踢踢球，等着妈妈加班回来后接他回家。

但是在一个非常偶然的情况下张老师得知，小V的妈妈不上班，而且他家和学校只有一墙之隔。咦！好奇怪，为什么小V妈妈说自己加班不能按时接孩子回家呢？难道有什么难言之隐？

原来，小V的妈妈第一次走进昌平学校，就开始喜欢上校园里的每一个角落，紫色的围墙、多彩的操场、宽敞的班级教室、布满学生作品的走廊、高大上的专业教室'数科乐园、人文天地、艺术殿堂和书画世界'，这一切让她十分满意；和老师几次沟通后，老师的耐心、细心又让她十分放心，所以她虽然赋闲在家，可还是希望小V能够多一些时间在学校，多和老师们在一起。她和小V一样，深深地爱上了学校，并坚定地认为“学校比家好”。

真相终于大白！一切源于学生喜欢，一切源于家长满意。

“学校比家好！”就是这样一句简单而朴实的话语，沁润了老师，鼓舞了学校。因为，清华附小人深知，学校存在的意义就在于：它应是一所令人难忘的、温暖的儿童乐园，是一所令人尊敬的卓越小学。

小变化带来大改变

昌平学校刚建校，只有一个一年级的四个班，但老师们已经开始研究小幼衔接课程。他们的研究首先从区域化学习开始着手。他们依据学生的兴趣、关注点，依据学习的内容，乃至学生的性格及其喜欢的学习方式，把教室划分为不同的区域，同时配合不同的教与学的形式。于是，就有了下面的故事。

把世界当成教材

《数星星的孩子》作为“星空”这个单元的第一篇精讲课,很值得研究。昌平学校的教师们上网查关于这课的教法就有三十几种，但其实内容大同小异，都是顺应课文内容先讲一颗一颗数，后讲一组一组数，最后得出张衡刻苦钻研的品质，激发学生对星空的兴趣。怎样激发学生根据自己的兴趣进行主动学习？

昌平学校的老师们首先针对这篇课文进行了前测，孩子们根据自己的兴趣和生活经验提出的问题是不同的，他们的兴趣点是不一样的。比如，有学生提问：“张衡一颗一颗数星星累不累呀？我数了几颗，脖子就疼了。”“到底星星是怎么组成一组一组的？”平时思维很活泼的孩子，甚至根据课文内容想出了超越文本的问题：“除了一颗一颗和一组一组数，就没有更好的办法吗？”这样的前测，触动了老师们：是不是可以根据学生不同的兴趣来理解张衡数星星的过程，进而理解数的过程中他是怎样有兴趣、有坚持，最后有所发现成为天文学家的呢？这样的课文选择区域化学习是不是更加适合呢？

于是老师们又坐在一起教研，根据学生的兴趣和关注点进行分类，班里选择一颗一颗数的同学最少，有五名同学，一组一组数的同学有十九人，其他方法有四人。于是课堂就分成这三类小组。选择一颗一颗数的孩子是比较踏实的，所以老师安排了一位组长，让组长带动大家学习。老师在指导时，进入了最调皮的那个小组，因为他们研究的是最有难度的，同时兼顾其他小组。

在他们根据提供材料一起学习后，每个组都有发现。选择一颗一颗数的孩子说："张衡今天晚上数，明天晚上数，他想都数清，还得让爷爷带他到地球另一端去看看呢。"选择一组一组数的同学说："这样数让他发现了天空中星星的分组，认识了星座，这也是张衡喜欢星空的原因吧。"研究其他方法的同学发现：一年四季星星的位置是不同的，要一直坚持才能数清楚。通过这样的汇报，其实最后并没有得出确切的答案，但在较短的时间内，同学们在比较不同方法的同时对教材有不一样的理解，最后轻松理解了张衡的兴趣和坚持。用这样的方式上课，基于儿童的兴趣和关注点，提供相对应的学习资料，同时引导学生能创生出令人意想不到的思路。这样就丰富了课堂上的内容！不是把教材当成世界，而是把世界当成教材。

小小名字卡闯世界

和一些新任教师一样，张老师也有这样的困惑：板书。课上激动忘我之时，会忘记写板书；板书写多了、内容深了，孩子根本不理解，也就是说，板书内容和孩子们的认知相脱节。

而在区域化教学之下，黑板也是可以发生变化的。张老师曾到日本东京学艺大学附属小学，观摩过一堂一年级数学课。课堂上她发现，在黑板的一边，摆放着许多小卡片。在学生进行发言的时候，老师会抽出卡片在黑板上，并在卡片后面写上几个词语或是简略的一句话。一堂课下来，老师没说几句话，黑板上几乎都是学生思路的记录，就连在课堂最后，出示的课题也是从学生的总结中归纳出来的

开学后，她将故事和团队进行分享，大家相互启发，于是就有了活泼、精彩的开学第一课。张老师让学生汇报假期中他们的收获，并且对每个发言的孩子，在黑板上贴出他们的名字卡片，并在名字卡片后简要记录学生发言的要点，学生发言结束后，再根据黑板上的要点，引导学生进行归纳梳理。孩子们看到名字跑到了黑板上很高兴。黑板不再是冷冰冰的老师的一言堂，那是学生对于本课内容的思考过程的记录，含金量不言而喻、惊喜不可复制。

另外，这种方法还可以提醒老师关注那些还没有参与课堂的孩子们。这不正是在关注个体的教育吗？

此后，昌平学校的老师们不断创新。比如，将表现突出、可以树立为榜样的孩子的名字放进了“红心区”。不论你是发言中一举就命中要害的，还是频繁发起进攻的，或是整堂课都言行得体、严于律己、勇于质疑的统统都可以进来。老师们还根据教育具有发展性的特点，将这一区域的名称，根据需要改为“未来数学家”“未来文学家”“未来书法家”“未来外交官”“未来小画家”等等。

小轩是一个不太善于表达的孩子，但经常在课上摆弄学具。张老师知道善于动手操作的孩子一定是个喜欢思考的孩子。于是，张老师与孩子进行了友好交谈，和他商量，希望他下次数学课，可以进一次“未来数学家”行列。小轩可能是觉得这个目标并不太难，欣然同意了。没想到，改变就这样开始，当小轩举手回答问题时，张老师及时给予肯定和赞扬，并把他的名字卡片放入“未来数学家”的红心区。渐渐地，这个孩子举手的次数变多了，发言的声音变大了，表达越来越完整、准确。

在一次次的实践、尝试、创新中，黑板上的区域化教学让有意义的事变得有意思。学生在这个区域中，“名”副其实地学在其中，乐在其中……

每日一题的魔力

区域化学习不应只发生在课堂中，更应纵向延伸到课堂之外。比如，在数学与科技领域，昌平学校的老师们开展了“每日一题”的实践。每天早上把题目写在班级的小黑板上，学生们自愿参与，利用课间点滴时间思考解答。

题目有三大特点：一是“接地气儿”，题目既紧密联系学生所学知识，

又贴近学生生活；二是形式多变，图形题、算数题、年龄问题等，天天不重样，让学生每天都有新鲜感；三是题目都具有一定难度，跳一跳才能摘到桃子，这样得到的果实才格外甜。

刚开学一周，老师就发现，这个叫小宇的孩子很聪明，数学基础也很好，但也许正是因为这样，他总认为上课的题目太简单，用那骄傲的小眼神看着老师。“每日一题”在班级中展开后，他总是特别积极，几乎每天都第一个冲到小黑板前，思考完再迅速将答案告诉老师。于是，老师把记录正确答题人数的任务交给了他。逐渐地，他从一个人学习到带动一群人思考，还主动要求给同学们讲题，每天一早第一件事就是督促老师更新“每日一题”。慢慢地，他变了，课堂中再也看不到他骄傲的小眼神了，他也更加愿意与同学们交流，他从“每日一题”中，找到了自己学习的动力源。

神奇的班级日志

教室里的每一个区域都是学习的地方，静态无生命力的区域是不足以长时间吸引学生的。为了能让学生在区域中有所成长，就要赋予区域以教育内涵，让其成为动态的、有生命力的区域。

大家都熟悉班级日志这种记录方式，而清华附小昌平学校的班级日志是贴在墙上的，学生可以随时浏览班级每一天发生的事情和变化。而且，这样的班级日志给学生们带来了“三个改变”。

第一个改变：一年级的小学生们尝试着写一篇比较完整的文章了。每一次写班级日志对于孩子们来说都是一次被“万众瞩目”的机会，因为在第二天班级日志贴上墙后，都会引来同学们的围观。所以每次拿到班级日志的彩纸，同学们都非常珍惜，把它认真地夹在书里。以前他们只在日记本上写自己的日记，可能有错字、丢字、错误标点等情况。老师演示了很多次，写一段话要前空两格，可是在日记本上孩子们还是改不过来。但是，班级日志要展现在墙上，神奇的事情发生了，孩子们自然就注意到了这个问题。班级日志里还有好多一年级学生没有学过的字，可是孩子们还是愿意去提前学。他们写的时候非常注意格式和设计，不但字好看了，而且句子也通顺了。有的时候下面空的地方多了，学生们就会在空白处画一些跟日志内容有关的图案，使班级日志更加生动活泼，更加美观。

第二个改变：一年级的小学生们开始学会从集体的角度看事情了。最开始，大家都不太会写，总是以第一人称“我”的角度来写，或者根本不知道写什么。每到这个时候老师就提醒他们，班级日志是写发生在同学身上的事情，并帮他们想一想，今天都发生了什么事。教育宁要有缺陷的真实，也不要虚假的完美。所以，他们无论写成流水账，写一件好事或一件坏事，老师们都允许，因为哪怕流水账，也是一天的真实记录，无论好事、坏事，都是班级成长的动力。

第三个改变：一年级的小学生们更加有责任感，把班级的事情看作自己的事情了。最开始，孩子们总是忘记交，但是看见大家都讨论墙上的班级日志时，那些不交的孩子就着急了。第二天，一大早就会跑过来交给老师。有一个学生叫小智，第一次他写的时候错别字很多，于是他又写了第二次，第二次格式又错了，他说：“老师我不想写了。”这个时候，几个同学站出来主动要求帮助他写，他也同意了。但班里的孩子轮流写日志，人人的名字都在墙上，却始终没有他的名字。于是第二次轮到他写的时候，他说，这次他有好多话想说，一定要自己写。班级的荣誉关系到每位同学，渐渐地，孩子们把写班级日志看成一件特别重要的事情。有时候轮流写日志落下了谁，他们就会说："老师，我还没写呢，该到我写了。"下午放学的时候如果老师忘记发纸了，学生就会主动跑来要彩纸。他们已经把这件事情当作了自己的事情。班里的每个人都是班级成长的记录者，而这记录班级日志的过程，远比日志的内容更重要，且更有意义。

这些班级日志是孩子们每一天的真实体验，它的内容来源于校园生活，发自于儿童内心，产出于学生笔下。小小的班级日志里记录了学校里每天发生的有趣的和值得纪念的事情。昌平学校的老师们把这些班级日志在学期末装订起来，就是一本美好的学校生活回忆录。

在这样的环境氛围下，学生的视野变得开阔，学习能力得到提高。学生在生活中无刻意的教学氛围下进行学习。学校在不断地改变，清华附小学生"学会改变"的核心素养也在逐步建立起来。

协作，在石景山区扎根

金顶街第二小学（以下简称金顶街二小）位于石景山区西部，2012 年 9 月迁入金顶阳光新校区，建筑面积 25400 平方米，现有教学班 40 个，近 1400 名学生。2014 年 2 月，金顶街二小与清华附小成为深度合作校。围绕学校"十二五"教育规划，借助与清华附小深度合作的契机，依托清华附小的资源优势，学校确立了"金色童年教育"文化发展理念体系，"金色童年，紫色梦想"是核心价值观。

特殊的党课

2014 年 7 月 1 日，北京市石景山区金顶街二小大礼堂，一堂特殊的党课正在上演。因为，在庆祝中国共产党建党 93 周年之际，清华附小党总支书记、校长窦桂梅来到了金顶街二小，为青年教师送上了一堂特殊的党课，那就是"激情与思想——教师专业尊严的永远追求"。石景山区金顶街二小、金顶街四小、九中教育集团等 300 名青年教师来到现场参加学习。

针对年轻教师初入职场的困惑，针对"泰山压顶"的教育现状，针对学校、教师、家长、学生"集体生病"的怪象，窦桂梅一一解惑。她指出，激情如"人"字的一撇，它不单单是简单的情绪，而是一种持久的精神状态；思想则如"人"

字的一捺，是对儿童的召唤，只有激情和思想结合起来，才能构成一个完整的、立体的“人”。

窦桂梅还结合自己的成长故事,从三个方面为青年教师拨开迷雾。第一，态度是我们的第一生产力，只有靠“韧”劲学习、靠“闯”劲实践、靠“恒”劲积累，教师才能获得长足发展。第二，课堂是我们生活的世界。课堂，永远是教师修炼的道场,我们要学会将课堂上的“问题”变为“话题”,再将“话题”转换为研究的“课题”。第三,修炼是我们永远的人生课题。我们要勤读书、频反思、多融入，让自己变得激情不老、宁静致远。

最后，窦桂梅将一曲《历史的天空》送给各位青年教师，鼓励大家在教师的舞台上用执着的追求和高尚的情怀与学生共同成长。

在座的青年教师激动不已，不仅仅是因为他们的偶像窦校长给他们强有力的鼓励和正确的思想引导，更重要的是，他们知道，以后这样的机会还很多很多。老师们为什么会有如此自信的想法呢？时间得追溯到 2014 年 2 月 20 日。

协作架起友谊桥

2014 年 2 月 20 日上午的石景山人民政府会议室，洋溢着喜庆的气氛，清华附小与石景山区教育战略合作签约仪式即将举行。北京市委常委、市委教工委书记苟仲文，市教委主任线联平，市委教工委常务副书记刘建，市政府教育督导室主任唐立军，市教委副主任付志峰，市教委委员李奕；石景山区委书记牛青山，区委副书记、区长夏林茂，区政协、区人大等相关领导；清华大学副校长姜胜耀，清华附小校长窦桂梅等代表出席了签约仪式。

根据北京市委、市政府关于“加大市级优质教育资源整合力度、构建北京教育新地图”的指示，具有百年公益引领背景的清华附小与石景山区教委签订合作协议，开展深度合作。石景山区金顶街二小作为清华附小协作校共同建设。同时，清华附小以北京市教育学院石景山分院为依托，以石景山区分院附小为实训基地，来提升石景山全区小学教育教学质量，培养高素质教师队伍。

从此，拉开了清华附小支持石景山区金顶街二小办学的序幕。协作从下面几个方面全面开花：金顶街二小的管理干部走进清华附小，与清华附小各科室人员进行深度座谈，全面了解清华附小的管理；金顶街二小的教育教学干部及骨干教师走进清华附小，全面了解及学习清华附小基于学生核心素养发展的“1+X 课程”体系；清华附小骨干教师走进金顶街二小，参与该校的教研活动，针对教研中存在的问题进行系统的指导……

我学到了清华附小教师身上的精神与责任

金顶街二小派教师常驻清华附小，进行常态观察和深入学习。一位常驻学习教师感慨自己来到清华附小后“看到了一个更加广阔的空间”，也“成长了很多”。

第一天学习结束，我对清华附小就已经有了一个全新的认识，学校里不管是哪位老师，他们的工作热情都是我前所未见的……

参加了清华附小这一个多星期的各种培训、讲座和会议等，给我很多启发也让我有了很多思考。我还记得其中说到“小毁”的故事，这个孩子在学习过程中的转变，让我对教学有了新的认识，让我体会到了清华附小让儿童站在学校正中央的理念。这些在清华附小收获到的理念与思想在慢慢地影响着我，在假期的备课当中我在想如何能够让我的课堂也能够以学生为中心实施教育教学。通过在清华附小看到的案例而产生的想法，我慢慢地应用到了自己的课堂当中。

经过一个假期，在新的学期我每周有三天来到清华附小学习，这样更方便了我在自己的工作与生活中实践在清华附小的所闻所见。在新的学期我也慢慢开始在校办接触各种校务工作，这些对于我来说都是新的感受，之前我所做的基本都是听课、备课、上课和总结反思等教学工作。这些不同的工作对我来说是个挑战，更使我增长了能力与见识。

新的学期，我参加了清华附小的升旗仪式，学生的表现让我看到了老师们在日常对学生的教育中起到的作用。有一点我感触很深，在唱国歌和唱校歌的环节中，清华附小的每一名老师都投入其中，这点也让我明白，清华附小的学生之所以能表现得让所有人都赞不绝口，与老师们在学校中的一言一行是分不开的，在学校里不仅仅是在课堂中才存在教育。在我们学校我任教科学学科，有很多实验器材和药品，起初我对这些物品的管理与使用没有太多的规矩。学生在实验课后对实验器材的摆放也是很随意的，在清华附小学习之后，我对教室和仪器室的实验器材都做了归类整理。在之后的科学课后，学生的表现让我认识到了这样做的必要性，他们会自觉按照规定来摆放这些物品与器材。这也让我更深刻地体会到身教大于言传。每天早晨进入清华附小的大门时，总能看到有老师和家长代表在门口一起迎接学生与老师到校。每一名学生进入校门的时候都主动地向老师与家长代表鞠躬问好，老师也是同样鞠躬问好，这不仅仅是一种仪式与象征性的行为，也是对学生的一种潜移默化的教育。

在清华附小学习的近一年时间中，很多的事情都让我感触颇多，每一项都是值得我思考并针对我自身情况去学习和改进的。我想这其中最为重要的就是我学到了清华附小老师身上的精神与责任。我想，在我日后的工作与生活中我会以一个“清华附小人”的标准来要求自己做得更好。

是啊，清华附小与石景山区的合作，不仅仅是教育教学方面的指导，更是一种全面的合作，输出的不仅是管理经验、教育理念、课程体系等，更重要的是一种全面的引领。

/三/ 资源辐射，全国共享

从建校初期，当时名为“成志学校”的清华附小就践行教育服务社会的理念，面向周边贫困家庭子弟分享教育资源。时至今日，清华附小一直秉承着这种公益服务精神，“走出去，请进来”。每年，学校都会邀请几批来自贫困地区的校长、老师，到学校进行为期两个月的培训；同时，学校先后委派40多名教师，到内蒙古、新疆、西藏、广东等20余个省市自治区支教；每年还会接待全国各地的五六千名教育同仁来校参观学习。

2014年12月，“清华附小伟新教育扶贫在线学习共同体”在京启动。这意味着，每一周，清华附小都会有五节精品课程，借助清华大学庞大的远程教育扶贫网络，通过卫星，以真实课堂传播的形式，传送到全国3800多个远

程教学站（覆盖全国 88% 的国家级贫困县），从而大面积地向贫困地区输送优质教育资源。

这一切，正源自清华附小推进我国基础教育均衡发展的社会责任和担当！

手拉手，助力教育发展

2013 年暑假，清华附小四支支教队伍一如既往，奔赴祖国的四面八方。送课、办讲座，把自己的课程理念、课程改革成果和教育教学、管理经验，分享给贫困地区的老师们，开阔他们的视野，启发他们的工作思路。

西藏送课行

当飞机缓缓降落在位于拉萨的贡嘎机场的时候，神秘的西藏顿时变得清晰，让人心醉的蓝天、洁白的云、灿烂的阳光、巍峨的大山，这一切是那么纯粹而原始，心与天空贴得最近的地方就是西藏支队支教开始的地方。

7 月 16 日，“1+X 课程”研究团队正在努力地与入藏后的高原反应做斗争。一些老师在进藏第一天就觉得身体不太舒服，先后输液缓解，而每位老师在到达西藏的前两夜也几乎都没睡好，但是大家都明白，选择当老师，就是选择不断修炼的过程，选择做清华附小的教师，就是选择了更高程度的修炼。

经过短暂的休息和适应，第二天，“1+X 课程” 研究团队开始正式展示。王玲湘与安华两位老师通过展示课展现了清华附小语言与人文、数学与科技两个领域的课程整合理念。王老师给西藏拉萨市雪小学五年级的学生上了一节古文课——《杨氏之子》，在学生感受文言文的凝练与节奏的同时，老师还带领学生举一反三，角色扮演，学习延伸，整个课堂激情洋溢，情感饱满，

课堂掌声、笑声不断。原文中有一句"未闻孔雀是夫子家禽"。王玲湘老师引导学生从生活入手进行想象，于是学生所言的"未闻黄连是夫子家药"颇有地方特色，因为西藏很多地方都产药。质疑与合作的理念在两位老师的课堂中得以展现，安华老师带来的"整数乘法"一课探讨数学课的各种可能性，引导学生用各种方法解决数学的乘法问题，展示了铺地锦、长竖式、线图运算法、双倍调停法等，给学生带来了别样的思维训练，激发了学生学习数学的兴趣。课后，学生由衷地感叹："这是一节奇妙的、与众不同的、好玩的数学课。"

课程结束后，支教团队和拉萨的老师进行了互动，针对教学理念与教学的具体问题进行交流。王玲湘老师谈道，小学"小古文"教学，应遵循其"小"的特点，应把握三个一点："激发一点兴趣""读出一点韵味""揣摩一点语言"。现场的拉萨教师频频点头，极其认真地记录着。安华老师、郝晓红老师就教材课后题延展发表自己的看法，为老师们培养学生空间想象能力提供了不少"实惠"的策略。

看着孩子们高原红的可爱笑脸和他们渴求知识的眼神，看着拉萨教师认真地研讨和记录，支教团队的老师们深深懂得：西藏之行，我们虽是去支教的，但我们所获得的，甚至远比付出的内容要多很多，西藏教育界同行对清华附小老师的期待与肯定，也让他们更加深切地感受到“选择了清华，就选择了一生的责任”。

我把热忱献给你

在彩云之巅的云南、河南的商丘、东北的吉林同样留下了支教团队送课的足迹。暑热时节，支教团队感受到了另一种高热——孩子们对他们的热爱和老师们如火如荼的热情。

在云南南涧县，来听课的师生来自南涧县四面八方，大部分人都是骑着摩托车来的，有的人甚至要翻越几座大山才能到这里，他们却依然每天早早地来到会场。100 多人在没有空调仅凭几台电扇支撑的狭小教室里，认真地听，认真地记，用他们的行动，诠释了他们对教育的希冀、热爱与执着。

而作为清华附小的支教老师，也同样为了团队的荣誉而努力奋战着。在去南涧的车上，他们以任务划分的各个小组一直在不断研讨支教的课程。到达南涧时，已经是晚上 9 点多了，大家顾不上休息，直奔会场进行设备调试和各个环节衔接的彩排。10 点多到了宾馆，大家放下行李又凑到一起，继续“备战”，那一晚，没有人休息，没有人停滞；那几天，没有人懈怠，没有人松弛，即便是发着高烧，打着点滴，也轻伤不下火线。因为他们知道：这不是一个人的舞台，更不是一个人的课堂！他们代表的是清华附小，要把清华附小的理念、清华附小的风貌、清华附小多学科整合的课程展现在南涧，根植于南涧！他们还知道：只要我们这群人在一起，精益求精，无悔付出，那么教育就能够走得更远！

值得一提的是，参加这次暑期支教的不仅有清华附小的团队，还包括清华大学，香港、台湾地区的学校以及大洋彼岸的美国名校的大学生志愿者。怀着对教育的热情和追求，他们纷纷加入到清华附小支教之旅。中美志愿者扶贫支教行动不仅为吉林省通榆县的师生带去了诗词、数独、英语口语、化学、地理、音乐和美术等九门课程，而且还给孩子们讲述草原外五彩缤纷的世界、实用但不枯燥的学习方法，教学生学会感恩、时间管理、团队合作，教他们勇敢地追逐梦想。

这支队伍可谓是全方位、立体化、国际化的整合，不仅将大学工会、扶贫办以及继教学院以清华附小为龙头进行组织上的整合，而且还进行了不同文化间的整合，各种有趣的优秀教育资源在送课和讲座过程中激情碰撞、有机融合，真正体现了校内校外、海峡两岸、国内国外多元文化的整合，将各种资源整合到清华附小的课程体系当中，让大学和海内外资源为清华附小的教育扶贫支援、助力！

猜猜我有多爱你

在这次支教大课堂中，藏、滇、豫、吉四地教育者眼中那份改变当地教育现状的热切期盼和渴望，深深地感染了清华附小支教团队。几支团队急当地之所急，在送课的同时，也送去了多场讲座，从课程、教育教学模式、管理思想等多个方面、多层次地为四地同行传递先进的教育改革理念。

在拉萨市城关区教师培训中心，团队中来自北京市教委的张毅老师首先做了题为“激发兴趣,专业成长”的报告,高度评价清华附小“1+X 课程”中，创新与实践课对学生完整人格培养的重要作用。接下来,在窦桂梅的带领下，王君老师介绍了班级的日常管理和学生行为习惯培养，祝军老师介绍了清华附小丰富多彩的“1+X 课程”之品德与社会课程。窦桂梅则以绘本《猜猜我有多爱你》拉开了她讲座的序幕，以大兔子和小兔子打比方，讲述了校长与教师的关系等丰富的哲学内涵，向与会者详细深入地解读了清华附小的办学理念、办学环境以及“1+X 课程”的构建与实施。在之后的几天里，无论是支教团队的老师们，还是西藏拉萨市雪小学的老师，都把“猜猜我有多爱你”这句话当作口头禅。当拉萨教育局局长也向窦桂梅把这句话表达出来时，老师们笑声一片。其实,这句话背后深深包含着老师们对教育事业的投入与热忱。

“河南商丘之旅”团队也奉献了三场报告：窦桂梅以“凭什么学生叫你老师”为话题与春来集团 800 多位教师分享教师的职场修炼；梁营章老师结合自身成长与所思谈“中层干部如何从中间人到中坚力量”;薛晨老师结合《皇帝的新装》这一文本进行了以“重视文本解读能力的提升”为主要内容的专题讲座。

在云南南涧县,傅雪松老师做“关于‘1+X 课程’育人模式的构建与实施”的专题报告，着重对清华附小教师教的模式与学生学的模式进行了细致地讲解；赵静老师做了“‘1+X 课程’之德育课程”的专题报告，不仅对《纲领》

进行了解读，同时还对清华附小围绕学生培养目标所开展的系列德育活动进行了介绍。

支教活动结束后，各地老师纷纷用自己的方式表达心中的收获与感谢。南涧县一百多位老师留下了厚厚的反馈单，当中每一句质朴的话语都在感慨清华附小整合课程的优势、学习过程的自主化和老师们的高素质，更说出了对“1+X 课程”理念的向往和憧憬……西藏拉萨市雪小学每位老师在临别之时，都献上美妙的歌舞，特别是那首《遇上你是我的缘》，拨动了所有人的心弦。后来，清华附小高学段老师把这首歌改为段歌，现在已经被学校采纳为全校老师传唱的歌曲，这其中的缘分一点儿也不简单。

清华附小全体教师投入地奋战在“1+X 课程”构建与实施的事业中，这难道不是一种缘？

为了同一个梦想，清华附小人和全国各地的教育者并肩前行，这难道不是一种缘？

因此，清华附小人无比珍惜这份缘。他们用团队的公益活动践行着清华附小的社会责任。每个清华附小人又带着清华附小的教育梦，那就是成就教育的均衡发展。

清华园中园，共沐源头活水

经过多年的教育扶贫探索，清华附小的老师们深深感受到贫困地区对于清华附小教育资源的渴求。从 2011 年开始，为了进一步增强培训效果，清华附小开始开展贫困地区小学校长、教师的驻校培训工作。每年，清华附小都会邀请几批贫困地区学校的老师、校长驻校学习。从教学研讨会到管理层校务会，清华附小的一切都向参加驻校培训的老师们开放。而参加培训的老师们也都格外珍惜培训的时光，抓住一切机会参与各种各样的活动，带着本子记、带着相机拍，晚上回到宿舍还会撰写思考和总结。

读你千遍也不厌倦

“清华附小，读你千遍也不厌倦。”内蒙古通辽市科尔沁区明仁小学苗淑丽老师由衷地感慨，此时她即将结束自己在清华附小长达一个月的驻校培训。用她的话说，自己做了 21 年的园丁，每天也在不停地修枝剪叶，也曾自鸣得意。然而，当置身于清华园里的清华附小，才发现高手如林的园丁们，也在每天修整的这片处处洋溢着真善美的园中之园，这让她感慨万千。苗老师用诗一般的语言写下自己心灵深处的感动——

园中之真

灰色调的教学楼上，离地约 1.5 米的地方，偶然就会出现一条白色砖块，上书楷体字：“静以养心，俭以养德”“至美如璞”“黎明即起，洒扫庭除”等若干这样的经典，就连厕所门上、洗手池旁边都有孩子设计的关乎健康、环保、科技等方面的知识小报，字迹之工整、版面之鲜活、内容之有趣，让人叹服，也让我看到了清华附小教育者的真心。

课堂上的教师们，没有花哨的设计，没有矫情的表演，有的是全情投入，点点到位的指导，层层深入的引领和激发。学生灵动的思维和放光的眼在课堂上闪现，如此强烈地吸引着我，一节课一个小时的时间竟然毫无感觉，好课就是叫人如沐春风，没有负担。走出课堂还在不停地反刍消化吸收，越回味越觉得课堂真实。

还有一段经历不得不提，一节一年级的语文课，孩子们在小组内传阅自己写的生字，一个孩子，从书包里拿出一本字帖举起让老师看他写得怎么样。

没等老师说话，另一个孩子说：“你的字帖有问题，里面的样字占格都不对。还不如咱们老师写得好呢！”仔细一看，原来字帖样字在印刷中可能有点错位，拿字帖的孩子悄悄将字帖放回了书包，看样子他认同大家的看法，孩子能够发现问题，不迷信正式出版物的精神令人感佩不已，教师培养的求真精神可见一斑。

园中之善

初到陌生之地，又是国家名校，难免心生胆怯，可热情善良的清华附小人，却处处对我们笑脸相迎，见面点头微笑，不论熟与不熟，这是开放大气的清华附小人的真情流露！

第一天用早餐，旁边与我同来学习的刘老师，碰了我一下，目光示意瞧向一方，在他示意的方向，咫尺距离的邻座位置窦桂梅校长也在吃早饭，也许我傻傻的目光惊动了她，她竟然也看了我一眼，我嘴里的饼子一下卡在了喉咙里，我微笑一下，窦校长竟朝我眨眨眼，真像邻家大姐般亲切，好幸福啊！

每当我小心翼翼推开教室的门听课时，总会看到老师们微笑的目光，递过马扎，示意位置，默契如多年的老友。

校园里的孩子们每次与我相遇，我都会收到“老师好”的声声问候，一天一个女孩老远跑过来行了个鞠躬礼，问了一声“老师好”就跑开了。

善待于我的每一个人，每一件事，每一处景物都会让我的内心升腾起他乡还是故乡的疑惑。

园中之美

清华附小的建筑风格与清华园一脉相承，七大建筑均为灰白相间，雅致而不失灵动，置身校园，目之所及，处处有景，曲径回廊、古树参天、水映云影，或幽或漫，徜徉其中有古园林之美。

漫步园中，你常常会以为走到尽头了，当你犹豫之时，举步不定之际，蓦然又会发现一座造型奇特寓意深远的艺术品就在眼前：《陆上行舟》。铜质底座上，一叶扁舟，一少年稳坐其中，骨骼健硕，充满力量，正当你还在琢磨的时候，一转身发现别有洞天，园子里一棵高大粗壮的梧桐树下，有个木制的大鸟巢，一口井还是一眼泉？走近了才知道，那是给孩子们玩的大沙坑，沙坑可以这样留给孩子，而不必三遮三盖，禁止触摸，这里让我看到了校园对学生的尊重之美、关爱之美！

推开每一间教室的门，呈现在眼里的是不同的风景，但每幅风景中都散发出同一种味道，那就是书香。从板报到墙壁，直至天花板上都有学生的读书展示，黑板上方几个大字赫然醒目：“读书是美的”，还有的写着“读书是甜的”！多么形象。

教室外的书架、书阁，树荫下的小桌、小凳，随处有书，随时可读，真是书香伴着孩子们成长。早晨、课间、放学后，你都会看到读书的孩子，专注的眼神有穿透人心的美。一天早晨，图书室门口的一则消息吸引了我：读书小明星大奖等你拿！请看到照片的同学到图书室领取奖品。看着墙上的照片，我又一次惊呆了，这种于无声处的引领让孩子真正爱上读书，方式之美让人回味。

午后的校园，总是沸腾的，塑胶操场上孩子们大展武艺，操场中间孩子们跳完短绳跳长绳、跑道上孩子们在长跑、自由场地上的孩子们在踢毽子、小操场上四年级的孩子在拔河，孩子们玩得小脸红扑扑的，在冬日阳光下是那么健康的美！

科技活动，全校学生一个不少，或是动手做一做，或是书中找一找，还可以与清华大学的哥哥姐姐聊一聊，展示台前有清华大学的大学生，也有清华附小的小学生。清华附小的学生别看年龄小讲起来还头头是道，自信的目光，活动丰富之美让我甘心做个学生。

占据清华园一隅的清华附小，是一块久看不厌的透彻肌肤的美玉，清华附小啊，读你千遍也不厌倦。

源头活水涤我心

广西壮族自治区贺州市是贫困老区和革命老区。贺州市教育局局长来到清华附小，希望清华附小人能帮助他们改变落后的现状。令窦桂梅感动的是：“他们越发现自己落后越不甘心落后，他们越发现整个区域落后越不能故步自封，这是我们不能拒绝的理由。”于是，贺州市教育局局长带着改变的志向、向前的眼光和服务整个区域的情怀，与清华附小人结成了“亲人”，他将清华附小的《质量目标指南》《乐学手册》等所有教材和辅助书全面收纳，按照贺州教育教学环境进行改编，便于当地学校操作和教师教学。

清华附小因此成立了很多工作室，定期或不定期与老少边穷地区结对帮扶。校长工作室团队均是清华附小一线老师，窦桂梅成为代言人和领导者，清华附小也就成了培训基地。赵建民老师来自安徽太和县，他说："我多么想变成一条鱼啊，我想做你们清华附小院里的一条鱼，行吗？"不仅如此，在清华附小老师们看来的一些举手投足之举，常会让来自地方基层的老师认为这改变了人生！

镜头一：

升旗仪式颁奖。每周一的升旗仪式上总有颁奖环节，孩子们总能获得一个个大大小小的奖项，当孩子上主席台领奖的时候，窦校长总是微笑着亲切地拥抱孩子，把奖状亲自递到孩子的手上，然后一只手搂着孩子，另一只手向孩子竖起大拇指，头紧紧地贴着孩子的头，与孩子合影留念。

镜头二：

课前三分钟演讲。一个小女孩带着书略显胆怯地站在讲台前开始演讲《野草的写作背景》，小女孩讲得不太流利，讲完了，低着头回到了座位。同学们开始点评了，孩子们说了许多的缺点，小女孩的头深深地低了下去。这时王老师走到前面说："某某同学，你演讲的内容真好，正是我想要讲的……"小女孩抬起了头，王老师接着说："你能不能再给大家讲讲，相信你能声音洪亮，落落大方地讲！"小女孩又一次走上了讲台，开始了她的第二次演讲，这一次，她流利大方，带着自信的眼神。讲完了，教室里自发响起了热烈的掌声，小女孩红着脸再次回到座位，开始了她今天美好的学习生活……

镜头三：

课堂。一首简单的古诗《鹅》，张家龙老师引导着学生从文学、音乐、美术、心理学等方面进行感悟分析，课堂上少了老师的讲解，多了学生的思考探索；少了老师的提问，多了学生的交流质疑；少了老师的口头代办，多了学生的实践体验。

镜头四：

校务会。会议涉及的事务多，但议程安排井井有条，会议在主持人的主持下按议项逐个进行。每项工作都分工明确，各司其职，各中心负责人、各学段的段长，分管财务的、人事的、媒体宣传的、后勤的……各层领导都逐一把分管的工作、近期的安排和遇到的问题呈现、讨论、定结果。涉及有分歧的问题，班子成员各抒己见，商讨而定。窦校长在会上说了这样一句话："每个人在自己工作范围内发挥其最大作用，能自己定的事情自己定，校长绝不越级管理。"

……

一个个长镜头宛如一股股活水，在驻校培训老师的心中涤荡。

来自河北省承德县实验小学的周英华老师说："这里的孩子没有在素质教育的高压下变成'小大人'，这里还原了孩子本来的天真与稚气，这里的孩子与他们的年龄相符合，真真正正像一个孩子。可能为了一个演讲的小女孩，王老师耽误了三分钟的课程，但是，这三分钟的价值却非同一般，她可能改变那个小女孩的一生，也会改变其他孩子的价值观，懂得如何去欣赏别人。清华附小的每一个孩子都是这样在老师的细心呵护下学习着、生活着、快乐着、幸福着……丰富多彩的课间生活，增强了孩子们的体魄，更培养了他们的思维发展、团结合作等各个方面的能力。"

来自新疆的阿瓦妮萨·古丽老师对驻校培训期间张家龙老师讲授的整合课记忆犹新，她说："既深刻领悟古诗的意思和韵味，又达到了价值观的培养。可以说，清华附小的每一位学子在这样的教学环境中学习，他们不仅是在学习知识、增长智慧，更是在成长中感受快乐！"

来自河北邢台的程雪改校长说："清华附小处处有学问，节奏快而不乱，教学真抓实干，管理井井有条，一切都是那么健康向上，令人感叹。不来清华附小，不知道自己要学习的有多少！不来清华附小，不知道光鲜的背后付出有多少！我会在日常工作中将收获的理念、方法付诸实践，学以致用！"

云南省玉溪市红塔区李棋中心小学韩旭波校长说："忙碌的学习，冲淡了我远离家乡的寂寞；沉甸甸的收获，平复了来京之前的紧张和激动。尤其是窦桂梅校长带领团队进行的课程整合的实践和研究，其历程给我们这些同行带来的启示和可借鉴的操作方法，让我内心有跃跃欲试的冲动。"

……

正如河北承德的周英华老师所言："最喜欢凤凰传奇的《荷塘月色》，每当听到这首歌就想起清华附小的孩子，像鱼儿一样享受着淡淡的月光，自在地遨游着。不知不觉中，我好像已经发生了改变，在以后的工作岗位上，我会用实际行动践行清华附小的理念与精神，在平凡的教育工作中且歌且行……”

3800 条“空中通道”

2014 年 12 月 25 日上午，“清华附小伟新教育扶贫在线学习共同体”启动仪式在清华附小举行。当天，清华附小语文教师沈美老师为学生讲授的一堂语文课，以在线直播的方式传送到全国1000多个县，其中就包括在河南滑县的清华大学教育扶贫远程教学站。当地的教师们实时收看了这堂课，并与沈老师在线交流互动，就本节课的研课、备课、教学方法进行了实时讨论。这标志着清华附小和清华大学教育扶贫办公室共同打造的在线学习共同体正式启动，并开始以一种全新的方式，向贫困地区输送清华附小的优质教育资源。

教育扶贫大网络

“以前的远程教育培训都是我们的老师到扶贫办的直播教室去，讲授他们的教学理论与实践，形式以讲座为主，这种方式不能展现真实的课堂情况。所以，很多人向我们反馈，希望看到清华附小真实的课堂情况，通过亲身的观察去学习体会。”窦校长说。

但另一方面，为了保证课堂的教学秩序和质量，清华附小很难增加过多的驻校培训的数量，对于贫困地区来说，受不能离岗、路途遥远等原因的限制，也不可能组织很多教师来到清华附小进行驻校培训。

面对这样的情况，清华附小和扶贫办商议决定合作建设在线学习共同体，依托清华扶贫办，在全国1086个县级教育机构、2520个乡镇中小学建立起来3800多个远程教学站，把清华附小的真实课堂传播到需要的地方。

建设在线学习共同体的工作得到了清华附小和扶贫办的高度重视，其中的关键就是要在清华附小建立一间可以进行直播的教室。为此，清华附小专门挑选了一间教室进行改造。

2014年暑期，在线学习共同体的建设工作开始启动，经过近半年的努力，清华附小的直播教室经过多方测试可以运行了。走进这间教室，如果不注意观察，几乎不会发现它与其他教室的差异。摄像头和话筒被巧妙地安置于天花板上，既不显眼，又保证了师生们的影像和声音都能够被记录下来，这样的设计正是为了让师生们忽略这是一堂被直播的课，以便表现出最真实自然的课堂情境。教室后方相邻的房间则被改造成了直播工作间，所有的设备都安置在这里，从教室里传出的音频、视频信号，通过工作间的设备传输到扶贫办，在那里经过中转，传向位于全国各地的远程教学站。教室与工作间相互独立，仅有一扇不太大的窗户，供工作人员观察教室里的情况，这样的设计也是为了保证工作人员不会因为直播干扰到课堂情况。

有了硬件的支撑，要把清华附小的课堂展现给广大贫困地区的教师们就

不再是一件难事。经过 10 多年教育扶贫工作的积累，清华大学的远程教学站已经覆盖了全国 592 个国家级贫困县中的 522 个，覆盖率达到 88%，已经在贫困地区织就一个教育扶贫的庞大网络。清华附小的课堂就将通过这些网络，迅速地传递到 3800 多个教学站，为当地的教师们提供丰富的学习资源。

引领基础教育共同发展

随着在线学习共同体的启动，每周，体现清华附小“1+X 课程”理念的 5 节全新的课在直播教室上课，这些课程也都将随着在线学习共同体的网络，传播到全国各地贫困地区的远程教学站，在那里充分发挥作用，惠及广大贫困地区的师生。

这种方式的好处在于能够把清华附小最常态的课堂传播出去，通过每周 5 节不同的课，让贫困地区的教师能够真正看到清华附小课堂的各种情境，让他们感受到这是真实的、可以学习的课堂，而不是很难效仿的课堂。清华附小也希望能够借此把清华附小以整合思维构建的“1+X 课程”体系全面、生动地展现给贫困地区的教师们，让他们能够身临其境地观察和体会清华附小先进的教学理念，打开他们的思路，鼓励他们去思考和创新，进而做出改变。

为了保证课程传播和学习的效果，加强课后教师间的交流探讨，清华附小还通过组建微信群、QQ 群，建立公共邮箱等方式，为贫困地区的教师和清华附小的教师们搭建起交流互动的平台。“课堂是怎样构思的？”“课前是如何备课的？”“应该如何考虑学生的情况？”……收看完清华附小的课程之后，老师们可能会产生的各种问题，都可以通过微信、QQ、邮件的方式提出，清华附小的老师们也会定期通过这些途径为贫困地区的老师们答疑解惑。

有最真实的课堂展示、有最坦诚的探讨交流，这样的新的交流方式为贫困地区的教师们搭起了通向清华附小的“空中通道”，让他们不用离开家乡就能看到、听到、感受到真实的清华附小，从而拓展思想和视野，运用新的教学理念，做出新的改变。

缔结“未来学校联盟”

百年历程，百年成志。清华附小在传承百年教育意义的征程中，探索根植于民族灵魂的自主创新的世界基础教育中国范式。2015 年 10 月 18 日，由清华附小与中国教育报刊社·人民教育家研究院联合主办的清华附小成立一百周年大会之“首届全球未来学校大会暨世界基础教育高峰论坛”，在清华大学新清华学堂隆重拉开序幕。

水木清华，百年童心，天下情怀，完整人格。百年的清华附小在传承与守正之时，顺应世界基础教育发展趋势。当天，来自芬兰、以色列、丹麦、日本等 10 多个国家和地区的世界知名教育专家，1800 多名校长、教师齐聚清华附小，共探未来教育趋势与走向。

在这次大会上，清华大学附属小学、北京师范大学附属小学、广州越秀区东风东路小学、上海市实验小学、南京市琅琊路小学、杭州市天长小学、重庆巴蜀小学、山东省乐陵市实验小学、深圳市南山外国语学校、成都实验小学、青岛市实验小学 11 所学校拓新改革，勇于担当，因为同一个教育梦而自觉结成未来基础联盟，聚焦全球教育现状，以共同的核心价值观，合作共赢，彼此成就，努力探索全纳、平等的，指向人终身学习、全面发展的全球教育模式。现场 11 所学校校长手拉手开启了启动仪式。

该联盟将创设协同发展平台，聚焦未来学校发展的问题，聚焦未来教师发展中最亟待解决的问题，聚焦国内外教育教学改革与发展中的关键问题，通过项目研究、基地建设、专题论坛、新媒体等方式，为成员学校提供服务和智力支持。

“未来学校联盟”组织章程

（征求意见稿）

第一章 总则

第一条 “未来学校联盟”（以下简称“联盟”）是面向未来教育的“联盟”，研究人类教育的共同未来与发展；是面向世界的学校“联盟”，致力于世界各国学校教育的研究与发展，与世界各国的基础教育学校开展合作交流；是面向现实的“联盟”，研究现实的教育问题，开展合作攻关。联盟由中国教育报刊社·人民教育家研究院发起，联合国内外有志于未来教育发展的学校共同成立；“联盟”是面向未来，协同发展的校际间同盟组织。

第二条 未来学校联盟集聚具有教育情怀和智慧的教育精英力量，立足现实，面向未来，创新发展；未来教育联盟为未来学生成长成才奠基，为未来教师智慧发展导航，为未来学校科学发展引领，为未来中国教育创新探路，为未来社会事业发展引航。

第三条 联盟是一个开放合作的平台，是一个独立自主的平台，是一个平等交流的平台，是一个互助共赢的平台；本联盟秘书处设在中国教育报刊社·人民教育家研究院，联盟由学校自愿参加，联盟本着优势互补、合作双赢、协同发展的原则，联盟章程由各成员学校民主协商制定，并自觉遵守。

第二章 工作目标与内容

第四条 工作目标：

（一）以未来人的发展为己任。未来学校以人为本，让人自然、让人自由，让人性升华、让人格完善。提升学生的核心素养，培养有“责任”、能“创新”、敢“担当”、“向上”“向善”、全面发展和身心健康的人。

（二）构建未来人成长的课程。未来学校联盟深度研究人与社会所需要的课程系统，建设未来人成长的课程，构建未来人成长的课堂，创设未来人的学习方式，建设面向未来的文化。

（三）促进人民教育家的成长。未来教育联盟立足学校现实，解决现实问题，提升校长的课程领导力，促进教师的课程建设力，促进校长办出未来现代化的学校，促进教师教出智慧学生。

（四）致力于基础学校的未来发展。未来学校联盟探索重建新的基础教育学校办学体制，引领中国基础教育的发展，研究指引世界教育的方向。引领学校科学发展，为未来中国教育创新探路，建设创新性国家。

（五）贡献人类文明发展财富。未来学校联盟以教育来改变和引领这个世界的发展，以公天下的人类文明情怀为人类文明留下探索者的足迹。教育成就人生，教育折射价值，以价值重新定义学校。

第五条 工作内容：

（一）探索未来学校育人模式、办学体制、课程体系、运作结构与评价系统。构建未来学校发展元认知模型，为人类教育的未来寻求合规律性与合目的性的价值之路，建立中国学校教育的理论自信系统，触摸人类教育的未来脉搏。

（二）探索未来学校综合创新理论与实践系统。构建起促进“基层首创”人民教育家育人、人民教育家办学、人民教育家成长、人民教育家成就的综合系统，以学校主动性、创造性的自组织发展为行为总则。

（三）探索创设未来学校内涵发展、合作共享平台。未来学校发展平台聚焦未来学校发展中的机遇与问题，通过项目研究、基地建设、专题论坛、新媒体等方式，发现和提出未来学校发展中最亟待解决的问题，为成员学校提供服务和智力支持。

（四）探索创设未来教育自然超越与协同发展平台。聚焦未来教育发展中的机遇与问题，通过课题研究、基地建设、专题论坛、新媒体等方式，为成员学校提供智力支持。

（五）探索创设未来教育家创新成长平台。聚焦校长、教师发展中最亟待解决的问题，通过课题研究、项目创新、基地建设、导师引领、新媒体等方式，为成员校校长、教师发展提供全方位支持。

（六）创设未来“课程 — 教材 — 教学”综合重建平台。未来“课程 —

教材 — 教学”综合重建平台聚焦国内外教育教学改革与发展中的关键问题，通过课题研究、项目创新、论坛研讨、新媒体等方式，推动未来学校课程课堂教学的改革与创新。

（七）开展系列联盟活动：

未来学校联盟牵手世界，百名校长携手走向世界，每年召开一次“未来学校全球研讨会”；未来学校联盟牵手华夏，海外百名校长携手走进中国；未来学校联盟牵手未来，万名师生携手走向未来。

每学年至少召开一次研讨会。面向未来学校管理研讨会，研讨未来学校发展策略，学校特色、优势项目参观展览会等，借鉴国内外先进管理经验，提升管理能力，提高学校办学水平。开展课程改革的交流活动，交流学校课程的构建与实施；开展课堂展示活动，探索教学新模式。为教师提供一个交流互动的平台，彼此交流经验，分享成果，促进教师专业成长，提高教育教学质量。

不定期开展校际学生交流活动，促进学生综合素养提升。

第三章 权利和义务

第六条 联盟成员学校享有的权利：

（一）享有参与联盟重大问题的决策、讨论、研究和参加联盟组织活动的权力。

（二）共享联盟内的教育教学资源信息。

（三）用联盟的名义开展相关活动。

第七条 联盟成员学校要承担的义务：

（一）遵守本章程，执行联盟理事会有关决议，并向联盟秘书处通报有关情况。

（二）根据本章程，为秘书处组织的活动提供场地及必要协助。

（三）根据本章程，为联盟成员单位教师提供实践锻炼机会。

（四）根据本章程，为联盟成员单位的学生提供联谊交流和展示的场所。

（五）根据本章程，积极为联盟工作建言献策。

第四章 组织机构

第八条 根据工作需要，联盟设立专家顾问团、理事会和秘书处，理事会为联盟工作的最高决策机构，秘书处为联盟日常工作机构。理事会设轮值理事长、副理事长。第一届理事长由清华大学附属小学校长担任。每次活动在哪所联盟学校进行，就由该校的校长任轮值理事长。副理事长由联盟学校校长担任，副校长担任常务理事，中层干部担任理事，秘书长由中国教育报刊社•人民教育家研究院的领导担任。副秘书长由秘书长提名选聘，并报请理事会审定。

专家顾问：教育部领导、教育专家组成

理事长：各联盟成员学校校长

副理事长：其他联盟学校校长

常务理事：教学副校长

理事：中层干部

秘 书 长：中国教育报刊社•人民教育家研究院的领导

副秘书长：秘书长提名

第九条 理事会职责制定和修改联盟章程，制定联盟年度工作方案，审议通过联盟秘书处提出的工作方案。

第十条 秘书处的职责：年初研究起草联盟年度工作方案，具体落实理事会审定通过的决议、工作方案、活动安排等。协助理事会做好日常具体工作，联络、协调联盟各成员校，督促指导各项工作的落实。

第十一条 第一届联盟学校成员（2015年）：清华大学附属小学、上海市实验小学、重庆市巴蜀小学、南京市琅琊路小学、深圳南山外国语学校（集团）、山东省乐陵市实验小学、浙江省杭州天长小学、北京师范大学附属小学、广州市越秀区东风东路小学、成都市实验小学、青岛市实验小学。

第十二条 本章程解释权归联盟理事会所有。

未来学校联盟

中国教育报刊社•人民教育家研究院（代章）

二〇一五年九月四日

/ 四 / 向世界发出中国的声音

东西方基础教育各自经历半个多世纪的发展变化后相遇，发生了全面而剧烈的撞击乃至渗透互补，为基础教育发展提供了千载难逢的机会。

世界上任何先进的教育理念都可以在中国落地，中国也有很好的教育传统，它的基础教育做得十分扎实，再融入西方的民主和创新，会变得更加完整。在窦校长的规划中，清华附小努力“让学校的每一个角落都能充满向上的精神与教育的智慧”“为中国基础教育提供思想和实践智慧”，还要“向世界发出清华附小的声音，发出中国的声音”“学校存在的意义就在于，为学生和教师聪慧与高尚的完整人生和健全人格奠定坚实基础”“中国的模式一定是在世界共通的理念下形成的中国样态”。

学习型团体感动香港

2014 年 12 月，香港培侨小学的部分教师来到清华附小，校门口挂着“清华附小欢迎你”的横幅，使香港培侨小学教师凯文一行对眼前这所学校充满信心——它为下一代人的成长筑下了希望、潜力与创新的基石。一行人走进了招待室，学校已经为他们预留了热气腾腾的饭菜，用餐之间与教师们交谈中，他们很快感到了清华附小以尊重信任为根本的办学理念。

仅仅几天的近距离观察、触摸，土生土长的香港教师凯文就深刻地感受到清华附小文化中的进取。她将清华附小称之为一个“强有力”的学习型团体。

学习型团体：教师层面

清华附小是一所享有盛誉的学校，学校里大部分学生来自清华大学的教授子弟。这里的教师毋庸置疑也是最好的，因为每一个岗位都有上百个竞争者在为之努力。即使是这样一个竞争激烈的地方，当你走在学校里，仍然可

清华附小师生在联合国

清华附小师生在美国

清华附小师生在意大利

清华附小师生在英国

以看到教师们停下忙碌的身影与我们交流，吃饭的时候互相谦让，并且不时地讨论课程、学生以及教学方面的事情。在这里，教师是教育者、探索者，同时也是学习者。当你走在校园里，你可以看到每位教师手中都有一个紫色的记录本，这个记录本是学期初发给每位教师的。在这里，每位教师每学期需要听其他教师至少30节课，写出批注，并且教师们把一些有价值的意见及时与上课教师沟通。教师们形成了一个学习共同体，他们敞开门欢迎这种及时的反馈，谦虚向其他教师请教从而提高自己的教学能力，这样的氛围遍布校园。

学习型团体：学生层面

我们的副校长即英语学科负责人和我都得到了在清华附小进行教学展示的机会。我们已经习惯了做公开课，非常喜欢迎接挑战，也非常渴望来教清华附小的孩子们。在正式授课之前，我们有个简短的和学生见面时间。当一个外来的教师突然出现在学生面前时，所有的目光都集中到了我的身上。从哪里来？会说中文吗？为什么会姓黄？会教我们什么？学生们都被吸引住了。课前的几分钟交流时间，我有两个目标：建立良好的师生关系以便我们能够一起学习新东西；去发现学生的已知和未知，这样我可以确保教学生一些新的东西。

这些学生教起来绝对令人惊喜。一节故事教学的课吸引了全体学生的积极参与，他们积极举手回答问题，毫不费力地营造了一种积极的学习氛围，达到了教学目标。毋庸置疑，我的课堂深深地受到了学生们乐学情绪的影响。我设置了较难的问题，如果没有经过思考和尝试，他们不能回答。我被学生们的努力融入、参与和乐学所感染。毫无疑问，学习型团体的文化精神贯穿全体师生，从校长到教师乃至学生。难道这样的教育不应该传递给我们的下一代吗？

学习型团体：校长层面

窦校长是一位出色的校长，优雅地转换着教育家和学习者的角色，出色地塑造了各种身份：团队管理者、梦想家和故事演说家。我们是幸运的，窦校长竟然参与到我们的评课中来。

窦校长首先引出评课讨论的核心问题：“你觉得今天的课怎么样？”这样简单的一个问题策略性地包含了多方面的反馈信息。老师们初步反馈之后，窦校长开始了她的讲述。她评课非常多元，既涉及中国传统文化，又不断引用最先进的教育教学理念。她述说着，比画着，滔滔不绝。让我们感受越来越深的是，窦校长奠定了这个学习型团体的基石。

清华附小的学习团体是强有力的。他们对成功与失败，谦虚与骄傲，共同目标与个人价值，专业的尊重与坦率的问责有独到的见解。他们知道如果失去了最基本的信任一切都运行不起来。在这所学校，你可以轻易感受到这种彼此的信任，从校长开始，教师之间，学生之间都是这样的。这是校长作为一个领导者、教育者，同样也是一个学习者所赋予教师们的权利与尊重。

一个学习经历：民族自豪感

作为一个土生土长的香港人，我拥有国际化的背景，我一直致力于中国文化与西方文化融合的研究。清华附小之行增加了我对中国文化的喜爱。同时，我还参观了许多乡村学校，那里的学生脖子上都戴着红领巾，在清华附小，我同样看到了学生们紫色和白色相间的校服领子上的红领巾。学生们无论贫穷富贵，这种团结的精神支撑着民族的尊严，一条红领巾被赋予了如此多的含义，这是我从没有经历过的。

中国文化多元地融入清华附小的文化中，在艺术学科里大放异彩。比如，老师会要求学生将校园里的植物在一年四季里展示的不同样态画在纸上。

中国文化中的温情随处可见：学校为教职工每天免费提供三餐；北风呼啸的时节，学校会给每个班级门口挂上厚厚的棉质门帘；语言成了用来互相表示尊敬的方式，司机们同样被称呼为老师……

在清华附小的最后一晚，“司机老师”发动了汽车，开启了大灯，为我们照亮了前面的路。此时此刻，我对中国文化更加敬仰。这件小事并不必要，然而，当我们加快步伐并感激地回望的时，我突然感到它十分必要，正是这灯光让我看清了清华附小文化的温暖。

苏霍姆林斯基女儿卡娅的激动

亲爱的老师们，在你们遇到困难的时候，或者你们感兴趣的时候，我希望这本书（苏霍姆林斯基《给教师的一百条建议》）能成为你们集体和个人成长过程中长期的助手。

——苏霍姆林斯基·卡娅

看到清华附小教师都在研读苏霍姆林斯基的著作，并在实践这位伟大的教育家的教育理念时，苏霍姆林斯基·卡娅女士倍感激动，提笔为清华附小的师生留下了这句话。

这是2012年11月22日在清华附小发生的故事。这是一个令清华附小师生感动的日子。因为，在这一天，著名教育家苏霍姆林斯基的女儿，乌克兰教育科学院院士、国际苏霍姆林斯基教育研究会会长苏霍姆林斯基·卡娅女士前来访问清华附小，与清华附小师生展开交流活动。

第一次见到卡娅，清华附小老师便被她那炯炯有神的眼神和散发着教育气质的魅力所折服。虽然已经头发花白，但她步伐健硕、谈吐流利、思维活跃。苏霍姆林斯基·卡娅，不仅继承了苏霍姆林斯基的衣钵，也继承了他平和、坦荡的性格。在与她交谈的过程中，她总是谦虚地告诉大家，她只是苏霍姆林斯基的女儿，她只是在传达、推广他的教育思想。事实上，她已经身为乌克兰教育科学院院士，并在教育史研究领域颇有建树，她的许多观点和理念，不仅是对她父亲的继承，更是延伸。

像家一样营造校园

“我的家就安在帕夫雷什中学教学楼一楼东头的两间房子里，既是爸爸妈妈的卧室，也是爸爸妈妈的办公室，同时还是接待客人的地方。那儿有高大的书房，无数的藏书，父亲就是在那儿完成了他的思考和写作，同时，也是在那儿经常与老师们谈话，接见孩子们，给孩子们讲故事，等等。”

“我们没有自己独立的房子。我们的家就是学校，学校就是我们的家。”

卡娅小的时候，住在爸爸妈妈工作的地方——著名的帕夫雷什中学内，以校园为家。所以，她对校园有着别人无法理解的感情，她喜欢校园，喜欢校园中的一切。

受到这样的童年经历的影响，卡娅访问清华附小的第一项议程便是参观清华附小的校园。

卡娅的父亲苏霍姆林斯基说过：“一所好学校最重要的不是物质上的富有，不是外界给学校提供的物质帮助，而是每个孩子、班级和老师用自己的力量为学校做了什么，用自己的双手建设的学校才是最有特色的学校。”

清华附小在建设校园，打造校园文化的过程中，特别注重全校师生的参与，在建设校园文化的过程中，清华附小根据师生的意愿及想法，一方面由专业人员去实施和实现师生的想法；另一方面让师生自己去施展才能，去描绘自己心目中的校园。在全校师生共同努力下，清华附小已经打造出来属于自己的校园文化，包括七大建筑及十二大景观，每一座建筑及景观的命名、文化阐释都深入全校师生的内心，已经成为全校师生心目中的第二课堂，也让校园成了大家心中的家园。

这一点，卡娅非常认同，她赞赏清华附小这种将校园打造成家园的做法以及清华附小让全校师生参与校园建设的理念。

让书香充满校园

在与清华附小教师座谈的时候，卡娅告诉他们，她的父亲对她的影响很大，从小她就生长在父亲工作的学校中，父亲既是父亲，又是她的老师。因此，从小她就知道，她不过是父亲工作中学校的 500 多个孩子中的一个而已。父亲伟大的人格魅力征服了自己，对她的影响是终身的。因此，不管是后来的苏联解体，还是乌克兰民主重建等大的社会波动，都未曾影响她。她的人生目标不会改变，她对教育、对孩子的热爱不会改变，而这一切都要归功于她的父亲。

因此，当清华附小老师在座谈中，问及卡娅，她父亲教育思想的核心关键词时，卡娅首先提到的就是学习，她说："老师，就是要读书、读书、再读书，学习、学习、再学习。"卡娅告诉他们，教师是一个特殊职业，负责传道、授业、解惑，教师要有无尽的知识去传授给学生，并且要及时更新自己的知识，不断适应社会对教师的要求。因此，她的父亲苏霍姆林斯基号召广大教师更多地获取知识。教师必须是一个发光体，要想发光，就要不断地学习。

这一点，卡娅在清华附小找到了共同点。清华附小历来重视读书，不论是对教师，还是对学生，都有诸多书目提供，并提供良好的阅读场所。清华附小有十余万册的藏书，学校还为每位教师配备每学期的必读书目。另外，学校还将书作为每学期开学的礼物送给教师。在这种氛围的引导下，清华附小已经形成了一种读书的习惯。为了方便学生读书，学校还将部分书籍搬到学生的教室、走廊等地方，让学生能随时随地读书，养成读书的习惯。

这种热爱阅读、热爱学习的氛围，深深地感动了卡娅。

每个孩子都有天赋

在谈到如何对待孩子时，卡娅说，她的父亲认为，对于孩子，只有尊重他正面的东西，肯定他的优秀品质，他才能成为一个真正的人。爱孩子，要首先理解和肯定孩子，如果孩子看到自己的价值，学会尊重自己，就不会不爱别人。对儿童的爱，对儿童的尊重，应该不看年龄和性别，不看出身和差异，而把儿童看成一个人，尊重和看到作为一个人本质的价值。

为此，在谈到父亲教育思想的第二个关键词时，卡娅认为她父亲对于孩子的看法，最精髓的就是：每一个孩子都是有天赋的。学校的任务就是把这些孩子的天赋挖掘出来。天赋绝不只是智力方面。有些孩子动作技能特别发达，如绘画技能等。老师应让孩子在自己适应的程度下学习。

针对现在大部分学校只是强调知识教育的做法，卡娅不太认同，她认为每个孩子都有特长，老师要鼓励孩子们展示自己的特长，让他们充满自豪感，这样才能发掘每个孩子的潜力，让每个孩子成才。

清华附小历来重视对每个孩子天赋的挖掘，清华附小人一致认为：孩子只有差异，没有差别。因此，在建设课程中，清华附小实施"1+X 课程"。"1"就是整合后的国家课程，"X"是 实现个性化发展的拓展性课程。目前，清华附小拥有 60 多门“X”课程，包括健美操、武术、法语、书法、阅读与写作、演讲与口才、数学思维、DI 头脑风暴、轻松发明、机器人、舞蹈、合唱、国画、素描……这些课程弥补了国家课程中难以兼顾学生个性发展的短板。

通过“1+X 课程”的实施，清华附小充分发掘了学生的天赋，让许多孩子在这里找到了自信、找到了兴趣点，有的孩子在国际机器人大赛中获奖、有的孩子的发明获得了国家专利、有的孩子在世界各国巡演……

每个孩子都有天赋，苏霍姆林斯基的教育观点与清华附小的办学理念不谋而合，正是在这种理念地指引下，清华附小的孩子健康、阳光、乐学，快乐成长。

爱是教育无声的语言

伟大的教育家苏霍姆林斯基说 :“一个好教师意味着什么？首先意味着他热爱孩子，感到跟孩子交往是一种乐趣，相信每个孩子都能成为一个好人，善于跟他们交朋友，关心孩子的快乐和悲伤，了解孩子的心灵，时刻都不忘记自己也曾是个孩子。”

在与卡娅的座谈中，她谈到的第三个关键词就是 : 爱。她说 :“爱优秀的孩子谁都会，对智残等特殊孩子的爱更是值得一提的。”是啊！我们每个人都会爱长得好看、成绩优异、各方面突出、善于表达的孩子。但是，我们问问自己，我们是否会去真心爱学习困难的孩子、长得不好看的孩子、不善言谈的孩子呢。每个人都有过失去了再也不会回来的童年，我们要去爱每一个孩子，尤其是那些经常被他人忽略的孩子，那些学习有困难的孩子。教师对孩子的爱，应当是立体的，是无条件的。只有做到这一点，才能成为一个真正的教育工作者。

而恰恰是在苏霍姆林斯基的名著《给教师的一百条建议》中，举了很多这样的例子。为此，在谈及对于学校教师的建议时，卡娅幽默地强调一点 :请以苏霍姆林斯基的书为伴。卡娅还特意提到，作为学校教育的重要补充，家庭教育的意义同样非常重大，而教师在与家长共商家庭教育的过程中，一定要达成一个共识，那就是今天的教育要培养明天的父母。为此，苏霍姆林斯基的教育思想，应当在更广泛的范围内进行传播。

卡娅的话激励着清华附小的老师。近年来，清华附小一直在推崇爱所有孩子的理念，去呵护每一个幼小的心灵，让每个孩子都快快乐乐成长。

座谈会结束后，卡娅还在清华附小少先队员的带领下，参观了清华附小学生的大队部，对清华附小的大队部基本情况及特色活动进行了访谈。她对孩子们自我成长所取得的成绩给予了高度评价，并为孩子们留下了宝贵的留言："祝清华附小的少年队员们，在学业及以后的工作中都能获得成功，友谊长存！"

卡娅是一位美丽的女士，她举手投足之间尽显教育气质，她一言一行，都在潜移默化影响着每一个人。清华附小就如她一样，正以一种教育的力量，在影响着每一个孩子的成长。

中国孩子，好样的

对于清华附小，校园足球已经成为一个杠杆，通过它撬动了体育教学，更传递了足球文化、体育文化，而这些文化对于培养孩子的团队合作、积极向上、勇于拼搏的精神起到了积极作用。

2015 年寒假，清华附小的 16 位足球队员，参加"圆中国足球梦·清华附小足球队赴阿根廷足球培训"项目，于 2015 年 1 月 24 日踏上了征程。作

为第一支走出国门的校园足球队，随行的老师深知此次阿根廷之行的重要意义，还有飞行两万多公里对学生、老师的考验。出发之前学校进行详细的分工，16 位学生，分为 4 个小组，每组有一个老师来负责。在这 15 天里，孩子们在阿根廷——这个世界超一流的足球强国，接受了全方位的培训。博卡青年俱乐部指派了经验丰富的教练，提供了完美的训练服务设施，训练系统性高、强度大，但是也非常有趣。孩子们一致认为，无论是在自理能力还是足球技巧和精神方面收获都非常大。在此期间，队员们还参加了 5 场友谊赛，保持不败的战绩。他们与阿根廷队职业球员面对面地交流互动、学习西班牙语、参观著名的足球俱乐部、参观阿根廷足协 AFA。孩子们尽情浸润在足球文化之中，享受足球带来的无穷乐趣，同时，展现了中华少年的家国情怀。

清华附小足球队于阿根廷时间 1 月 25 日深夜抵达，从 26 日早晨开始，便开始每天坚持升国旗仪式，每天有四名同学作为执旗手，两名同学主持，两名同学做国旗下讲话。每天的升国旗仪式都有三项内容：第一，全体师生唱国歌；第二，背诵学生誓词；第三，学生进行国旗下讲话。1 月正值阿根廷的盛夏，蓝天之下，绿草之上，五星红旗显得格外耀眼。刚开始，同学们都是表达对来阿根廷的感恩和决心，慢慢地变成了关于训练和交流的总结和反思。很多内容很具体，对学生有具体的教育作用，如“昨天的训练中，教练让我们更加专注一些，有些同学总是不够专心，我们队中的小韦非常努力，他的球踢得好，我们要向他学习”等。让同学既体会到爱国的教育，也达到学生的自我教育、同伴激励的目的。令人欣慰的是，在整个行程中，虽然训练和比赛强度很大，但从没有掉队的，让我们真切感受坚强男子汉的蜕变过程。“中国人”三个字，在他们心中那沉甸甸的分量油然而生。

学生初到阿根廷，一方面要倒时差，一方面比较兴奋，总是很难入睡。作为此行的领队梁营章老师和其他四位老师一样轮流值班。有一天梁老师巡视的时候，和学生聊起阿根廷的超级“德比”，学生非常感兴趣，而且他们知道的远远比梁老师多，甚至嘲笑梁老师是“后进生”。不甘示弱的梁老师，赶紧翻阅书籍，了解阿根廷各个队的历史，又把学到的和同学们交流，学生发现了梁老师的进步，就煞有其事拍着他的肩膀说：“老师，你进步很快哦！”在训练场上，每个老师都和学生一起训练，学英语出身的梁老师是足球运动的欣赏者，而不是参与者。为了不辜负足球之国之行，梁老师还是硬着头皮和所有学生一起训练，经常将球踢飞，学生戏称他为“破坏大王”。但是，他的参与，让学生看到了老师的榜样作用。每天的学生训练，有了老师的陪伴，使很多不可能变成了现实。

在抓好足球训练的同时，老师们丝毫不放松学生的学习。作为语文特级教师的窦桂梅校长，担当起了学生每天的语文老师。为每个学生批阅日记，并当面和学生沟通，手把手教学生如何描述一个完整的故事，如何勾勒细节，如何表达感情……有时候，一场参观和交流刚结束，窦校长就开始和学生聊如何表达和总结这次活动，让学生身处异国他乡，不忘母语教育。

在比赛和训练间隙，学校给每一个孩子买了阿根廷特色的明信片，让学生给即将迎来百年校庆的母校写上祝福，从阿根廷邮寄回来，让这次足球之旅更增添了文化的味道。结合主题课程的教育，足球队每一个学生，内衣自己清洗，每天起床后都要把床铺整理好，洗漱用具摆放整齐，球鞋摆放整齐。自己的事情自己做，让教育渗透到每一个细节，让学生明白：学习无处不在，足球是梦想，但任何事都要从小处着手。

孩子们在享受“足球大餐”的同时，还将自己的生活记录下来。让我们追随孩子的脚步，感受他们别样的阿根廷之旅——

2015 年 1 月 27 日，队员石正扬日记：

今天，是我们清华附小足球队第一次真正开始在阿根廷的学习。

在第一天，我们就参观了糖果盒球场，可是给我留下深刻的印象的还是下午的训练，当时特别热，在训练中我觉得又累又苦，但我知道：坚持就是胜利。就这一句话，我一定会在以后的训练中更加努力！

2015 年 2 月 1 日，队员吕秋圻日记：

今天是一个双训，上午的训练主要讲了基本功、传球，等等。让我最喜欢的一项是头球训练，因为这个训练可以练体能，还可以练头球，一举两得。下午的训练是这几天最好玩的，打比赛、四打四、传球打门，太好了！今天是我最喜欢的一天。因为，这一天让我很享受，教练手把手地教我们，每一个细节、每一个动作都在我们心里飘荡，时间过得好快好快......

2015年2月5日，队员赵云琦日记：

上次，我们和阿根廷的小朋友们打了一场比赛。这次，又有别的俱乐部来跟我们比赛，跟不同对手打比赛也能学到不同球技。

这回打比赛我一定要好好防守，下脚狠一些。

上半场，我们先跟博卡队的小朋友们打比赛，他们有很多大个子球员，我防守时实在撞不过他们，就像鸡蛋撞石头一样。最后我们以1∶2的结局遗憾地输给了对方。教练在中场休息时告诉我们："他们个大不是理由，你们如果抓住好机会，不会输球的。"

下半场，我仍然打右后卫，但对手换成了另一个俱乐部。我们队的前锋不断进攻，后卫和门将紧守大门。

我们好不容易踢成平局时，正好有一个角球机会，发球队员把球传给了大禁区外的李源锋，他抡起大腿，把球踢向了左上角，大脚开得真漂亮，球进啦！！！我们队反超了比分，场上比分变成了5∶4。

比赛结束的哨声终于吹响了，我们终于赢啦！

这场比赛我得到了老师们的表扬，使我在防守上的认识开了窍。这也是我在阿根廷打的第一场全场比赛，我在体力方面长进许多！

我希望我能更加深层次地了解足球，更上一层楼！

2015年2月6日，队员赵云琦日记：

今天我们去参观了独立队的博物馆。独立队是阿根廷五大俱乐部之一，博物馆陈列着许多他们队得过的奖杯，有丰田杯、南美解放者杯、阿根廷甲级联赛冠军杯……独立队的主场是"南美解放者球场"，经过重修后，能容纳五万二千多人，十分壮观。我们在球场外要到了许多独立队队员的签名，我的签名服变得更加饱满、更加珍贵。

下午，我们参观阿根廷国家队的训练基地，一共有三个标准场。室内有桌面足球、网式足球、健身房、游泳池、按摩温泉、桑拿浴室……足球设施这么齐全，真让人眼界大开！

今天我们了解了阿根廷足球的历史，也参观了好多地方，原来，足球强国是这样诞生的！

小队员们不仅自身收获满满，更通过自己的言行令阿根廷的伙伴和教练刮目相看：他们自理能力强！他们善于学习！他们懂得感恩！他们拥有拼搏的毅力和合作的精神！中国孩子，好样的！

此次阿根廷之行，让学生深切感受到，自己享受到的待遇，与祖国的强大密不可分，与百年清华附小厚重历史密不可分，让学生在追梦的过程中，体验到自己的责任和使命。将足球真正变成教育学生拥有中国灵魂、国际视野的载体。

走进联合国，传播中国好声音

2015 年 2 月 3 日，刚经历过暴风雪洗礼的纽约，显得格外寒冷，却阻挡不住清华附小学生来联合国总部演出的热情。刚刚步入联合国总部的大门口，孩子们就兴奋地尖叫，开始期待着这次演出。彩排结束，在休息室的时候，因为时差的原因，舟车劳顿，好多孩子累得就在后台睡着了。然而到了演出的时间，所有孩子站在舞台上，个个精神抖擞。民乐团的《秦王点兵》、舞蹈团的《鼓舞少年》、合唱团的《让世界充满和平》《茉莉花》等民族传统的曲目，让观众掌声连连，不断竖起大拇指，“Great！”“Perfect！”“Excellent！”赞美声不绝于耳。

在清华附小步入百年华诞之际，在联合国教科文组织的邀请下，清华附小走进联合国总部进行文艺演出，用音乐讲述中国的故事，同时，拉开了清华附小 2015 年赴美演出季的序幕，推动中美两国学生的文化交流。

交流期间，清华附小民乐团还在美国著名的中学史岱文森高中进行了专场演出。两个小时的演出，吸引了 800 余名该校师生及家长观看，精彩的民乐、合唱、舞蹈等节目让美国的观众惊叹不已，当得知演出的孩子平均年龄只有 10 岁，最小的孩子只有 7 岁的时候，他们都惊讶于这么小的孩子就能熟练掌握各种乐器，太了不起了！同样，这些孩子们也把中国的民族文化带到了友好学校——爱文世界学校，为该校的学生带去了精彩的演出。

不仅表演中国的传统民乐、舞蹈、合唱等节目，孩子们还把发生在清华附小的一个个精彩故事讲述给在场的观众听。《满世界找昆虫的孩子》《汉字的故事》《希腊行——我为附小代言》……每一个孩子的故事都代表着清华附小学子健康、阳光、乐学的精神面貌。在《汉字的故事》讲述过程中，清华附小的学生还与老师们一起，现场书写汉字“福”和春联，送给在场的美国观众，引得他们争相领取。

与孩子们共同走进联合国的还有清华附小的校长窦桂梅。这个寒假，窦桂梅受邀参加 2015 年中美知名高中校长论坛，与来自中美双方的多位教育专家及 40 多位知名校长就未来人才的核心素养、课程架设与评价改革进行了广泛而深入的讨论。她以另一种方式让清华附小的“好声音”、中国的“好声音”在美国上空飘荡：

素养是照耀人生的灯塔，是人的内在灵魂。清华附小“立人为本，成志于学”的校训就体现了我们的培养目标——要不断发现并发展学生的素养，通过身心健康、善于学习、审美雅趣、学会改变、天下情怀这些核心素养去培养一个具有中国灵魂、国际视野的世界公民。

如何发现并发展学生素养？我认为课程是核心，是供给力。我们通过优化整合国家课程，提供学校个性课程及儿童个性课程，来实现这一育人目标。清华附小将这一特色课程统称为“1+X 课程”。

这一课程体系，改变了清华附小的课程设置，也改变了学生的学习方式，使儿童站在学校正中央，健康、阳光、乐学，大步走向聪慧与高尚的人生。

世界校长论坛：向世界发出中国教育的最强音

2015 年 8 月 3 日至 6 日，在芬兰的首都赫尔辛基国家级政府会议中心，芬中教育协会、LED、Fire Sure，联合举办第十二届世界校长大会暨第一届芬中教育校长高峰论坛。此次会议有中国、美国、日本、德国、荷兰、澳大利亚以及非洲等近 50 个国家和地区的校长近 1500 人参会。

本次会议以“领先的教育设计”为主题，聚焦全球教育现状、学校发展方向、教育政策动态以及全球教育发展趋势，并展望全球教育未来，思考未来学习环境、高激励教育环境以及全球教育主要挑战。会议由哈佛大学的权威教授、国际中小学校长联盟、各国校长代表等发表主题演讲，当然也有来自中国代表的发言。

聆听了各位代表的发言后，窦桂梅在感慨中国教育要海纳百川的同时，进一步思索：中国教育应该发出怎样的声音？于是，窦校长带领大家，在原来准备的发言稿的基础上，反复推敲、准确定位、及时修改与调整，形成了题为《让儿童站在学校正中央》的新的主题演讲。

8 月 4 日下午，窦桂梅穿着中式服装，缓缓地走上台，为了让同声传译得准确，她有意放慢语速，用浑厚而悦耳的母语，娓娓道来。她首先用三个故事“演石头、捉昆虫、赛足球”，讲述了清华附小学生“健康、阳光、乐学”的样态，具体而生动。然后又用一张课表，彰显清华附小课程的丰富、教学的灵活。从儿童一生受用的阅读和体育两个方面，介绍了以清华附小为代表的中国基础教育的特色，鲜明地提出：丰富的阅读，照耀每一个儿童心灵世界；体育，身体的教育学的教育观点。其中插播的一段《静夜思》古诗词吟唱，更是把与会者带入了汉语的意境，全场一起跟着窦桂梅哼唱！最后，窦桂梅将发言上升到中国的教育也在努力改变的高度。她说：“清华附小让儿童站在学校正中央，不论是主题教学，还是‘1+X 课程’，一切都是为了儿童而创设，最终走向‘成志教育’，实现‘为聪慧与高尚而奠基’的办学使命！”主题报告立足中华民族的历史文化教育的传承，与百年清华精神的责任担当，向世界展示了中国教育改革的鲜活面貌。

翻译人员，听完报告后，非常感动，对窦桂梅说：“翻译您的报告，边听边感动，您很有激情，您的故事，很动听，您很有教育情怀。”

来自澳大利亚的两位友人，听了报告后，热情地找到窦桂梅说：“你们国家在改变，中国的改变世界知道了。”芬兰坦佩雷小学的校长在晚宴的时候，

主动找到窦桂梅，表达了对清华附小的赞赏。她说："通过你的发言，我从一所小学看到了中国教育的发展。"

对窦桂梅的精彩发言，《环球时报》进行了专题采访，新华网、光明网、腾讯网、环球网等均作相关报道。

清华附小作为中国教育改革的一面旗帜，在世界的教育会议上发出了自己的声音，鼓舞了中国教育改革者的信心，也极大地促进了中国教育立足国际化视野的深化改革，这是清华附小在芬中教育论坛上发出的中国教育的最强音。

附 录

部分专家声音

核心素养，课程改革的原动力

顾明远

国家教育咨询委员会委员、北京师范大学资深教授

学校教育很重要的功能，就是立足学生的终身发展和社会需要，培养学生良好的素养。当今世界各国教育都在聚焦对于人的核心素养的培养。素养需要在长期的教育中慢慢养成。为发展学生的核心素养，基础教育的学校在课程改革方面要进行三方面的努力。

第一,将身心健康放在课程目标的首位。学校教育不能只盯着书本知识，练就一身好体魄是学习的前提。在体育锻炼中要培养学生坚忍、友善、合作、民主、竞争等价值观。今天大力推广的校园足球，其定位既包括强身健体，也包括精神追求、团队意识等。学校教育中，学生良好习惯的养成很重要。习惯养成了，自然就会变为信念。比如，自己整理器材、装备，换衣、换鞋，收拾东西，就是要培养独立生活的习惯。小时候学会自己的事情自己干，长大之后就会有自力更生的信念，不会依靠别人。另一方面，要培养学生阳光、乐观的心态。热爱生活，自信、自尊、自强；容纳别人，学会与别人友好相处。几次来到清华附小，每到一处，学生们都会向我和其他老师们行标准的鞠躬礼，窦校长说清华附小有三张名片“微笑、感谢、赞美”，我想这就是与人相处的礼仪文化，在这样的文化濡染中，学生心态阳光、相处融洽、团结向上。如果我们的学生都能有这样的心态，那么今天社会上的很多悲剧就不会发生。

第二，课程教学要培养学生终身学习的能力。学校教育不仅要给予学生必备的知识技能、文化修养，更包括逐步形成的终身学习的能力。这其中，培养学生学习的兴趣很重要。苏霍姆林斯基说，一个孩子到十二三岁还没有自己的兴趣和爱好，做老师的要为他担忧。担心他长大以后对什么都漠不关心，成为一个平庸的人。今天我们中国的学生，学业水平不成问题，但现实中的问题是学生缺乏学习的兴趣，学习变成了完成父母、老师的任务，处于一种被教育、被学习的状态。这样的状态怎能形成终身学习的意愿和能力，怎能培养出创新人才？兴趣往往从好奇心发展而来，为此，学校教育要激发学生的好奇心。好奇心是儿童的天性，功课太重会扼杀儿童的好奇心，为此学校教育要思考该怎样建立一种平衡：在保护好学生好奇心的同时，又能增强学生的思维意识，培养学生的独立思考的能力。在小学教育中要鼓励学生大胆地思考，勇敢地提问。只有会思考、敢提问的学生对学习才能产生兴趣。我在清华附小听了一节科学课，教学的主要内容是“种子的传播方式”，但教师在教学中，并没有着急地和盘托出，而是先让学生就这个问题展开质疑，然后根据学生的质疑，展开教学，教学的过程就是学生们在自主学习的过程中不断解决自己疑问的过程。我认为，这样的教学方式，非常值得提倡。

第三，课程内容及实施要为学生打下走向社会的基础。人都生活在社会中，这是人的社会性。人要在社会中生存和发展，就要了解社会，学会共处，学会改变，适应瞬息万变的社会，解决遇到的各种问题，甚至以自己创造性的才能促进社会的文明和进步。特别是要关注学生社会情绪的培养，要学会尊重别人、学会与人沟通交流。尤其是当代社会，独生子女很普遍，自我中心意识很强烈，培养孩子的社会情绪，正确处理与他人的关系，增强自我管理能力就显得尤为重要。

清华附小提出的学生发展五大核心素养“身心健康、善于学习、审美雅趣、学会改变、天下情怀”基于本校学生的群体特点，遵循学校“为聪慧与高尚的人生奠基”的办学使命，体现“儿童站在学校正中央”的办学理念，秉承清华大学的思想与精神，体现出学校在立德树人，落实社会主义核心价值观方面的自觉追求，深入回答了“培养什么人”的问题。这五大核心素养对国际上公认的关于核心素养的三个方面“人与自我、人与工具、人与社会”都做出了自己的回答。不仅如此，学校通过“1+X 课程”改革积极回答了基于学生发展核心素养“怎么培养人”的问题。

清华附小的“1+X 课程”改革在学校迈入新百年之际又有了新的跨越。我感到，学校基于学生发展核心素养的“1+X 课程”从培养完整的人的高度出发，大胆而又稳妥地进行课程整合的尝试。比如，他们的科学阅读课，老师引导学生在阅读中学习科学知识，这就是语文与科学的整合，很新颖，有创新。课堂上老师引导学生学会使用标签、便条，并将这些标签和便条最后整理成表格，使学生学会了一种提取信息和整理信息的方法，这种方式可以迁移到学生的其他阅读中的。

这让我想到最近，芬兰提出：基础教育要去学科化，强调综合，提倡从现象学的视角研究教育，这符合学生发展核心素养综合发展的需要。只从学科的角度出发，不利于学生素养的发展。比如，数学原来总是强调其集成性的学习体系，认为不把目前的知识弄清楚，后面的内容就学不会，就像不学代数，那么学线性代数就会很难，但是现代社会的许多知识的学习并不适用这种集成性的体系。目前的教育改革也面临着这样的问题，尤其是在小学教育阶段，必须要提高教学的综合性。清华附小“1+X 课程”，强调学生的综合发展，提供丰富的选择性和自主性课程充分满足个性发展需要，符合当今时代的需要。

除了课程设置强调整合，在课程实施上，教师专业领域的整合就显得非常重要。教师要做的不仅仅是让学生学会知识，而是让学生自己去领会新的知识，培养学生的思维能力，让学生勤于问“为什么”，而不仅是牢记结论。就像语文教学，语文课本发下来很多学生一两天就看完了，每个学生对于课文都会有自己的想法。老师要求学生掌握必要的字、词、句之外，还应该让学生将自己悟出的道理讲出来。每个人的悟性不一样，思想不一样，老师应该启发学生的思维，让学生学会思考，这样他会受用一辈子。我一直主张小学老师应该成为全能型老师，更好地整合各学科知识。清华附小的老师正向这个方向努力，并用实践证明自己的转型。我听的这节科学阅读课上，学生所获得的远远超越于科学知识、阅读能力，更指向于意识、审美、情感、价值观等方面的综合发展。我认为，清华附小的课程整合，除了展现学生的进步以外，还展现了教师整合素养的提升。

清华附小基于学生发展核心素养的“1+X 课程”改革对于当下的基础教育课程改革具有价值引领的意义。祝愿清华附小的课程改革之路越走越宽阔，希望所有学校的课程改革都能做出成效。

积极探索中小学教育转型

钟秉林

中国教育学会会长

2014 年年底，教育部发布了《关于普通高中学业水平考试的实施意见》和《关于加强和改进普通高中学生综合素质评价的意见》等政策文件，标志着我国考试招生制度改革进入实质性推进阶段，也意味着基础教育的教学方式将面临深刻的变革。

这一改革的目的在于，一方面，让学生认识自我、学会选择、全面发展，适应时代发展对人才的需求；另一方面，让学校把握学生成长规律，变革人才培养模式，扭转以考试成绩为唯一标准的评价学生的做法。

在我国中小学教育伴随着全球化和信息化的浪潮、加入教育国际化角逐的进程中，这一改革恰逢其时。以考试招生制度改革为切入点，促进学生评价标准和方式的变革，深化人才培养模式和教学与学习方式的改革，是从繁重的课业负担中解放广大少年儿童，让他们全面健康成长的重要机遇。我们必须清醒地认识到，人的成长成才必须遵循教育规律和身心发展规律，我们要站在青少年成长发展的始端，从学校教育的第一天就要开始对儿童实施科学的教育，唯其如此，才会使青少年循着正确的轨迹健康前行。

清华附小作为一所百年老校，在长期的办学过程中坚持守正与拓新相融合，探索出基于学生发展素养的“1+X 课程”，并得以成功实施。也因课程结构与内容的改变，促进了学校教师队伍、管理结构与评价机制等系列变革。这种探索体现了以学生为本的办学理念，实现了“身心健康、善于学习、审美雅趣、学会改变、天下情怀”核心素养的养成，改变了过去单一知识、学科本位、考试第一的应试教育局面。这种探索对于中小学校校长的启发在于，学生培养过程不只是知识传授的过程，更是超越知识层面的能力及价值追求的过程。我们要勇担责任，奋力前行，在基础教育的转型过程中，探索出一条属于自己学校的、面向未来的发展之路。

教育规划纲要对建设现代学校制度、落实和扩大学校办学自主权、更新人才培养观念、创新人才培养模式等提出了明确要求，并做出了战略部署。近年来，随着新课程改革的实施，不少中小学校积极探索中小学教育的转型，取得了显著的成果和丰富的经验。但也必须看到，面对国家的要求、老百姓的需求和时代发展新的挑战，如何培养出更多、更好地适应国家和社会发展需要的人才，中小学校的改革任重而道远。坚持教育超前与坚守底线并举，着眼于自己的优势特色，借鉴国外基础教育的先进理念和成功经验，不断深化综合改革，突破改革和发展的瓶颈，加快基础教育转型步伐，是我们每一位中小学校长亟须思考和探索的头等大事。

成志教育，贵在成志

谢维和
清华大学副校长、
博士生导师

清华附小的领导和教师们在庆祝和纪念学校百年华诞的过程中，总结百年办学历程的精神遗产与文化积淀，提出“成志教育”的育人理念和办学模式，引起了我很多的思考。用提炼办学思想的方式举办校庆，从过去的百年走向新的百年，标志着清华附小在精神上、思想上迈出了一大步，体现了清华附小办学的一种品质、一种境界！

一所优秀的小学，应该具有自身独特的办学理念，这也是提升教育教学质量的一个重要基础。北京光明小学提出“我能行”的观念，逐渐成为学校的文化标志；哈尔滨花园小学在九十年校庆之际提出“幸福种子的教育”，成为学校育人的理念，等等。清华附小在长达百年的办学历程中，积淀了宝贵的文化与精神财富。在近年来教育改革和发展的实践中，清华附小发展了一系列非常可贵的办学思想，如，“为聪慧与高尚的人生奠基”的办学使命，“立人为本，成志于学”的校训，“儿童站在学校正中央”的教育理念，“身心健康、善于学习、审美雅趣、学会改变、天下情怀”学生发展五大核心素养，“1+X课程”整合等。现在，清华附小的领导和教师们将这些历史经验和新的办学经验总结为“成志教育”的育人理念和办学模式，更是具有非常独特的价值，也是小学教育的一种创新。我甚至愿意说，这种提炼和概括在某种程度上抓住了小学教育的规律和基本功能。

成志教育，从1915年的成志学校而来，从厚重的历史深处走来。建校之初，为何当初的创建者要选择“成志”作为学校的名称，前贤已逝，无法考究他们酝酿的过程和背后的故事。但可以确定的是，这个名称的选取的确有水平。

就“志”而言，无志不立。一般而言，“志”有两种：一种是做事的志向，一种是做人的志向。小学教育与高中、大学教育的“成志”在对象和内涵上是有差异的，小学指的是做人的“志”，而立志是立人的核心。

成志教育的育人理念和办学模式，符合小学阶段儿童成长的规律。清华附小努力践行成志教育，呵护兴趣、培养乐趣、激励志趣，进而引导清华少年学会立志、行志、言志，最终成志。这种志向，充分体现了儿童和青少年学生发展的核心素养和社会主义核心价值观的具体要求。更加重要的是，在小学阶段形成的志向，将直接影响儿童与青少年学生独立精神与完整人格的塑造以及整个思想和道德品质的养成，并且将延续在他们未来一生的发展过程中。

成志教育符合中国教育文化的秉性。《说文》云：“从心之声。志者，心之所之也。”《国语·晋语》云：“志，德义之府也。”《孟子》云：“夫志，气之帅也。”《墨子·修身》云：“志不强者智不达。”《后汉书·耿弇传》：“有志者事竟成也。”从古至今，“志”一直是中国仁人志士所崇尚的立人之本。概括地说，这种“志”大约有三个基本内涵：树立远大的人生理想，明确人生的奋斗目标；自身道德品质、气质修养的提升；坚强不屈、坚韧不拔的意志品质。历史文献讲小学讲得最精彩最系统的是朱熹的《小学》，所谓“后生初学，且看《小学》书”。该书内篇前三个纲目是：立教，明伦，敬身。三个纲目中，最主要的是明伦。明伦最重要一条就是涵养。记得著名国学大师马一浮先生曾经说过，主敬为涵养之要，即率气持志。在他看来，“志向”是一种具有统领性的品质，也是道德素养的基础。没有这种“志向”，一切的道德培养都是妄谈；“志向”出现了问题，则所有的成长都成了问题。从这个意义上说，清华附小提炼的成志教育，在一定程度上体现了中华民族教育的传统特色，它既是中国文化秉性的传承，也是教育理论上的创新发展。

清华附小的成志教育，作为小学阶段非常重要的育人理念和办学模式以及未来发展的导向，把小学作为人生“成志”起步的地方，实践着“自古英雄出少年”“少年智则国智，少年强则国强”的文化传统。根据清华附小的领导与教师们的总结，这种“成志教育”的理念与模式具有非常丰富的内涵，概括地表现为三个方面：承志、立志、弘志。

承志，这是成志的根基，就是要继承中华民族悠久的立志传统，学习和继承清华大学以及清华附小一大批非常优秀的校友和毕业生们的优秀品质；就是要继承前辈们为中华民族崛起而奋斗的精神，努力学习，不断进步。中华民族优秀的传统文化包含了十分丰富的教育资源，尤其是在人的志向方面，提出过许多非常精彩的论述，也有过许多感人的实践。清华附小的百年历史中，也涌现了一大批学术大师，兴业英才，治国栋梁，包括科学家、作家、艺术家、医生、奥运冠军以及工作在普通岗位的一大批非常优秀的毕业生。承志，就是要把儿童和青少年学生的宏伟志向牢牢地扎根在这些非常宝贵的历史和文化传统之中。这是成志的坚实基础，任何志向的培养，都无法脱离这样的历史和文化基础，否则，只能是一种“无根之志”，是不牢靠的。

立志，这是成志的理想，就是要在历史与文化基础上，面向未来，树立新的志向。这是承志的要求，也是承志的必然发展。这种“立志”，首先是要给自己树立一个不断自我激励的目标，就像望远镜一样，将焦距定位在一个远大的目标上，以此来给自己的努力加油；这种“立志”，就是要给自己一个追求高尚的理由，就如同清华大学的校训：自强不息，厚德载物，将修身与责任时时作为自己的伴侣；这种“立志”，就是要给自己一个获得快乐与幸福的机会，因为，由于志向的追求与实现所产生的自我奖赏，将是一种最长久和内在的快乐与幸福。当然，这种“立志”也就是给自己一个价值选择，就如同清华附小所提出的口号那样：选择了清华，就选择了一生的责任。记得在清华附小的升旗仪式上，每一个清华附小少年，面向国旗，庄严地承诺：“我是清华少年，努力成为健康、阳光、乐学，拥有中国灵魂、国际视野的现代人。”如此豪迈的誓言，充分表明了清华少年脚踏实地、心怀高远，秉承中华民族文化传统，心怀国家民族命运，学会做人、学会创造，树立个人远大目标的大志。

弘志，这是成志的实践。它既反映了学校办学实践的方向，也表明了学生学习实践的导向。就学校而言，它指的是在学校的办学实践中，弘扬这种志向，包括价值观塑造引领、课程引领、公益服务引领，这也是一所学校远大理想的志向所在；就学生而言，它意味着每一个儿童和青少年学生在自己的学习生活中，以更高的标准要求自己，使自己的言行举止符合志向的要求，努力实践自己的志向，不断朝着自己的志向而发展和进步。

成志教育，贵在成志。

将学生核心素养的发展作为小学教育的使命

朱小蔓
北京师范大学教授、博士生导师

小学教育是为了儿童的，教育者必须正确认识儿童，认识儿童的发展规律及发展需求，使学校的育人目标与小学教育的功能相契合。学校以课程为核心载体，为儿童提供引领促进其发展的学习媒介和知识路径，从而实现儿童核心素养的发展，真正体现小学教育的价值。为此，教育者必须厘清三个问题：

一、核心素养发展的基础是保护

教育的目的是帮助受教育者有能力过更健康的生活。生活是动态的、变化的，教育也不是固定僵化的，不要把过于宏大、笼统的人生目标和价值观生硬地灌输给儿童，而是引导用积极的生活经验与态度认同正面的人生观和价值观。儿童有他特有的看法、想法和感情，如果用成人的看法、想法和感情去代替他们的看法、想法和感情，那是很糟糕的事情。现在的社会太看重成功、成才，这很可能适得其反，因为小学儿童的生命小苗刚刚破土，生命之树开始生长，生命之花远未绽放。我以为，这个阶段培养儿童，在一定意义上，保护、尊重比开发更加重要，过度开发有可能酿成日后的悲剧。教育要让儿童认识到学习活动是自己有意义的劳动，是体现自己生命价值最重要的活动形式，儿童需要在这种劳动过程和积极快乐的参与中发展自己的素养。

清华附小确立了“为聪慧与高尚的人生奠基”的育人使命，体现她们对于小学教育的价值追求：一是聪慧，即聪明和智慧，她们的育人目标不仅是知识传授、能力发展，而且更加关注学生的思维和智慧发展；二是高尚，是对学生人格道德素养的培养目标，体现了她们希望培养的学生有高尚的人格和道德素养；三是奠基，是对小学阶段性目标的界定，体现了她们注重培养的阶段性和适应性；四是人生，是对学生生命全过程的关注，体现了清华附小虽是小学，但关注了学生的持续发展。清华附小以聪慧与高尚为儿童奠定生命底色，并具象为“身心健康、善于学习、审美雅趣、学会改变、天下情怀”这五大核心素养，有利于儿童形成完整的人格。

这样的理念落实在课堂上，使这所学校的课堂呈现出与众不同的样态。我曾经听过窦桂梅校长两次课，第一次是《我爸爸》，窦校长带领学生阅读绘本，在书中认识了那个虽有缺点，却也不乏可爱，最重要的是永远爱“我”的父亲的形象。在课堂的最后，在温暖的音乐声中，学生模仿着书中的句式说出“我爸爸像长颈鹿一样高，像大猩猩一样强壮。”“我爸爸的肚子像西瓜一样圆。”“我爸爸像雨水一样温柔。”“我爸爸笑的时候像蛋糕一样甜。”……一份感动涌上心头，让我不禁湿润了眼眶。此后，我又听过她执教《大脚丫跳芭蕾》，让我们惊讶的是道德教育专家希望学生建立的价值观，从四、五年级的孩子嘴里竟然十分自然地、理直气壮地、生动地表达了出来。社会主义核心价值观应该怎样对儿童进行教育呢？按理不到特定的年龄期儿童并不能理解抽象的概念，但是核心价值观认同又确确实实成了一个在道德修养、人格形成、公民品质方面精神饱满的人的必经之路。可是，我们很多学校和教师，为什么要做得那么生硬呢？为什么一定要灌输呢？透过窦校长的课，我能够感受到清华附小，在寻找一些途径，如阅读、动手操作、辩论、比较、探究等，将一些抽象的内容与儿童的生活进行连接，在一步步的教学过程中，教师来调动、牵引、凝聚共识，让孩子们自己来感受价值观、体认价值观、表达价值观。这个过程是老师和孩子们一起成长的过程，孩子是感到安全惬意的，而这，恰恰有利于儿童道德价值观与审美情趣的形成。

二、分科教学与课程整合共促学生素养发展

课程整合中有两个问题特别值得我们关注。一是如何解决分科与综合的问题。我曾与美国研究教学模式整合的有关专家进行过对话，了解到他们主要是将原有的学科变成知识领域，此外还有主题教学、主题大单元等整合方式。我们知道，每个学科有不同的性质和核心知识，也有不同的方法和相应的训练，现在进行学科整合后，到底应该怎样处理分科与综合的关系，这是值得我们深入探讨的问题。二是提高教师的素质非常重要。现在我们说课程整合，通常是指学校层面上进行整合，而一旦进入课堂，怎么做还得看教师。教学是高度情境化的，教师如果没有整合的知识基础，没有和学生之间的情感呼应，那么，整合在课堂上就很难完全实现。

清华附小“1+X 课程”打破了过于以学科为中心、以分科为基础的教育教学模式，改变了以学科成绩作为衡量教育质量的唯一指标，改变了碎片化、公理化的教学倾向，凸显了促进完整人健康全面发展的教学理念，回避离开学生谈学科、离开学生谈教育、离开生活谈学科、离开真实的综合性活动谈智育、德育、美育的弊病。“1+X 课程”既保留了传统分科教学的精华，同时又将德育、智育、体育、美育、劳育进行整合，把教与学进行整合，把既有的资源与生成的资源进行整合，将原有国家课程分类整合，形成按领域组合的学校课程设置，整合为五大板块，即品格与社会、体育与健康、语言与人文、数学与科技、艺术与审美。从学生的实际需求出发，解决了学生应当学什么、重点学什么以及怎么学等一系列核心问题。学校的大课间体育活动、戏剧课、创新实践课等整合形式，其效果十分明显。

在教师层面，清华附小也摸索出一条适合自身的发展路径，同一领域学科组的老师能根据本学科课程规划和学校课程设置计划，结合学生认知特点，处理教材，促进课程内容间的融合。每一位老师进入课堂后能根据学生的实际状况，用好学校研发的课程系列成果，通过《质量目标指南》让课程标准可视化，通过《乐学手册》让课堂目标可视化，通过“一单、一问、一练”让学生的课堂学习自主化，这样便很好地把握了课程的预设与生成的关系。在清华附小的课堂上，我看到了学生活泼的精神面貌，这让我觉得那就是孩子们本来该有的样态，是以课程促进学生核心素养发展应有的样态。

三、教育改革没有唯一的价值尺度，学生的发展是其核心

小学教育与教育体系内其他教育阶段相区别的独特性，主要表现在基础性、全民性、义务性和公益性等方面，而最重要的特性是基础性，其核心是奠定儿童长远发展的基础。长期以来，我们对基础性的理解：一是强调它是整个教育制度的基础，小学教育是为学生升入中学做准备；二是强调培养目标上的“双基”，即基础知识、基本技能。即使现在课程标准中加进了“基本的思想方法和活动经验”，但在一些课堂上，仍然是有名无实。近些年，日益激烈的“应试教育”，已经从中学蔓延到小学。众多家长把小学作为竞争的起跑线，提前演绎升学竞争。这种状况使小学生过早地因升学的压力束缚而丧失其本该具有的童年的纯真与欢乐，结果是学生学习热情随年级升高而下降，甚至对学习厌倦和逃避。

对小学教育功能与价值的重新定位，可以让我们清醒地认识到，对每个学生个性潜能在尊重、保护基础上地开发，为健康个性的发展，为适应未来社会发展变化所必需的终身学习的愿望和能力的初步形成做适切的教育工作，将逐步替代对文化基础知识地灌输，这应成为小学教育的基本任务。具体包括以下四个方面的内容。一是道德品质发展的基础。进入小学的儿童，随着生活范围的不断扩大，会遇到越来越多的道德问题，小学教育应引导学生认识、了解与他们的生活经验相联系的道德观念，并养成相应的道德习惯。二是智慧品质发展的基础。小学时期的儿童，正是知识潜力逐步显现并迅速发展的时期，小学教育的一个重要任务应当放在启迪儿童智慧发展上，知识教学应为智慧发展服务，反过来智慧的发展也会促进其对知识的需求。三是个性品质发展的基础。小学时期是儿童的个性倾向开始显露的时期，小学教育应当尊重、发现、维护，并培养儿童的个性，使他们养成良好的个性品质。四是身体发展的基础。小学是儿童身体迅速成长的时期，应当使儿童养成锻炼身体的良好习惯，掌握锻炼的基本技能、技巧，培养健康的体育精神，以保证儿童健康发展。

要促进儿童全面发展，传统分科课程与当今课程整合都具有其特有的价值，并不是非此即彼、二元对立的排他性关系。虽然我们目前在进行课程整合地改革，但这并不意味着学科教学一无是处。美、英等国，学习我国的基础教育，让我们冷静思考：传统学科教育的优势何在？美国长期存在的教

育观钟摆现象以及美国著名学者诺丁斯的研究提示我们：有可能走折中的道路，最重要的是要培养有激情、会关爱、善思考、能行动的人。教育应该为社会培养多种多样的人，教育必须适应不同的生命、不同的孩子，教育应当承认不同学科有不同的知识形态，不同的方法论、工具和学习方法。并非要求每个学生都学到同样高的水平，可以允许水平的差异，但必须保护学生的自信心和个性。

清华附小老师们在用自己的行动冲破束缚，不断地突破当下以分数，以升学，以所谓成才改变命运的枷锁，为培养儿童健全、完整的人格，率先身体力行。他们努力丰富自己的教学思想和知识结构，走出了传统那种“左手教材、右手教参、学科本位、各自为战”的工作方式，由原来的课程执行者变成了课程创生者。他们的许多极具创造力的工作，比如，为有特殊需要的学生提供“种子课程”，为有特殊兴趣爱好的学生提供“水木秀场”，利用各种所谓的边边角角的时间举行的“微课程”等。总之，他们在尽一切努力调动起全部热情为学生的成长与成功提供各种可能性。他们的教育理想、教育探索精神感染着教育界，激励着希望中国基础教育有所改变、尽快改变的人们。

当然，学生核心素养的发展，并不是一蹴而就，一朝一夕的事情，需要专业研究者与一线教师竭诚合作、不懈地探索。祝愿清华附小能够在改革创新的道路上取得更多值得教育界同行学习借鉴的经验。

素养之光·跨界之美·点燃之智
——清华附小课程改革透视

成尚荣
国家督学、原江苏省教科所所长

课程是一个世界。课程世界应当是平的。所谓“平”，是指各种学科课程应当打开自己的边界，牵起手来，互相对话——同整个人类社会发展走向一致：合作高于竞争，合作力其实是最大的竞争力。如此的课程世界才是美好的。

可是，“平”的课程世界不会自然来到，课程边界不会自己打开，打开课程边界的是人，是我们自己。问题是，我们为什么要打开？以怎样的方式去打开？而在这背后的更深层次的问题是：我们应该做一个什么样的人？这是对校长和教师良知、勇气、智慧的考验。

清华附小，在窦桂梅校长的带领和组织下，坚持做了这件事——“1+X课程”体系的构建，而且从宏观的把握到微观的具体实施，不断完善，不断深入，不断进步。清华附小，在课程世界的天空里，描绘小学课程的美丽图景，既浓墨重彩，又声色微现；既流丽酣畅，又清扬婉约——课程走向“平”的境界。完全可以说，清华附小在课程世界里来了一次重要变革，深刻而生动。

今天我们关注“1+X课程”，应当把目光更多地投向它新发展的视域，从而去把握小学课程改革未来的走向。

视域之一：课程改革——迈向学生发展核心素养，用核心素养来统领课程改革，让课程闪耀素养之光。

课程整合，包括综合课程开发，是课程改革的趋势。可喜的是，这已基本上达成了共识。我们寻找到了以下一些依据。课程的综合，顺应着知识发展的规律：知识总是从综合走向分科，又从分科走向综合，每一次综合，总有新知识诞生，知识总是在向前、向上发展。课程的综合，有利于培养学生的探究能力和创新精神：探究能力、创新精神总是发生在知识的交叉地带，即课程的综合地带或边缘地带，课程的综合打开了学生的视野，为学生发展提供了新的平台。课程的综合有利于学生过完整的生活：生活原本就是一个整体，过度的分科打破了生活的整体性，致使生活碎片化。生活的割裂当然不利于学生的全面发展……如此，等等。

无疑，这些理由都是正确的，也是深刻的。但，总是在课程本身讨论，而没有真正走向学习者——儿童，没有深度地触及儿童发展的一些核心问题。确实如此，课程综合的最高立意究竟在哪里，课程综合的评判标尺究竟是什么，这些根本性问题，其实我们的认识、理解不是非常准确和明晰。于是，实践和研究中，难免存在以下问题：课程综合的指向目标总是在漂移，综合到何种程度总是拿捏不准，课程综合中要不要坚守学科的独特价值也总是心中无数……正因如此，课程综合总是迈不开步子，迈不准步子，迈不大步子。我们应当寻找、明晰课程综合的评判标尺，竖起课程综合的“标的”。

毋庸置疑，课程综合应当毫不犹豫地走向核心素养，唯此，课程综合才会有“魂”，才不会漂移。

清华附小既有改革的激情，又有改革的理性。他们在以往研究的基础上，形成了一个新的命题：基于核心素养的“1+X 课程”深度构建。显然，他们追随世界课程改革的潮流，表现了他们的勇气和智慧。而且通过反思，对原有的课程目标进行了调整，初步拟定了“清华附小学生发展五大核心素养”。如果做些梳理，不难发现，“五大核心素养”具有以下一些显著特点。其一，“五大核心素养”紧紧地指向学生的学习和发展，体现了“以儿童发展为本”的核心理念。核心素养是关乎人的，是为了人的，人永远是目的。在每条核心素养的后面都站着一个儿童，站着一个大写的人。它超越了知识，超越了学科，更超越了分数，让儿童真正站到了课程的中央。其二，“五大核心素养”形成了儿童整体发展的主要框架，以此可逐步构建一个体系。特别值得关注的是，将“身心健康”作为第一条，既符合小学生发展的特点，也符合人发展的规律。其三，继承并弘扬了清华附小的办学传统，彰显了清华大学的文化印记。“五大素养”的每一条都与清华大学及其清华附小的历史相联系。“善于学习”，源于清华附小的老校名，取义为校训“立人为本，成志于学”；“审美雅趣”，源于清华大学四大国学大师“至真、至美、至情”的美学境界……其四，回应世界教育改革、发展对人才的要求。“学会改变”既源于清华大学“人文日新”“独立之精神、自由之思想”的理念，又与改革潮流相吻合，主动适应，改变心智模式，超越自我，走向未来。

尤要关注的还有两个方面。一是关于“天下情怀”。对于小学生提“天下情怀”合适吗？关键是对“天下”的理解。最近李克强总理与文史馆员谈文论道，谈到了“天下”。李总理说：“中国人讲‘天下’，《礼记》里就讲了，‘大道之行也，天下为公’。”随后又谈到了顾炎武在《日知录》里引出的“天下兴亡，匹夫有责”。他认为，“天下”，其实是每个人的“天下”，所以“天下兴亡”，才会“匹夫有责”。可见，“天下情怀”是中华民族的优良传统，是中国人的家国情怀，是关心人类进步、世界发展的情怀。“先天下之忧而忧，后天下之乐而乐”的社会责任感和时代的使命感。这正体现了清华附小师生博大的胸怀和崇高的人生追求。另一个是，清华附小特别关注儿童自身对核心素养的认知与接纳程度。所以，他们创造性地提出，“儿童版”的核心素养（严格地说，所有的核心素养都应是“儿童版”的）：“健康、阳光、乐学”。好听又好记，好记又好做，好做又形象。其实这六个字涉及学生发展核心素养的方方面面，内涵是丰富的，覆盖面很大。

清华附小的行动也告诉我们，学生发展核心素养并不神秘，我们也不是一切从零开始，只要心中有儿童，从学校的历史、现状和未来发展等几个维度，完全可以形成校本化的学生发展核心素养。而校本化的学生发展核心素养必定让“1+X课程”走向课程改革的高地，课程改革高地上永远闪耀素养之光，素养之光一定是现代人的文明之光。

视域之二：课程整合——打开学科的边界，学生迈向反省性思维，成为交界上的对话者，让课程闪耀跨界之美。

如前文所述，通过整合实现课程的综合，理由是多方面的、充分的。不过，我们还需要再追问，课程整合后形成什么样的课程形态？这样的课程形态带来的根本性变化究竟是什么？它会让课程改革走向什么样的境界？清华附小对此是有深刻思考的。

首先，他们关注并思考了几件大事。一是他们关注了 2014 年诺贝尔奖的颁发。此届诺贝尔化学奖的得主竟然是物理学家。当然不是评委会搞错了，这折射的正是一种“跨界”现象，蕴含着深意。如评论所说，一个物理学家的身份并不能说明他的真正研究领域，现代科学的前沿都是交叉的，简单的学科分类，会给知识贴上标签，进而让人产生误解。“跨界思维”“跨界研究”已进入了国际性的评选范畴，并会日益鲜明。二是关注并思考了阿尔伯特•爱因斯坦。今年是相对论创建 110 周年，也是这位继伽利略、牛顿以后最伟大的物理学家逝世 60 周年。爱因斯坦，不仅是科学家，也是数理逻辑学家，还是一位富有人文主义情怀的思想家，更是一位具有强烈正义感和社会责任感的公民。爱因斯坦说 :“如果一个人掌握了他的学科的基础理论，并且学会了独立思考和工作，他必定会找到自己的道路，而且比起那种主要以获得细节知识为培训内容的人来，他一定会更好地适应进步和变化。”从基础理论出发，超越自己的专业，这就是爱因斯坦的科学精神和人生哲理，也许这正是所谓的“相对论”。三是清华大学最年轻的教授和博士生导师之一，2015 年国际蛋白质学会青年科学家奖获得者颜宁。颜宁曾说，生物学的发展有赖于化学、物理等学科提供的工具，才会有“结构生物学”之美。在关注和思考之后，清华附小的结论是 :“1+X 课程”追求的是跨界之美，是让学生成为交界上的对话者。

交界上的对话者，跨界之美的实质又是什么呢？是思维模式、思维方法的改变。因为，所谓科学，不仅仅是一种知识，更是一种思维模式，一种思维方法。因为，科学发明的基础，是文化，让科学精神与文化紧密结合，已成为当下以至今后科学界和教育界努力的方向。所以，交界上的对话者，实质是跨界思维者、跨界探究者，跨界之美实质是跨界思维之美、跨界探究之美。以上说的都是成人社会的科学界的事，但它必定影响并进入儿童社会，影响并进入教育界，当然必定会影响并进入课程、教学领域。

清华附小的“1+X 课程”带来的究竟是什么样的思维呢？我认为是杜威早就提出的“反省思维”。杜威认为人们的思维有各种不同的方式，其中“较好的方式叫反省思维”。“这种思维乃是对某个问题进行反复地、严肃地、持续不断地深思”。反省思维在天赋资源方面让儿童有各种不同的倾向，“概括起来便是好奇心”。在教育上的结论是 :“疑惑是科学和哲学的创造者。”尽管

“疑问并不等于好奇，但好奇达到理智的程度，就同疑惑是一回事了”。其实，反省思维论述的正是源于疑惑的批判性思维，其中判断起着十分重要的作用。杜威还十分明确地指出，知识性学科可能无助于发展智慧，他一直强调“学习就是要学会思维，而反省思维可以在怀疑、批判、创造中使人发生超越”。交界上的对话者，以开放的胸怀接纳各种知识，又以批判性眼光加以审视，进而产生新的想象。这样就跨越了学科边界，走向了创新。

清华附小的课程改革还在启发我们，“1+X 课程”是在为学生开门，而不是关门。打开学科的边界，就是打开学科之门，一扇扇门被打开，互相呼吸，互相关照，互相支撑。所谓“+”绝不是简单的加法，而是丰富的乘法，其间有无限的好奇、无比的想象、无极的仁爱，等等。于是，新的大门又一次被打开，进入一个新的领域。这是多么神圣、精彩的时刻。

大数据时代来到了。大数据，不只是指信息量之大、之丰，更是指视野之开阔，大数据带来大知识、大概念、大时代。在大数据时代，没有绝对的权威，人人都可以成为专家、权威。回顾大历史，我们会发现，文明的主线是信息和能量。帝王将相、英雄豪杰、专家权威，不过是为信息与能量的交流铺路。大数据时代，更需要信息、知识、能量的大交流，这样才会闪耀跨界之美。清华附小已逐步树立了大数据意识，清华附小已面向全国开放，向世界开放，有了更广阔的跨界，“1+X 课程”的意义、价值又呈现出新的境界。

视域之三：主题教学——课程改革的核心理念、课程的价值观以及教学的高平台，在燃烧自己的同时点燃了别人，闪耀着点燃之智。

“1+X 课程”构建了学校课程体系，丰富了课程内容与资源，这些都是了不起的进步。问题还有另外一面，那就是还少了课程实施。其实，课程体系本身就应包含着课程实施，否则，体系是不完整的。换个角度说，假若缺少实施的策略、途径、方式、方法，课程设置再科学、内容再丰富、理念再先进，也是无法落实和实现的。

清华附小很好地解决了这一问题，那就是以主题教学来展开推动。主题教学是校长、特级教师窦桂梅创立的。这么多年来，主题教学在挑战中前行、完善，在经受诸多考验中坚守、发展。主题教学像是一支火把，点燃了教学改革之火，点燃了教师创造之火。在前行、发展中，其意义价值也日益丰富和深刻，日益彰显出点燃之智慧。现在该是对其进一步概括、总结、提升的时候了。

首先，主题教学是一种理论主张。前文论及实施问题，必须指出的是，主题教学不只是实施层面的，更不是操作、技术层面的，它是基于理性思考后形成的教学主张，有着充分的理论意义。这一主张是由以下框架构成的。其一，主题教学的宗旨。窦桂梅鲜明地提出“语文立人”。主题教学是为了育人，为了促使儿童语文素养以至整体素养的提升。鲜明的儿童立场，让儿童在主题教学中站立起来。一个个主题犹如儿童一个个前行的脚印，一个个主题好比儿童心灵中开放的一朵朵智慧之花，一个个主题恰似儿童向外、向前、向上攀登的支架。总之，一个个主题丰盈着儿童的心灵，强大儿童飞翔的翅膀。进一步说，所谓发展是最大的主题。这是主题教学最核心的理论主张。其二，主题教学的理念。主题教学形成了超越的理念，即立足课堂，超越课堂；用好教材，超越教材；尊重教师，超越教师。三个“超越”，以简明的语言，道明了传统与现代、课内与课外、教材与资源、教师与学生的关系。可以这么认识：主题教学之主题即是超越的主题，主题即超越。我们应当继承，但更应超越，没有超越何来的创新？何来拔尖人才地脱颖而出？对三个“超越”，我们应鼓而呼之。我认为，这正是主题教学理论主张的崇高之处。其三，主题教学的原则。主题教学坚持走整合之路，整合成了原则和策略。这一原则和策略，前文已有所论及，需要补充的是，整合的原则，改变了长期以来语文教学存在的“工具性与人文性割裂”“教学内容支离破碎”“学生学业负担过重”等问题，促使语文教学结构化。主题教学这一理论主张具有结构性、整体性、统筹性等特点。

其次，主题教学是一种实践模式。作为一种理论主张，主题教学必须有实践模式来支撑，并在长期的实践中，经受住各种考验，并被证明是行之有效的。主题教学在实践中，解决了以下一些问题。一是整合类型。学科内的整合、学科间的整合、课内外的整合，三种整合类型覆盖了儿童的学习生活。二是整合课时。将原有的固定课时，调整为长短不一的“大、中、小、微”四种课时，有利于不同课程的学习。三是课程实施实行“三化”：课程标准清晰化——编制《质量目标指南》；课堂目标操作化——研发《乐学手册》；学习过程自主化，采用“预学 — 共学 — 延学”的教学程序。作为一种实践模式，主题教学具有目标明确、板块清晰、操作具体、检测系统健全等特点，体现了“理论化的实践”和“实践化的理论”等特点。实践证明，主题教学是可行的，是行之有效的。

最后，在讨论了主题教学的理论主张和实践模式以后，还应去评说，不，还应赞赏它的点燃之智。是的，主题教学，这火把一直在点燃，它不只是自己在燃烧。因为自己的燃烧，才会有主题教学的淬化；因为在点燃，主题教学才会激发大家，火焰才会蔓延，此时的主题成为全体教师的创造。

主题教学点燃了核心价值观。课程、教材本身是一种价值存在形态，但从价值走向价值观，需要通过教学去引领和转化。主题教学以关键词、意义群来呈现，呈现的正是核心价值观，那么自然、那么鲜活。主题教学有利于核心价值观的培育和践行，而且可以这么判断：主题教学之主题往往是核心价值观。主题教学点燃了儿童的深度学习。深度学习是基于主题地自主学习，基于主题地批判性学习，也是基于主题地创造性学习。主题教学以激情和智慧，去激发学生内在的激情和智慧，进入深度、进入核心、进入真正学习。主题教学点燃了教师的创造性，主题教学给了教师巨大的空间。因此，教师成了课程、教材、教学的研究者和创生者。他们是草根，但正是草根生命创造力的焕发，让课程成了最有希望的田野。

“1+X 课程”： 指向未尽而灵动的“空白”

柳夕浪

教育部基础教育课程教材专家工作委员会办公室副主任

人类全部的智慧在于应对多样化的不确定的情境。如果一切既定,那么，人的努力纯属枉然、徒劳。

说到对人的命运的把控，自然离不开教育，所谓我们给孩子什么样的未来，在很大程度上取决于我们今天给孩子什么样的教育，而孩子到底应该学什么、学到什么程度（课程的核心问题），又在很大程度上决定了我们究竟提供给孩子什么样的教育。

今天这个时代，生产组织方式正发生着重大改变。原先我们所熟悉的工作场所，有着严格的劳动分工、统一的标准和专门的职责。它的运行靠的是少数人的领导和多数人的服从。然而，现今全球经济和新科技激发了企业间新的竞争，企业需要快速地满足客户的需求并更具灵活性。这导致工作场所管理层级的减少和任务分工的模糊。工作模式不同，需要不同素质的人才。

我们难以预测未来我们的孩子会从事什么样的工作，但可以肯定的是，孩子们将会生活在“地球村”里，不再像以前那样限制在一个地方，孩子的出生地不再决定他会在哪里生活、具体为谁工作；也不再限制在某个具体的专业内，化学专业的毕业生可能在酒吧做服务员，古典文学专业的毕业生也许在做电话接线员，而历史专业的毕业生或许就是某公司的文秘。每个人的故事都不一样，但又很相似。

在这样一个快速变化的世界，我们规划学校课程，等于向孩子和家长做出这样的承诺：如果孩子们按照课程规划，完成相关课业，那么就能适应快速变化中的世界，将拥有光明的前程，他们将能够为今后的求学和求职做好准备，在全球化互动中取得成功。这也就等于用孩子的未来“下注”，拿孩子的6年、9年乃至12年的最宝贵时光“豪赌”。不知那些个整天呼吁着“这个进课程”“那个进课堂”的“专家”有没有意识到自己是否够格做出这样的承诺以及能否承担这些风险和责任?

清华附小基于教育的终极关怀和清华大学的文化背景，利用“国家级基础教育课程教材改革试点项目学校”自主排课的契机，在反复深入的研究和系统论证基础上，构建“1+X课程”体系。其中，“1”是对国家规定的基础性课程进行优化整合而形成的必修课，其内容与形态是相对稳定的；“X”是学校个性课程及学生个性课程，其内容和形态是相对灵动的。“+”不是简单的加法,而是促进“1”和“X”的相辅相成,达成“1”和“X”的动态平衡。整合不是简单做减法，而是打破学科边界，根据清华附小学生实际，对教学内容的进一步的提炼，形成更为简约的课程实施形态。例如，按主题对语文、英语教材进行重组，形成单篇经典、群文、整本书和主题实践活动，形成新的语言与阅读系列。有了对必修内容的整合，也就有了更多的自主空间，有了从多学科、多角度、多层次的个性化学习机会。学生在“X”课堂里，可以不断尝试,发现自己的潜能,发展自己的兴趣,拥有自主实践、探索的机会，成为小建筑师、小工程师、小体育明星、小艺术家、小昆虫家等，让每一个孩子都能找到适合自己的发展时空。同时对“X”课程的学习也是学生以自己的独特方式，对在“1”的课堂中所得知识、技能的综合运用。

为什么要提供最为基本的“1”？因为变中有常,“常”者,乃不变的元素、思想、观念，它是我们应对未来多变世界的共同基础、必要支柱。自古以来，人类始终在追求那个最简单的“1”，寻找最重要的那个“本”、那个“纲”、那个“源”、那个“根”，分清主从，辨别纲目，追溯源头，回归根本，由本至末，固本培元，以求纲举而目张，根深而叶茂，追求少而精，教得越少，而学得越多。而不是本末不分，主次颠倒，什么都重要，什么都要进课堂，什么都要从幼儿园、小学开始学，齐头并进。至于在教育领域，什么是根本，什么最重要，什么是大家的共同基础和必修内容，不同时期有不同地理解，不同的学校有不同的选择。比如，清华附小师生乃至学生家长认为，健康很重要，如当年清华附小校董马约翰先生所倡导的："每天锻炼一小时，为祖国健康工作五十年"。清华附小的体育课，每周三节基础课、一节足球课、一节体育项目自选，每日还有一小时的健身大课间，这显然不同于目前大多数学校，只是把语、数、英作为所谓"核心学科"，而其他科目被边缘化了，变得可有可无。

为什么还要有"X"呢？因为未来世界充满大量的变数，今天我们认为最重要的，也许在未来变得不那么重要了，今天占据最核心位置的，也许未来被边缘化了。科学能帮助我们预测到某些趋势、走向，但这些趋势、走向很可能因为某些偶然因素而改变。比如，一颗彗星可能会在任何时候飞得过于接近地球，而把小小的地球搅得天翻地覆。如果降水变得稀少，文明就会消失在黄沙之下，如中亚那样；如果降水非常猛烈，文明就会窒息在雨林之中，如中美洲那样。对于未来，我们要学会谦卑。至于说到教育科学，诞生的时间本来就晚，资深的哈佛大学教授埃伦·康德利夫·拉格曼说它"捉摸不透"，而另一位哈佛大学教授乔赛亚·罗伊斯则说得让以教育科学为业的人更伤感：生活中并不存在"普遍有效、发展成熟、适用于每一位教师和学生的教育科学"。一生致力于教育研究的鲁洁教授在"回望八十年"时说道："其实这所谓教育科学里面有多少是真正的科学？你能了解到一个小孩他的可能性在什么地方，他有多少发展的可能性？到现在为止，我觉得科学还发展不到这个地步，而且我觉得科学永远也发展不到这一步。因为人是活的，他不断地努力，不断地发展。"学校课程在既不能准确预测未来对人才的需求，又不能完全读懂儿童的情况下，"留下来的唯一一条就是给他一点自由的空间，让他自己发展"。你没有办法去科学地为每一个孩子预测前途，预设发展方案，那么，最明智的选择就是创造良好的教育环境，尽可能提供多样化的课程，让孩子自己发展，让他们在不断选择、尝试，不断接受新的挑战中成长，激发潜能，也就是尊重、接纳多样化的另类存在。多样是进化的机制，也是平等的必要条件。有了对不同学生特质和需求的尊重和包容，而不是用统一标准去排斥多样，这样才有真正的平等。

在学什么、如何学的基本问题上，我们不能没有基本的规定，不能没有方向的引领，否则，孩子会变得无所适从，学校教育就变成放任自流；也不能处处整齐划一，因为那样会僵化死板，使孩子失去应有的灵动和活力。在固本中求得末盛，在共同基础与多样化中间寻求动态平衡，形成“1+X”的半开放的弹性结构，以适应复杂多变的世界，对孩子的未来发出诚挚地邀请。这让我想起了中国建筑中的亭或廊，有那么几根柱子支撑着就可以了，而将四面起承重作用的隔墙拆除。人们穿过那一重又一重的空间，被漫长的廊引到未知的世界，望着“上下四方”的“宇”“古往今来”的“宙”。学校课程的主体就是真正起着承重作用的几根柱子和四面无限的空白。整合就是拆除那些没有承载作用的隔墙，留出那可供学生穿过、停息、迂回、凝望的“空白”。而“空白”不是没有，是无限多样的可能。一切的实有皆指向空白，指向未完成的、灵动的空白。有了空白，才有更大的可能！

清华附小“1+X课程”实验探索多年，已形成了包括课程目标、结构、内容、实施方式、评价办法在内的课程体系，形成了包括低、中、高不同学段的可操作、可借鉴的课程手册和丰富多样的课程资源，但还有比这些更为重要的课程实施方案研制的思想理念和教育智慧，值得认真研读和反复体会。不仅知其然，而且知其所以然，我们才有资格对孩子的未来做出庄严的承诺，才能编制更好的课程实施方案，对孩子的未来发出智慧地邀请。尤其是在今天，有了那么多名目繁多的校本课程、教学模式的今天，有必要恢复到“无名”的空白，重新思考课程原本的意义和价值。

后 记

永远在“成志教育”路上

手中接过这本沉甸甸的新书，喷香的油墨气息扑面而来，精美的图文交相辉映，诉说着清华附小这所百年老校不变的追求，《从成志学校到成志教育——百年清华大学附属小学的育人历程》的成书历程仿佛又回到了眼前。

感谢海淀教委，在这套海淀教育名校名家丛书第一辑出版时，便邀请清华附小加入其中。为了使书稿与2015年清华附小百年校庆相配，秉持清华人一贯的严谨认真精神，这本由清华附小教师集体撰写，力求体现清华附小办学核心与实质的书稿，我们深知，不出则已，出则必出为精品。

于是，团队成员便开始了漫长的研究历程。仅书名就做了四次大的改动。最初，全书命名为“丁香花开”。丁香是清华附小的校花，丁香花开，寓意清华附小师生与校花丁香一样，团团簇拥、不断成长。但在后来的研讨中，我们觉得第一稿的书名过于文学化，似乎不能凸显一所百年学校应当承载的历史责任。第二稿的书名便定为“百年清华附小的中国意义”，它基于校庆之际总结提炼的清华附小百年办学不断传承的价值观、课程、公益服务三大引领，力求彰显百年清华附小在中国基础教育界的历史地位。但经过大家的讨论，清华人的深沉内敛又占了上风，怕书名给人过于宏大的印象，而我们更希望以书的内涵吸引人。第三稿，以清华附小近年来的核心研究内容“成志教育·核心素养·1+X课程”作为书名。但再三考虑之下，团队成员又觉得第三稿的书名无法凸显百年清华附小的历史沧桑和创新传承。最终，大家在研讨中，将书名确定为《从成志学校到成志教育——百年清华大学附属小学的育人历程》——既体现清华附小百年前由成志学校发展而来的历史渊源，又突出今日清华附小实现“为聪慧与高尚的人生奠基”的“成志教育”的勇气与智慧。

每一版书名的变化，带来的还有全书主旨、章节内容等系列变化。历经了两年的时间，主创团队反复修改完善，今天终于将这本尽可能保留百年清华附小风貌的作品呈现在读者面前。

本书回顾了清华大学附属小学自 1915 年建校至今，一百年来秉承对“完整的人”的尊重与培养，通过价值观引领、课程引领、公益服务引领，在传承中拓新的办学历程。特别是呈现出近年来基于发展学生核心素养，系统构建“1+X 课程”的过程和成效，勾勒出清华附小“1+X 课程”的全貌,全方位展示了围绕“1+X 课程”学校在校园文化建设、管理等方面所进行的变革，表现出百年来，清华附小人为实现“为聪慧与高尚的人生奠基”的办学使命,进而达成“成志教育”的崇高追求和责任担当。

有人说，一本书，一旦出版便不再属于作者，它的功过是非都要由读者来评说。是的，当笔者合上本书，意味着这一段历史已然定格，但新的征程又在面前铺就。未来的清华附小，该怎样基于核心素养，从整体育人的角度思考育什么样人和怎样育人两个大问题，培育现代小学生的新形态，形成现代小学育人的范式，甚至向世界教育发出中国的声音。 这仍值得我们一代代清华附小人不断为之努力拼搏。

为此，我们的愿景是——

我们努力，让学校的每一个角落都能充满向上的精神与教育的智慧；

我们努力，让学生的每一个时刻都能享受学习的收获与成长的乐趣；

我们努力，让教师的每一天工作都能体会职场的幸福与专业的尊严。

向着“成志教育”，我们依然在路上，并且永远在路上。

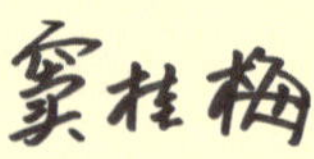

2015 年 8 月